全国高等职业院校汽车类专业规划教材

汽车与服务营销实务

柳炽伟　主编

郭美华　尤　影　陈英姿　副主编

中国铁道出版社

CHINA RAILWAY PUBLISHING HOUSE

内 容 简 介

本书主要内容分为汽车展厅销售实务、汽车市场营销管理、汽车服务与营销实务三个模块。其中：汽车展厅销售实务包括汽车销售知识准备、客户开发、展厅销售接待、客户咨询与需求分析、车辆介绍、协商与成交、交车与售后跟踪等七个任务；汽车市场营销管理包含汽车市场营销基础认知、汽车市场营销环境分析、汽车消费者购买行为分析、汽车市场调查与预测、汽车市场细分与定位、优化汽车产品策略、汽车产品定价、汽车销售渠道的选择、汽车产品促销、编写营销策划书等十个任务；汽车服务与营销实务包含汽车服务工作认知、汽车服务接待与销售、事故车辆的维修接待与报价、策划汽车服务营销方案等四个任务。

本书是以工作过程为导向的理实一体化教材，以汽车销售和汽车维修服务接待等实际企业工作流程为线索设计工作任务。在每个教学任务的安排中，注意以实际任务完成和案例分析等方法激发学生的学习热情，通过引导问题启发学生学习和思考。

本书适合作为高等职业院校汽车类专业相关课程教材，也可作为汽车销售服务企业员工培训教材，以及管理人员参考用书。

图书在版编目（CIP）数据

汽车与服务营销实务 / 柳炽伟主编. — 北京：中国铁道出版社，2015.8

全国高等职业院校汽车类专业规划教材

ISBN 978-7-113-20491-4

Ⅰ. ①汽… Ⅱ. ①柳… Ⅲ. ①汽车－服务营销－高等职业教育－教材 Ⅳ. ①F766

中国版本图书馆 CIP 数据核字(2015)第 152968 号

书　　名：汽车与服务营销实务

作　　者：柳炽伟　主编

策　　划：何红艳　　　　　　　　　　　　读者热线：400-668-0820
责任编辑：何红艳
封面设计：付　巍
封面制作：白　雪
责任校对：汤淑梅
责任印制：李　佳

出版发行：中国铁道出版社（100054，北京市西城区右安门西街 8 号）
网　　址：http://www.51eds.com
印　　刷：北京尚品荣华印刷有限公司
版　　次：2015 年 8 月第 1 版　　　　2015 年 8 月第 1 次印刷
开　　本：787 mm×1 092 mm　1/16　印张：18.5　字数：450 千
印　　数：1～2 000 册
书　　号：ISBN 978-7-113-20491-4
定　　价：36.00 元

2014 年，我国汽车市场销售 2 349.19 万辆，同比增长 6.9%，连续六年高居世界汽车产销第一的位置。中国作为世界最大的汽车生产国和最大的汽车市场的格局将在相当长的时间里持续下去。随着我国汽车产业的快速发展，汽车人才的需求也迅速增长，而且汽车产业人才的需求呈现出多样化、层次化、专业化的特点。汽车销售市场在整个汽车产业链中占据举足轻重的地位，因而汽车销售人员的培养对汽车行业的发展起着重要作用。汽车企业不仅要求销售人员具有全面的专业理论知识，还要具备良好的职业素质和一定的实践技能。目前，在我国懂技术、会管理、能营销的复合型人才十分紧缺。

从当前汽车类高职学生就业情况来看，毕业后职业岗位交叉变换的十分常见，不少技术类专业学生走向营销岗位的比比皆是。为此，我们编写了适用于职业院校汽车类专业学生使用的、基于汽车营销岗位典型工作任务的《汽车与服务营销实务》教材。

市面上汽车营销相关书籍主要是从营销理论的角度论述汽车营销学，较少从相关岗位任务要求的角度阐述营销实务内容，而且针对汽车售后服务方面的营销内容极少，实际上汽车服务已成为汽车后市场重要的利润来源。因此本教材改变以往营销教材单纯以理论讲述为主的情况，内容选取以汽车类专业毕业生主要面向的汽车销售顾问、服务顾问、市场专员、销售主管、服务主管等岗位的工作过程应知应会的实务知识和技能为基础，根据理论适度够用原则，适当考虑职教学生学习规律特点以及学生职业发展需要，收录一定的市场营销基础知识。另外，教材内容注重配合课程所需，以训练学生必备的市场营销能力，如销售技能、沟通技巧、营销策划、方案制订、市场调查等为目标，使学生完成本课程的学习后，具备完成汽车销售与汽车售后服务接待等岗位的知识与能力。

本教材的内容安排以工作过程系统化的教学模式为导向，汽车展厅销售实务、汽车市场营销（策划与实施）、汽车服务与营销实务三个模块，以汽车销售和汽车维修服务接待等实际企业工作流程为线索设计工作任务。在每个教学任务的安排中，注意以实际任务完成和案例分析等方法激发学生的学习热情，通过引导问题启发学生学习和思考。整体内容脉络清晰，符合当前职教学生学习和企业相关岗位职业能力培养的要求。此外，教材将营销基础理论知识置于汽车营销实务与汽车服务营销实务两项目之间，既保证了汽车营销学习内容的递进和紧凑，又避免了连续学习汽车营销与汽车售后服务两个实务内容的单调枯燥的情况。

本教材插图清晰丰富，案例翔实，针对性强，使学生便于理解，能灵活应用和巩固理论知识。

本教材由中山职业技术学院柳炽伟担任主编，并且负责全书的统稿编排工作，中山职业技术学院郭美华、开封大学尤影、中山职业技术学院陈英姿担任副主编，参加编写的还有广州南洋理工职业学院刘素芬、广州高级技工学校陈巧玉等。

本教材知识性、可读性、实践性强，内容深入浅出，适合作为高等职业院校汽车类专业相关课程教材，也可作为汽车营销管理从业人员和对汽车营销方面知识感兴趣的各界人士的阅读材料。

　　本教材在编写过程中，参考了大量的图书资料和图片资料（详见本教材后面的"参考文献"），在此表示衷心的感谢。

　　由于汽车市场发展不断变化，内容繁多，编写时间仓促，作者水平所限，书中难免有纰漏，恳请广大读者和同仁批评指正。

编　者

2015 年 5 月

目 录

模块 1　汽车展厅销售实务

学习情境

小王从高职学校毕业后，在某汽车 4S 店的售后部门从事汽车机电维修工作快一年了。最近公司销售部门准备招聘一批汽车销售顾问助理，小王听了，觉得从事汽车销售工作比较适合自己的性格特点，于是他找到公司领导，反映自己想调整工作岗位的意愿。销售经理对小王说："你们这种有技术底子的员工我们会优先考虑的，但是做一名销售顾问光有技术还不行啊。现在可以给你一个机会，试用三个月后参加考核通过了才能转岗。"

小王很高兴有机会尝试一下销售工作，下决心成为一名优秀的销售顾问。他意识到自己经过一年的维修车间工作，虽然对汽车技术有一定的了解，但对其他方面的了解并不多。在公司里，也有不少从技术岗位转到销售顾问岗位的员工，他们的销售业绩参差不齐。有些销售成绩好的员工，并不是汽车专业毕业的。看来，汽车销售人员要求的职业能力很全面，自己如果要成为优秀的销售顾问，要学习和锻炼的方面还挺多，现在就马上行动起来，开始提升自己相关的知识和技能吧。

情境分析

汽车或汽车服务营销人员，包括汽车销售顾问和汽车服务顾问等，他们的工作性质与技术人员有许多不同之处。他们的工作任务不仅仅是达成与客户的交易，还要确保顾客满意，能培养客户忠诚度，与客户建立长期友好的关系，以期能获得客户的推荐。这要求服务顾问首先在接待顾客的过程中，应按规范的销售流程执行，以避免客户抱怨，减少意外事件发生。另外，在和客户沟通过程中，他们往往代表了公司形象，在注重自身的仪表和礼仪时，还应具备广博的知识，良好的语言沟通能力，正确理解自己的公司及产品，需要给客户一个诚信、专业的印象，能熟练利用各种销售方法和技巧，在充分了解客户的需求和消费特点情况下，给客户合适的消费建议，解决客户疑问，最终促进交易完成，并维持良好的客户关系。因此，汽车销售人员都要经过展厅销售流程和相关技能的培训学习，通过上岗考核才能成为一名正式的销售员。

任务 1　汽车销售知识准备

【任务导入】

小王经过一段时间销售顾问的岗位培训，已经可以在展厅接待到店客户。这天下午正巧销售顾问小李的朋友张先生夫妻俩来看车，小李正在跟进别的客户暂时不能接待他们，便让小王帮忙先招呼一下朋友。张先生夫妻俩，一个比较注重品牌，一个更讲究性价比，他们要求小王给介绍一下欧洲、美国、日本和国产车中到底哪一些车系更好，因为他们俩不太了解 4S 店买车的过程，还想让小王说说买车的流程和注意事项。

【学习指引】

通过本任务的完成和学习，你应该掌握以下知识：

① 当前世界汽车市场格局及我国汽车市场发展特点。
② 欧、美、日汽车系列的产品特点。
③ 汽车 4S 店销售岗位的职责和销售流程。
④ 汽车销售人员的素质与能力要求。

通过本任务的完成和学习，你应该具备如下工作能力：

① 能介绍汽车发展概况及当前汽车市场格局。
② 能叙述汽车销售流程。
③ 能描述汽车营销人员的综合能力与素质要求。

【相关知识】

一、汽车工业与市场的发展

（一）我国汽车工业与市场的发展

1. 我国汽车产业发展现状

进入 21 世纪以来，轿车生产的高速增长，使我国汽车产业进入了一个新的高速发展时期，这一时期可以认为是从 2001 年开始，并可延续到 2020 年。虽然从整体上说我国汽车产业的规模、结构、技术和管理等与世界产业相比仍有很大差距，但新的阶段将使这一差距大大缩小。当前我国已经初步建成了现代汽车产业，总体而言它具备以下几个特点：

（1）汽车工业增长速度快

根据中国汽车工业协会的统计数据，2008 年我国汽车制造业工业总产值达到 22 810.9 亿元，占我国工业总产值 4.5%，成为我国工业五大支柱产业之一。2009 年，在全球汽车市场不景气的背景下，我国汽车行业一枝独秀，汽车产量为 1 379 万辆，销量为 1 364 万辆，同比分别增长 48.28% 和 45.42%，成为世界第一汽车生产大国，同时中国汽车消费量占全球总消费量比例已达 12%。2013 年，全国汽车产销 2 211.68 万辆和 2 198.41 万辆，比上年分别增长 14.8% 和13.9%，成为全球首个销量破 2 000 万辆大关的国家，创全球历史新高，连续五年蝉联全球第一。

（2）汽车产业结构进一步优化

在当前中国汽车市场上，有上百个汽车品牌，国际汽车巨头已经初步形成在中国的战略布局，自主品牌也在艰难中摸索自主创新之路。汽车行业一向被认为是最为典型的规模经济行业，因此汽车产业跨地区、跨行业、跨品牌、跨国界、跨所有制的联合兼并和重组，是汽车工业发展过程中的必然。产业组织结构进一步优化，产业集中度进一步提高，重点骨干企业在产业发展中的主导地位已经确立。目前，国家将继续推动汽车业的新一轮兼并重组，进一步整治散、乱、小的汽车产业格局，未来 5 年，汽车行业的兼并重组将再度成为行业焦点。

（3）自主品牌汽车稳步发展

2004 年 6 月，我国新的汽车工业产业政策正式出台，并明确提倡要积极开发具有自主知识产权的产品，实施品牌经营战略；2004 年 12 月 3 日召开的中央经济工作会议提出"提高自主创新能力是推进经济结构调整的中心环节"。以奇瑞、吉利、比亚迪、华晨、哈飞等企业为代表，民营企业和高度放权的地方国有企业进入汽车产业并做出了成绩。如今国有的大型汽车公司也开始建立生产自主品牌轿车的子公司，如东风汽车公司建立了独立的乘用车公司，生产"东风风神"牌轿车，还有"长安""长城""北汽"等。合资企业也推出了自己的轿车品牌，如东风日产乘用车公司的"启辰"，广汽本田的"传祺"等。

（4）产业投资主体向多元化发展

我国汽车产业开始形成国有、民营和国外资本并存的多元化产业资本结构。在国家进一步深化改革，通过国有企业体制与机制创新、资本多元化改造等鼓励发展民营经济的政策推动下，"十五"期间汽车产业投资主体开始发生重大的变化，打破了国有投资一统天下的局面，产业资本结构向多元化发展，外商和民营资本的投入增长速度开始高于国有资本。随着外资和民营资本的大规模进入，我国汽车行业已经开始形成了国有、民营、外资三大资本主体并存的多元化资本结构，对改造单一的国有资本汽车体制，增加汽车发展资金的投入，形成国有、民营和外资协调发展的产业格局，加快汽车产业发展起到了积极的推动作用。

（5）汽车营销体系和有序市场初步建立

"十五"期间是汽车营销体系建设和发展的重要时期，在国家相关政策的指导下，传统的营销模式开始转变为以品牌销售、品牌授权经营为主的经营模式，二手车的交易开始打破了垄断格局，引入了竞争机制，实现了经营主体多元化，汽车配件流通领域采取特许、连锁经营的方式，向规模化、品种化、品牌化、网络化的方面发展，配件供应和服务有了提高，为规范汽车市场的健康发展，维护消费者权益提供了保障。

（6）汽车出口市场发展迅速

我国汽车产品的出口增长显著，从 2002 年的 2.2 万辆增长到 2012 年突破百万辆仅用了 10 年时间。据中国汽车工业协会统计的汽车整车企业出口数据，2012 年，中国汽车出口 105.61 万辆，同比增长 29.70%。但从 2013 年开始，由于受新兴市场需求不振及汇率等因素影响，我国汽车出口量有所下滑，2014 年我国整车出口 94.73 万辆，同比下滑 0.08%。现在出口的特点：一是品种由单一的货车出口，发展为商用车全面出口。二是汽车产品的出口由以发展中国家为主，开始转向发达国家。三是零部件出口增长迅速。产品过去只是给售后配套，现在开始进入了代工生产，从低附加值的产品向高附加值的产品转变；同时从比较散乱的状态向比较有序的状态转变，自主品牌产品开始进入国际采购体系。四是由单一的产品出口向资本和技术出口转变，一些整车和零部件企业开始到国外投资建厂，出口技术和资本。

2、我国汽车行业发展存在的问题

（1）石油供给不足的限制

我国石油供给基本格局是，国内的石油储藏量和开采量都相当有限，新增的石油需求将越来越多地通过进口来满足，这就需要"与时俱进"地调整我们的石油消费安全观，形成有利于经济社会长期稳定发展的石油安全保障供应机制，这既是我国能源发展战略中的一个基本问题，也是汽车产业发展中的一个重要问题。生产节能汽车和新能源、替代能源汽车是解决这一问题的重要途径，同时增加相关配套基础设施的建设，如充电站的建设、电池容量的扩展等。

（2）在汽车产业全球化分工体系中占据不利位置

一个国家汽车制造能力强弱，更多地体现在零部件生产上。我国零部件生产落后，表面上看是成本高、质量低，其实是分工方式落后、企业体制和市场体系等方面的缺陷造成。市场规模大和生产成本低，是中国发展汽车产业的两大优势，但由于分工模式的落后制约了低成本优势的发挥，而生产成本不能降到预期水平，市场规模大的优势也将大打折扣。随着中国汽车产业市场化程度的提高，汽车产业的全球化趋势对中国现有的汽车生产模式带来挑战，也带来了既有分工模式转型的机遇。

（3）自主品牌汽车技术和创新能力亟待提高

目前，我国自主品牌乘用车销量市场占有率在40%左右，但产值比重仅占20%，而利润份额不到5%，显示了我国自主品牌汽车企业缺乏竞争力。主要表现为：一是自主品牌汽车处于价值链低端环节；二是汽车核心零部件市场由外资控制；三是自主品牌乘用车产品在质量和可靠性与国际品牌还有一定差距；四是整车出口以中低端车型为主，难以进入发达国家市场。自主品牌汽车企业在技术水平和创新上与合资企业和外资企业存在较大差距，核心零部件对外依赖较强，虽然部分企业在关键技术研发上已经取得了一定进步，但整体汽车工业的技术创新水平相对较低，国际竞争力依然较差，自主品牌汽车市场占有率提高受阻，不利于我国汽车工业做大、做强。

（4）汽车限购、限行城市增多将给行业发展带来制约

受到城市道路交通拥堵、汽车尾气排放超标、城市承载力限制和油气资源短缺等因素的影响，2014年底，继北京、上海、广州、天津、深圳、杭州和贵阳等城市出台汽车限购政策后，石家庄、重庆、青岛、武汉等更多城市也即将出台汽车限购政策。初步估算，限购政策一旦实施，将造成当地汽车销量下降25%左右，如果每个城市销量都下降25%，对全年全国汽车销量的影响不可小觑。

此外，限购对国产品牌乘用车形成不利形势。以北京为例，实施限购政策前后，销售车辆的平均单价提高了88%，1.6 L及以下排量的轿车占有率下降了17%，限购和各种牌号限制使消费者更加趋向于买大尺寸车、大排量车、高价车、进口车。据中国汽车工业协会统计显示，北京、上海、广州三个城市限购政策实施后，国产品牌乘用车（不含微车）市场占有率降幅近50%，仅维持在10%左右，远低于全国市场32%的水平。

（二）世界汽车工业发展趋势

从经营理念、发展战略、汽车设计、供销模式到产业政策，西方汽车工业全面领导着全球汽车工业的发展潮流。

1. 服务取胜

在国际汽车工业的竞争中，服务将是一种独特的、满意的、超值的工程产品。近年，美国通用汽车公司、福特汽车公司率先改革经营模式，由制造型企业向消费服务型企业转变。1998年5月13日，福特汽车公司总裁杰克·纳赛尔宣布："我们并非要成为世界上第一流的汽车制造商，而是要成为伟大的、消费者满意的服务型企业。"丰田汽车公司前社长奥田硕说："'综合服务型企业'是丰田公司的目标，要知道，人们购买汽车时，不只是购买汽车的硬件物，更是以购买汽车作为媒介，向用户提供各种服务的产品，如果不能实现汽车这一角色的根本转变，那么21世纪就无法继续生存下去。"丰田汽车公司人士表示，有朝一日，丰田将不再是一个单纯的汽车厂家。

2．集约平台

国际汽车界一直在研究，如何用最少的基本车型，最大化地满足用户个性化要求。20 世纪 70 年代曾有人提出"世界车"的构想，发展成组合技术。但由于当时技术水平的限制，其收效甚微。到 90 年代中期，由于计算机技术的迅猛发展，为建立平台战略创造了条件。

德国大众汽车公司是最早实行平台战略的公司之一。该公司计划将原有 14 个平台压缩到 4 个，OOA 级、B 级、C 级和 D 级。如 A 级平台，有奥迪 A3、高尔夫、帕萨特和西特图乐多等车型，A 级平台规模可达 200 万辆。

3．模块供货

20 世纪 90 年代，西方国家大型汽车零部件企业推行一种模块化技术，核心是利用电子技术和多领域的高新技术进行系统集成，简化汽车零部件产品的构成，便于国际化采购。

全球最大的汽车零部件供应商——美国德尔福系统公司在 1997 年宣布，将开发面向 21 世纪的 7 大模块技术，即车用媒体网络、集成化车用电气电子系统、高效的汽车能源系统、智能防撞系统、电子伺服系统、优化的车内饰系统和发动机控制管理系统，这些都是高度集成化的模块产品。福特汽车公司所属的 Visteon 汽车系统公司也宣布在环境控制、电子产品、电气及燃料处理、塑料与装饰产品、汽车安全玻璃 5 个方面进行大规模的模块化改造。

国际汽车专家认为，模块化技术的发展，将进一步推进汽车工业的分工和改组。汽车零部件厂商掌握专业化产品核心技术，有能力实现与汽车整车的同步开发和超前开发，从而改变了传统的汽车零部件厂从属于整车厂的地位，从后台走向前台，有利于整车厂开发高水平的平台，形成以汽车为主导、以零部件为基础的新格局。

4．战略整合

十几年前，全世界有 20 余家年产百万辆级的独立的大型轿车整车生产企业，从 20 世纪 90 年代起，全球汽车业掀起一轮又一轮的资产重组和联合兼并浪潮，目前已基本形成 11 家汽车集团的互相竞争格局。2013 年销量排名前 11 名的公司分别是丰田、大众、通用、雷诺-日产、现代-起亚、福特、本田、菲-克联盟、标志雪铁龙、宝马、奔驰。这 11 家公司占据全球汽车市场绝大部分市场份额；控制了汽车生产五大要素中的资金、知识资源和物力资源，逐步形成了寡头垄断的市场竞争格局，世界汽车市场的竞争已经由公司竞争转为跨国集团竞争，而且这一趋势正在不断加剧。

这种全球性汽车工业战略整合的内在动力，不是单纯地追求"大数法则"或规模叠加，而是通过战略整合，实现产品多样化前提下的平台规模效应，品牌、地理互补效应，以及开发、设计和销售的一体化效应。

5．网络销售

当前，西方著名的汽车公司都在积极推行网络化，发展电子商务，通过内部网、外部网和因特网进行开展生产经营活动。

1998 年，美国销售了 1 500 多万辆汽车，其中通过因特网查询和选择的用户就有 200 万户。美国通用汽车公司已在全球建立 100 多个用户网点，通过因特网与顾客保持联络。福特汽车公司收购英国汽车用品连锁店，并与美国微软公司合作，开展网络销售业务，同时也建立起公司内部网和外部网。福特和通用汽车公司还分别与美国雅虎公司签订了网络合作经销协议。丰田汽车公司建立了一个叫 VVC 的创意公司，为网上交易开展筹备业务。戴姆勒-克莱斯勒汽车公司所属的斯玛特（精灵）微型汽车公司在 1999 年已在德国开展网上汽车订购业务，2000 年推广到整个欧洲。

6. 模拟技术

在美国通用、福特等汽车公司的虚拟现实技术工作室里，通过 1:1 的大型屏幕，把立体图像的汽车与实体一样显示出来，运用模拟技术进行设计改进。由此建立起一个多维化信息空间，通过数字化信息处理和巨型多维数据库的支持，应用同步工程进行虚拟现实技术的工程验证，诸如风洞试验、道路试验、寿命及耐久性试验、碰撞试验等等，从而大大减少了实地性现场试验的工作量并节约了时间。然后，把这些虚拟现实的结果放到经销网络上，通过网络征集用户的意见，进行互动性的研讨和改进设计及选型。

7. 政府参与

汽车工业的发展也带来诸多社会难题：如石油危机、道路拥堵与伤亡事故、环境污染和汽车垃圾等。要解决这些难题，不是少数汽车厂商的力量所能完成的，需要政府参与组织和协调。前美国总统克林顿、副总统戈尔和美国原三大汽车公司负责人，联合宣布了"新一代汽车合伙契约（PNGV）"计划。这是一个政府与汽车业界的广泛合作，官、产、学、研大规模的统一行动的新产业化计划，主要目标是提高美国汽车未来的竞争力，如计划中新汽车的燃料效率为每百千米油耗小于 3 L。目前这个计划涉及 758 项高新科研项目，453 个高校、国家试验室、汽车供应商及政府有关部门，分布美国 38 个州。一些西方国家也纷纷仿效，制订大规模的政府参与汽车工业的计划。

二、世界三大车系特点

在资讯发达的今天，各国的汽车制造业能相互取长补短，既保留自己的风格也汲取他人的长处。在面向世界性的大市场中，各国汽车的差异在不断缩小，但是民族的文化意识和地域的差别还会反映在整车的设计思想上，反映在汽车的形状和性能上。

1. 西欧主要汽车品牌特点

欧系车泛指德国、法国、意大利、西班牙、瑞典、英国等国家生产的轿车。主要的汽车公司或集团有德国的大众、奔驰、宝马、欧宝；法国的雷诺、标致-雪铁龙；意大利的菲亚特；瑞典的沃尔沃等。

欧洲国家富裕程度高、贫富差距小、国家面积普遍不大。阿尔卑斯山纵穿欧洲大陆，丘陵地带多，平原少，城镇星罗棋布，人口分布比较均匀、人口高度集中的巨型城市比较少，因此欧洲轿车的底盘较高、悬挂系统好、震感小、乘坐舒适。由于要适合丘陵地带的需要，所以欧洲车操纵性能较好，扭力较大，爬坡能力强，提速快，短距离超车得心应手。欧洲高速公路路况良好，部分国家的高速公路没有最高时速限制，因此欧系车在高速稳定性上也普遍较好。

欧系车在防腐工艺上做得很出色，使得车辆的二手车保值率比较高。安全性也是欧洲车型的优势之一，来自北欧瑞典的沃尔沃被誉为世界上最安全的汽车，而欧洲汽车厂商也大都将汽车安全的设计从实验室里的碰撞研究逐步转向实际交通事故中，在汽车的主动和被动安全性上拥有一定的领先地位。由于欧洲在文化角度上比较坚持欧洲内部的文化，不容易受外来文化影响，所以欧洲车外形和内饰的设计普遍比较平实内敛，旅行轿车和紧凑型 MPV 更是极大地满足了人们旅游度假的需求。

2. 北美主要汽车品牌特点

北美自由贸易区包括美国、加拿大、墨西哥，其中汽车工业的中心在美国。以美国通用、福特、戴姆勒–克莱斯勒三大汽车公司为主；日本在美国、加拿大以及欧洲汽车厂家在墨西哥的移植厂也具有一定的规模。

美国地势开阔且大多地势平坦，高速公路四通八达，路面条件好，人们长途驾车已是一件很平常的事，因此一般美国车发动机扭矩大，加速性能较好，后备功率大，底盘高度适中，轮胎较宽，具有较好的稳定性和抓地力，适合平地驾驶。宽敞的车厢是美国车的一大特色，车厢宽敞，座位宽大，乘坐起来没有压抑感，舒适度极好。"人的生命价值至高无上"已经深深烙入汽车设计者的思想之中，加上美国法律面面俱到，略有差错就有可能吃官司，因此一些美国轿车的钢板比较厚实，质量重，车身造型刚劲，安全防御能力强。车上的辅助设备简单实用，车内装饰有浓厚的欧洲风格，这与大多数美国人是欧洲后裔有关，但做工一般没有欧洲车细腻。

3. 亚洲主要汽车品牌特点

日本轿车比较轻巧美观、造型新颖、改型快；轿车钢板较薄，自重较轻，底盘较低，车身容积较小，耗油低、排放低，空间利用率高。车厢内各种设备齐全，装饰做工细腻，操纵性及制动性能优良，非常适合在城市内使用。

从传统上来说，韩国轿车设计新颖、性价比高、品质偏上、形象一般。由于政府的大力支持，韩国汽车最近30年的发展迅猛。但韩国本土汽车品牌的发展不是一帆风顺，目前本土汽车企业最具代表性的仅有现代和起亚。现代集团在欧美都有研发中心，所以韩系车在外形上往往紧跟国际汽车设计的风向。最近几年，韩国汽车工业得到快速发展，其产品无论是在造型上，还是在性能和质量上，都有了很大的提高，品牌价值也得到大幅提升，在世界汽车工业中的地位不断得到提高。

三、汽车4S店销售人员岗位认知

汽车4S店是一种源于欧洲的汽车整体服务方式，1999年开始在中国国内出现，其核心是"汽车终身服务解决方案"。4S店是由汽车生产企业授权建立的"四位一体"的销售专卖店，即包括了整车销售（Sale）、零配件供应（Spare part）、售后服务（Service）、信息反馈（Survey）四项功能的销售服务店，一般须严格依据汽车生产厂家的运营标准，统一视觉形象规范。图1-1所示为某品牌4S店的典型形象。

图1-1　梅赛德斯–奔驰4S店外貌

（一）汽车 4S 店组织架构

1. 4S 店典型组织架构

单店单品牌经营的汽车 4S 店，普遍采取董事会领导下的总经理负责制，但每个 4S 店的岗位设置以及岗位职责各有差异，各店也会根据实际情况进行调配人力资源。一汽大众 4S 店的组织结构如图 1-2 所示。

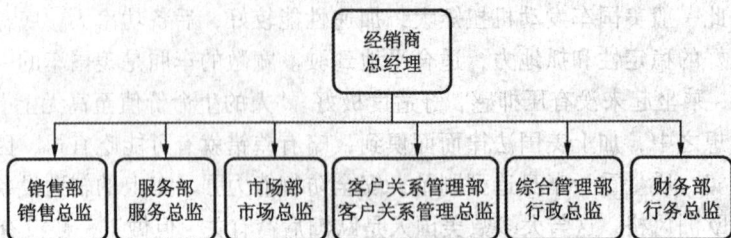

```
              经销商
              总经理
 ┌──────┬──────┬──────┬──────────┬──────────┬──────┐
销售部   服务部   市场部  客户关系管理部 综合管理部  财务部
销售总监 服务总监 市场总监 客户关系管理总监 行政总监  行务总监
```

图 1-2　一汽大众 4S 店典型组织架构

2. 各部门及主要岗位职能分工

（1）总经理

岗位职责：组织、协调各部门的工作开展，并进行业务指导。

（2）销售部

负责品牌车辆的展示厅接待销售工作，向顾客介绍车型、技术参数、购买手续等问题，协助顾客购买称心的车辆。

① 销售总监　制定并推进实施全面的销售战略、销售方案，有效地管理顾客。

② 销售经理　管理公司的销售运作，带领销售队伍完成公司的销售计划和销售目标。

③ 销售顾问　主要工作内容是开发新顾客，维系老顾客，建立个人顾客档案；顾客信息资源的统计、认真记录展厅顾客来电信息，及时跟进顾客信息，掌握顾客动向，促使成交，并详细记录回访情况；热情主动地接待展厅来访的每位顾客、并积极引导顾客试乘试驾；每天擦拭及清理展厅展示车辆，以保持展示车辆的清洁，树立整车品牌及本公司良好形象；为顾客提供周到的售前、售中、售后咨询，帮助顾客解决困难，指导顾客新车的正确使用及各项保养。

（3）服务部

负责办理"一条龙"服务手续，为顾客提供售后验车、领牌照等服务。负责管理顾客合同、车辆档案等资料，为顾客提供还款数据、资料查询等服务。

① 服务总监　服务总监是经销商管理集体中的一员，对经销商的整体管理（例如，销售、客户服务、市场、财务和行政管理）负有责任。主要负责服务部门的全部业务，对本部门的收益和服务质量负责。设定服务部门的客户满意度，收益以及生产性相关的目标值，定期管理目标的达成情况，制定和执行相应的改善活动，并对其结果负责。

② 服务经理　负责领导服务部和车间进行日常的客户接待工作，提供满足客户要求的服务，并对服务销售负责。主要工作职责：负责服务部各项工作和流程有序开展和落实；负责提升服务能力、服务质量，提升顾客满意度；负责解决顾客抱怨与投诉；负责完成整车企业所布置的各项工作和任务。

③ 备件经理　做好配件部门的管理工作，确保备件管理各项指标的达成。例如采购计划的审核、批准工作，检查配件采购计划的落实情况，及时解决配件采购中出现的特殊问题，确

保汽车维修需要等。

④ 车间主任　组织车间设备维护及维修技术指导；车间维修人员的工作合理安排及车间看板的调整；负责重大质量事故的处理；保证维修车间的安全生产；负责车间专用工具的使用和保管；控制维修质量及生产成本。

⑤ 服务顾问　负责顾客购车后的跟踪维系；顾客来店车辆保养的接待、出单服务，协调好售后前台和车间的工作调配；及时热忱地接待来店顾客，并实行"一对一"的服务；关注顾客需求，并向上级主管提出合理化建议。

⑥ 索赔员　严格执行品牌公司索赔政策；热情接待用户，建立和检查核对索赔车辆档案，耐心介绍品牌公司索赔工作条例；准确填写《汽车故障报告》《索赔申请单》《索赔件清单》《索赔件标签》等相关单据并按时发送到品牌公司；负责索赔旧件的标识、存放；配合财务部对品牌公司返回公司的索赔费用进行核对并与品牌公司保持密切联系；及时收集、汇总有关质量方面的信息，经主管领导审核后反馈回品牌公司。

（4）市场部

主要负责品牌车辆的市场调研、广告、促销活动策划、形象推广等营销工作；负责潜在顾客的市场开发与管理工作。

① 市场部经理　规划制定公司的市场战略与策略，并推进实施，实现市场发展目标。

② 市场部企划员　负责组织执行市场调研计划的制订及实施；协助市场部经理制订各项市场营销计划；收集竞争厂家的市场情报和各级政府、业界团体、学会发布的行业政策和信息；负责产品全方位企划，包括价格企划、包装企划、通路企划、延伸企划；为本部门和其他部门决策提供信息支持。

（5）客户关系部

客户关系部负责客户关系的维系与管理。

① 客户关系管理总监　负责制订和完善本部门的年度工作目标和制度的考核方案，完成制订的各项目标工作。并对直接下级进行考核、指导、监督、检查、奖惩；负责并组织实施向本部门传达、贯彻公司的各项方针政策、规章制度、会议精神以及上级领导的命令和要求；协调本部门与上级领导及其他部门之间的关系；根据品牌公司的要求和本公司的要求，联系和确定对客户的服务事项。

② 集客信息统计专员　负责联系以往的维修客户，并做好跟踪情况的记录，将不满意客户的意见及时反馈给服务经理；负责制作客户投诉统计表及客户满意度调查统计；负责每月定期寄下月年检客户保养通知书并作记录；根据客户意见反馈，填写投诉跟踪表、投诉案例，并及时反馈给服务经理进行相关处理；及时向用户传达品牌公司的活动政策。

（6）综合管理部

主要负责行政、管理、人事等工作。由行政总监、行政经理、人力资源部经理组成。

（7）财务部

负责财务管理工作。由财务总监、会计、出纳组成。

（二）销售人员岗位职责

汽车营销人员的职责是指作为汽车营销人员必须做的工作和承担的相应责任。汽车营销人员是销售过程中的主体，是联系企业与顾客的桥梁和纽带，既要对企业负责，又要对顾客负责。

因此，汽车营销人员的职责并非仅限于把企业的产品销售出去，而是承担着多方面的任务。

1. 主要岗位职责

（1）销售商品

营销人员将企业生产出来的商品，从生产者手中转移到消费者手中，满足消费者的需要，为企业再生产创造条件。这是销售人员最基本的职责，也是销售工作的核心环节。

销售商品是通过销售过程中的一系列活动来完成的。这些活动包括寻找潜在顾客、准备进行访问、介绍和示范产品、处理异议、确定价格及交货时间等成交条件、签订合同等。此外，还包括销售商品所必需的辅助性工作，如商务旅行、调查、案头工作、必要的交际等。

（2）提供服务

"一切以服务为宗旨"是现代销售活动的出发点和立足点。营销人员不仅要为顾客提供满意的商品，更重要的是要为顾客提供各种周到和完善的服务。服务是产品功能的延长，有服务的销售才能充分满足顾客的需要，而缺乏服务的产品只不过是半成品。未来企业的竞争日趋集中在非价格竞争上，非价格竞争的主要内容就是服务。在市场竞争日益激烈的情况下，服务往往成为能否完成销售的关键因素。

营销人员所提供的服务包括售前、售中、售后服务。

售前的服务通常包括：帮助顾客确认需求和要解决的问题；为顾客提供尽可能多的选择；为顾客的购买决策提供必要的咨询等。销售过程中的服务主要包括：为顾客提供买车咨询、融资贷款、保险、上牌、办理各种手续方面的帮助。销售过程中的服务，是销售成功的关键，因为这些能为顾客带来额外利益的服务项目常常成为决定成交的主要因素，尤其是在商品本身的特征和价格差别不大的情况下，顾客总是选择那些能提供额外服务的厂家。销售完成后的服务即售后服务，它主要包括：产品的安装、调试、维修、保养、人员培训、技术咨询、零配件的供应以及各种保证或许诺的兑现等。这些服务不仅能够消除顾客的抱怨，增强顾客的满足感，巩固与顾客的关系，为企业争取更多的客户，而且有利于树立良好的企业形象，增强企业的竞争能力。

（3）收集信息

企业在市场竞争中能否取得有利的地位，在很大程度上取决于信息的获得程度。营销人员是企业和市场之间、企业和顾客之间的桥梁与纽带，对于获得信息具有十分有利的条件，易于获得需求动态，竞争状况以及顾客的意见等重要信息。及时地、持续不断地搜集这些信息，并把这些信息反馈给企业，是营销人员应承担的一项重要职责。这不仅可以为企业制定正确的营销策略提供可靠的依据，而且有助于营销人员提高自己的业务能力。

企业要求营销人员搜集、总结的信息主要包括：市场供求关系的现状及其变化趋势；消费者特征、消费结构方面的情况；顾客需求的现状及变化趋势；顾客对产品的具体意见和要求；顾客对企业销售政策、售后服务的反映等同类产品的竞争状况。

（4）沟通关系

营销人员运用各种管理手段和人际交往手段，建立、维持和发展与主要潜在顾客，老顾客之间的业务关系和人际关系，以便获得更多的销售机会，扩大企业产品的市场份额。这也是营销人员的重要职责。

营销人员将商品销售出去，不是工作的结束，还必须继续保持与顾客的联系，应尽善尽美地提供售后服务，定期访问，节日问候，保持稳固的产销渠道，使老顾客在更新产品时继续采用本公司产品，而且还要千方百计地发展新的关系，吸收、说服潜在顾客购买本企业的产品，不断开拓新市场，扩大企业的市场范围。

（5）建立形象

营销人员是连接企业与顾客的纽带，他要把企业的商品、服务及有关信息传递给顾客。营销人员通过销售过程中的个人行为，使顾客对企业产生信赖或好感，并促使这种信赖和好感向市场扩散，从而为企业赢得广泛的声誉，建立良好的形象。在顾客面前，营销人员就是企业，顾客是通过营销人员来了解、认识企业的。因此，能否为企业树立一个良好的形象，也就成为衡量营销人员的重要标准之一。

2．日常工作职责要求

销售人员岗位职责的要求主要有以下几方面：

① 推广公司和汽车产品形象，传递公司和汽车产品信息。

② 积极主动地向客户推荐公司的汽车产品。

③ 按照服务标准指引保持高水准服务素质：保持笑容；保持仪容整洁；耐心、有礼貌地向客户介绍；积极的工作态度。

④ 每月有销售业绩。

⑤ 保持服务台及展厅的清洁。

⑥ 及时反映客户情况。

⑦ 定时进行工作总结和报告。

⑧ 培养市场意识，及时反映竞争对手及同类汽车的发展动向。

⑨ 爱护销售物料，包括工卡、工装等。

⑩ 不断进行业务知识的自我补充与提高。

⑪ 服从公司的工作调配与安排。

⑫ 严格遵守公司的各项规章制度。

⑬ 严格遵守行业内保密制度。保密制度的建立要求营销人员遵守公司的保密原则，不得直接或间接透露公司客户、员工资料，如薪金、佣金等，也不能直接或间接透露公司发展战略、销售业绩或有关公司的业务秘密。

（三）汽车营销人员的素质要求

1．专业素质要求

汽车营销人员自身素质的高与低，服务技能和服务态度的好与坏，是影响汽车销售公司服务水准、销售业绩的重要因素之一。营销人员至少应具备以下基本专业知识。

（1）公司概况

掌握公司情况，一方面是为了满足顾客这方面的要求，另一方面是为了使销售活动体现公司的方针、政策、达到公司的整体目标。公司情况主要包括公司的历史沿革、公司在行业中的地位、公司的经营方针、公司的规章制度、公司的生产规模和生产能力、公司的销售政策和定价政策、公司的服务项目、公司的交货方式与结算方式、公司的供货条件等。

（2）汽车产业与市场状况常用术语

进入汽车产业，不仅要对汽车产业整体宏观市场和微观市场有所了解，还应对汽车产业发展趋势有所认识，同时应能准确把握区域市场动态和竞争产品优、劣势及卖点等信息。

（3）汽车专业知识与术语

与行业相关的专业知识如汽车经营知识、金融知识、保险知识、汽车法律知识及一些专业术语如气缸数、气门数、排气量、最大扭矩、最大输出功率、前驱、后驱、四轮驱动、ABS、SUV、ESP、ASR、GPS、EBD+ABS 等词汇，营销人员不仅要知其然，还要知其所以然。

（4）顾客特性及其购买心理

由于消费者的消费需求具有个性化、差别化的特点，营销人员应该站在顾客的立场去体会顾客的需求和想法，只有充分了解不同消费者的购买特性和心理，才能更好地向其提供购买建议。一般来说，顾客购买心理动机有求实心理、求新心理、求美心理、求名心理、求利心理、偏好心理、自尊心理、仿效心理、隐秘心理、疑虑心理、安全心理等。

（5）市场营销相关内容

汽车销售与一般商品销售有着同质性和差异性，营销人员不仅要掌握一般商品营销的技巧及相关的理论与概念，还要就汽车营销市场特性的同质性与异质性进行了解，学习和钻研汽车营销的产品策略、营销价格策略、营销渠道策略、促销组合策略等知识。

2．综合素质与能力要求

（1）观察能力

观察能力指与人交谈时对谈话对象口头语信号、身体语言、思考方式等的观察和准确判断，并对后续谈话内容与方式及时修正和改善。

汽车营销过程是一个巧妙的自我推销过程，在这个过程中，营销人员应采取主动态度与客户沟通，在交谈的过程中应具有敏锐的职业观察能力，以判断下一步应采取的行动和措施。

（2）语言运用能力

营销人员每天要接待不同类型的顾客，主要通过语言与顾客沟通和交流，营销人员的语言是否热情、礼貌、得体，直接影响着自身和公司的形象。如果只是机械地使用礼貌用语而不带有任何诚意，只会起到相反的作用，影响顾客对汽车产品和服务的满意程度。因此，销售中在接待顾客时，必须要讲究语言艺术，提高使用接待用语的频率。说话要注意突出重点和要点；语气委婉，语调柔和；表达恰当，通俗易懂；要留有余地，不夸大其词。

（3）社交能力

社交能力是指人们为了某种目的而运用语言或非语言方式相互交换信息，实行人际交往的能力。营销人员在工作中要与各种各样的人打交道，有效的交往，会密切自己与顾客的关系，增加获得信息的渠道，提高销售效率。社交能力包括与人交往时使人感到愉快的能力、处理异议争端的能力以及控制交往氛围的能力等。

社交能力不是天生的，是在销售实践中逐步培养起来的。要培养高超的社交能力，营销人员必须努力拓宽自己的知识面，掌握必要的社交礼仪、礼节常识。营销人员还应敢于交往，主动与人交往，不要封闭自己，利用各种机会提高自己的社交能力。

（4）记忆能力

记忆能力是指对经历过的事物能记住，并在需要时回忆起来的能力。营销人员的工作繁杂，需要记住的东西很多，如顾客的姓名、职务、单位、电话、兴趣爱好；商品的性能、特点、价格、使用方法；对顾客的许诺、交易条件、洽谈时间、地点等。如果营销人员在客户面前表现出记忆模糊，会使客户产生不信任感，为销售工作设置障碍，影响工作效率。

　　记忆能力的好坏固然与天赋有很大关系，但更重要的是后天的训练。能否取得充分的记忆效果，很大程度上取决于记忆技巧和不断地自我训练。只要持之以恒、坚持不懈地训练，是能够提高记忆力的。

　　（5）思维能力

　　思维是人的理性认识活动，就是在表象、概念的基础上进行综合分析、判断、推理等认识活动过程。汽车营销人员应具有的思维品质包括：思维的全面性，能从不同角度看问题，即立体思维、多路思维；思维的深刻性，站得高，看得远，把问题的本质能看透；思维的批判性，不盲从，敢于坚持真理；思维的独立性，能独立思考，不受干扰，不依赖现成的答案；思维的敏捷性，反应快，遇事当机立断；思维的逻辑性，考虑问题条理清楚，层次分明。

　　（6）劝说能力

　　劝说是销售工作的核心，营销人员应有良好的劝说能力。劝说能力的强弱是衡量营销人员水平高低的一个重要标准。营销人员要说服别人、说服顾客，不仅需要有较好的说话艺术，更重要的是要掌握正确的原则。其中最重要的原则就是"抓住顾客的切身利益，展开劝说工作"。也就是说，在销售商品过程中，要重视对顾客切身利益的考虑，而不要把说服的重点放在夸耀自己的产品上。

　　（7）演示能力

　　在销售过程中，营销人员要使顾客对所销售的产品感兴趣，就必须使他们清楚地认识到购买这种产品以后，会得到什么好处。因此，营销人员不仅要在洽谈中向顾客介绍产品的具体优点，同时，还必须向顾客证明产品确实具有这些优点。越来越多的产品信息，有时很难用语言准确地传递，而必须借助于产品演示。产品演示是向顾客证明产品优点的极好的方法。如果所销售的产品是不能随身携带的，营销人员可以借助宣传材料、目录或其他器具，向顾客宣传介绍所销售的产品。

　　（8）核算能力

　　营销人员有良好的核算能力是提高工作效率的重要手段。通过核算，分析销售工作及业务的效果，并从中探索规律，总结经验教训，为进一步改进和制订新销售计划，作出科学决策。销售核算的内容很多，主要包括销售核算、费用核算、利润核算及劳效核算等。此外，销售工作还可以通过其他多种数量标准进行评估，如每日拜访次数、订车量、成交量、销售与拜访次数比、毛利、巡回时间等，这些数量标准都可以定量表示，很容易进行比较。

　　（9）应变能力

　　应变能力是指在遇到意想不到的情况下，能使自己在不利的形势下扭转局势，或在遇到突发事件时能处变不惊，以自己的果断和果敢挽救可能出现或已出现的失误。这要求营销人员应有灵活的头脑，能冷静、果断地处理问题。

　　（10）良好品质

　　经销商喜欢的营销人员一般具备以下优良品质：

　　① 要热爱本职工作，有积极的工作态度和饱满的工作热情。

　　② 良好的人际关系，善于与同事合作，服从管理人员的领导，能虚心接受批评。

　　③ 对公司忠诚可靠。

　　④ 有独立工作能力并具有创造性，努力达成业绩目标。

　　⑤ 虚心向有经验的人学习，不断提高业务技能，充分了解汽车知识，能够显现出公司和

汽车产品的附加价值。

顾客喜欢的营销人员一般都具备以下特点：

① 外表整洁，待人有礼貌，态度亲切、热情、友好，且乐于助人。

② 工作上能提供快捷的服务，能回答所有问题，能传达正确而准确的信息。

③ 能介绍所购汽车产品的特点，能提出建设性的意见，能帮助顾客作出正确的品牌选择。

④ 关心顾客的利益，急顾客所急。

⑤ 能耐心地倾听顾客的意见和要求。

⑥ 能记住老顾客的偏好。

（四）汽车 4S 店销售流程

汽车消费是一种复杂的购买行为，消费者购买行为持续时间长，参与程度也高。因此，销售人员要以顾客的需求为关注焦点，以顾问的身份围绕消费者的购买决策过程，才能实现销售。整个汽车销售活动是围绕着顾客的购买行为展开的，分为 9 个环节。汽车销售的一般工作流程如图 1-3 所示。

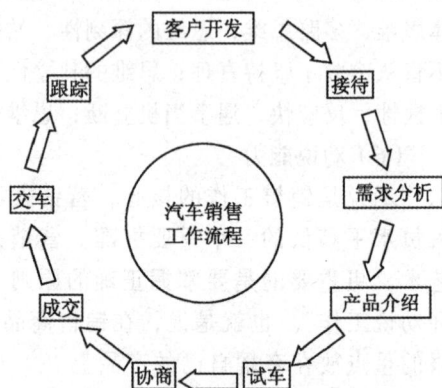

图 1-3　汽车销售工作流程示意图

1. 客户开发

① 了解潜在客户的购买需求，与潜在客户建立良好关系。

② 建立良好关系后，对潜在客户进行邀约。

2. 接待

① 客户一旦来时立即以微笑迎接，即使正在忙于帮助其他客户时也如此。如果客户在走进专营店展厅时无人理睬，他会认为没得到重视，会感到心情不畅。

② 迎接客户后应立即询问能为客户提供什么帮助，以弄清客户来访目的，以便为客户解决问题。应主动去引导客户交谈，以帮助他进一步消除疑虑不安的情绪。

3. 咨询

① 仔细倾听客户的需求，让其畅所欲言，以创造轻松的氛围。如果销售顾问使客户感觉到有压力。将会使他不能充分表达想法，而且不会对销售顾问产生信任感。

② 准确了解客户的需求与愿望，用自己的话重复客户的述说，以使客户相信他的话已被你理解，增加客户对你的信任感。

4. 产品介绍

① 介绍所推荐车辆时着重介绍那些能通过直接迎合客户购买（换购）需求的特性。

② 让客户确认所介绍的车辆确实符合他的需要和愿望。

5. 试车

① 主动邀请客户试车，请客户先乘后驾，给客户全面体验车辆性能的机会。

② 在客户试驾过程中，避免过多地和客户谈话，在确保安全的前提下，让客户自由地驾驶和体验车辆。

6. 协商

① 详细解释商谈备忘的各项细节，使客户感觉价格公平透明。

② 让客户有充分的时间按自己的节奏来考虑商谈结论，避免让客户仓促做决定。客户仓促决定后引起的反悔将抵消销售顾问之前建立的信任感。

7．成交

① 在客户签署协议之前再次使客户相信产品是符合他需求的，而且购买条件是合理的，以增强客户对所选车辆购买决定的信心。

② 留给客户充分的时间来评估和确定购车方案的价值。

8．交车

① 在交车区交车，以衬托出交车的重要性。按约定的时间交车，若有延误，必须第一时间和客户联系，避免客户产生负面情绪。

② 确保交车时介绍服务人员给客户，以便客户和服务部门之间建立长期关系。

9．跟踪

在交车后的第3天和第7天，销售顾问必须和客户进行联系，询问客户对车辆使用的情况和满意状况。

【任务实施】

引导问题1：你认为自己如果购买家用轿车，关注的车辆特征的排序是：＿＿＿＿＿＿＿、＿＿＿＿＿＿＿、＿＿＿＿＿＿、＿＿＿＿＿＿、＿＿＿＿＿＿、＿＿＿＿＿＿、＿＿＿＿＿＿等。

引导问题2：请根据你对当前世界汽车工业发展情况，主要车系品牌特点的认识，填写下表：

车　系	车系总体特点（优点/劣势）
自主品牌	
欧系品牌	
美系品牌	
日系品牌	
韩系品牌	

引导问题3：根据上述分析，当顾客提出"哪种车系更好？"的问题时，你该如何建议？

引导问题4：简单说说4S店的销售流程＿＿＿＿＿＿＿＿＿＿＿＿＿＿＿＿＿＿＿＿＿＿。

任务2　客　户　开　发

【任务导入】

4S店优秀的销售顾问往往有许多客户资源，他们总能在恰当的时间合理安排顾客到店洽谈，而不仅仅是等顾客上门，而且销售成功率较高。有些销售人员却不知道根据什么在卖车，不知道公司的可供资源情况，不知道顾客的优先级，每天上班全凭感觉，眉毛胡子一把抓，既无计划性，也没有系统性，更谈不上工作安排上的合理性和规范性。另外，也有些专营店的经理、总经理根本不知道今天、本周、本月有多少意向顾客要将订车变成现实，以及他们所要订的车型、颜色、数量等；不知道每天根据什么去管理销售人员的销售进度，更不知道汽车销售市场反映出来的重要信息。

这里涉及客户的开发与管理的问题，一个好的经销店或销售人员，可以采用哪些方法收集各种客户信息，做好客户资源的管理，以便开展客户营销？在与客户邀请沟通过程中，还应注意沟通的方式方法。图1-4所示的客户邀约是否妥当，讨论应怎样进行邀约？

图 1-4　客户邀约情境

【学习指引】

通过本任务的完成和学习，你应该掌握以下知识：

① 寻找购车的潜在客户的途径与方法。

② 潜在客户的判断与应对措施。

③ 潜在客户的管理方法与技巧。

通过本任务的完成和学习，你应该具备如下工作能力：

① 能通过多种渠道收集购车客户信息。

② 能准确判断客户购车的意愿并进行分类。

③ 能按客户类别制订客户的管理计划，定期跟踪。

【相关知识】

一、寻找潜在客户

（一）寻找潜在客户的途径

寻找客户的渠道有很多种，这里主要谈谈汽车营销员如何在公司的配合下，独立地开展客户开发的工作。

1. 走出去

利用各种形式的广告（平面、户外、媒体、网络等）、参加车展、汽车新闻发布会、新车介绍、小区巡展、参加各类汽车文化活动、发送邮件、大客户专访、政府／企业的招标采购、约定登门拜访，以及销售人员充分利用自己的名片、朋友和社交圈等。

2. 请进来

在展厅内接待客户，邀请客户前来参加试乘试驾、新车上市展示会，组织相关的汽车文化活动，等等。此外还有一些特有的渠道，如可以从来展厅或来电话的客户中、从定期跟踪的保有客户中、从保有客户的推荐中、从来自于服务站的外来保有客户中开发新客户，并据此确定客户的重要性和优先等级。

（二）发展潜在客户的方法

① 发展潜在客户的方法，使用最多、最普遍的三种方法是打电话、登门拜访和发送信函，一般多种方式组合使用。

② 散发宣传资料，如在经销商的市场区域内，至少每月散发一次。

③ 询问、收集潜在顾客的信息并上门拜访或电话交谈，尽可能地促使他们参观展厅。

④ 按照发展顾客的名单发送邮寄材料，特别是一些名人，促使他们来展厅参观。

⑤ 举办展示会或其他活动。

⑥ 顾客推荐，顾客推荐促销是销售活动中最重要的因素之一。顾客推荐资料一般由经销点的销售经理管理和控制。

⑦ 建立顾客发展档案——《客户信息卡》。根据客户的主动性、名单的时间性等因素确定客户的优先等级。联系客户前，准备好该表格。

无论你采用何种方式去开发你的客户，都必须要在行动前做好相应的准备工作，否则，将达不到预期的目的，造成行动的失败。

知识链接

顾客开发的具体方法

销售目标的达成第一步就是顾客的开发，只有通过多种途径结交更多的顾客和从老顾客中挖掘出潜在的顾客，才能有更高概率的成交。对潜在顾客和非潜在顾客进行清楚的区分，必须要了解顾客的需求和购买能力等相关信息，才能准确地判断和区分各种潜在顾客。

（一）陌生集客

1. 广告宣传

购车顾客比较看重汽车广告，广告宣传由市场部办理，市场部要至少提前2周以上将广告宣传计划通知销售部，销售人员熟记广告诉求，在广告期间做好首次来电与来店顾客的接待，留下顾客信息。

2. 集客活动

4S店市场部会经常举办户外车展、商圈车辆展示、展厅活动、试乘试驾活动等，以吸引意向顾客参加活动，这是产生客流的重要手段，销售人员在活动中要主动出击，为参加活动的陌生顾客提供车辆介绍等销售服务，利用现场的礼物换取顾客的联系信息。

3. 熟客介绍

大部分销售人员都是靠熟人介绍顾客才能有高于他人的销售量。通过熟人介绍，成交率通常在50%以上。当老顾客能介绍新顾客上门来看车，这对汽车销售人员来说是一种极高的认可，对于这样的新顾客和销售机会，销售人员一定要倍加珍惜。既然新顾客是老顾客介绍来的，那么汽车销售人员首先要主动地关心和询问老顾客的近况，这会让新顾客更加相信销售人员是值得信赖的。在接待完新顾客后，汽车销售人员一定不要忘记给老顾客打电话，介绍接洽的情况，并表达谢意。

4. 陌生拜访

陌生拜访可以让新人锻炼口才，提升胆识，还可以让广告宣传、集客活动的效果加倍。陌生拜访相对比较辛苦，也是销售的最基础的功夫。

（二）约客来店

销售人员迫切希望顾客能够应邀来展厅看车，约客的方法如下。

1. 短信、电子邮件问候

在首次顾客来店离开后，销售人员可以立即用短信问候顾客，感谢他来店参观，给顾客留下热情积极的印象。也可在周末或者节假日问候顾客；在气候发生变化时，短信提醒顾客关注身体；展厅有活动一定发短信邀请，这些都适合于老顾客维持关系。

发邮件给顾客相对来说不会打扰对方，传达的信息比较完整，通过邮件与顾客联系，制造与其他销售人员的差异化，争取顾客的认同；邮件的内容可以包括品牌故事、车型资料、如何养护车辆、竞争车型对比、公司的新惠客政策等。

2. 电话邀约

来店的顾客不论买车的意向多大，全部都是重要顾客。销售人员要打电话，但却不能骚扰顾客，而是应该约顾客见面。顾客在电话里谈到买车的疑虑或条件时，应该表示电话里说不清楚，最好能够见面谈。买车的顾客都喜欢积极的销售人员，积极热情地致电会赢得顾客的尊敬和认同，有助于销售。

二、潜在客户的判断

销售人员在刚刚开始从事这个行业的时候，培训后只是对汽车产品了解而已，如何寻找潜在顾客是成功销售汽车的关键。这项工作既重要又艰巨，销售人员应通过一定的方式判别潜在顾客购买车辆的意向程度，从而对症下药，最终将客户发展为自己的客户。

1. 潜在客户的判断原则

汽车销售人员在寻找潜在顾客的过程中，要把握 MAN 原则：

M：Money，代表"金钱"。所选择的对象必须有一定的购买能力。

A：Authority，代表购买"决定权"。该对象对购买行为有决定、建议或反对的权力。

N：Need，代表"需求"。该对象有这方面（产品、服务）的需求。

"潜在顾客"应该具备以上特征，但在实际操作中，往往遇到客户具有不同的状况，如表 1-1 所示，应根据具体状况分类采取不同的对策。

表 1-1　潜在客户的判断分类与对策

类　型	购买力 M（有）m（无）	决策权 A（有）a（无）	需求 N（大）n（无）	具　体　对　策
M+A+N	M	A	N	是有望顾客，理想的销售对象
M+A+n	M	A	n	可以接触，配上熟练的销售技术，有成功的希望
M+a+N	M	a	N	可以接触，并设法找到具有 A 之人（有决定权的人）
m+A+N	m	A	N	可以接触，但需调查其业务状况、信用条件等给予融资
m+a+N	m	a	N	可以接触，应长期观察；培养，待之具备另一条件
m+A+n	m	A	n	可以接触，应长期观察、培养，待之具备另一条件
M+a+n	M	a	n	可以接触，应长期观察、培养，待之具备另一条件
m+a+n	m	a	n	非顾客，停止接触

由此可见，潜在顾客有时欠缺了某一条件（如购买力、需求或购买决定权），仍然可以开发，但要应用适当的策略，便能使其成为企业的新顾客。

2．准确判断顾客购买欲望

销售人员判断顾客购买欲望的大小，有5个检查要点：

① 顾客对汽车的关心程度　如顾客对汽车的品牌、动力特性、安全设施、内部装饰等的关心程度。

② 顾客对购车的关心程度　如顾客对汽车的购买合同是否仔细研读或要求将合同条文增减，或是否主动要求试乘试驾。

③ 是否能符合顾客的各项需求　如顾客小孩上学、大人上班是否方便；是否详细了解售后服务流程等。

④ 顾客对产品是否信赖　顾客对汽车品牌是否满意，耗油是否经济等。

⑤ 对销售企业是否有良好的印象　顾客对销售人员印象的好坏左右着潜在顾客在该公司的购买欲望。

3．准确判断顾客购买能力

判断潜在顾客的购买能力，有两个检查要点：

① 信用状况　可从职业、身份地位等收入来源的状况，判断是否有购买能力。

② 支付计划　销售人员通过从顾客购买汽车时，是期望一次支付现金，还是要求分期付款，以及支付首期金额的多少等，来判断顾客的购买能力。

经过顾客购买欲望及购买能力的两个因素判断后，销售员就能够大致确定顾客的购买时间并做出下一步计划。

三、潜在客户的管理

1．客户管理的作用

（1）方便管理

进行客户管理可以及时了解到很多的信息，便于日常工作的掌控和管理，合理有效地安排工作的轻重缓急。客户信息应分项记录规范管理，便于相关信息的查询。例如，可以了解来电、来店客户的购车意向级别，了解各时段来店的客户情况，了解客户留下资料的比例，了解来店成交的比例，了解来店客户的喜好车型，了解值班销售人员的销售能力等。

（2）促进销售

进行客户管理，便于销售人员改进工作质量，提高工作水平；便于保留和登录来电、来店的客户资料；便于作为其继续联系客户和判断客户购车级别的依据；便于了解个人值班销售的能力；便于通过与其他销售人员的业绩对比来增强自己提高销售业绩的动力。

2．建立客户信息卡

取得客户的信任、缩短了与客户的距离之后，销售人员接下来就要做好对来店、来电客户等意向客户的管理工作。作为汽车4S店一定要有这方面的工具，要将与客户交流的过程，包括客户的想法和要求、客户的意向级别等，都要详细地记录下来。

信息卡应包括以下意向管理的基本内容：客户姓名、联系电话、身份证号、拟购车型、意向级别、接待人员、接待日期、来店（电）时间、离去时间、经过情形、失败原因、公司名称、现在地址、电话、邮编、网址、行业、介绍人、信息来源、下次访问日期、实际访问日期、再次确认的意向级别、经过情形、销售经理审核等。

3．确定客户意向级别

按照客户购车意向的程度设为 A、B、C、D4 个等级，评级依据参考表 1-2。把客户分为 4 个等级后，可按照意向级别把他们分别填在《客户信息卡》上，以后就可以根据客户意向级别，按照设定的时间给他打电话联系。因为客户是处在不断变化之中的，他昨天说资金没有到位，一个月以后才能买车，说不定今天钱已经到账了，他马上就会过来买。就是说，你与客户联系的时候有一个先后的顺序，最好能从概率的角度作出科学的安排。

表 1-2 潜在客户分类管理表

类　　别	拟购车时间	评价依据	管理方式
最具潜力的客户（A 类）	1 个月内	是否接受了车辆介绍 是否完成了试驾 是否选定了车型、颜色 是否已报价 是否已确定了付款方式	重点跟踪 安排约见 及时了解客户动向 提供特别服务
较具有潜力的客户（B 类）	3 个月内	是否接受了车辆介绍	定期电话访问 及时了解客户动向
一般潜力的客户（C 类）	6 个月内	是否接受了车辆介绍	传递车辆信息
其他潜在客户（D 类）	6 个月以上	对车辆的一般性了解	

4．意向客户的跟踪

（1）跟踪方式

将潜在顾客按其可能转化的程度和预计的购买时间进行分类后，一般按其类别确定拜访频次与方式。

① A 类客户　随时掌握谈判的进展；邮寄光临展厅的感谢信并在信上签名或打电话感谢光临展厅；增加拜访次数。

② B 类客户　月度性拜访 3 个月，每月联系的目的是提高其"潜力"程度，促使顾客再次光临展厅。如果该客户未能转变为最有潜力的 A 类客户，则按照对待潜在的 C 类客户的方式进行以后的联系。

③ C 类客户　每月都拜访一次，可以采用电话、邮寄材料和邀请顾客光临展厅等方式。

（2）跟踪技巧

① 客户分类管理，确定优先次序，分批次、有策略地去联系。

② 客户联系要持续并有所递进，但不要太功利。

③ 为每一次跟踪找到合理、漂亮的理由。

④ 跟踪、拜访客户之前，一定要打有准备之仗。

⑤ 每一次跟踪情况都要详细记录在案。

⑥ 鼓励客户说出他们的疑虑，但不要轻易向客户许诺。

（3）跟踪效果

据统计，一般情况下，跟踪次数与成交之间具有如下的关系：

① 2%的销售是在第一次接洽后完成。

② 3%的销售是在第一次跟踪后完成。

③ 5%的销售是在第二次跟踪后完成。

④ 10%的销售是在第三次跟踪后完成。

⑤ 80%的销售是在第4～11次跟踪后完成。

汽车销售人员需要不断地联系和管理客户，不断地重新认定客户的购车级别，这样才能在变动中更准确地掌握意向客户动态，把握住各阶段的市场信息和销售信息，从而提高销售业绩。

知识链接

东风标致有关客户分级的说明

（一）级别定义

将潜在客户（尚未签署订购合同）分为4个级别H、A、B、C；客户所属级别越高，购买可能性越大，预计购买时间越近。

（二）分级标准

具备每个级别所列5条标准中的3条即可判断属于该级别；此外，特约商可以根据自己经验进行综合判断。

1. H级（在DMS系统"意向客户统计"中为购车意向很强）

① 已谈到交车细节及期限。

② 客户已确认欲购车辆颜色。

③ 客户主动告知竞争对手情况。

④ 主动谈及车辆装饰、旧车处理、付款方式与上牌问题。

⑤ 主动打电话来或再度来店。

2. A级（在DMS系统"意向客户统计"中为购车意向一般）

① 与客户商谈超过1h。

② 商谈甚欢甚至能开玩笑或主动叫出销售人员的名字。

③ 约好下次洽谈时间。

④ 客户有明确感兴趣的车型。

⑤ 客户详细询问车辆的功能、配置。

3. B级（在DMS系统"意向客户统计"中为购车意向较差）

① 已经知道客户的名字、地址、电话或得到客户的名片。

② 有谈及客户公司的情况或聊到客户的学历、背景。

③ 知道客户的兴趣、爱好。

④ 了解客户对欲购车辆的基本要求。

⑤ 提到目前用车的状况。

4. C级（无明确购车意向，不需要输入到DMS系统）

还没有完整的客户联系方法，或者仅有联系方法但是没有其他有效的信息沟通。

（三）对不同级别客户跟踪处理方法

对于高级别的客户，应保持更密切的跟踪，并优先提供宣传品、促销资料，在预约试乘试驾时优先安排。

（四）客户分级信息整理和汇报

① 动态更新，在每次对客户进行跟踪联系后重新进行级别评估。

② 在 DMS 系统中录入、更新并进行数量统计，根据东风标致要求进行汇报。

【任务实施】

引导问题 1：分析各种集客方法的特点与技巧，完成下面的表格。

集 客 方 法	工 作 内 容	实 施 条 件	方 法 技 巧
广告宣传			
集客活动			
熟客介绍			
陌生拜访			
短信、电子邮件问候			
致电顾客			

引导问题 2：谈谈自己作为一名刚入职的汽车销售人员，哪种顾客开发的方法更适合现阶段，哪些方法或技巧需要加强训练？

引导问题 3：在进行客户邀约时，销售人员的话术和注意事项有哪些？

任务 3　展厅销售接待

【任务导入】

汽车营销人员与顾客见面之初，能否取得顾客的好感，第一印象起着重要的作用。顾客对营销人员第一印象的好坏，取决于营销人员的外表和态度，即营销人员的形象。但第一印象也只是一个开始，由于汽车销售过程是一个与顾客交往的长期的过程，要真正树立汽车营销人员的良好形象，就必须掌握必备的礼仪知识，在与客户交往过程中时时处处体现出良好的礼仪、礼节。请谈谈自己作为销售人员在穿着打扮、与人交往的商务礼仪方面应注意哪些地方。模拟客户进店的接待情境，演练销售人员应对话术和举止。

【学习指引】

通过本任务的完成和学习，你应该掌握以下知识：

① 汽车销售人员的仪容仪表、礼仪。

② 汽车销售商务礼仪。

③ 汽车销售展厅接待服务的流程标准。

通过本任务的完成和学习，你应该具备如下工作能力：

① 能按礼仪要求进行着装打扮。

② 能按商务礼仪要求进行社交沟通。

③ 能按展厅接待标准进行客户接待。

【相关知识】

一、汽车营销礼仪

（一）汽车营销礼仪的概念

礼仪是礼节和仪式的总称，是指人们在社会交往中由于受历史传统、风俗习惯、宗教信仰、时代潮流等因素的影响而形成，既为人们所认同，又为人们所遵守，以建立和谐关系为目的的各种符合礼的精神及要求的行为准则或规范的总和。

汽车营销礼仪是礼仪在汽车营销活动中的运用，是销售人员在汽车销售过程中更好地为顾客服务而有意识地塑造自身的良好形象所体现出来的尊重、友好、体谅等系列职业道德、规范及行为规则的总和。

从个人修养的角度来看，礼仪可以说是一个人内在修养和素质的外在表现。从交际的角度来看，礼仪可以说是人际交往中适用的一种艺术、一种交际方式或交际方法，是人际交往中约定俗成的示人以尊重、友好的习惯做法。从传播的角度来看，礼仪可以说是在人际交往中进行相互沟通的技巧。

礼仪的基本原则包括：平等原则、互尊原则、诚信原则、宽容原则和适度原则。

> **知识链接**
>
> 英国著名戏剧家、诺贝尔文学奖获得者萧伯纳有一次访问苏联，在莫斯科街头散步时，遇到了一位聪明伶俐的苏联小女孩，便与她玩了很长一段时间。分手时，萧伯纳对小姑娘说："回去告诉你妈妈，今天同你一起玩的是世界有名的萧伯纳。"小姑娘望了望萧伯纳，学着大人的口气说："回去告诉你妈妈，今天同你一起玩的是苏联小姑娘安妮娜。"这使萧伯纳大吃一惊，立刻意识到自己太傲慢了。后来，他常回忆起这件事，并感慨万分地说："一个人不论有多大的成就，对任何人都应该平等相待，要永远谦虚。这就是苏联小姑娘给我的教训，我一辈子也忘不了她！"

（二）仪容仪表礼仪

仪容通常是指人的外观、外貌。其中的重点，则是指人的容貌，更具体地说是指发式、面容以及人体所有未被服饰遮掩的肌肤，如手部、颈部等。在人际交往中，每个人的仪容都会引起交往对象的特别关注，并将影响到对方对自己的整体评价。在个人的仪表问题之中，仪容是重中之重。

仪表是指人的外表，它包括人的形体、容貌、健康状况、姿态、举止、服饰、风度等方面，是人举止风度的外在体现。风度是指举止行为，是接人待物时，一个人的德才、学识等各方面内在修养的外在表现。风度是构成仪表的核心要素。仪表美是一个综合概念，它包括三个层次的含义：一是指人的容貌、形体、仪态等的协调优美；二是指经过修饰打扮以后及后天环境的影响形成的美；三是指其内在美的一种自然展现。

1. 仪容修饰的要求

修饰仪容的基本规则，是美观、整洁、大方、典雅。它包括如下方面：

① 头发的修饰 要干净，常理、常洗、常梳、常整；长短要适宜，男士头发一般 7 cm 左右，前不及额，侧不及耳，后不及领；女士头发不长于肩，如长于肩就要做技术处理，或盘起

来、或梳起来；要做到发式自然，不能将头发染成五颜六色，发型的选择要时尚、大方、得体，不能标新立异。

② 面部的修饰　面部皮肤不宜太干燥或油腻，面部修饰除了要保持整洁外，还要注意多余的毛发，男性汽车销售人员要注意修剪鼻毛和胡须，女性汽车销售人员要注意修理眉毛。

③ 胡须的修饰　在正式场合，男士留着乱七八糟的胡须，一般会被认为是很失礼的，而且会显得邋里邋遢。个别女士因内分泌失调而长出类似胡须的汗毛，应及时清除并予以治疗。

④ 鼻毛的修饰　鼻毛不要外现，鼻腔里要随时保持干净。

⑤ 清洁的口腔　牙齿洁白，口无异味，是对口腔的基本要求。在会见顾客之前忌食蒜、韭菜、腐乳等让口腔发出刺鼻气味的东西。

⑥ 手部的修饰　手是肢体中使用最多、动作最多的部分，要完成各种各样的手语、手势。如果手的"形象"不佳，整体形象就会大打折扣。销售人员的手一定要干净，要保持手掌的湿润与柔软。指甲要经常修剪、洗刷；指甲长度要适当，以直视手掌心看不见指甲为准。若涂指甲油，只限于透明色。

要美化自己的仪容仪表，化妆是很重要的一个手段，化妆本身也是一种礼貌。化妆礼仪的基本要求包括三点，即自然、协调和不在公共场合化妆。汽车销售人员化妆切忌浓妆艳抹。力求化妆之后自然而没有痕迹，给别人造成天生丽质但又不失庄重的感觉。

2. 仪表修饰的原则

生活中人们的仪表非常重要，它反映出一个人的精神状态和礼仪素养，是人们交往中的"第一印象"。成功的仪表修饰一般应遵循以下原则：

① 适体性原则　要求仪表修饰与个体自身的性别、年龄、容貌、肤色、身材、体形、个性、气质及职业身份等相适宜和相协调。

② 时间（Time）、地点（Place）、场合（Occasion）原则　简称 TPO 原则，即要求仪表修饰因时间、地点、场合的变化而相应变化，使仪表与时间、环境氛围、特定场合相协调。

③ 整体性原则　要求仪表修饰先着眼于人的整体，再考虑各个局部的修饰，促成修饰与人自身的诸多因素之间协调一致，使之浑然一体，营造出整体风采。

④ 适度性原则　要求仪表修饰无论是修饰程度，还是在饰品数量和修饰技巧上，都应把握分寸，自然适度。追求虽刻意雕琢而又不露痕迹的效果。

3. 仪态礼仪

仪态礼仪指的是一个人的举止和表情礼仪。举止落落大方，表情自然，是汽车销售人员个人礼仪方面最基本的要求。

（1）微笑

微笑是一种国际礼仪，能充分体现营销员的热情、修养和魅力。微笑一定要真诚，要发自内心，而且要适度。可使用咬筷子训练微笑，即用门牙轻轻咬住筷子，把嘴角对准筷子，嘴角两边都要翘起，观察连接嘴角两端的线是否与筷子在同一水平线上，保持这个状态轻轻拔出筷子。通过这种方式练习微笑时嘴角的弧度。

（2）站姿

正确优美的站姿，会给人以挺拔向上、舒展俊美、庄重大方、亲切有礼、精力充沛的印象。

图 1-5 所示为女士站姿。

正确的站姿是：目光平视，面带微笑，颈挺直，下颌微收，上身正直，挺胸收腹，自然呼吸，略微收臀，腰直肩平，两臂自然下垂；两手可以在体前交叉，一般是右手放在左手上，肘部略向外张；双脚分开，与肩同宽。

女士站姿，脚应呈 V 形或 Y 形，双膝、双脚后跟应分别靠紧，身体重量平均分布在两条腿上，身体重心应尽量提高。这是基本站姿，也可以在此基础上有所调整，如将两脚平行分开，比肩略窄；或将左脚向前脚跟靠于右脚内侧，成丁字步站立；可以将右手搭在左手上，放在腹部或臀部；或是将一只手垂于体侧，另一只手放在腹上部或臀部。

（a）双脚呈 V 形站姿　　（b）双脚呈 Y 形站姿

图 1-5　女士站姿

（3）坐姿

入座时要轻、稳、缓。走到座位前，转身后轻稳地坐下。如果椅子位置不合适，需要挪动椅子的位置，应当先把椅子移至欲就座处，然后入座。而坐在椅子上移动位置，是有违社交礼仪的。坐在椅子上，应至少坐满椅子的 2/3，宽座沙发则至少坐 1/2。落座后至少 10 min 左右时间不要靠椅背。时间久了，可轻靠椅背。入座后双膝自然并拢，双腿正放或侧放，双脚并拢或交叠或成小 V 形。男士两膝间可分开一拳左右的距离，脚态可取小八字步或稍分开以显自然洒脱之美，但不可尽情打开腿脚，那样会显得粗俗和傲慢。如长时间端坐，可双腿交叉重叠，但要注意将上面的腿向回收，脚尖向下。女士入座前用手将裙子拢一下，显得娴雅。如图 1-6 所示，女士坐定后双脚必须靠拢，脚跟也靠紧。如长时间端坐，可双腿交叉重叠，但要注意将上面的腿向回收，脚尖向下。目光平视面带微笑，上身正直，胸部前倾，双肩放松平放，躯干等正对前方。

图 1-6　女士坐姿

（4）走姿

① 男士的走姿应当是昂首，闭口，两眼平视前方，挺胸收腹，直腰，上身不动，两肩不摇，脚步要轻而稳健。

② 女士走路的姿态应是头端正，不宜抬得过高，目光平和，目视前方，上身自然挺直，收腹，两手前后摆动的幅度要小，以含蓄为美，两腿并拢，平步行进，走成直线，步态要自如，匀称轻柔。

③ 行走线路是脚正对前方所形成的直线，脚跟要落在这条直线上，上体正直，抬起头，眼平视，脸有笑容，双臂自然前后摆动，肩部放松，走时轻而稳，两只脚所踩的应是两条平行线，两脚落在地上的横向距离大约是 3 cm。

④ 步度就是每走一步，两脚间的距离标准：如果左脚一步迈出落地，脚跟离合，脚步恰好是一只脚的长度，随身体高矮而定。遇有急事，可加快步伐，但不可慌张奔跑，如图 1-7 所示。

⑤ 两人并肩行走时，不要用手搭肩；多人一起行走时，不要横着一排，也不要有意无意地排成队形，如图 1-8 所示。

图 1-7　走姿　　　　　　　　　　图 1-8　并行走姿

⑥ 走路时一般靠右侧，与顾客同走时，要让顾客走在前面；遇通道比较狭窄，有顾客从对面来时，服务人员应主动停下来，靠在左边上，让顾客通过，但切不可把背对着顾客。

⑦ 遇有急事或手提重物需超越行走在前的顾客时，应彬彬有礼地征得顾客同意，并表示歉意。

（5）蹲姿

下蹲时，应自然、得体、大方，不遮遮掩掩。两腿合力支撑身体，避免滑倒。应使头、胸、膝关节在一个角度上，使蹲姿优美。女士无论采用哪种蹲姿，都要将腿靠紧，臀部向下。

（6）手势动作

手势是一种最有表现力的"体态语言"，它是服务人员向顾客做介绍谈话、引路、指示方向等常用的一种形体语言。

手势要求正规、得体、适度、手掌向上。在指引方向时，应将手臂伸直，手指自然并拢，手掌掌心向上，以肘关节为轴指向目标。同时，眼睛要转向目标，并注意对方是否已看清目标，手掌掌心向上的手势是虚心的、诚恳的。在介绍、引路、指示方向时，都应掌心向上，上身稍前倾，以示敬重。在递给客人东西时，应用双手恭敬地奉上，绝不能漫不经心地一扔，并切忌以手指或笔尖直接指向客人。

通常手势的使用宜少不宜多，尤其不宜一种手势反复使用，以免使人感到单调、心烦。使用任何一种手势时，其幅度不宜过大，否则就会显得过分；同时不要下意识地滥用手势，不然会使对方曲解，甚至认为缺乏教养。

4. 服饰礼仪

服饰是一种文化，它可以反映一个民族的文化素养、精神面貌和物质文明发展的程度。服饰又是一种无声的语言，它显示着销售人员的个性、身份、角色、涵养等多种信息。作为一名汽车销售人员，给消费者的第一印象非常重要，这就要求必须以适当的服装彰显汽车营销人员的身份，体现所扮演的角色。

汽车营销人员的服饰应该遵循 TPO 原则。TPO 原则是有关服饰礼仪的基本原则之一，即根据不同的时间、地点、场合来选择相应的服饰。

（1）男士服装礼仪

现代营销活动中，男性最正统的服装是西装。穿西装要得体，要穿出风度来。

① 西装　西装必须合身，宜选择套装，颜色最好为深色。西装的领子应贴近衬衫领口且低于衬衫领口 1~1.5 cm，上衣的长度以垂下手臂时与虎口相平为宜，西装的袖口处衬衫应露出 1.5 cm 左右。穿西装除了上衣内侧口袋可以放名片夹或名片外，其他外部口袋包括裤子的后口袋都不要放任何物件，以免形成低俗之感。领带的搭配也很重要，领带的质地以真丝为最佳，其图案与色彩要与衬衫和西服的颜色相差不大。穿西服总的原则是全身上下颜色不宜超过三种。领带下端一般应长及皮带上下边缘，领带夹在衬衣的第四颗纽扣上下。

② 企业工作服　如果企业配有工作服，可以穿工作服，要注意领口和袖口的干净，夏天时要注意熨平，去会见顾客的时候，如果能穿工作服，会让顾客更加信任你。

（2）女士服装礼仪

女性在汽车营销中的地位越来越高，其工作时的服装也尤为重要。女性营销人员应选择适合自己气质、脸型和年龄等特点的服饰，并选择适当的发型来增添自己的魅力。

① 套装或套裙　套装或套裙往往在职场女性中显的非常重要，但过分花哨、夸张的款式绝对要避免。总体来说，就是庄重保守，颜色以素淡为主，可以在套装上佩戴一些配饰，但不能过多。在正式社交场合，一般选择长过膝的裙装，不宜选择长裤。营销活动中不能穿着过分性感或暴露的服装，否则会惹出不必要的麻烦。

② 企业工作服　如果企业配有工作服，最好穿工作服，工作服要整洁合身。另外，丝袜是女性衣着必不可少的一部分，女性营销人员在穿着上也应注意穿丝袜的细节。首先，丝袜要高于裙子下摆，无论是坐是站，都不能露出大腿来，不然，会给人轻浮的感觉，让人不信任；其次，不要穿有走丝或破洞的丝袜；丝袜色泽以肉色最好。

（3）饰物礼仪

饰物是指与服装搭配，对服装起修饰作用的其他物品，主要有领带、围巾、丝巾、胸针、首饰、鞋袜等。饰物在着装中起着画龙点睛、协调整体效果的作用。

（三）商务礼仪

1. 接待礼仪

迎接顾客是给顾客留下良好印象的重要环节。汽车营销人员应保持良好的工作状态，为顾客创造轻松的环境，缓解顾客的紧张情绪。当顾客在店外泊车时，销售人员应上前指引并带领顾客进入展厅，向顾客问好并致欢迎词，如"您好""欢迎光临"，同时行欠身礼，上身微微前倾，双目注视顾客，保持微笑。如果还有其他顾客随行时，应用目光与随行顾客交流。目光交流的同时，销售人员应作简单的自我介绍，并礼节性地与顾客分别握手，适时递上自己的名片，进行自我介绍，之后再与顾客交谈，询问顾客需要提供什么帮助，态度要热情诚恳。

（1）握手礼仪

握手是人与人的身体接触，能够给人留下深刻的印象。强有力的握手、眼睛直视对方将会搭起积极交流的舞台。握手的顺序是上级在先、主人在先、长者在先、女性在先；握手时，力气不宜过大，但也不宜毫无力度；握手时，应目视对方并面带微笑，切不可斜视或低着头，可根据场合，一边握手一边寒暄致意，如"你好""幸会"等。对年长者和有身份的顾客，应双手握住对方的手，稍稍欠身以示敬意。不能戴着手套与人握手；握手的时间不宜过长，3~5 s为宜。另外，在正规场合遇见身份高的领导，应有礼貌的点头致意，不要主动上前握手问候。如遇到身份高的熟人，也不要径直去握手问候，而要在对方应酬告一段落后，前去握手问候。

（2）注视礼仪

与人眼睛接触时，应该柔和平视，注意眼睛注视区域、方式和时间的特点，避免造成不快。

① 目光注视的区域　在与人交谈时，不要将目光长时间聚焦于对方脸上的某个部位或身体的其他部位。面对不同的场合和交往对象，目光所及之处也有区别，具体如下。

a. 公事注视：目光所及区域在额头至两眼之间。

b. 社交注视：目光所及区域在两眼到嘴之间。

c. 亲密注视：目光所及区域在两眼到胸之间。

② 目光注视时间：

a. 注视时间应占交谈时间的30%~60%，低于30%会被认为你对他的交谈不感兴趣，高于60%则会被认为你对他本人的兴趣高于对谈话内容的兴趣。

b. 凝视的时间不能超过5 s，因为长时间凝视对方，会让对方感到紧张、难堪。如果面对熟人、朋友、同事，可以用从容的眼光来表达问候、征求意见，这时目光可以多停留一些时间，切忌迅速移开，这会给人留下冷漠、傲慢的印象。

③ 目光的不良表达方式：

a. 在别人讲话时闭眼，给人的印象是傲慢或没教养。

b. 盯住对方的某一部位用力地看，这是愤怒的最直接的表示，有时也暗含挑衅之意。

c. 从上到下反复地打量别人，尤其是对陌生人，特别是异性，这种眼神很容易被理解为有意寻衅闹事。

d. 窥视别人，这是心中有鬼的表现。

（3）交谈礼仪

在递名片的同时，汽车营销人员可以进行简短的自我介绍，以加深顾客对自己的印象。自我介绍的内容包括公司名称、职位、姓名，然后再给对方一个自我介绍的机会。

在接待顾客时，应时刻记住要认真倾听顾客的谈话，让对方感觉你对他的谈话是有兴趣的。如果与顾客观点一致，要及时表示赞同；如果不同意顾客的观点和意见，要克制自己的情绪，以委婉的方式提出自己的观点。

（4）自我介绍

自我介绍应在不妨碍他人工作和交际的情况下进行。介绍的内容包括：公司名称、职位、姓名等。例如，"您好!我是宝马汽车销售有限公司的业务代表，我叫彭军"。另外，应给对方一个自我介绍的机会。例如，"请问，我该怎样称呼您呢"。

2. 电话礼仪

接听电话时，不要让铃声响得太久，应尽快接电话（一般电话铃声响过两声之后接听）。

若周围吵闹，应安静后再接电话。接电话时，与话筒保持适当距离，说话声大小适度。因急事或在接另一个电话而耽搁时，应表示歉意。接电话后应热情问候，并报出公司或部门名称，例如，"您好!宝马汽车销售有限公司"。如果对方打错电话，不要责备对方，知情时应告诉对方正确的号码。确认对方单位与姓名，询问来电事项并记录。

汽车营销人员在访问顾客之前应用电话预约，既是有礼貌的表现，又使访问更加有效率。打电话预约看似简单，关键是要掌握如何说、怎么说、说些什么，这里面是有学问的。

打电话要牢记"5w1H"，即：

when 什么时候；

who 对象是谁；

where 什么地点；

what 说什么事情；

why 为什么；

How 如何说。

电话拨通后，要简洁地把话说完，尽可能省时省事，否则易让顾客产生厌恶感，影响预约的质量以至销售的成功。

电话预约的要领：

① 力求谈话简洁，抓住要点。

② 考虑交谈对方的立场。

③ 使对方感到有被尊重的感觉。

④ 没有强迫对方的意思。

⑤ 成功的电话预约，不仅可以使对方对你产生好感，也便于销售工作的进一步进行。

3．介绍礼仪

介绍是汽车营销中重要的环节，介绍的礼节是通向交际大门的钥匙，销售人员有时需要为初次见面的他人进行介绍，又有时在相互之间进行自我介绍。

汽车销售人员为他人进行介绍时的介绍顺序和注意事项如下：

① 先把顾客向主人介绍之后，随即将主人再介绍给顾客。

② 在一般情况下，应先把男子介绍给女士之后，再把女士介绍给男子。

③ 应先把年轻的身份低的介绍给年长的、身份高的，然后再把年长的身份高的介绍给年轻的、身份低的。

④ 在一般情况下，先把男士介绍给女士，先把身份低者介绍给身份高者，先把年幼者介绍给年长者，先把未婚者介绍给已婚者。

⑤ 同级、同身份、同年龄时，应将先者介绍给后者。

⑥ 介绍时，要把被介绍的姓名、职衔（职位）说清楚。

⑦ 向双方做介绍时，应有礼貌地以手示意。手向外示意时手心向外，手向里示意时，手心向着身体，身体稍倾向介绍者，切勿用手指划，更不能拍打肩膀或胳膊。

⑧ 介绍双方姓名时，口齿要清楚，说得慢些，能让双方彼此记住。

4．名片使用礼仪

名片是汽车营销人员必备的一种常用交际工具。这种方式既方便，又体面，但不能滥用，要讲究一定的礼仪；否则，会给人留下草率、马虎的印象。

一般来说，递名片的次序是由下级或访问方先递名片，而汽车营销人员初次见到顾客，首先要以亲切的态度打招呼，并报上自己的公司名称，然后将名片递给对方。如介绍时，应由先被介绍方递名片。递名片时最好用双手，或右手递左手接。名片的正面应对着对方。递交时要目光注视对方，微笑致意，可顺带一句"请多多关照"。名片夹应放在西装上衣里面的口袋里，而不应从裤子口袋里掏出。

双手接过对方的名片时，要简单地看一下上面的内容，既不要把它直接放在兜里或放在其他位置根本不看，也不要长时间拿在手里不停摆弄，而应该把名片放在专用的名片夹中，尽量避免把名片放在口袋中或放在其他位置。

5. 通信礼仪

在销售工作中，经常要使用信函，如利用信函约见顾客、用信件销售产品；生意成功，要向顾客写信致谢；对于顾客的责难，要写信进行解释；喜庆日子，向关系户发函祝贺等。写好这些信函，对于销售产品、维系感情、扩大生意起着很重要的作用。信函不同于面对面交谈，只能通过文字来表达，顾客只能从信函的格式、内容以及文笔来了解汽车营销人员及其产品，并做出判断。所以，汽车营销人员一定要注意销售信函礼仪，讲究信函的写法。其基本要求是：书写要规范、整洁，态度要诚恳、热情，文字要简练、得体，以及内容要真实确切。

6. 共乘电梯礼仪

共乘电梯时，先按电梯按钮，让客人先进，若客人不止一个时，可先进电梯，一手按住"开门"按钮，一手挡住电梯侧门，对客人礼貌地说："请进！"进入电梯后，按下客人要去的楼层数按钮。侧身面对客人。如无旁人，可略作寒暄。如有他人，应主动询问所去楼层，并帮忙按下楼层按钮。到目的地后，一手按"开门"按钮，一手做出请出的动作，说："到了，您先请！"客人走出电梯后，自己立即步出电梯，在前面引导方向。

7. 车内就座礼仪

有专职驾驶人时，以后排右车窗位为首位，左车窗位为次之，中间位再次之，前排右侧位为最末。顾客亲自驾车时，前排右侧为首位，后排右车窗位为次之，后排左侧位为再次之，中间位为最末。另外，顾客坐上车时应帮助顾客调整座椅及方向盘的位置，要确保顾客乘坐舒适。

二、展厅销售接待

客户到店时，销售顾问应及时接待，接待服务工作的流程与细节要求如表 1-3 所示。

表 1-3　接待服务工作流程标准

步骤	环　节	工 作 具 体 内 容 与 要 求
1	准备工作	注意仪表着装（穿着指定的制服，保持整洁、合身） （1）佩戴胸牌，样式统一，干净平整； （2）整理好头发，无头屑，不遮盖脸面和衣服，不染色； （3）保持手和指甲的清洁，修剪整齐； （4）皮鞋擦拭干净、明亮，袜子颜色与衣服和肤色协调； （5）男士不佩戴饰物，女士的饰物应小巧精致； （6）女士化妆需自然、淡雅、整齐协调，避免浓妆艳抹； （7）避免让人不快的气味，包括体味、汗味、口臭

续表

步骤	环 节	工 作 具 体 内 容 与 要 求
2	客户若开车来	（1）客户到来时，到展厅外（至少在门口）迎接，主动为客户引导、安排车位，停放车辆，第一顺位值班人员引导客户进入展厅； （2）观察客户动作、车辆外形及新旧、车辆内部状况，以了解该客户的特性及可能的需求，考虑适合的接待方式； （3）下雨天，主动拿伞出门迎接客户
3	客户进入展厅时	（1）点头、微笑、目视并保持眼神接触，所有员工遇到客户时都应以充满活力、明朗、欢快的声音，向客户打招呼、致意； （2）热情招呼客户带来的每一个人，第二顺位者主动协助招呼客户的同行人员； （3）介绍自己并递上名片，在迎接后立即询问客户是否能为他效劳，以便弄清楚客户光临的目的；此时，值班人员马上前迎问候："先生（小姐）您好，有什么能为您服务吗？"并自我介绍递上名片，若客户不需要协助，让客户轻松的自由活动，若客户有疑问或需要服务的时候，要立即上前服务； （4）创造与客户交谈的机会，适时灵活地随声附和客户； （5）与客户初步交谈时说话要热情，充分表达对企业及产品的信心； （6）若是二人以上同行则不可忽视对其他人的招呼应对；若同有二、三组人来看车，要请求支援，不可有任何人受到冷落；若有儿童随行，其他业务代表应负责招待，若儿童愿意到儿童游乐区，则引导他们前往
4	客户自行参观车辆时	（1）主动迎上前，问候客户，递上名片做简单介绍，让客户知道销售顾问在旁边随时候教； （2）请客户自己随意参观浏览，离开并保持一定距离，在客户目光范围内随时关注客户的需求
5	客户需要帮助时	（1）客户表示想问问题，销售顾问要主动上前询问； （2）用亲切的态度和客户交谈，正确回答客户问题； （3）通过提问（开放式）了解客户对车辆的要求，不是用专业词汇询问，要有信心和热情，适当介绍公司及产品
6	客户入座时	当顾客表示想问问题时，销售顾问可主动邀请顾客就近入座。座位朝向顾客可观赏感兴趣的车辆。此时销售顾问向顾客提供可选择的免费饮料（3种以上）。征求顾客同意后入座于顾客右侧，保持适当的身体距离；顾客若有同伴前来，应关注顾客的同伴（不要忽略"影响者"）
7	客户离开时	（1）客户要离开时，要和客户约定下次见面的时间、地点等事项，并提醒客户携带的物品； （2）放下手中的其他事务，陪同客户到停车场，感谢客户惠顾并道别； （3）陪同客户到车位，为客户打开车门，引导车辆出入； （4）真诚地感谢客户光顾，热情地欢迎再次来店； （5）微笑，向离去客户挥手致意，并目送客户离开
8	客户离去后	（1）整理客户信息，填写A卡及《来店（电）客户登记表》； （2）联系客户致谢； （3）设定明确目标、实施计划、实施时间、实施对象； （4）对每一位客户进行锲而不舍的追踪，直到达成交易

典型案例

美国著名企业家玛丽·凯有一次开着一辆旧车去一家代销福特车的商行，准备购买一部自己早已看中了的黑白相间的福特车，以此作为庆祝自己生日的礼物。但是，福特商行的售货员看到玛丽·凯开的是辆旧车，把她看作"不可能的买主"，因而接待时显得漫不经心，最后干脆找了个借口，说已和别人约好要进午餐，把玛丽·凯拒之门外。玛丽·凯走出福特代销商行后，无意中走进了另一家商行，这家商行的售货员极其热情，当他询问后得知玛丽·凯是为自己的生日来购车时，说了声"请稍等"就走开了，过几分钟又回到了柜台前。15分钟后，一位秘书给他送来了12朵玫瑰花，他把这些花送给玛丽·凯，说是一点心意，以表示对她生日的祝贺。这使玛丽·凯大感意外，惊喜并激动不已。于是，她打消了原来想买黑白相间的福特车的想法，决定从这家商行买回一辆黄色默库里汽车。

作为汽车公司的营销人员，直接代表公司面对客户，其形象也代表着公司形象，服饰的整洁、笑容的甜美、建议的中肯，都会留给客户一个好的印象，增加客户对公司及品牌的信心，拉近双方的心理距离。

【任务实施】

引导问题 1：请结合销售员营销礼仪的要求，完成下面的表格；总结各礼仪要求中自身的弱项或过去不知道、疏忽之处，以便改进。

类　别	礼仪分项	自 身 需 强 化 的 细 节 内 容
个人形象	仪容	
	仪表	
	仪态	
	服饰	
商务礼仪	接待	
	电话	
	介绍	
	名片	
	其他	

引导问题 2：参照接待服务的工作流程标准，写出流程各环节中应注意的工作要点。

任务4　客户咨询与需求分析

【任务导入】

有一位市场营销的本科大学生小张，通过应聘来到某汽车销售店从事销售工作。他具有专业的营销知识，对汽车的专业知识也花了很大的精力去学习，但是在实际工作中，却总是无法取得好的业绩，甚至还不如一些高中毕业的销售顾问，这使他很苦恼。有一次，他接待了一位年轻顾客，他穿着很时髦，去了多家店比较，看过多种车型。由于顾客对车并不了解，所以提出了很多很业余的问题，顾客的很多观点是不正确的。由于小张专业知识非常到位，因此针对顾客的问题进行了滔滔不绝的讲解，全面纠正了顾客的观点，生怕顾客不知道他的专业水平高，还不时冒出一些专业的术语，最后顾客随便看了一下车就告辞了。之后这个顾客再也没有回来，而是到了别的销售店去购车。

俗话说："一把钥匙开一把锁"，在销售中要求销售人员"见什么人，说什么话"，区别不同顾客的身份及其不同的心理特征，结合客户消费行为习惯，应运用不同的方法和策略来应对，才能取得好的成效。谈谈小张的做法对这个顾客而言可能有哪些不妥之处？作为销售人员，你该如何恰当地应对？

【学习指引】

通过本任务的完成和学习，你应该掌握以下知识：

① 客户咨询的一般程序以及客户应对方法。

② 客户咨询中询问、倾听、建议的方法与技巧。

③ 如何收集顾客信息，进行顾客心理分析、性格类型分析。

通过本任务的完成和学习，你应该具备如下工作能力：

① 能正确应对顾客的咨询。

② 能准确了解顾客需求等相关信息。

③ 能正确分析顾客的心理与性格类型。

【相关知识】

一、客户咨询的应对

（一）咨询的一般程序

接受顾客咨询和需求分析的一般程序：观察、询问、倾听、综合和建议。

1．观察

展厅观察客户的重点主要有以下几点：

① 对什么车型比较感兴趣。

② 陪同几个人是什么关系。

③ 观察他们的外表、衣着。

④ 他们之间的谈吐。

⑤ 对潜在客户画像，做出预测。

2．询问

挖掘客户需要最有效的方式就是询问。汽车营销员通过询问可以获得一些信息，包括顾客是否了解你的谈话内容，顾客对你的公司和你销售的产品有什么意见和要求，以及顾客是否有购买欲望。

3．倾听

了解客户的需求是销售的一种新观念，它是以客户为中心这种理念来做销售，以满足客户需求为主线。倾听是了解客户内心需求最直接的渠道，应关注顾客的话语，尽力理解顾客的需求。

4．综合

根据对客户的观察、询问和倾听，总结客户的主要需求，并用提问的方式确认自己所理解的是否正确。

5．建议

使用了解到的一切情况，尽量理解顾客的真正需求，然后提供顾问性建议，改进工作方式和行为方式。

（二）询问

汽车营销员在汽车销售过程中常用的询问方法主要有以下几种。

1. 询问的方法

（1）开放式询问

开放式询问法是指发问者提出一个问题后，回答者围绕这个问题要告诉发问者许多信息，不能简单地以"是"或者"不是"来回答发问者的问题。

开放式问法主要采用"5w1H"的提问方式。例如：

① "我能为您做些什么？"

② "购买汽车您主要考虑哪些因素？"

③ "您现有的车辆是什么配置？"

④ "您认为您的富康车开起来怎么样？"

⑤ "您大约什么时候需要您的新车？"

⑥ "除了您本人外，还有谁开这辆车？"

⑦ "您认为银灰色的速腾如何？"

销售顾问要想从顾客那里获得较多信息，就需要采取开放式问法。使顾客对你的问题有所思考，然后告诉你相关的信息。以开放式问法询问顾客并且耐心地等待，在顾客说话之前不要插嘴，或者说出鼓励顾客的语言，使顾客大胆地告诉你有关信息，效果会很好。顾客对于开放式的问法也是乐于接受的。他们能认真思考你的问题，告诉你一些有价值的信息。甚至顾客还会对你的销售工作提出一些建议，这将有利于你更好地进行销售工作。

（2）封闭式询问

封闭式的询问又称有限制式问法，是让顾客针对某个主题在限制选择中明确地回答的提问方式。封闭式问法主要采用"是否""是不是""A 或 B"的提问方式。例如：

① "您喜欢这辆黑色的迈腾吗？"

② "您购车是自己开吗？"

③ "您以前开过大众品牌车吗？"

④ "我们现在可以签单吗？"

销售顾问以封闭式提问法可以控制谈话的主动权。如果你提出的问题都使顾客以"是"或者"否"来回答，你就可以控制谈话的主题，将主题转移到和销售产品有关的范围里面，而不至于把话题扯远。同时，销售顾问为了节约时间，使顾客做出简短而直截了当的回答，也可以采用封闭式提问法。

（3）其他询问方式

在需求分析开始时，可以使用各种"观人法""投石问路法""投其所好法""直接环境法"等技巧，以引起对方谈话的兴趣并讲出真正的心里话。谈话开始后，避免特定性问题，并要注意在适当的时候转换话题。

2. 询问的技巧

① 用开放式的问题鼓励客户表达。

② 利用客户的兴趣点、担忧点、好奇点引导谈话方向。

③ 利用客户的观点、评价、经历来发现客户需求信息。

④ 询问的问题中带有对客户的关心（利益点）。

⑤ 利用封闭式问题得到确切答案。

⑥ 一般问题，直接询问；敏感问题，巧妙询问。

3. 询问方式的应用

在与客户的交流中，应先用开放式询问，当对方被动无法继续谈下去时，才能用封闭式询问。如："您同意吗？" 改为 "您认为如何？"

典型案例

信徒的询问

一位信徒问牧师：在祈祷的时候可以抽烟吗？牧师回答说：不行！

另一位信徒问牧师：我抽烟的时候可以祈祷吗？牧师回答说：可以！

这则小故事至少能够给我们什么启示？

（三）倾听

人们常常误以为只有在讲话的时候才会有积极的沟通，聆听则是消极的。其实沟通是一个双向的过程，聆听是其中的一个积极的组成部分。

1. 听的层次

史蒂芬·柯维总结的听的不同层次与状态关系如表1-4所示。

表1-4　听的不同层次与状态关系

听 的 层 次	状　　态
设身处地地听	参与到对方的思路中去，引起共鸣
专注地听	关注对方，适时地点头赞同
选择地听	对自己感兴趣的就听下去，对自己不感兴趣的就不听
虚应地听	只是为了应付，心不在焉
听而不闻	无反应，像未听到一样，对顾客态度冷漠

2. 倾听的含义

"听"是人的感觉器官对声音的本能反应——"听到"。"倾听"虽以"听到"为前提，但更重要的是"听懂"，即理解所听到声音的过程。积极地倾听就是聆听者有责任地获得对说话者想要传达信息的完备和正确的理解。如果接受者希望有效的沟通，积极地聆听应该是他的目标，因为这是唯一促进良好沟通的听的形式，他试图理解全面的信息，而不仅仅是正在讲的这些。

积极地倾听是给销售人员带来变化的一种重要方式。销售人员工作的很大一部分，是改变顾客对产品的观念或发现如何能更好地为顾客提供服务，公司的产品或服务需要作哪些变化，这些都需要积极地倾听。

3. 倾听的作用

倾听在与客户沟通过程中，能起到如表1-5所示的一些作用。

表1-5　听的作用与状态

听 的 作 用	状　　态
听能创造良好的气氛	给顾客表述的机会，创造良好的气氛，使对方感到有价值、愉快
听能捕获信息	跟顾客谈话也是一样，如果你不注意捕获信息，就会充耳不闻
听能处理信息	顾客跟你谈判时话语很多、很复杂，甚至语无伦次、杂乱无章，但只要你能认真听，就能听出他的表达重点，理解他的意思，并对此做出正确反应

4. 倾听的原则

① 站在对方的立场仔细地聆听　每个人都有自己的立场及价值观，因此必须站在对方的立场仔细地聆听他所说的每一句话，不要用自己的价值观去指责或评判对方的想法，要与对方保持共同理解的态度。

② 要确认自己所理解的是否就是对方所说的　你必须重点复述对方所讲过的内容，以确认自己所理解的意思和对方一致，如"你刚才所讲的意思是不是指……""我不知道我听得对不对，你的意思是……"。

③ 要以诚恳、专注的态度聆听对方的话语　汽车营销人员聆听客户谈话时，最常出现的情况是他只摆出聆听客户谈话的样子，内心却迫不及待地等待机会，想要讲他自己的话，完全将"聆听"这个重要的武器舍弃不用。你听不出客户的意图、听不出客户的期望，你的营销就有如失去方向的箭，找不到最终的目标。

5. 倾听的技巧

① 忘掉自己的观点　适时确认顾客的想法，站在客户的立场专注聆听客户的需求、目标，适时地向客户确认你了解的就是他想表达的，这种诚挚专注的态度能激发客户讲出他更多内心的想法。

② 不急于打断客户，边听边记　让客户把话说完，并记下重点。记住你是来满足客户需求的，你是来带给客户利益的，让你的客户充分表达他的意愿以后，你才能正确地满足他的需求，就如医生要听了病人述说自己的病情后，才开始诊断一样。

③ 放下戒备　对客户所说的话，不要采取防卫的态度。当客户所说的事情，可能对你的推销造成不利时，不要立刻驳斥，你可先请客户针对事情做更详细的解释。例如，客户说"你公司的上牌服务太慢"，你可请客户详细地说明是什么事情让他有这种想法，如果客户证据确凿，应向客户致歉，并答应他了解此事的原委。记住，在还没有听完客户的想法前，不要和客户讨论或争辩一些细节的问题。

④ 秉持客观、开阔的胸怀　不要心存偏见，只听自己想听的，或以自己的价值观判断客户的想法。

⑤ 了解客户真正的想法　掌握客户内心真正的想法，不是一件容易的事情。客户有自己的立场，他也许不会把真正的想法告诉你，用借口来搪塞，或为了达到别的目的而声东击西，或另有隐情，不便言明，因此必须尽可能听出客户真正的想法。最好在与客户谈话时，带着下列问题倾听：客户说的是什么？它代表什么意思？他说的是一件事实？还是一个意见？他为什么要这样说？他说的我能相信吗？他这样说的目的是什么？从他的谈话中，我能知道他的需求是什么吗？

（四）提供建议的技巧

1. 把自己当作顾客的购车顾问

顾问式销售是美国 20 世纪 80 年代后发展起来的一种标准销售行为。该销售方法要求销售人员具备行业知识，具备满足客户利益的技能，能够体现顾问形象的技能。该销售方法不是从推销出发，而是从理解客户的需求出发，引导客户自己认清需求。顾问式销售是指销售人员以专业销售技巧进行产品介绍的同时，运用分析能力、综合能力、实践能力、创造能力、说服能力满足顾客的要求，并预见顾客未来的需求，提出积极建议的销售方法。顾问式销售从理解客户的需求出发，以特定的产品满足顾客需求，实现顾客价值，实现销售，达到"双赢"的目的。

销售人员给顾客 3 点实用建议以树立自身的顾问形象，具体如下：

① 建议顾客理性选择　首先是预算问题，应该先确定顾客经济能力所能承担的价格范围，然后选择其中性能价格比最高的车。其次，汽车销售人员要根据车辆的用途和顾客个人喜好，推荐选择最适合顾客的车型。最后，排量大小要适中。

② 建议顾客进行性能价格比　通过车辆说明书的性能参数，可以确定车辆的性能，性价比是顾客确定投入的依据。汽车销售员一般要提供汽车的有关情况，供顾客选购时参考。

③ 建议顾客全盘考虑　选购适用的车型和装置时不必贪大、求全，而是要根据顾客使用的实际需要，选购适用的车型和装置。既要认品牌又要讲车型，既要讲外形又要讲性能，进口车和国产车各有千秋，不能只注重排量、价格等。

2. 制定自己的标准说法

事先自己编出一套"说法大全"，有经验的销售人员，通常在不知不觉中把洽谈中的一部分内容加以标准化。也就是说，与不同的顾客洽谈时，他就背熟了其中的一部分，且在任何洽谈中都习惯地使用它。

3. 避免突出个人的看法

个人看法常常会贯注过多的个人情感与喜好，在未完全了解客户的真实需求与感受时，个人看法可能会与客户的想法大相径庭，造成客户不悦和犹豫，不利于汽车销售。

知识链接

客户应对方法

（一）顾客进门时的应对

1. 迎接顾客

随时注意有没有顾客进入展厅，销售人员应随身携带名片和笔记本，以便随时记下顾客的信息。当顾客一进门口，展厅销售人员要面带微笑、双眼注视顾客、稍稍鞠躬并说"欢迎光临"，不要给顾客造成心理上的紧张和压力。若是两人以上同行，则不可忽视对其他人的照顾，顾客经过任何工作人员旁边时，工作人员即使忙于其他工作，也应面带微笑点头致意。值班的销售人员要马上微笑前迎，并说："先生（小姐）您好，来看车吗?"一边递上名片一边自我介绍说："我是×××，您先看着，如果有事我就在您的附近，随叫随到。"接着你应离开顾客。若顾客不需要协助，那就让顾客轻松自在地活动，但你仍应随时注意观察顾客的动态。例如，顾客在看什么、顾客关心什么、顾客在意什么，以便及时地调整自己的销售方案；若发现顾客有疑问时或需要服务的迹象时，要立即上前服务，最好将顾客引入到洽谈区坐下。若同时有两三批顾客来看车，要及时请求支援，不可以让任何顾客受到冷落。若有儿童随行，则接待人员或其他销售人员应负责招待。若儿童愿意到儿童游乐区玩，则引导他们前往，并保证儿童的安全。

2. 分析顾客心理

从心理学角度讲，顾客进门之前肯定是愉快的，因为他要购买的商品一定是他所需要的。一旦进入大门，发现销售人员迎过来的时候，他的心情就会紧张。紧张的因素有很多，其心理状态是很微妙的，尤其是在购买价值很高的贵重商品的时候。此时，销售人员的言行不应该是去加重顾客的这种紧张心理，而是应设法缓和顾客的紧张情绪。如果顾客一直保持着紧张情绪，对未来的销售不利，会增加对你的不信任感。只有顾客感觉到对自己的威胁消失了，他重新回到了进店之前的那种舒适放松的状态，这个时候他才会从容不迫地看车、订车。

（二）顾客看车时的应对

1. 从业务角度来观察

销售人员要观察顾客围着汽车看什么，是看车头，还是看驾驶座旁的仪表盘。只有了解顾客所关心、所重视的东西，才能在脑子里准备好应对策略。顾客都喜欢货比三家，也许他来这里之前，已经去过其他的店了。他这个时候进来，可能只是进行一些细节上的比较。销售人员观察到这种现象之后，就可以有的放矢地准备营销策略了。

2. 从专业化角度来观察

销售人员观察顾客的行为，了解顾客喜欢什么、关心什么，这不仅可以很快地直接进入主题，而且顾客会认为你十分专业，从而赢得顾客的信任。对于一般顾客来讲，汽车被认为是一个很复杂的产品，由很多部件构成，涉及很多专业知识。他们买车只是为了使用，可能对保养、维修常识一窍不通。此时他们与你接触后发现你是这方面的专家，从心理上讲，顾客就信服你一大半了。他们认为你对他是有用的，以后的服务交给你是可以放心的。"我在你这儿买的车，我就找你"，很多顾客都是这样的心理状态。现在的问题是，往往在销售人员这儿买的东西，销售人员却不负责。因为销售人员不懂专业，不懂维修，不懂技术，顾客的维修保养事务还得去找售后服务，这中间又隔了一层，使顾客的购买欲望大打折扣。因此，销售人员的专业化对于赢得顾客是非常关键的。

（三）针对顾客不同的来店心理加以应对

1. 不是本店的保有顾客来店寻求帮助时

销售人员要表示出关心，请顾客坐下，递上茶水、饮料。安慰他别着急，问清楚车况、事发地点及可能发生故障的原因，并且马上通知相关服务人员前来处理，让顾客感觉到你真心诚意地愿意帮助他。如顾客来店是为了咨询二手车事宜时，则应根据"二手车销售"的相关内容来进行答复。

2. 当确认顾客来店的目的不是买车而是要和专营店的某人谈话时

① 当被访者在的情况下，先请顾客在顾客休息区坐下，然后马上通知被访者会客。奉上茶水并说："先生（小姐）请用茶，请稍等一下，××先生（小姐）马上就来。"一直陪同顾客，直至证实他可以得到适当的帮助为止。

② 当被访者不在的情况下，可以说："××先生刚好外出，请您先坐一下，我们马上帮您联络。"请顾客在顾客休息区坐下后，马上联络被访者，同时奉上茶水说："先生（小姐）请用茶，我们已经在帮您联络他了。"询问顾客的需求，并且根据情况主动关心并提供服务。若实在无法联系到被访者，且其他销售人员也无法为其服务，则请客人留下姓名、电话及来访目的之后，再请被访者尽快和他联系。或写下被访人的移动电话号码，请顾客直接与被访人联系。此时应感谢顾客的光临，请求谅解，并表示今后如有需要，将再提供帮助。

3. 当确认顾客来店的目的只是想自己一个人看车时

感谢顾客的光临，递上你的名片以便提供进一步的帮助。让顾客自己随意浏览、参观，销售人员行注目礼，随时准备与顾客交流。适当时递上茶，并说："先生（小姐）请用茶。"尽可能让顾客留下联系资料，但不可强求。

4. 当确认顾客来店是想看某款车并需要帮助时

问清顾客需要解决什么问题，用自己的话再重复一遍顾客所说的内容，请顾客确认你对他来访目的的理解是否正确。适当时机递上茶，并说："先生（小姐）请用茶。"别忘了向顾客递上你的名片。如果顾客有疑问状时可询问："先生（小姐）您好，不知道您喜欢哪一款车?"或"有什么问题吗?"如果顾客愿意继续往下交谈，在已获得顾客意向程度的基础上，你可以借此机会再向他提一些问题，以便能更好地了解他的购买动机。此时，你可以把顾客带到"咨询"的环节中去。除此之外，销售人员之间还要默契配合。

5. 当确认顾客来店是看中某款型，有意购买但展厅没有时

① 现在没有车，需预约时间提供时，你可以说，非常感谢您特地跑这一趟，但是很不巧，这款车在上个星期五（或另外其他的时间）就已经被卖出了。我们知道这款车卖得很好，但您先别急，我们重新向厂家订的这款车已经在回来的路上了，如果您现在就付款订车，周内提车是有保障的，您看……、是否……。

② 因故短期内无此款车可供时，先请顾客坐下，递上茶，用相关的汽车样本资料或同等级的汽车影像资料等为顾客做商品说明，也可以用自己或同事车况良好的车做现身说法地介绍，效果会更好。

③ 在征得顾客同意后，带领顾客到附近有同类车的地方去看车，或者查明有车的时间，让顾客另约时间看车。在约定日前一天要再和顾客确认看车时间。

在上述接待顾客的过程中，尽管顾客的情况不同，处理方法不一样，但以下三点对于每一位销售人员来说都是必须共同遵守的：一是重视来店的每一位顾客；二是运用心理学知识，巧妙地解开顾客心中的"结"；三是发挥团队的力量，相互配合，协同作战。

二、顾客需求分析

（一）应收集的信息内容

客户总是期望"销售人员是诚实可信的，并能听取我的需求和提供给我所需要的信息"；"我希望销售人员能帮助我选择适合我的车，因为这是我的第一部新车"。那么，如何找到客户的真实需求？这里涉及一个表面的问题和一个隐藏的问题，在我们汽车销售流程理论中有这么一种说法，表面的现象称之为显性，又称显性动机，还有一种是隐藏的问题，称为隐性动机，这就是"冰山理论"，即显性和隐性问题。

冰山理论就是用来解释这个显性和隐性问题的。如图 1-9 所示，冰山既有露在水面以上的部分，也有潜藏在水面以下的部分。水面以上的部分是显性的，就是顾客自己知道的，能说出来的那一部分；水面以下的是隐藏的那一部分，这一部分比较复杂，可能有的顾客自己都不知道自己的真正需求到底是什么。比如，某顾客可能打算花十万元买车，这个时候销售顾问要解决他的问题，就要首先去了解他。既了解他的显性问题，也要了解他的隐性问题，甚至隐性的问题更关键，更能体现你的顾问形象，这样才能真正分析顾客的需要。

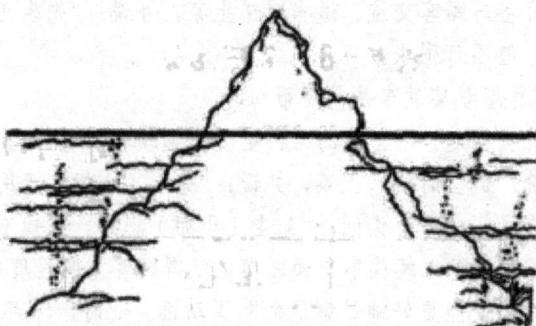

图 1-9 冰山一角

通过倾听与沟通，主要应收集的信息内容如表 1-6 所示。

表 1-6 信息收集内容与目的

信 息	目 的	细 项
顾客的个人情况	了解顾客的情况有助于营销企业了解顾客的实际需求，他们对经销商的感觉以及他们处于决定的哪个环节等	生活方式；预算/经济状况；决策者做决定的过程
过去使用车的经验	如果顾客过去有车，了解他们过去使用车的经验，有助于理解顾客再买车时究竟想要什么，不想要什么	过去的车；购车原因；对经销商的态度
对新车的要求	询问顾客的需求和购买动机有助于营销人员帮助他们选择正确的车型。之后，你可以针对顾客的需求了解具体车型的主要特征和利益，以便更好地为这些顾客服务	特征/对选装项的要求；购买动机

（二）顾客心理分析

要想更好地掌握顾客需求，进而更好地满足顾客需求，必须对顾客的心理有足够的了解。因为"心"支配了一个人的思想、意志，同样也支配了一个人的购买行为。俗语云："攻心为上"，因此经营策划和销售都要紧紧围绕顾客的"心"展开。同样，分析顾客心理会对掌握顾客心理和顾客心理规律有极大的帮助，对提高销售人员质素也有很大帮助。

1. 马斯洛需求层次理论

心理动机导致行为，而动机又是由需要决定的，是一种升华到足够强度的需要。因此，研究动机要与研究需要结合起来。在对需要与动机的分析研究中，心理学家、行为学者曾提出许多理论，其中，美国著名心理学家亚伯拉罕·马斯洛于 1951 年提出的需要层次理论对消费者行为分析有着重要的参考价值。马斯洛试图解释为什么人们会在特定的时间被特定的需求所驱使，为什么有些人在追求个人安全上花大量的时间和精力，而有的人却花在如何获得别人的尊敬上。马斯洛的答案是：人们的需要呈现出图 1-10 所示的金字塔状，从低端最迫切的需要到最顶端最不迫切的需要，包括生理需要、安全需要、社会需要、尊重需要和自我实现需要。

图 1-10 消费者需求层次

一个人总是首先试图满足最重要的需要。当这个需要被满足以后，它就不再是这个人的行为动机，而这个人就试图满足下一个最重要的需要。需要层次理论如果能被企业营销人员理解、接受并运用到为消费者服务的过程中，把消费者不同的需要和企业经营的商品、服务及促销推广活动联系起来，将会产生很好的营销效果。

2．顾客群体心理分析

（1）女性消费群

分析职业女性的消费需求已日渐超过男性。

① 相对缺乏理性　与男性相比，女性对商品选择更具有感性，易受他人左右。购买意识、消费方式也很容易在女性消费之间传播并相互影响。

② 忌妒心强　一般来说，女性思虑更细，很容易被引发"忌妒心"，攀比心理比较强烈，在生活追求上易与周边熟人比较。但对于知识文化水平较高的女性来说，这一点并不是很明显。

（2）单身贵族消费群

白领阶层的消费意识随着社会进步发展迅速，单身贵族对商品要求日益强烈，对商品的功能要求较高。该群体多为高收入、高学历的单身者。

① 由于多是知识阶层的消费者，所以对商品的要求相对苛刻，有时愿花较多的钱，也不愿买回廉价、粗糙的商品。

② 要求稀有、精致。由于单身贵族们独立独行的意识较强，对珍贵、稀有、精致的商品有浓厚兴趣，以体现其"贵族"风范。

③ 理性不受折扣影响。他们的购买理性，冷静而客观，对大减价方式不屑一顾。他们更相信专家，与这类顾客接触要掌握足够的专业知识，并力求表现得高雅而富有内涵。

（3）老年消费群

中国老年人消费市场日益扩大，其消费心理和消费能力与年轻人相比，更加理性和开放。随着人口老龄化的加快，老年人的消费力资源会比较充裕。

① 经济自主自立　现代都市里知识型老人已基本脱离了要子女代劳的传统，在选择商品时喜欢按自己的意志和喜好，也有一些老年人开始购买汽车，以便提高自己的生活质量。

② 态度谨慎　老年人多在金钱使用时谨慎小心，不会过分地奢侈，除特殊例子外，在买车时注重车的质量。

（4）老板一族

老板不一定是企业家。据最新的统计资料显示，中国私营企业家中，农民出身的占70%。因此，这一群体素质差异性较大，有文化素质高的，也有没有文化的，但多数是指有较强消费能力，拥有大量财富。对于这一族，价格越高，广告做得越多，越高档的汽车才最能成为他们炫耀的依据，也是他们购车的决定因素。

① 炫耀心理　由于该群体有大量财富，已超出一般市民的消费心理，选择商品时，要体现其"高档"身份，以示自己与常人不一样的"差异性"，故而觉得商品越高档越好。

② 附庸风雅心理　该群体拥有大量财富，可呼风唤雨，追求时髦、现代，附庸风雅心理较重，喜欢用"文化"包装自己。

③ 要"面子"心理　由于这些群体的富有，处处要体现"身份"，因此在购买商品时，好"面子"心理较重，此种心理是可以利用的。

（5）企业家

企业家与老板是质的不同，这类群体具有较高的文化素质，购买理性、冷静而客观，相信自己的判断。

① 追求文化品味　由于该群体文化素质较高，对生活质量、生活素质要求也高，尤其是追求高品味的商品。

② 购车理性　该群体中多数人计划较强，判断力强，具有足够的专业知识，不易受别人诱导，因此销售人员要力求具备综合素质。

（6）工薪族

目前，都市工薪族有购车能力的多数是白领及少数的高级蓝领人。该群体多数具有较高的文化素质、专业知识，由于年轻及社会阅历较少，综合素质相对较低。

① 新潮型　这一群体来自天南海北，有的来自城镇、有的来自都市，面对现代化都市生活，跟潮流心理较重，追求生活品味，追求生活质量，文化品味高雅精致。

② 理性型　这一群体除了收入因素，更重要的是文化素质较高，有判断能力。但由于社会经验缺乏，对商品方面的专业知识不一定很多，只要销售人员能从专业角度理性地介绍，他们也会理性地接受。

（7）生意人

生意人是指有店铺或开小餐馆、食杂店等人士。这一消费群体构成较复杂，文化素质良莠不齐，消费观念差异性较大。这一群体多表现出精明、会算账，但这类群体中真正具有知识者很少。因此，面对这类顾客，要认真地从专业角度做介绍，并且要表现出诚恳的态度。

（8）知识分子、专家

该群体是指具有较高学历，而从事着专业性较强的工作，并且多数已具有事业基础或专业成果，职业相对较稳定。具有高学历人群占城市总人口近30%，而这一类人多在重要的科研机构及大型企业的重要岗位。我国引进了一大批外资、外地企业，在这些企业界里也拥有一大批知识分子——CEO或高级白领，这一类人属于"白、骨、精"类的人才。该群体属较年轻的知识分子，学历、才华、机遇使这一类人进入科研机构，理想的事业、丰厚的收入、稳定的家庭生活或单身贵族构成了这一群体。而这一群体与高职人群不同的是对生活的观念、追求不同，在追求事业的同时更追求生活质量，而这个生活质量与高职人群还有所不同，他们更接受西方发达国家的生活观和生活质量标准。

（9）高级白领

这一群体多在大型企业，具有较丰厚的收入，但工作稳定性不如科研机构，因此追求生活质量标准的方式也有所不同。总的来说。针对高级知识分子、专家这一群体，首先要尊重、谦恭、耐心，在充分满足他们自尊心的基础上，进行产品介绍就比较有效。

（三）顾客的性格类型分析

1. 热情的顾客

这类人的特点是办事有些松松垮垮，他们的谈判自备往往不充分且不过于细致，这些人和善、友好、好交际，容易相处，具有灵活性，对建设性意见反映积极。因此，多提建设性意见，并友好表示意图，强调汽车的特点及实惠，促其快速决定。

2．冷静的顾客

他们在谈判中的寒暄阶段表现沉默，这类人的特点是处事冷静稳健，深思熟虑，不容易被汽车销售人员的言辞所打动。对疑点必仔细询问，他们从不激动，讲话慢条斯理，愿意使对方得到有关他们的立场，并擅长提一些建设性的意见，做出积极的决策。在与这种人谈判中，应该对他们坦诚相见，采取灵活积极的态度。

3．坦率的顾客

这种人的性格使他们能直接向对方表示出真挚热烈的情绪。他们天生不激动并十分自信，易受外界怂恿与刺激，一般很快就能做决定。他们总是兴致勃勃地谈论各种话题，并乐于以这种态度取得经济磋商阶段，他们十分赞赏那些精于讨价还价，为取得经济利益而施展手法的人。因为他们自己就很精于使用策略去谋得利益，同时希望别人也有这种才能。

4．死板的顾客

这种人的特点是准备工作完美无缺。他们直截了当地表明他们希望做成交易，准确确定交易的形式，详细检验和统计额外制定条款。陈述和报价都非常明确。死板的人不太热衷于采取让步的方式，商量的余地不大。与之打交道的最好方法：在其看完车并明确其真正意图后，主动阐明自己的立场，尽量提出对方设想到的细节，并要利用汽车本身的优点给予说明。一切说明切记讲究合理有据，以获得顾客的支持。

5．霸道的顾客

由于有自身的优势，这种人十分注意保护其在所有事情上的垄断权。他们趾高气扬，以下马威来威胁销售人员。与这种人打交道，一般应做到：稳住立场，不卑不亢，尊敬对方，恭维对方，谨言慎行，多听少说，神态庄重，找寻对方弱点。准备工作应面面俱到，要随时准备改变交易形式，最终达成的协议要写得十分详细。

6．犹豫的顾客

对于这种人信誉是第一重要的，他们特别重视开端，往往会在看车上花很多时间，其间也穿插一些摸底。对待这种人首先需追查顾客不能决定的真正原因，经过长时间，广泛、友好地交谈，增进了彼此的敬意，也许会出现双方共同接受的成交可能。与这种人打交道，首先要防止对方拖延时间和中断谈话的进行，还必须把重点放在制造谈判气氛和摸底的阶段工作上。一旦获得了对方的信任就可以大大缩短切磋的时间，尽快达成协议。

7．好面子的顾客

这种人顾面子，希望对方把他看作大权在握和起关键作用的人，喜欢对方夸张和赞扬，所以不要吝惜你的语言，将会达到良好的效果。

（四）问题顾客的心理分析

销售中会接触到许多形形色色的顾客，在这些顾客中不可避免地会有少数人性格上不易与他人相处，不易达成合作。他们的数量不多，但却常使销售人员热情大为受挫，有时还会引发严重的不良后果，要化解这些"障碍"，使这些难以合作的顾客感到满意，就必须能够洞悉他们的心理。

1．情绪易变型顾客

这类顾客的情绪变化很快，反复无常，让人难以捉摸他们的真实意图与需求，这种顾客的心理呈如下特点：

① 任性　个性不成熟，受生活环境和教育的影响，使他们任自己的性子行事。

② 见异思迁　他们对新奇事物的感受通常相当敏锐，抢购的念头时常兴起，但对这种热情维持不了多久，很快就会转移到其他商品上，表现出心绪不稳、见异思迁的特点。首先要多接触，了解其生活节奏，尽快客观地估计他们目前属于情绪波动的哪个阶段，是属于"高涨期"还是"低落期"。如果是处于情绪高昂的时期，最好能眼明手快，速战速决地与之交谈达成交易；反之，处于情绪低落状态的这类顾客，尽量采取安抚政策，不要急于展开实质性商谈。

2．刻薄型顾客

这类顾客与人相处时有机会就对人冷嘲热讽，总是以自己的唇枪舌剑占他人上风，令人难以接受。其心理表现如下：

① 发泄心中的不满　顾客有时在其他地方遭到不愉快的事情，心事郁闷，所以找机会就想发泄一下，有时正常人也会有情绪激愤的时候。

② 自卑感　对他人刻薄有时是自卑的一种极端反映。这类顾客觉得事情不如意，自怨自艾，潜意识中感到不平和自卑，这使得他们心胸变得狭窄，在言语行动上变得尖酸刻薄，以求心理的平衡。了解这类顾客的如上心理后，销售人员应该以平和的态度对待可能受到的不礼貌行为，以同情的心情去关怀、体谅他们。

3．疑心型顾客

对销售人员疑虑是正常的心态，但是有些顾客却把这一点发挥到极端。

① 不相信销售人员　也许是由于顾客与其他销售人员有过不愉快的交往经历或其客观存在的原因，造成对销售人员有不信任感。

② 希望有证据的说服　由于不信任销售人员，就希望有切实具体的"证据"，似乎只有证据才会使他们感到安全，如有现车和相关性的证明，购买时才能安心，即使是他们非常渴望得到车辆的也不例外。与这类疑心型顾客交往时，必须拿出绝对的诚意，使顾客产生信心，并且要善于挖掘顾客内心深处的"疑心之根"，引导顾客把不满说出来，再向他们"证明"，消除他们心中的疑虑。

4．挑剔型顾客

挑剔型顾客以挑三拣四为乐趣，希望从挑剔商品或服务中满足自己一些心理需求，如支配、权力或寻求心理平衡。

① 易受第一印象影响　挑剔通常发生在对汽车产品上，但原因却既可能在于汽车产品本身，又可能在销售人员的服务。对汽车产品和人员服务的第一印象在这些顾客中会产生重要的影响，甚至立刻就使他们下判断。这类顾客还常常思考敏锐，感受力强，有了第一印象就很难改变。

② 希望获得打折　顾客的真正意图可能在于以更低的价格获得汽车产品，所以总是试图找出对方的弱点。因此，在销售中就有了"挑毛病的人总是最终购买者"的这一规律。面对挑剔型顾客，销售人员要能够敏锐观察，摸清对方挑剔的真实原因。如果是前者，就应以积极、诚恳、主动的态度，努力纠正对方的看法；如是后者，则应在条件允许的情况下以一些小的优惠打动顾客，最终使顾客满意而归。

【任务实施】

引导问题 1：在导入任务的案例中，你认为小张哪些做法对客户而言是难以接受的。

引导问题 2：分析案例中客户性格和需求的特点，针对案例中客户情况，说说你将如何应对。

引导问题 3：分析不同客户心理需求和不同情况下的应对方法，完成下面的表格。

顾客表现	应对方法或技巧	相关话术
表示随便看看，暂时不想多说话		
想试乘试驾某车型，但展厅暂时无此试驾车		
索要本品牌越野车资料，并对先进配置技术感兴趣		

任务 5　车辆介绍

【任务导入】

车辆介绍最重要的是针对性和专业性。销售人员应具备所销售产品的专业知识，同时也需要充分了解竞争车型的情况，以便在对自己产品进行介绍的过程中，不断进行比较，以突出自己产品的卖点和优势，从而提高客户对自己产品的认同度。然而在实际工作中，我们常常发现部分从售后技术部门调整岗位过来的销售人员，虽然具备较全面的汽车专业知识，但在销售过程中，给客户介绍车辆的时候给客户的信任感和认同感不足，究其原因是没有掌握必须的产品介绍方法与技巧，因而自身专业知识的长处不能充分发挥。

观察图 1-11 所示销售顾问与顾客的对话，试分析销售顾问应对方法是否合理？针对实训展车，请你利用适当的方法给客户介绍该车的卖点。

图 1-11　销售顾问的应对场景

【学习指引】

通过本任务的完成和学习，你应该掌握以下知识：

① 展厅车辆展示的规范管理要求。

② 车辆介绍的原则、方法与技巧。

③ 试乘试驾演示内容与注意事项。

通过本任务的完成和学习，你应该具备如下工作能力：

① 能按细节要求进行展车的清洁与布置。

② 能灵活应用 FAB 法、六步法进行车辆介绍。

③ 能正确应对客户试乘试驾环节的工作。

【相关知识】

一、车辆展示

汽车是一个技术复杂的产品，通过亮丽的外形、别致而考究的设计来显示汽车贴近人性的一面。因此车辆展示是销售过程中非常重要的一环，通过车辆展示让客户产生直觉的感官效果，感受汽车的使用价值，使客户更加详细地了解汽车产品，相信汽车产品的性能所带来的利益，激发客户对汽车产品的购买欲望。

1. 汽车展厅布置

① 汽车展厅整体上应追求明亮、功能齐全、个性鲜明。展厅面积能满足使用要求就行，不宜过大，否则，其功能容易被淡化。在展示汽车产品时，要使客户可见、可听、可感知。听和看很容易满足，而对于感知，则需要适当的场地和功能分区。

② 按规定摆放车辆的展示说明牌。在摆放汽车展示说明牌时，要按照统一方式放置，使整个展厅呈现出规范、整齐的布置格局，突出协调性、一致性、规范性和合理性。汽车展厅还应备有企业介绍宣传手册，以及各种车型的宣传介绍资料手册，为汽车消费者提供汽车销售企业和车辆的全面、完整的信息。

③ 注意设计最佳展示效果。样车展示注重的是专业性，特别忌讳将不同品牌、不同型号的汽车混同陈列。

④ 车辆摆放合理，一般两辆样车间的距离为 3～4 个车门，如图 1-12 所示。车辆间距和汽车档次有关，家用轿车间的距离可以稍近一些，给人以汽车超市的感觉。随着汽车档次的提高，汽车之间的距离可增大些。

图 1-12　汽车 4S 店的布置与车辆展示

⑤ 大型展厅，离门口不远处必须有三辆展车，分别展示该车的前、侧、后三个方向。如果是侧面造型特别精美的车型，展示侧面的样车应被布置在大门正前方，并专门搭建展示台，尽可能给客户留下深刻的印象。

⑥ 每个展厅都应有一个主展台，在展示正面时切忌正对大门，应略侧偏一个小角度，否则颇显呆板。在主展台的灯光运用上，如果想突出车辆的流线效果，就应充分利用侧光源而非投射光源，以达到展示的最佳效果。

⑦ 展厅中绿化盆景的摆放不要遮挡看车视线。

⑧ 展厅中各功能区设计合理，标志清楚，灯光柔和。商务谈判席应靠近展车，客户总希望离样车越近越好，应抬头就能看见。

⑨ 销售人员的办公室应在展区边缘，以便尽快接触客户；经理和主管的位置应在后台，但视线必须开阔，能随时掌握展厅里的动向，及时处理突发事件；总裁的办公位置则要求更高，应能随时纵览整个展厅的全局。展厅内、外的旗帜及装饰物应及时更新，应确保展厅内外整洁、干净、明亮、有序。

2．车辆展示的规范管理

（1）坚持标准化的销售展示流程

根据对中国汽车消费者的调研，客户通常会访问四个汽车销售企业，才最终决定在哪个汽车销售企业购买。汽车销售人员实际上是在与其他汽车销售企业的销售人员竞争。因此，如何在潜在客户的头脑中率先确立销售人员的专业形象非常重要。例如，当客户接受了销售人员传递的看车要看五个方面的理念后，他会认为能够全面、系统、有逻辑地介绍看车五个方面的销售人员才是专业的。他在访问其他汽车销售企业时，也会对销售人员有同样的要求。如果该汽车销售人员没有进行同样的介绍，就会失去机会。因此，汽车销售企业要坚持标准化的销售展示流程，对销售人员进行严格培训。

（2）车辆布置要点

① 注重 5S 工作　加强展厅与车辆 5S（整理、整顿、清理、清洁和素养）管理，确保展厅整体形象与车辆的清洁靓丽。

② 注意车辆的型号搭配　同一个品牌的车，可能有不同的系列，车型从小到大，不同型号与配置都应搭配展示。

③ 注意车辆的颜色搭配　展示区域的车辆不能只有一种颜色，几种颜色搭配的效果会更好一些。

④ 注意重点车型的摆放位置与角度　让顾客感觉错落有致，而不是零乱无序。属于旗舰的车型，一定要突出它的位置。可以把一些特别需要展示的车辆停在一个展台上，其他的车都围着它，犹如众星拱月，甚至可以打出一些聚焦的灯光。

⑤ 注意凸显产品特色　这是体现产品差异化，提高竞争力，使顾客加深印象的重要手段。

⑥ 注意方便参观　在布局与展示车辆时，应考虑方便客户的参观与操作，为客户提供规范的服务。

（3）车辆细节标准

① 指纹　车辆漆面的光洁度非常高，车门把手上面都比较亮，只要手触摸到门把手或车身，马上会留下指纹，销售人员应及时清理，随时保持展车的清洁。

② 水痕　展示中车身绝不应该有水痕。有的 4S 店会在车辆进展厅之前先用水冲一冲、洗一洗，然后用专用抹布把车给擦干，但是有时夹缝等处会有一些水痕，这是不允许的。

③ 灰尘　车辆内外，凡是视线范围内的位置都不允许有灰尘。

④ 轮毂上的品牌。当车停稳以后，应确保轮毂上的品牌与地面呈水平状态。

⑤ 导水槽　轮胎上的导水槽要保持清洁。因为车是从外面开到展厅里面的，导水槽里卡一些石子等异物，这些异物都应去除，应将导水槽洗干净。

⑥ 座位的距离　前排座位应调整到适当位置，而且前排两个座位从侧面看，背倾斜的角度应一致，座位与方向盘也要有适当的距离，以方便客户进出。

⑦ 新车的塑料套　新车在出厂时，方向盘上面都会有一个塑料套，还有一些倒车镜、遮阳板，都是用塑料套给套起来的，应该将其取下。

⑧ 后视镜　后视镜必须调整好，保证客户坐在里边很自然地就能看到两边和后面。

⑨ 方向盘　要把方向盘调到最高，如果方向盘太低，客户坐进去后会感觉局促，从而会认为这辆车的空间较小。

⑩ 仪表盘上面的石英钟要按北京时间调准。

⑪ 空调的出风口　要试一下空调的出风口，保证空调打开后有风。

⑫ 汽车上的开关　要关闭汽车上的各种开关。

⑬ 收音机　一般收音机预设五六个广播电台，都应把它调好。同时，要保证其中有一个当地的交通台和一个当地的文艺台，这是一个严格的考核指标。两边的声道应调好平衡。音量设置适中。应配一些光盘并专门保管，当客户要试音响时，选择能体现音响音质的光盘。同时，要兼顾客户的欣赏品位。

⑭ 安全带　有的后排座位有三个安全带。安全带不能散在座位上，必须把它折好以后用一个橡皮筋扎起来，一半塞到座位缝儿中，一半留在外面。这些都是给客户一个信号：这家汽车企业管理规范，是值得信赖的企业。

⑮ 脚垫　一般展车里面都会放一些脚垫，各汽车销售企业都会事先制作好标志性的脚垫，例如沃尔沃的脚垫上面应有沃尔沃的标志，摆放的时候应注意标志的方向。同时脚垫脏了以后要及时更换。

⑯ 行李舱　展车的行李舱不应放太多物品，放置时要合理安排物品位置，同时注意各物品要摆放端正，警示牌应放在行李舱的正中间。

⑰ 电瓶　必须保证展车电瓶有电，以免影响其性能展示。

⑱ 轮胎　轮胎洗干净是不够的，还要对其进行美容保养，轮胎的下面应使用标志性的垫板，以给客户一个整体的良好感觉。

二、车辆介绍

车辆介绍是一个很重要的阶段，通过介绍及介绍过程中顾客的提问，汽车销售人员可以深入了解顾客的需求和期望。销售人员必须决定用何种方式、过程、手法来介绍和展示汽车，以真正打动顾客。一款车型的配置功能很多，可介绍的亮点也很多，为什么车辆介绍听完之后，有的顾客会留下深刻的印象，而有的顾客却没有印象?总的来说，介绍时要让顾客多感受产品，如为顾客打开车门请其入座，触摸、操作车的各种配件和部件；帮顾客打开行李舱和引擎盖，边介绍边让顾客仔细观看。

1. 车辆介绍的原则

销售人员在进行产品推介时，需要注意的事项很多。例如，维持良好的产品说明气氛，选择恰当的时机进行产品说明，产品说明中切不可逞能与顾客辩论等。

（1）了解你的产品

一次成功的销售与销售人员对本产品及本行业专业知识掌握的程度有直接联系。只有对本产品的知识熟练掌握，同时明确本产品与行业内竞争对手的产品相比，有哪些有利条件和不利条件，才能在产品展示与推介过程中扬长避短、发挥优势。产品的基本知识包括：

① 产品的硬件特性　产品的性能、品质、材料、制造方法、重要零件、附属品、规格、改良之处及专利技术等。

② 产品的软件特性　产品的软件指设计的风格、色彩、流行性、前卫性等。

③ 使用知识　产品的使用方法，如用途、操作方法、安全设计、使用时的注意事项及提供的服务体制等。

④ 交易条件　付款方式、价格条件、物流状况、保证年限、维修条件、购买程序等。

（2）掌握产品的优势

销售人员要能够有效地说服顾客，除了必须具备完备的产品知识外，还需要明确重点地说明产品的诉求点。要有效、明确地说服客户来自于平时对各项情报的收集整理和与顾客的多次接触。

基于一个基本的市场原则，即市场竞争的存在性，销售人员可以将同类产品进行比较性分析，从而找出自身产品的优点与不利因素，在产品展示的过程中做到趋利避害。

（3）懂得扬长避短

在进行产品展示时，切忌对本产品的缺点做过多的解释，否则就会越描越黑。采取摆事实、讲道理的方法，针对顾客的需求，突出产品的优势，回避产品的不足，以优点弥补缺憾，才会收到令人满意的效果。

（4）用顾客听得懂的语言

销售人员在进行产品展示的时候，一定要掌握这样一个重点：必须肯定顾客能够听明白我们的语言。一些专业术语、行话一定要用通俗易懂的语言表达清楚，千万不要故弄玄虚，让顾客不知所云。

2. 车辆介绍方法

车辆介绍的技巧与方法主要有 FAB 特征利益法、六方位绕车介绍法与爱达法、埃德帕法等四种。

（1）FAB 特征利益法

FAB 是三个英文单词的缩写：F（feature）指属性（配置），A（advantage）是作用、优点，B（benefit）是利益。汽车营销人员在销售汽车产品时向顾客介绍产品特征利益，使顾客听得懂、愿意接受的方法。

如图 1-13 所示，用 FAB 特征利益法介绍倒车雷达和 ABS：这台车上配置有倒车雷达和 ABS 制动系统（配置）；倒车雷达在倒车时可以提示后方有无障碍物，ABS 在行车时，可以避免制动时车轮抱死，从而有效地控制行车的方向（作用）；倒车雷达和 ABS 能够避免人、车、物的意外伤害（利益）。

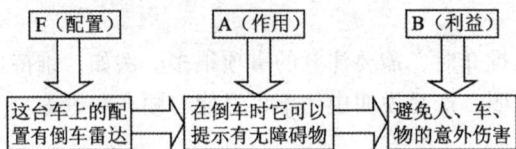

图1-13 FAB介绍法应用举例

（2）爱达法

注意、兴趣、欲望和行动四个单词的英文缩写为 AIDA，中文音译为爱达，戈德曼归结的推销步骤通称为爱达模式。其内容可概括为：有效的推销活动一开始就应引起客户的注意，把客户的注意力吸引到推销活动中及其所推销的产品上；进而引起客户对所推销产品的浓厚兴趣，于是，客户的购买欲望也就自然地产生了；最终激发了客户的购买行为。

（3）埃德帕法

第一个步骤：Identification，确认客户需要，把推销的产品与客户的愿望联系起来。

第二个步骤：Demonstration，向客户示范合适的产品。

第三个步骤：Elimination，淘汰不宜推销的产品。

第四个步骤：Proof，证实客户已作出正确的选择。

第五个步骤：Acceptance，促使客户接受推销产品，作出购买决定。

（4）六方位绕车介绍法

六方位绕车介绍法是一个比较规范的汽车产品介绍流程，指汽车销售人员在向顾客介绍汽车的过程中，按顺序围绕汽车的六个方位向顾客介绍车辆的特征、优势和带给顾客的利益的汽车介绍方法。六方位的位置对于不同的汽车厂家并不完全一样。丰田车的六个介绍方位分别是1号位：车前45°角；2号位：驾驶室侧；3号位：驾驶座位；4号位：汽车后部；5号位：乘客座位；6号位：发动机室，如图1-14所示。

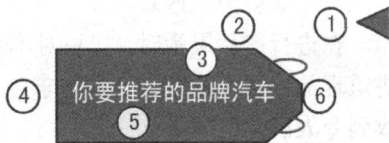

图1-14 丰田车六方位介绍法站位

① 1号位，车左前方。汽车销售人员首先应引导顾客站在车左前方45°角，上身微转向顾客，距离约30 cm，左手引导顾客参观车辆。此时可提醒车主注意到汽车的车标、保险杠、前车灯、前风窗玻璃、刮水器设备，还有汽车的高度、宽度、越野车的接近角等。此时汽车营销人员可以给顾客讲讲关于车标的故事，强调所销售的车辆与众不同的地方，让顾客喜欢上这辆车。

② 2号位，车左方驾驶室侧。在此方位，可重点向车主介绍车辆的后视镜；A、B、C柱；车门拉手；遥控中央门锁；防擦装饰条；侧转向灯；车轮饰盖；轮辋、轮胎；悬挂方式；制动片的情况。

③ 3号位，驾驶座。引领顾客坐在汽车驾驶室座位，发掘顾客的深层次需求。让顾客听听车门开关声音，体会钢板的厚实或轻薄，看一看豪华舒适的汽车内饰，摸一摸做工精致的仪表盘，感受良好的出入特性以及前方和侧面玻璃提供的开阔视野。同时向顾客详细解释操作方法，如刮水器的使用、如何挂挡等。最好让顾客进行实际操作，同时进行讲解和指导，介绍内容应包括座椅的多方位调控、方向盘的调控、安全气囊的作用、制动系统的表现、音响和空调等等，使顾客就能将自身的需求与汽车的外在特性对接起来。

④ 4 号位，车后方。站在汽车的背后，距离约 60 cm，从行李舱开始，依次介绍高位制动灯、后风窗加热装置、后组合尾灯、尾气排放管、燃油系统、除雾器。开启行李舱，掀开备胎和杂物箱外盖进行介绍。尽管汽车的正后方是一个过渡的位置，但是，很多挑剔的顾客不是抱怨车尾太短，就是抱怨车子不够大气，抱怨车子没有行李舱。

⑤ 5 号位，乘客位（右后）。你邀请客户打开车门、触摸车窗、观察轮胎，观察他的反应，邀请他坐到乘客的位置。可介绍安全带、内部空间尺寸、儿童安全锁、阅读灯、车窗按钮等装置。注意观察他喜欢触摸的东西，告诉他车子的装备及其优点，他会进行一番审慎的衡量的。认真回答他的问题，不要让他觉得被冷落，但是要恰到好处地保持沉默，不要给顾客一种强加推销的感觉。

⑥ 6 号位，发动机机舱。打开发动机机盖，固定发动机机盖支撑，依次向顾客介绍发动机机盖的吸能性、降噪性，发动机布置形式、防护底板、排气量、最大功率与扭矩的参数等技术特点，包括对发动机悬挂、转动系统、动力保修条款等的讲解。

3. 车辆介绍的技巧

产品劝购是一门艺术，销售人员在进行劝购时应该注意自己的语气和用词，说话不能太多太快或者漫不经心。劝购要委婉得体，要让顾客自己拿主意，满足顾客受尊重的需要。

（1）巧妙赞美顾客

巧妙地介绍自己的产品，有效地赞美顾客，将产品的优点与顾客的利益点有效地结合起来。在展示产品的过程中，不动声色地赞美顾客，赢得顾客的好感与信任，这就是聪明的销售人员必须学习的成功秘诀。

（2）打个恰当比喻

现在是个讲究效率的社会，几乎没有人愿意花费太多的时间来听销售人员长篇大论的产品介绍。因此，给你的方案打个恰当的比喻，用最简短、最精练的语言，最恰当、最形象的比喻，将它们表达清楚，这是销售人员在产品劝购中一项重要的技能。

（3）正确对待车辆弱项

任何产品都会存在一些相对弱项，它们可能是销售不利的因素，甚至可能是你推销失败的罪魁祸首。然而，永远不要把产品的弱点当作一项秘密，因为这是一种欺骗行为，一旦顾客发现你有意隐瞒，势必会导致你信誉的丧失。因此，当产品的某一项性能不符合顾客的要求时，应当向客户解释清楚，事物总是有两面性的；然后，再想办法把顾客的眼光引向产品的优势，着重表现出产品高于其顾客同类产品的地方。只有如此，才能化缺点为优点，化"腐朽为神奇"。

（4）让顾客参与其中

在销售时，最巧妙的做法是提供一个不完整的方案，给对方留下调整的余地；提供一个汽车营销实务不完美的商品，赋予对方修改的权利。"人之患，好为人师"，当顾客参与了"使方案或商品更完美"之后，顾客会更乐于接受你的建议。

三、试乘试驾

1. 试乘试驾注意事项

① 准备专门的试乘试驾用车，尤其在新车上市期间。

② 试乘试驾车应该经过美容，保持整洁，有足够的汽油及各种消耗性油、液。

③ 试乘试驾车由专人管理，保证每次试乘试驾用车的车况都处于最佳状态。

④ 试乘试驾车证、驾照、保险齐全。

⑤ 确定试乘试驾的路线。

⑥ 顾客必须持有国家规定的 C 级或 C 以上的机动车驾驶证，才能亲自驾驶相应的试车车辆。

⑦ 根据试车要求登记《试乘试驾登记表》，依次安排试驾。

⑧ 准备并签订协议书。协议书具体内容由专营店自行编写，明确界定双方的权利和义务，以规避不应承担的经济、法律责任。

2．试乘试驾路线的规则

① 试乘试驾路线按车型事先设定，并制成路线图。

② 路线规划须避开交通拥挤的路段，并充分展示车辆性能与特色。

③ 为保证人员与车辆安全，试乘试驾严格遵守路线图。

3．各种路况的演示重点

试乘试驾时，通过车况与路况演示，如表 1-7 所示，让顾客了解演示路段和演示重点，充分感受车辆的性能与优点。

表 1-7 试驾演示重点内容

演示路段	演 示 重 点
发动与急速	介绍如音响、空调等需发动后才可使用的功能；体验急速静肃性
起步时	请顾客体验发动机加速性、噪声、功率/扭矩的输出、变速器的换挡平顺性
直线巡航	体验室内隔音、音响效果、悬挂系统的平稳性
减速时	体验制动时的稳定性及控制性
再加速时 （依车速选择有力的挡位）	体验传动系灵敏度，变速器抵挡的平顺性及灵活性，发动机提速噪声
高速巡航	体验发动机噪声、轮胎噪声、起伏路面的舒适性、方向盘控制力
上坡时	发动机扭矩输出、轮胎抓地性
转弯时	前风窗玻璃环视角度、前座椅的包覆性、方向准确性（悬挂系统与轮胎抓地力）
行经弯道时	转弯时车辆操控性及节气门控制灵敏性
空旷路段	示范行驶中使用方向盘上的音响/空调/电话控制键的便利与安全性

4．关注顾客感受

试乘试驾过程中确认顾客熟悉了车内各项必要的功能配置和功能键后，与顾客交换驾驶座位，提醒顾客要系安全带，请顾客将座椅调至最佳位置，调整好后视镜；请顾客试踩制动踏板、加速踏板及离合器，感知它们的精确程度；了解挡位；嘱咐顾客要精力集中驾驶，注意行车安全。

在顾客驾驶过程中，应有意识地将顾客参与和顾客的体验融入到试乘试驾的活动中去。体验内容主要包括：关车门的声音，是实实在在的声音，并非空荡荡的感觉；发动机的动力、噪声，请顾客感觉启动发动机时的声音与发动机在急速时的车厢内的宁静；车辆的操控性，各仪表功能观察清晰， 多向可调方向盘、自动恒温空调系统等各功能开关操控简便，触手可及；音响环绕系统保真良好；试乘试驾的舒适性，即使车行驶在不平坦的路面上，由于车辆扎实的底盘、优异的悬挂系统与良好的隔音效果等特性同样让乘座者舒适无比；直线加速，检验换挡抖动的感觉；车辆的爬坡性能，检验发动机强大扭力在爬坡时的优异表现；体验车辆的制动精确、安全性，制动系统以及安全系统等的特点。

试驾完成之后，引导顾客回到展厅，让其坐下来好好休息一下，为顾客倒上一杯茶水，舒缓一下顾客刚才驾车时的紧张情绪，重新体验一下试驾时的美好感受。

5. 试乘试驾操作程序

试乘试驾的服务流程如图 1-15 所示，各环节的工作要求如下：

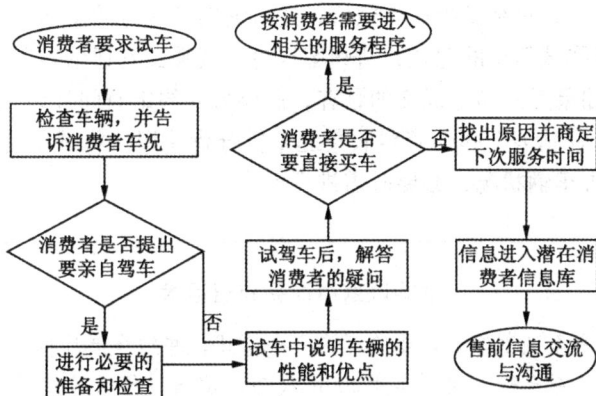

图 1-15 试乘试驾服务流程

（1）试驾前

① 只要顾客有试乘试驾的要求，就要尽可能为顾客提供试乘试驾的机会。

② 向顾客说明"顾客第一"的理念，因此为了顾客的安全，请顾客务必遵守试乘试驾的程序与标准。

③ 出发前完成顾客证照查验、复印存档及相关文件签署手续。

④ 出发前向顾客说明车辆使用方法、试乘试驾程序和路线安排，并书面提供路线图。

⑤ 汽车销售人员应对试用车充满信心，而且在商品介绍后应主动邀请顾客试车，例如，"为了让您亲身体验我们这款车的性能及舒适度，本公司特别为您安排试车活动，您试车之后可能就会知道这款车是不是符合您的需求，如果有需要改善的地方请您提出来。试车后如您觉得满意，想订车时也请记得找我订哦!"

（2）试乘试驾中

① 销售人员必须进行动态的商品说明，凸显所售车型的优势。

② 全程确保车上人员系好安全带，保证安全。

③ 由销售人员将车辆驶出专用停车区域，示范如何驾驶，设定试乘试驾的节奏和气氛。

④ 如顾客要求试驾，销售人员在安全地点将车熄火，手刹拉起，将车辆移交顾客。

⑤ 将车辆移交顾客时，应依照顾客情况调整各项配备，如空调、音响、座椅、后视镜、方向盘等，使其产生已拥有的感觉，驾驶过程中简要提醒顾客体验的重点内容，以强化感受。驾驶中销售人员应记住顾客的个性化要求，提醒顾客在驾驶中注意安全。

⑥ 准备不同种类的音乐光盘以供顾客选择。

⑦ 本着"顾客第一"的态度，让顾客充分体验试乘试驾，愉快地完成试乘试驾活动。

6. 当顾客有明显的危险驾驶动作时

① 及时果断礼貌地请顾客在安全地点停车。

② 向顾客解释保障安全的重要性，获取顾客的谅解。

③ 改试驾为试乘，由销售人员驾驶车辆返回经销店。

7. 试乘试驾后

① 确认顾客已有足够时间来体验车辆的性能，当然不排除顾客再度试乘试驾的可能性。

② 引导顾客回展厅，总结试乘试驾经验，适时询问顾客订约意向。

③ 询问顾客对试乘试驾车的感觉，请顾客填写"试乘试驾评估表"；趁顾客试车后的兴奋情绪努力促成成交；如果无法马上成交的顾客，需要另外约定时间拜访。

④ 交"试乘试驾评估表"作为资料收集起来供分析使用。将试车后的结果及顾客的反馈意见向主管汇报；报告车辆状况，必要时需进厂保修。

知识链接

试乘试驾中商品介绍话术

销售顾问引领客户至试驾车前，要给客户一个概述，并结合展厅内收集的客户最感兴趣的车辆配备，有重点地介绍车辆，灵活运用 FABE 技巧，试驾过程话术如下。

①（试乘试驾前）销售顾问：先生（女士）您好，下面由我来带您试驾刚才展厅看过的 GL8，在试驾前麻烦您填写一张试乘试驾表，请您出示一下驾驶执照好吗？（请客户仔细阅读试乘试驾协议）

②（客户到达时）销售顾问：先生（女士），这是×××公司的××车，是国内最畅销的高档轿车之一，很多企业单位都把它作为接待贵宾用车，彰显企业实力，提升企业形象。（用遥控钥匙开启车门）简要介绍这款车的防盗系统，引导客户坐入驾驶座，并协助客户调节合适的座椅姿势和方向盘角度。询问客户是否感觉到位，提醒乘客系好安全带。销售顾问关好车门，坐入前排乘客座椅。

③（客户试乘试驾时）销售顾问：先生（女士），您现在可以起动车辆，开始体验这款车的澎湃动力和宁静舒适。（主要让客户体验在驾驶过程中的行驶平稳，V6 发动机的提速以及宁静。根据需要打开空调及音响，体验舒适性及高级音响的音效）您在驾驶过程中可以充分领略它的强劲动力，而且在加速过程中它的噪声是非常低的，高速行驶的平稳性也是其他车辆无可比拟的。这款车的视野也非常好，安全性达到五星级安全标准。

④（试乘试驾结束）销售顾问：先生（女士）您好，试驾过我们的××车感觉怎样？（引导客户再次回展厅，做一些沟通。此时，重点了解客户的感受，并带领客户回到展车旁，在车辆外形、尺寸、内部空间等优势点上给客户进一步的冲击。）我想这部车非常符合您的要求，如果您对这部车感觉满意，我们可以马上为您办理手续。（询问客户付款方式，适时推荐贷款业务）

⑤（客户离开展厅时）销售顾问：先生（女士），感谢您的光临，期待您再次来到×××品牌 4S 专卖店。（送客户至展厅外，并目送离去，挥手致意）

【任务实施】

引导问题 1：请简要写出常见的几种汽车介绍方法的特点及适用场合。

方法名称	内容或步骤	适用情景
FAB		
AIDA		
埃德帕法		
六方位绕车介绍法		
试乘试驾		

引导问题2：制定实训用车（如2013款迈腾）的六方位绕车介绍的重点内容和特点，分组进行实操练习。

步骤	对应环节	重 点 介 绍 内 容 和 特 点
1	绕车介绍准备工作	
2	前部（左前方）介绍	
3	驾驶座侧介绍	
4	车辆内部介绍	
5	后部介绍	
6	乘客侧介绍	
7	发动机室介绍	

任务6　协商与成交

【任务导入】

当销售顾问向客户介绍完汽车产品后，如果客户想购买的话，客户就会发出一些信号。客户的信号主要的表现形式之一就是提出异议。在前期的销售流程活动中，客户没有下决心购买，所以销售员与客户之间的交流没有利益冲突，大家的交流比较放松。一旦客户有了购买的想法，他会维护自身的利益，尽可能使利益最大化。有的客户可能会比较直接，也有的客户会比较隐晦，但其表现多会针对不同的理由提出异议，以打击你，达到讨价还价的目的，这对销售员来说既是机遇也是一种挑战。在这一阶段，销售顾问应如何应对客户异议，积极与客户进行有效的沟通协商，最终促成交易呢？

【学习指引】

通过本任务的完成和学习，你应该掌握以下知识：

① 汽车销售过程中，与客户协商的一般程序。

② 销售报价的原则、方法与技巧。

③ 客户异议产生的原因、类型以及应对方法、技巧。

④ 成交的促进方法。

通过本任务的完成和学习，你应该具备如下工作能力：

① 能按协商的规范程序进行购车协商。

② 能灵活应用多种方法和技巧进行车辆报价。

③ 在协商过程中能正确应对客户提出的异议。

④ 能运用合理方法促进成交。

【相关知识】

一、协商的程序

1．评估客户的需求

在"产品介绍"和"试车"步骤给客户提供选择该车的全面的理由后，当客户对车辆表示购买的意向，或继续保持兴趣，则应进一步了解客户其他方面的需求。通过客户对交易的影响因素诸如价格与条件、时间限制以及配件选择、保险、分期付款等问题的敏感程度来判断客户的需求。

2．制订商谈备忘录

① 给客户概述有关制订商谈备忘的全过程。

② 要求客户同意用商谈备忘进行确认。

③ 在商谈备忘录上确认客户所要的车型、保险、选配精品和付款方式等。

④ 确认所要购买的车型有货或者到货的时间。

⑤ 根据客户的要求拟定商谈备忘录，如购车所需各类费用、购车方式、选择精品、付款方式等方面的要求。

⑥ 评估以旧换新价格。如果客户原有车辆需要售出或回收，由二手车评估人员进行有关检验定价，然后将所得出的以旧换新价值纳入投资方案。

3．提出方案

结合与客户协商过程的备忘录，制订一个完整的购车方案。

4．请求同意约定

和客户达成初步书面协议。

二、价格商谈

价格是商品价值的货币表现形式，它直接影响消费者心理感知和判断，是影响消费者购买意愿和购买数量的重要因素。有经验的直销员都知道，价格问题谈得好就是成交的前兆，谈得不好就是销售失败的信号。那么销售员应该如何与顾客商谈价格呢？

（一）车价的构成

汽车的价格主要由几部分组成：车厂利润+经销商利润+成本。其中成本既包括汽车的制造成本，也包括销售成本和物流运输成本。

汽车在 4S 店进行销售时，消费者通常接触的是标价和成交价。标价是汽车对外标明的价格，一般是厂家的市场指导价，所有的 4S 店都是统一的。厂家出台市场指导价是为了避免经销商之间互相压价、恶意竞争和窜货。随着车市的进一步发展，汽车市场由卖方向买方市场过渡，汽车厂家们的市场指导价开始被市场实际情况冲击，由此产生了汽车的实际成交价。

汽车在购买时需要的费用一般包括：车价、车辆购置税、车辆上牌费、车辆保险费、车辆装饰费用、车船使用税等。以上所说是指一次性付款购车的价格构成，如果是分期付款，需另外支付手续费，以及保险公司的保险保证金，须在办理按揭手续时一次付清。

知识链接

"包牌价"价格构成

所谓的"包牌价"是指汽车经销商为给购车的消费者提供便利，节省时间而形成的一种汽车销售价格。由于许多消费者不清楚上牌程序所需的相关手续，因而由经销商统一代办，增加消费者购车的便利性。一般来说，"包牌价"主要包括车辆的出厂价、运费、车辆购置税、车辆检测费、车辆上牌费用、车船使用税、车辆保险费以及部分配套安装的精品费用等。

（二）报价的原则

1．非谈不可才谈

"非谈不可才谈"是指把价格商谈放到最后，也就是在除了价格以外，客户已经对产品完全满意，只要价格谈妥，就可以马上成交的时候才与客户谈价。在销售过程中客户对价格问题是最敏感的，价格商谈也是最难的。如果在经过一番讨价还价之后，客户还对产品有不满之处而不能下决心购买，那所有的一切就都白费了。

2．让价有度

不管你准备给客户多少折扣，都要尽量分计划退让，一般来说第一次的让价幅度可以比较大，以博得客户的好感和喜悦，若客户仍不满意，再做小幅度的让步，以明确态度，让步是有限的，已退无可退。同时，每一次的让步也要让客户付出代价。例如："如果您今天交定金的话，我再给您优惠……"。

（三）报价的方法

报价是一门学问。报价永远是随机应变的，但要遵守一个原则——利润最低保障的原则，如果低于利润的最低保障，不如不做。

1．比较法

顾客购买产品一般都会采取货比三家的方式。这个时候销售人员就要用自己产品的优势与同行的产品相比较，突出自己产品在设计、性能、声誉、服务等方面的优势。也就是用转移法化解顾客的价格异议。

销售人员在运用比较法的时候，要站在公正、客观的立场上，一定不能恶意诋毁竞争对手。通过贬低对方来抬高自己的方式只会让顾客产生反感，结果也会令销售人员失去更多的销售机会。

2．三明治报价法

在汽车销售中常采用"三明治报价法"，如图1-16所示。销售人员在向顾客说明价格的过程中，不能仅仅说明车辆的零售价，而要在报价的同时，说明车辆带给顾客的利益和产品的价值。使顾客切实感受物有所值，欣然接受产品。

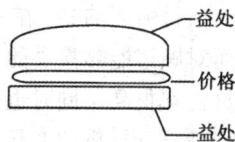

图1-16 三明治报价法

3．优惠报价法

优惠报价策略是让对方感觉到物有所值，证明价格的合理性。报价时可以将价格和达成协议的优惠条件联系起来。如因客户性质、购买数量、需求急缓、交易时间、交货地点、支付方式等不同，报不同的价格。例如："这款车原价要 129 800 元，最近我们店庆在搞促销，如果现在预订只需要 120 000 元就可以了，今天可是最后一天，明天就恢复原价了。"

4．价格分割法

如某销售人员把产品的价格按产品的使用时间或计量单位分至最小，可以隐藏价格的昂贵性，这实际上是把价格化整为零。这种方法的突出特点是细分之后并没有改变顾客的实际支出，但可以给顾客一种所买不贵的感觉。

典型案例

一位直销员向一位大妈推荐保健品，大妈问他多少钱，这位直销员不假思索脱口而出，"450 元一盒，三盒一个疗程"，话音未落，人已离开。试想，对于一个退休的大妈来说，400 多元一盒的保健品怎么可能不把她吓跑呢？没过几天，小区又来了另一位直销员，他这样告诉那位大妈，"您每天只需要为您的健康投资 15 元钱"，听他这么一说，大妈就很感兴趣了。产品价格并没有改变，但为什么会有截然不同的两种效果呢？原因是他们的报价方式有别。前者是按一个月的用量报的，这样报价容易使人感觉价格比较高；而后一位直销员是按平均每天的费用来算的，这样这位大妈自然就容易接受了。

（四）报价技巧

曾经有这样一个案例，说的是一个直销员向顾客推荐牙膏，顾客本能地问他多少钱，直销员心直口快，同时也缺乏经验，他告诉对方牙膏 30 块一支，顾客立刻觉得"太贵了"，后来不管那个直销员再怎么解释，都无济于事。销售员应善于总结经验，灵活应用各种方法，掌握相关的技巧。

1．先价值，后价格

直销员在向顾客介绍产品的时候，要避免过早提出或讨论价格，应该等顾客对产品的价值有了起码的认识后，再与其讨论价格。顾客对产品的购买欲望越强烈，他对价格问题的考虑就越少。让顾客认同产品价值的最有效的方法就是做产品示范，俗话说：耳听为虚，眼见为实。任你再怎么滔滔不绝地讲解都比不上让顾客真真切切地看一遍产品展示来得实在。

2．了解顾客的购物经验

顾客对于产品价格的反应很大程度上来源于自己的购物经验。个人经验往往来自于自身的接受程度所形成的、对某种产品某个价位的知觉与判断。顾客多次购买了某种价格高的商品，回去使用后发现很好，就会不断强化"价高质高"的判断和认识。反之，当顾客多次购买价格低的商品发现不如意后，同样也会增加"便宜没好货"的感知。

值得强调的是，在一对一个性化的销售过程中，直销员完全有时间了解到顾客的购物经验，从而对顾客能够接受的价位进行准确判断。有个销售化妆品的直销员，她的顾客平时消费的产品价位都很高，同时也认为高价位才是品质的保证和身份的象征，于是她总是毫不犹豫地向顾客推荐自己销售的产品中比较高端的产品。

3．模糊回答

有的直销员问，如果遇到顾客非要首先问价格该怎么办呢？这个时候可以采用模糊回答的方法来转移顾客的注意力。比如说当顾客问及价格时，直销员可以说，"这取决于您选择哪种型号、那要看您有什么特殊要求。"或者告诉顾客，"产品的价位有几种，从几百到上千的都有……"

即使直销员不得不马上答复顾客的询价，也应该建设性地补充，"在考虑价格时，还要考虑这种产品的质量和使用寿命。"在做出答复后，直销员应继续进行促销，不要让顾客停留在价格的思考上，而是要回到关于产品的价值这个问题上去。

总之，价格是销售的最后一关，支付能力与支付意愿之间总是有差异。购买意愿没有形成之前，谈价格是没有意义的，没有购买欲望，就没有谈价格的必要。

4. 报价不能报底线

汽车销售员必须记住：无论你报价多低，客户还是会讨价还价的。所以，在报价时不能报得太低。例如，当客户问有什么优惠的时候，销售人员答：优惠4 000元，客户肯定会说，怎么优惠这么少?这个时候，作为销售员不能马上进行让步。应该先探清顾客的期望值是多少。如果销售顾问继续让步，那么客户也会得寸进尺。

另外，如果你急着要帮客户申请优惠，必须要和客户说，这已经是总经理的指示了，不能再优惠了。如果你说是展厅经理给的优惠，那么，肯定是不能让客户满意的。他觉得还有讨价还价的空间。

5. 不要轻易让步

客户多次要求降价时，一定要注意每次降价的幅度，必须依次下降，如第一次降10 000元，第二次将4 000元，第三次降1 000元，要从这里让客户感觉到你的价格已经基本到位了。

客户有时只是希望你象征性地降价，并不是真的对价格很在乎，特别是企业的领导人员。你给他降价，说明你给他面子；或者是部门领导，你给他降价，他向上级领导汇报时就好说一些，体现了他的能力。

知识链接

下面是几种常见的让步方式，以3000元为全部的让价空间为例。

1. 3000元 ~ 0元 ~ 0元

刚开始上岗的销售顾问经常使用此方法，因欠缺实战经验，比较担心因价格导致客户流失，在初期就把所有的让价空间全部让出去。这种让步方法对于很多走了多家店的客户很有诱惑力，因为别的品牌店的价格他已经了解了，通过对比，他知道你的价格是高还是低，达到他的心理价位后他会很容易成交。同时，从另外一个方面看，这种让步方法容易让对其他店价格不了解的客户造成迷惑，认为你虚高价格，轻易地让出如此之大的幅度，一定还有很大的让利空间，在价格上继续步步紧逼，这时你已无路可退，即使交易达成，对方也会怀疑你的诚意，从而影响到下一次的合作。

2. 500元 ~ 1000元 ~ 1500元

多销售顾问习惯于先让出一小部分，在观察对方的反应后做出下一个让步行动。比如在初期你先让出500元，并告诉对方这是最后的底线，如此小的幅度对方通常不会同意，要求你再次让步，于是你分两步让出了1 000元和1 500元。在你每一次让步后，对方所得到的越来越多，销售顾问运用此种方法满足的是客户的一种期待心理，只要你让出了，对方就会满足。更多的是让客户寻找心理平衡。

3. 1000元 ~ 1000元 ~ 1 000元

这是一种四平八稳的让步方式，每一次让步幅度都不大，谈判破裂的风险也较低。适用于理性的客户。

4. 1500 元～1000 元～500 元

第一次价格让步需要比较合理的理由，要充分激起买方的价格谈判欲望，在谈判中期不要轻易让步，每一次让步幅度都要递减，并且要求买方在其他方面给予回报，如：在我这里买保险。最后的让步要表现出异常的艰难，必要时要使用上级领导策略，引导买方顺着你的思路进行谈判，最终取得双赢的交易。

6. 适当的表演

可以适当做戏，故意压低声音："关于这款车的价格，我告诉您一件事，但您千万不能说是我讲给您听的，行吗?前天税务局的找我们经理提了台车，我碰巧看到了合同价格……"

演"苦肉计"也是一个不错的方法。需要提醒的是，演戏是需要演技的，演技是需要训练的，最起码做到眼神、表情、声调、动作的一致性。

三、客户异议的应对

由于汽车是一个特殊的商品，任何商品都有它的不足之处，包括外形方面的、质量方面的、配置方面的，还有大多数客户都关心的价格方面的问题等，汽车不可能尽善尽美，因此，客户存在异议是不可避免的。

（一）异议的定义

顾客异议是指顾客对销售人员或其推销活动所做出的在形式上表现为怀疑或否定从而持反对意见的一种反应。简单地说，被顾客用来作为拒绝购买理由的意见、问题、看法等就是顾客异议。顾客异议是销售成功的主要障碍，正确对待并妥善处理顾客异议是销售成功的关键。同时，顾客异议是表明顾客对产品是否感兴趣的指示器，没有异议的顾客才是最难处理的顾客，成功地处理异议往往能直接促成交易。

（二）异议的类型

1. 按异议的对象分类

（1）对产品的异议

顾客对产品的异议是一种常见的异议，顾客针对产品的质量、性能、规格、颜色、包装等方面提出异议，其产生原因复杂，有可能由于产品本身原因，也有可能源于顾客自身主观因素，如其文化素质、知识水平、消费习惯等。这需要汽车营销人员对产品有充分认识，用有利的理由去消除客户的异议。

（2）对价格的异议

汽车营销人员最常面对、同时也是最害怕面对的客户异议是价格问题。汽车营销人员首先要有心理准备，客户只会强调产品价格高，而不会对销售人员讲价格太便宜。因此，面对客户提出的价格太高异议时，汽车营销人员首先应明白，这种异议是一种绝大多数购买者所共有的人之常情的自然反应。应对这一类的异议，汽车营销人员要说出价格贵的合适理由，以此消除客户异议。

（3）对售后服务产生异议

很多客户都害怕售后服务不够周到，买之前什么都说好，买了以后有了问题谁也不管，到处踢皮球，更谈不上服务态度了。也有的客户认为该品牌汽车的特约服务站网点不够多，维修不方便，也有的客户担心或怀疑售后服务的技术能力是否能够为他解决问题而提的异议。

（4）对交易条件产生的异议

交易条件也是一种客户经常提出的异议。如付款方式、交车时间、交车地点、赠送的物品、折扣、让利幅度、免费保养的次数、车辆的装潢、美容等。

（5）对汽车公司的异议

客户的异议还会涉及对销售人员所在的公司不满。客户对汽车公司的异议可能来自别的竞争对手的宣传、朋友的抱怨、媒体的负面报道等。也有的客户可能对汽车公司或汽车品牌有自己的看法。

（6）对销售人员的异议

在客户第一次见到汽车销售人员时，可能由于销售人员的衣冠不整、态度不好、三心二意、敷衍了事、技术生疏、夸夸其谈、轻视客户、怠慢客户甚至不尊重客户等等而产生不满。换而言之，汽车营销人员不能取得客户的信任就会给客户产生不好的印象，从而将不购买的理由转移到汽车营销人员身上。

2．按异议的真假分类

（1）真实的异议

顾客表达目前没有需要或对产品不满意或对产品抱有偏见，例如，"从朋友处听说你们的产品容易出故障。"面对真实的异议，销售人员必须针对表 1-8 所示的不同状况采取立刻处理或延后处理的策略。

表 1-8　客户异议处理时机

应立刻处理的顾客异议	最好延后处理顾客异议
当顾客提出的异议是属于他真正关心的重要事项时； 必须处理该异议后才能继续进行后面的销售说明时； 当销售人员处理异议后，能立刻要求下订单时	① 对权限外或自己确实不确定的事情，销售人员要表示自己无法立刻回答，但保证会马上找到答案并给予答复； ② 当顾客还没有完全了解产品的特性及利益前，提出价格问题时，销售人员最好将这个异议延后处理； ③ 当顾客提出的一些异议，在后面能够更清楚证明时

（2）虚假的异议

虚假的异议分为以下两种：

① 指顾客用借口、敷衍的方式应付销售人员，目的是不想购买产品。顾客提出很多异议，但这些异议并不是他们真正在意的地方，如"这款车是前年推出的，已过时了。""这车子的外观不够流线形。"等，虽然听起来是一项异议，但不是顾客真正的异议。

② 隐藏的异议。隐藏的异议指顾客并不把真正的异议提出，而是提出各种或真或假的异议，主要是要借此假象来达到一定的目的。例如，顾客希望降价，但却提出其他如品质、外观、颜色等异议，以贬低产品以达成降价的目的。

（三）产生异议的原因

1．顾客没有充分了解产品的利益

顾客没有充分了解产品的利益（如产品性能、价格、服务等）是导致顾客有异议的主要原因，一旦顾客了解产品对他的好处，他就没有理由提出异议。顾客购买了某品牌的汽车，势必会以牺牲购买其他品牌汽车为代价，因此，顾客需要在购买本品牌汽车产品所带来的利益与其丧失购买其他品牌汽车所付出的代价之间进行权衡，只有确定某品牌汽车产品所带来的利益能够补偿其损失，才会做出购买本品牌汽车的决策。

2. 顾客缺乏购买力

汽车的客观价格与顾客的主观价格出现偏差，如顾客的预算不足，或顾客目前的支付能力不足，或遇到按揭等方面的麻烦而产生价格上的异议。购买能力是交易过程中的一个重要因素。如果顾客没有购买能力或购买能力不足，都会提出许多异议。

3. 顾客的自我保护

人有本能的自我保护，是自我利益的保护。有时顾客已决定要购买产品，但又担心自己应能得到更大的利益，因此提出异议，希望得到更多保证（或是觉得对交易情况未有足够的了解），他要求销售人员提供更多资料已证明他的选择是正确的。

4. 顾客对销售人员不满

顾客见到销售人员时，可能由于销售人员态度不好、业务不熟练、夸夸其谈、沟通能力不够、怠慢顾客甚至不尊重顾客、不按时交车、随便承诺而不兑现等产生不满。顾客如果不喜欢销售人员，他就会用异议来拒绝对方，让其知难而退。

5. 顾客对企业或品牌不满

顾客对企业的异议可能来自别的竞争对手的宣传、朋友的抱怨、媒体的负面报道等。也有的顾客可能对企业或汽车品牌有成见，或认为知名度不高而印象欠佳。

顾客心里常会有两种以上不同的意见进行冲突，当他们犹豫不决，不知该不该买，或是不知该买哪一款产品时，这里就需要销售人员从顾客的角度出发，为他当好参谋，提供更多资料或证明，引导他做出正确的决定。

6. 顾客情绪处于低潮

客户的心情，也是客户异议产生的一个原因。在洽谈之前，也应先有所了解，当客户心情不佳时，他会受一时心情驱动，故意提出各种异议、刁难甚至恶意反对，有意阻碍成交。

7. 没有意愿

客户的需求没得到满足，其购买意愿没有被完全激发出来，你的绕车介绍和你安排的试乘试驾活动做得不成功，没有针对客户需求有的放矢，结果没有引起客户的注意，更没有取得客户的认同。

（四）处理异议的原则

顾客异议无论何时产生，都是顾客拒绝产品的理由。面对顾客的异议，销售人员的回答应简明扼要，不要偏离主题；既要尽量避免长篇大论，又要尽量避免用销售人员的个人看法去影响顾客。在处理顾客异议时应把握好以下原则。

1. 要理解顾客的异议

销售人员听到顾客的异议时，要首先站在顾客的角度来考虑问题。这种换位思考有两大益处：一是销售人员可以体会顾客的真实想法，从而采取顾客更容易接受的方式处理异议；二是销售人员能更客观地解决问题，以赢取顾客的信任，从而增进双方的理解和沟通，以达到成交的目的。

2. 要尊重顾客的异议

销售人员应尊重顾客的异议，要懂得"嫌货才是买货人"，顾客"嫌弃"你的产品正好说明顾客对你的产品感兴趣。顾客感兴趣才会提出更多异议。销售人员千万不要认为顾客是在挑剔，而应把异议看成是成交的前奏。当顾客提出异议时要尊重顾客，在听取顾客异议时要表示理解，等顾客说完后再进行必要的解释说明。切忌生硬地否定顾客的意见，伤害顾客的自尊心。

3．准确分析客户的异议

客户提出异议，一定有他的理由。销售顾问要学会洞察客户的心理，认真分析客户的各种异议，了解客户真实意图，有针对性地处理应对，才能提高销售成功率。

4．不与顾客争辩

不管顾客如何批评，销售人员永远不要与顾客争辩，因为争辩不是说服顾客的好方法。正如一位哲人所说："您无法凭争辩去说服一个人喜欢啤酒。"与顾客争辩，失败的永远是销售人员。一句销售行话是：占争辩的便宜越多，吃销售的亏越大。

5．要给顾客留"面子"

销售人员要尊重顾客的意见。顾客的意见无论是对是错，是深刻还是幼稚，销售人员不能表现出轻视的样子，如不耐烦、轻蔑、东张西望、板着脸等。销售人员要双眼正视顾客，面部略带微笑，表现出全神贯注的样子。并且，销售人员不能语气生硬地对顾客说："您错了""连这您也不懂"，也不能说一些贬低顾客、挫伤其自尊心的话，如"您没听懂我说的意思，我的意思是……"

（五）异议处理技巧

1．要事前做好准备

"不打无准备的仗"，是销售人员处理好顾客异议应遵循的一个基本原则。销售人员应该将顾客可能会提出的各种拒绝理由全列出来，然后考虑一个完善的答复。面对顾客的拒绝事先有准备就可以做到胸中有数，以从容应对。加拿大的一些企业专门组织专家收集顾客异议并制定出标准应答语，要求销售人员记住并熟练运用。现在国内的一些企业也采取了类似方法。

编制标准应答语是一种比较好的方法。具体程序如下。

步骤1：把销售人员每天遇到的顾客异议写下来。

步骤2：进行分类统计，依照每一异议出现的次数多少排列出顺序，出现频率最高的异议排在前面。

步骤3：以集体讨论的方式编制适当的应答语，并编写整理成文章。

步骤4：大家都要记熟。

步骤5：由经验丰富的销售人员扮演顾客，大家轮流练习标准应答语。

步骤6：对练习过程中发现的不足，通过讨论进行修改和提高。

步骤7：对修改过的应答语进行再练习，并最后定稿备用。

2．回答顾客要选择恰当的时机

美国通过对几千名销售人员的研究，发现优秀的销售人员遇到的顾客严重反对的机会只有一般销售人员的十分之一。这是因为，优秀的销售人员对顾客提出的异议不仅能给予一个比较圆满的答复，而且能选择恰当的时机进行答复。懂得在何时回答顾客异议的销售人员会取得更大的成绩。

销售人员对顾客异议答复的时机选择有以下四种情况：

（1）异议提出后立即回答

绝大多数异议需要立即回答，这样既可以促使顾客购买，又是对顾客的尊重。

（2）在顾客异议尚未提出时解答

防患于未然，是消除顾客异议的最好方法。销售人员觉察到顾客会提出某种异议，最好在顾客提出之前，就主动提出来并给予解释，这样可使销售人员争取主动，先发制人，从而避免因纠正顾客看法，或反驳顾客的意见而引起的不快。

销售人员完全有可能预先揣摩到顾客异议并抢先处理的，因为顾客异议的发生有一定的规律性，如销售人员谈论产品的优点时，顾客很可能会从最不好的方面去琢磨问题。有时顾客没有提出异议，但他们的表情、动作以及谈话的用词和声调却可能有所流露，销售人员觉察到这种变化，就可以抢先解答。

（3）过一段时间再回答

以下异议需要销售人员暂时保持沉默：异议显得模棱两可、含糊其辞、让人费解的；异议显然站不住脚、不攻自破的；异议不是三言两语可以辩解得了的；异议超过了销售人员的能力水平的；异议涉及较深的专业知识，解释不易被顾客马上理解的等等。对于以上异议，销售人员急于回答是不明智的。

（4）不回答

许多异议不需要回答，如无法回答的奇谈怪论；容易造成争论的话题；废话；可一笑置之的戏言；异议具有不可辩驳的正确性；明知故问的发难等。销售人员不回答时可采取以下技巧：沉默；假装没听见，按自己的思路说下去；答非所问，悄悄扭转对方的话题；插科打诨幽默一番，最后不了了之。

（六）处理异议的方法

1. 忽视法

忽视法是指当顾客提出一些反对意见，并不是真的想要获得解决或讨论时，这些意见和眼前的交易没有直接的关系，销售人员只要面带笑容地同意他就好了。对于一些"为反对而反对"或"只是想表现自己的看法高人一等"的顾客意见，销售人员如果认真处理，不但费时，还可能节外生枝。因此，销售人员就可采用忽视法，迅速引开话题。

2. 补偿法

补偿法是指给顾客一些补偿，让他取得心理的平衡，即让顾客产生两种感觉：产品的价格与售价是一致的，产品的优点对顾客而言是重要的，产品没有的优点对顾客而言是不重要的。无论哪一种产品都会存在缺点，世界上没有十全十美的产品。例如，介绍一种真皮给顾客，皮色和皮质都不错，虽然这种皮不是最好的，销售人员可以这样表示："这皮质确实不是最好的，但是它的价格很优惠，如果选最好的皮的话，价格最少涨五成。"补偿法能有效地弥补产品本身的弱点。例如，有的顾客嫌车身过短时，汽车销售人员可以这样答复顾客"车身短有助于您方便地停车。"

3. 询问法

询问法在处理异议中扮演着两种角色。首先利用询问把握住顾客真正的异议点，找到化解顾客的反对意见的答案。如顾客说这产品不太好，那销售人员就应问："先生，您为什么有这样的看法，您以前有没有用过同样的产品？"当你问为什么的时候，顾客必然会做出以下反应：他必须回答自己提出反对意见的理由，说出自己内心的想法；他必须再次检视他提出的反对意见是否妥当。此时，销售人员能听到顾客真实的反对原因及明确地把握住反对的项目，他也能有较多时间思考如何处理顾客的反对意见。例如，顾客："我希望您价格再降百分之十！"销售人员："××总经理，我相信您一定希望我们给您百分之百的服务，难道您希望我们给的服务也打折吗？"

4．太极法

太极法是当顾客提出某些不购买的异议时，销售人员能立刻回复说："这正是我认为你要购买的理由！"例如，顾客表示用这款倒车雷达的人很少，那销售人员就可以说："先生，我知道您是一个很有个性的人，正因为用这款倒车雷达的人少，才显得您更有个性。如果大家都有了，那还有什么特别的呢？所以像您这样有个性的人最适合买这款倒车雷达。"这样销售人员能立即将顾客的反对意见，直接转换成为什么他必须购买的理由。

5．转化法

转化法也可以说是"是的−如果"法，所谓"是的"就是同意顾客的部分意见，"如果"就是告诉顾客另外一种状况可能会比较好。当个人的意见被别人直接反驳时，内心肯定会感到不快，甚至会很恼火。如果顾客遭到一位素昧平生的销售人员的当场反驳时，会恼羞成怒，即使销售人员的话是正确的，而且并无恶意，也会引起顾客的反感。因此销售人员最好不要直接提出反对意见，在表达不同意见时，切记要尽量利用"是的−如果"的句法，该句法是最常用的解决顾客疑虑的方法，也是销售技巧里面经常所要用到的方法。例如，顾客表示："这款 DVD 导航是不错，但价格太高了。"销售人员则回答道："是的，我的顾客大多数有您这样的看法，如果你采取分期付款的方式，每个月只需付 300 块钱，对你来说一点都不费力，是吧？"

6．直接反驳法

虽然前面强调不要直接反驳顾客，以免与顾客发生争辩，但有些情况销售人员必须直接反驳以纠正顾客的错误观点。当顾客对企业的服务、诚信有所怀疑或当顾客引用的资料不正确时，你就必须直接反驳，因为顾客若对你企业的服务、诚信有所怀疑，他就不会购买你的产品。

例如，顾客说："我听朋友说你们企业的售后服务做得非常不好"，销售人员必须马上给予反驳："我相信您朋友遇到的一定是个案，我很遗憾会有这种情况发生。我们的售后人员都是通过厂家严格培训认证后才能上岗的，无论在维修技术还是服务水平方面都是一流的，我们还提供 24 小时服务。"

使用直接反驳法时，在用词方面要特别留意，态度要诚恳，本着对事不对人的原则，切勿伤害顾客的自尊心，要让顾客感受到销售人员的专业与敬业。

7．推迟法

推迟处理法又称拖延处理法或延缓处理法，是指推销人员在听到顾客表达了异议以后，暂时不对顾客异议进行处理，等待适当的时候再进行处理的方法。拖延处理法可以给顾客自我消化的时间，也给推销人员继续努力和改变推销方法的时间。在这段时间，推销人员可以让顾客更好地了解产品，可以让顾客对产品进行更加深入的认识、鉴定，甚至试用，可以通过人际交往增强与顾客的关系，使比较难以解决的异议自然消失。

拖延处理法在实际使用中也存在许多问题，因为拖延处理法在顾客提出异议后没有及时地给予处理，可能会引起顾客的不满，同时在推迟与等待的过程中，还会出现各种预料不到的事情，这些都可能使推销人员前一段的努力付诸东流。因此推销人员在使用时必须谨慎。

8. 倾听法

倾听处理法是指对于顾客的异议，推销员应该平静地、耐心地倾听，绝不要随意打断顾客的话。这不仅仅是出于礼貌，而且还有更重要的意义。

当顾客不断地提出异议时，其实是为你提供了说服顾客的资料。所以，推销人员要尽量让对方说出他想要说的话，等他把心中所想的全部暴露出来，推销人员再解答顾客异议。打断会使顾客得不到应有的尊重，还有可能导致异议后的真正误解。如果推销人员仔细地、恭敬地倾听，顾客会感激推销人员能严肃、真诚地对待他们的问题，而推销人员也可借此进一步了解顾客的需求和问题所在，如果在倾听的同时，还适当地试探询问，将更容易拉近同顾客之间的距离。

四、促进成交

（一）成交的信号

成交信号是指顾客在接受推销过程中有意无意地通过表情、体态、语言及行为等流露出来的各种成交意向，我们可以把它理解为成交暗示。一旦发现成交信号，销售人员应及时把握，与客户缔约成交。

顾客表现出来的成交信号主要有语言信号、行为信号、表情信号和事态信号等。

1. 语言信号

语言信号是指在顾客与销售顾问交谈的过程中，通过顾客语言表现出来的成交信号。以下几种情况属于成交的语言信号：

① 客户经过反复比较挑选后，话题集中在某款车型时。

② 客户对销售顾问的介绍表示积极的肯定和赞扬时。

③ 客户询问交易方式、交货时间和付款条件时。

④ 客户就交易条件与竞品交易条件比较时。

⑤ 客户提出与购买相关的假设性问题时。

⑥ 客户询问售后服务、维修、保养等事项时。

2. 行为信号

行为信号是指在销售顾问向顾客的推销过程中，通过顾客的某些行为表现出来的成交信号。例如：

① 客户十分关注销售顾问的动作、谈话，不住点头。

② 客户反复、认真翻阅汽车彩页广告等资料。

③ 反复来展厅。

④ 认真查看汽车有无瑕疵。

⑤ 姿态有前倾到后仰，身体和语言都很放松。

3. 事态信号

事态信号是在销售顾问向顾客推销的过程中，就形势的发展和变化表现出来的成交信号。例如：

① 顾客要求看销售合同书。

② 顾客接受你的重复约见。

③ 顾客的接待态度逐渐好转。

④ 接见人主动向销售顾问约见决策者。

4．表情信号

表情信号是在销售顾问向顾客推销过程中，从顾客面部表情和体态中所表现出来的一种成交信号。包括微笑、下意识地点头表示同意你的意见，对推销的商品表示关注等等。

顾客的语言、行为、表情以及事态变化等表明了顾客的想法。因此，销售顾问应及时地发现、理解、利用顾客所表现出来的成交信号提出成交要求，促成交易。

（二）成交促进方法

1．直接请求促成法

直接请求促成法是指销售人员得到客户的购买信号以后，直接提出建议购买的方法。销售人员使用直接请求促成法，可以大大缩短达成交易的时间，从而尽快签约。其实，"直接法"并不意味着简单地提出交易，而是在直接提出建议购买之前，销售人员已经做了大量的准备工作了，是水到渠成、瓜熟蒂落了。

直接请求促成法并非在每一次销售交易中全都适用。销售人员确定某个交易适合使用"直接法"，也不能操之过急。操之过急就是销售人员在还没有真正确认客户的购买信号时就很急切地提出马上与客户签订合同。操之过急往往会与成功失之交臂。

直接请求促成法特别适合在以下几种情况下运用，效果会更好。

① 销售人员与比较熟悉的老客户、保有客户、新的意向客户已经确认了互信关系。

② 在销售过程中客户通过语言、行为等方式发出了某种信号。

③ 客户在听完销售人员的相关汽车产品介绍后，没有发表异议的观点，甚至对销售人员的介绍表示十分赞同。

④ 客户对某一辆汽车已有好感，购车意向比较明显，但不愿意主动提出成交建议。

⑤ 销售人员在处理完客户的重大异议之后或成功地帮助客户解决了某项困难时。

⑥ 当销售人员拿着购车合同做试探，而客户没有明显的拒绝反应时。

在使用直接促成法时，需要注意避免下列情况。

① 由于直接请求这种语言过于激烈，容易引起客户的强烈反感导致成交失败。

② 如果销售人员在对使用条件的主观判断有误时，客户也会抵制成交。

2．二选一法

销售人员可以说："您用现金还是分期付款？""您是选自动挡还是手动挡？""车的颜色您是选银色还是金色？"

运用二选一成交法时，需要注意，销售人员所提供的选择事项应让客户从中做出一种肯定的回答，而不要给客户一种拒绝的机会。向客户提出选择时，尽量避免提出太多的方案，最好的方案就是两项，最多不要超过三项，否则你不能够达到尽快成交的目的。

3．假设成交法

假设成交法是假设客户要购买，是指销售人员在假定客户已经接受销售建议，同意购买的基础上，通过提出一些具体的成交问题，直接要求客户购买商品的一种方法。

假设法的好处就是可以将销售洽谈直接引入到实质阶段，可以节省销售时间。由于是直接将销售提示转为购买提示，可以把客户的购买信号转化为购买行为。如果销售人员能够营造一个轻松、愉快的销售氛围，客户在没有压力的情况下洽谈成交，再配以销售人员的语言技巧和销售技巧，一般是不会失去销售机会的。

"假设法"常在下面几种情况下使用。

① 已经取得互信的保有客户、新的意向性客户、依赖性客户和性格随和的客户。

② 明确发出各种购买信号的客户。

③ 对现有汽车型号很感兴趣，并且没有提出什么异议的客户。

④ 虽然是提出了这样那样的异议，但是这些异议已经被有效地解决了的客户。

需要注意的是，销售人员在运用这个方法时，如果没有能够捕捉住成交的信号，则会给客户造成一定的购买压力，引起客户的反感，反而破坏了洽谈成交的气氛。如果客户依然无意购买，也千万不要勉强做强行销售，以免给客户留下强人所难的不好印象。

4. 诱导法

比如说公司现在搞促销活动，销售人员就可以向客户宣传："现在购买本款车，我们公司赠送倒车雷达，数量有限哦!""如果您现在买车，正好赶上后天的节假日，您可以带着家人一起出门游玩，多方便。再说了，您看，最近的天气不冷不热的，多好啊。"

5. 小恩小惠促进法

在公司规定允许和得到有效授权的情况下，可以给客户一点折让。比如说："如果您今天就做决定的话，我争取送您一副脚垫或增加免费保修养的次数或售后服务价格优惠等。"

6. 利益总结法

当对客户的购车利益作出总结而客户已动心时促进成交。话术举例如下：

"您今天订车的话，我们除了单车给您提供 5 000 元的优惠外，还赠送您一张价值 1 000 元的中国石化的加油卡，赠送您一年的价值 950 元的交强险，还送您前后的保险杠。"

7. 供应压力法

以该车型（颜色、数量）供应紧缺的理由提示客户成交。其话术如下：

"这个月的促销力度还是挺大的，下个月不知有没有了，您看您是现在定还是再等等?"

"我们的小排量惠民补贴到本月末就结束了，以发票为准，还有两天的时间，您看您是现在定还是再等等?"

8. 赞美法

该方法比较适合那些自诩为内行、专家，十分自负或情绪不佳的客户，让其从内心里接受你的赞扬，促其成交。其他的赞美词句还有：择日不如撞日，今天日子不错，有纪念意义，要想发不离"8"等。

9. 保证成交法

保证成交法是销售顾问通过向顾客提供售后保证，从而促成交易的成交方法。保证成交法是销售顾问针对顾客的主要购买动机，向顾客提供一定的成交保证，消除顾客的成交心理障碍，降低顾客的购物风险，从而增强顾客的成交信心，促使尽快成交。保证成交法是一种大点成交法，直接提供成交保证，直至促成交易。

保证成交法的保证内容一般包括商品质量、价格、交货时间、售后服务等。这种保证直击顾客的成交心理障碍，极大地改善成交气氛，有利于成交。但是，保证成交法也不可滥用，以免失去推销信用，引起顾客的反感，从而不利于成交。

知识链接

成功推销员的经验之谈

一位推销大师曾说，我不会在成交要求遭到顾客拒绝后就与顾客"拜拜"。我认为，顾客拒绝成交，是出于对自身利益的保护，顾客在没有完全明白从购买行为中得到多少好处之前，他会用最简单的方法——拒绝购买来保护自己。面对顾客的拒绝，我假装没听见，继续向顾客介绍"创意"的新要点，在顾客明白这一要点后，便再一次提出成交要求。在实践中，我总结出一套"三步成交法"，第一步，向顾客介绍商品的一个优点；第二步，征求顾客对这一优点的认同；第三步，当顾客同意商品具有这一优点时就向顾客提出成交要求，这时会有两个结果：成交成功或失败。如果成交失败，我还会继续向顾客介绍商品的一个新优点，再次征得顾客的认同和提出成交要求。

有时，甚至在提出四五次成交要求后，顾客才最终签约。经验表明，韧性在推销的成交阶段是很重要的。在向顾客提出几次成交要求遭到拒绝，眼看成交无望时，我绝不气馁，还要争取最后的机会，即利用与顾客告辞的机会运用一定的技巧吸引顾客，再次创造成交机会。

在此，我给大家总结出六个字——主动、自信、坚持，这是成交的关键。

首先，推销员要主动请求顾客成交，许多推销员失败的原因仅仅是因为他没有开口请求顾客订货。据调查，有71%的推销员未能适时地提出成交要求。美国施乐公司董事长彼得麦克芬说，推销员失败的主要原因是不要订单。不向顾客提出成交要求，就像瞄准了目标却没有扣动扳机一样。

一些推销员患有成交恐惧症，害怕提出成交要求遭到顾客的拒绝。这种因担心失败而不敢提出成交要求的心理，使推销员一开始就已经失败了。如果一个推销员不能学会接受"不"这个答案，不能学会不因顾客拒绝购买而失去心理平衡，乃至丧失信心，那么该推销员将是无所作为的人。

其次，要充满自信地向顾客提出成交要求。美国十大推销高手之一谢飞洛说"自信具有传染性。推销员有信心，会使客户自己也觉得有信心。客户有了信心，自然能迅速做出购买的决策。如果推销员没有信心，会使客户产生许多疑虑，客户会犹豫：我现在买合适吗?"

最后，要坚持多次地向顾客提出成交要求，一些推销员在向顾客提出成交要求遭到拒绝后，就认为成交失败，便放弃了努力。这种期望向顾客提出一次成交要求便能达到成交目的的想法是错误的。事实上，一次成交的可能性很低，但一次成交失败并不意味着整个成交工作的失败。推销员可以通过反复的成交努力来促成最后的交易。一位优秀推销员指出，一次成交努力成功率仅为10%左右，他总是期待着两次、三次、四次等多次的成交努力来达成交易。推销员要认识到，顾客说"不"字是阻止推销员前进的红灯。

典型案例

"听说年底优惠多，我还是等到年底再买"

客户："买车也不是一时半刻的事情，这几年没有车不也过得好好的，还是等到年底优惠多的时候再买吧。"

常见的错误应对："别等了，到了年底价格也是一样的。""现在什么都涨价，年底可能更贵呢！"和"是吗？您要那样，我也没办法！"这样的回答表面看来好像很无奈，其实很强势，会让顾客觉得很没面子。

"您是不是觉得价钱不合适呢？如果您有什么要求，可以尽管提出来，我一定想办法给您最优惠的价格。"这么说表明刚才给的价格确实不实在。

情境分析：客户认为目前不是最佳的购买时间，提出"年底优惠多，我还是想等到年底再买"，产生这个异议的真正原因不是现在不适合买车，而是客户认为年底厂家提供的优惠会更多，自己可以得到的利益会更大，所以在年底买车才最合算。

客户虽然提出这样的异议，但并不意味着客户拒绝购买，它表明客户已经接受购买这款车的建议，只是因为想获得更多的优惠而拖延到年底罢了。针对这种情况，销售人员可以采用存货不多、物价上涨可能导致价格上升以及早买早享受等理由，促使客户尽快做出购买决定。

应对范例一：

客户："年底优惠多，我还是想等到年底再买！"

销售人员："不是吧，您还要等到年底？您不知道这款车有多么抢手，这个名额还是我费了很大劲才给您争取到的，因为这款车的发动机生产商已经开始提价了，所以这款车很快也将因此而提价。知道这个内部消息的人都在排队买这款车，如果您今天不要，我就把名额让给另外一个客户啦！"（制造紧迫感，促使客户抓紧时机立即成交）。

销售人员："不要犹豫了，现在就办手续吧！"。

应对范例二：

客户："年底优惠多，我还是想等到年底再买！"

销售人员："先生，您看中的这款车是我们目前主推的黄金车型，正在以超低价促销，比任何时候的优惠力度都大！注意数量限定为10辆，目前只剩下2辆了，售完即止！我看您别再犹豫了，那边还有几个客户在谈呢，马上签合同才能保证有一辆是你的！"（利用特定稀有的机会来刺激客户）。

应对范例三：

客户："年底优惠多，我还是想等到年底再买！"

销售人员："我明白您的意思，按照往年的惯例，年底汽车销售优惠的力度确实会大一些。但今年的情况有所不同，大家都看到了钢材、石油等造车原材料价格不断上涨，人力成本和物流成本也在大幅增加，据公司上层透露，今年下半年汽车的价格会调高10%左右。您若拖延到年底再买，肯定就不是现在这个价格了。您就不要再犹豫了，今天就定下来吧！"（利用小道消息向客户施加压力）。

小提示：

① 可利用小道消息向客户施加压力；

② 可利用特定稀有的机会来刺激客户；

③ 虚张声势刺激客户时要基于事实，切不可过于夸大。

典型案例

"你们的售后服务怎么样"

客户："你们的售后服务怎么样？"

常见的错误应对：

"我们的售后服务包您满意!"这样的回答给人信口开河、不负责任的感觉，很难取得客户的信任。

"我们的车子很少有质量问题，您不用担心售后服务!"这个回答的意思很模糊，对售后服务问题没有实质性的解释，难以消除客户对售后服务的担忧。

"您放心啦，我们是老牌子了!"这样的回答显得很空洞，缺乏说服力。

情境分析：

售后服务是所有新车主必然关注的问题，客户询问售后服务方面的事情是客户准备成交的信号。在这种情况下，销售人员首先要表达对客户的关心与尊重，然后提供售后服务方面的具体保障或详细的解决方案，有效地将信心传达给客户，让客户放心购买。

应对范例一：

客户："你们的售后服务怎么样?"

销售人员："您放心，我们的售后服务绝对是有保障的，因为售后服务是我们品牌领先于竞争对手的有力武器之一。目前国内汽车销售服务期限一般是2年或6万公里，而你看中的这款车提供的却是4年或12万公里的保修政策，是国内大多数车辆保修期的两倍，这意味着您将节省2~3倍的保养成本，而且车辆保值率更高。另外，我们品牌拥有配套完善的售后服务管理体系和过硬的服务质量，保证您买得放心，用得安心!今天就定下来吧!"

应对范例二：

客户："你们的售后服务怎么样?"

销售人员："我很理解您对售后服务的关心，毕竟买车也是一个比较大的决策，那么您最关心售后服务的哪些方面呢?"

客户："是这样，我有个朋友去年买了一辆车，开了一段时间后就开始漏油，后来拿到4S店去修，修好了过了一个月又漏油，再去修，对方说要收3 000元修理费，最后没办法，我朋友只好自认倒霉了。不知道你们在这方面是怎么做的?"

销售人员："很感谢您的信任，请问您还有其他方面的问题吗?"

客户："没有了，主要就是这个。"

销售人员："好的，关于汽车的油路问题，我们采用的是意大利AA级标准的加强型油路设计，这种设计具有极好的密封性，即使在正负温差50℃或者润滑系统失灵20 h的情况下，也不会出现油路损坏的情况，所以漏油的概率极低。当然万事无绝对，如果万一出现了漏油的情况，您也不用担心，因为我们的售后服务承诺：从您购买车辆起1年之内免费保修，同时提供24 h之内的主动上门服务。您觉得怎么样?"

客户："这样我就放心了。"

销售人员："那我们就签合同办手续吧!"

小提示：

在面对客户对售后服务方面的问题时应尽量详细地解释售后服务方面的保障内容，并针对客户对售后服务的担忧提供解决方案。

【任务实施】

引导问题1：总结向客户报价的一般方法和技巧有哪些，各有何特点？

引导问题 2：根据协商处理顾客异议的方法和技巧，填写下表中的几种顾客异议情境的应对方式与相关话术。

典型场景	应对方法	相关话术
"如果现在就买，还有什么额外的优惠吗？"		
"我要回家和家人商量一下再决定。"		
"××店的价格比你们更便宜。"		
"××牌子的车会更省油。"		
"虽然省油，但是车自重轻，只怕安全性较差。"		

任务 7 交车与售后跟踪

【任务导入】

在广告业界工作的吴先生一直想买一款新车，经过很长时间的观望以后，吴先生把目光锁定了君威 Regal GS 3.0 豪华版 AT，没有过多的考虑，吴先生就在某家经销商处交了定金。可没想到的是，对方作出的短期内交车的承诺成了空头支票，这让吴先生很恼火。经过一再的催促，直到近一个月后，对方才为吴先生提回现车，但见到的现车却从原来预订的钛银色变成了黑色，失望的吴先生最终只得放弃，拿回了定金，另找经销商。

这回他找到汽车销售员小梁所在的 4S 店，询问君威 Regal GS 3.0 豪华版 AT 钛银色轿车的订货时间，并且告诉小梁，自己已经在别处订过一次同款车型了。他在小梁手里再次交下了定金，说了句很实在也很沉重的话："诚信和服务是最重要的啊。"这一次，小梁没有让吴先生失望。没过多久，吴先生就如期地见到了他那辆心仪已久的汽车。

由此可见，汽车销售人员必须信守承诺，具备长期服务顾客的心理素质。交车与售后跟踪的环节，对客户而言是开始接触新车的时候，心情既兴奋又紧张，销售人员在此过程中应注意做好哪些事项与细节，才能使客户保持愉悦的心情，真正成为其忠诚顾客呢？

【学习指引】

通过本任务的完成和学习，你应该掌握以下知识：
① 新车交付的工作流程及各环节的工作要求。
② 顾客跟踪的形式、内容与注意事项。
③ 电话回访的技巧。
通过本任务的完成和学习，你应该具备如下工作能力：
① 能按交车流程的规范要求进行新车交付工作。
② 能正确有序开展顾客跟踪的相关工作。

【相关知识】

一、新车交付

(一)交车环节的关键作用

销售顾问应该特别注意新车交付的过程,因为交车的过程是客户最为关注的环节,由于销售顾问心理上的放松,容易在此环节出现问题,常常造成客户投诉。之所以出现这样的现象,可参考图 1-17 所示的购车过程客户与销售员心理兴奋程度图。

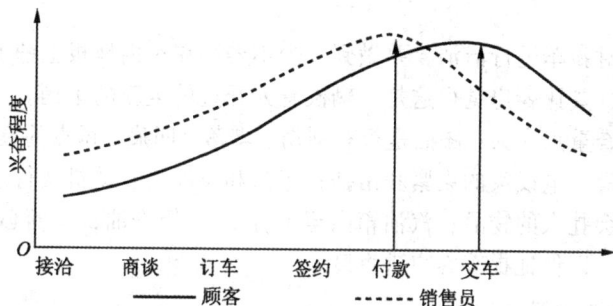

图 1-17　购车过程客户与销售员心理兴奋程度

从图 1-17 中可以看到,在客户交付定金之后,因为业务已经成交,此时销售顾问是最为兴奋的。而到了交车环节却是客户最兴奋的时候,但销售顾问的兴奋度已经开始下降,他们只是办理例行的交车手续。因此,在交车的过程中,常常出现这样的现象:客户满怀喜悦,而销售顾问却毫无察觉。客户会觉得销售顾问对自己的情感没有回应,有一种被冷落的感觉,从而使客户产生反感和抱怨。因此说,交车环节是非常关键的环节,销售顾问要善于迎合客户的情绪,通过交车激发起客户的热情,感动客户,从而与之建立起长期的关系。

(二)提车时客户的期望

要做好交车工作,首先销售顾问必须了解提车时客户的心理和期望,然后有针对性地开展交车说明和提供相应的服务。

客户在提车时心情是兴奋而紧张的,如果发现有一点缺憾都有可能影响交车的顺利进行。客户在提车时的期望概括来说是受到关心、承诺的兑现、有良好诚实的建议等。

① 能够按约定的时间如期交车。作为销售顾问一定要记住,最影响客户满意度的是能否按时交车,如果不能在客户预期的时间内交车,就会给客户带来极大的不满,不论采用什么样的解决方式,都会使客户产生不愉快。

② 能够真的如其所愿,交车期间不出问题;在得到承诺之后,汽车就已准备好,随到随取。

③ 希望所提的汽车内外一尘不染,好像自己是第一个坐到汽车里的人。

④ 希望销售顾问对汽车非常了解,能够回答客户提出的问题,并愿意为客户查找答案,而且在车子买回去后遇到问题时可以随时找到他,得到及时的帮助。

⑤ 在提车当天希望经销商对汽车的保修和保养计划作完整的介绍。在车开始正常使用后,销售商能定期提醒客户该做什么项目的保养以及定期保养的时间,时刻体现对顾客的关注和关怀。

⑥ 希望与负责维修服务的经理或相关人员见面并介绍维修服务的程序。

⑦ 希望可以提供所有应提供的材料和承诺附送的礼品,包括保修手册、客户使用说明书等。

（三）交车前准备

1. 新车的准备

当准备把一辆新车交付给客户使用前，汽车销售公司必须要自检该车是否合格，合格才可以把它交给客户。在交车给客户前，销售顾问要对车辆做全面而细致的检查。

（1）车辆性能的检查和确认

在新车交车前，要委托售后服务部对新车的各项性能进行检查（新车交付检查），确保车辆性能优异，各种开关操作正常，还要校正时钟、调节收音机频道。

（2）车辆的清洁

交车的当天必须对新车进行清洁，要做到一尘不染，在车内地板上铺上保护纸垫，车内的工具、备胎摆放整齐，要让客户觉得这是一辆没有人开过的全新的车辆。

在交车前车辆检查重点应为：漆面是否有刮伤、剥落、凹痕、锈点的痕迹；饰条是否松脱；缝隙的大小和均匀度等；电线束的束紧和吊挂；车窗和车厢、发动机及行李舱等是否污脏；有没有不必要的标签或会扎人的物品；汽油箱内至少有 1 / 4 箱汽油；车辆必须经过实际的操作，确认所有的功能正常，以保证提车客户满意度。

2. 销售顾问的准备工作

（1）交车前一天工作

① 确定客户来店提车的具体时间，并暗示客户遵守约定的时间。

例如，销售顾问可以说："好的，那么我明天下午 3 点钟准时恭候您的光临，期待与您再次会面，谢谢，再见。"

② 确认客户的付款方式，询问客户是付现金还是付支票或是刷卡，不同的付款方式可能会影响到交车的时间，最方便的方式是刷卡。因此，尽量说服客户采用刷卡的方式进行付款，这样可以提高交车的效率，如果客户提供的是支票，必须说明要等支票的款到账后才能提车。

③ 告知客户交车的主要内容及所需时间，以便客户提前做好时间安排。很多销售人员在交车前没有提前告知交车所需的时间，待客户来提车时，由于没有安排出足够的时间，最后造成很多交车说明事项没有时间说明，导致客户在车辆使用过程中出现问题。

④ 告知客户交车所需携带的资料、文件和证件。交车过程中，需要客户提供的订单、收据、身份证、驾驶证等，在交车前告知客户，否则因客户在交车时未带齐资料而造成无法提车，就会影响客户的满意度。

参考话术："××先生／女士您好!我是××品牌××销售顾问，您的新车已到……我们已经全部完成。想跟您预约一下交车日期，您明天是否有时间呢?那明天下午是否有时间呢?（引导客户你想要的时间）明天下午请您带好身份证、订车合同、定金收据……明天交车时可能会占用您×小时的时间，主要内容有……如果没有其他问题，我明天下午 3 点会在展厅门口等待您的到来。"

（2）交车当天的准备工作

① 销售员必须保证交车区的明亮、整洁、清新，最好备有桌椅、饮料、点心（销售人员可事前确认），以便销售顾问将各种车辆资料在很庄重、轻松、愉悦的气氛下交给客户，提高交车的满意度。

② 销售顾问准备好交车的资料和物品，包括随车资料、合格证、交接单、订单等，以及

交车仪式中要用到的照相机、礼物、鲜花、礼炮等。新车交车时，会有很多表格、手册类东西需要填写，销售顾问应该在客户到来之前将这些资料准备齐全，同时，熟知每一张表格的填写要求、规范及如何填写，如果需要客户提供某原始数据及资料，应提前通知客户一同带来。在客户填写表格的时候，销售顾问应在一旁指导，毕竟客户不经常接触这些东西。有些地方不需要客户本人填写的，销售顾问可以代劳，如免费办理会员卡需要填写的资料等。

③ 通知销售经理、服务人员以及相关人员，告知参加交车仪式的时间，以及客户的信息：交车前与客户进行充分的沟通是十分必要的，客户在历经了几番周折后终于决定买车，而交车的日子对于他们来说显然意义重大。如果能够在一个充足的时间里面完成这一活动，客户必然会更加满足。所以汽车销售顾问要从客户的角度出发，在交车前做好充分的准备，为他们留下一个难忘的历史时刻。

（四）新车交付流程

交车过程是客户最兴奋的时刻，也应该是销售顾问比较高兴的时刻，在这个时刻每个环节都要迎合客户的这种喜悦的心情，并在交车的过程中，详细说明车辆使用的注意事项以及售后服务的内容，并办理车辆的交接手续。

1. 客户的接待

① 客户到达时，销售顾问要按约定时间提前到门口迎接；态度要热情，并恭喜客户购买了心仪的车辆，同时感谢客户对自己的信任。

② 引导客户到交车区就座，并提供饮品等，再次说明交车的流程、内容及所需时间。

③ 介绍需要客户确认和签字的内容，并告知客户可以在交车过程中随时提问和指出不足。

参考话术："××先生／女士您好，欢迎您来提车！请先坐一下（提供茶水或饮料），我会花几分钟时间向您介绍一下交车的步骤和需要您签字确认的内容，您看好吗？您先检查确认车辆，签署文件，付尾款，然后我将向您演示和介绍车辆的操作要领、注意事项，我还会请服务顾问介绍车辆的保修条款、使用注意事项，带您参观我们的维修车间，最后我会为您举行一个交车仪式。全部过程需要×小时。给您介绍一下这是我们的交车专员××，今天的交车由他协助我共同完成，在交车中如果您有什么疑问，可以随时问我们，我们会全程陪同您。"

2. 确认单证及费用说明

① 根据新车订购单上所填写的内容，再次说明各项购车费用。

② 利用相关手续和费用清单说明其他相关的费用明细。

③ 计算购车余款的金额，并得到客户的确认，无误后销售顾问领客户到财务部办理交款手续，并由财务部开具发票。

参考话术："××先生／女士，这是我们的收银员××，由他给您办理尾款交付手续（客户交款时注意回避）……×先生／女士，您的尾款业务已经办理完毕，我大约花××分钟时间给您办理出库和发票业务，在这期间您先到交车区，由我们的交车专员进行车辆的检查和功能的解释，你看好吗……那您这边请……。"

④ 销售顾问和客户清点证件和书面文件，请客户签字确认收到的证件和书面文件；向客户解释各种单据、手册的用途。提醒客户分类保管好各种单据、手册以备日后使用。相关单据、手册见表1-9。

表1-9　交车单据确认表

交车资料袋内资料状况					
项　　目	有	无	项　　目	有	无
购车发票			购销合同		
购置税证			行驶证		
养路费单据			保验单证		
发车单			合格证		
保养手册			使用说明书		

　　参考话术："××先生／女士，我们先清点一下证件和文件，这是车辆发票、购置税发票、合格证、使用说明书等，您看有没有问题?如果没问题请您签字确认，您看好吗?（具体解释各种证件、文书的用途）请您一定保管好这些文件，以便日后使用。"

　　3. 车辆的验收

　　① 销售顾问陪同客户对车辆进行检查，确认车辆外观和性能完好。

　　② 请客户确认车辆的型号、规格、颜色与所购车型是否一致。

　　③ 请客户确认座椅皮（布）面是否完好、清洁。

　　④ 请客户确认新车公里数，油箱里是否有不少于1／4的燃油。

　　⑤ 引导客户对照《新车交付表》的内容逐项检查，请客户签字确认。

典型案例

　　销售顾问小张就曾经为了交一台迈腾，给那个客户换了4台车。因为那年夏天下大冰雹，厂家的车库是露天的，结果导致那批车或多或少都有轻微的坑，其实事先小张是检查过车的，但是巧的是迈腾车上从车盖到A／B／C柱都粘有白膜，这层保护膜不能事前撕，防止客户不愿意，为什么别的车都带着保护膜，我的车不带，所以我也就没有撕，但是这几个小坑就在白膜的下面，客户刚一撕开前引擎盖白膜，就出来一个坑，又撕开车顶，也有个坑。"哎，换吧!"储运员用了40分钟帮小张换了一台。客户这回有了经验，撕开白膜，还是有坑，怎么办，又花了40分钟换了一台车来，还是有坑；到了第4台车，销售顾问小张就已经很不好意思。到了第4台车，客户满意，把车才交付了；最后小张交代一下这个客户如何使用和保养，然后介绍了店里的服务顾问给他，并拍照送花，客户才感谢地走了。

　　案例分析：这种情况在过去很常见，现在在新车交付区进行交车，客户看不到其他的车辆，就不会质疑我的车为什么没有保护膜了，这样就可以由销售人员提前撕下保护膜进行外观检查，避免上述情况的出现，同时也对销售人员提出了更高的要求，检车一定要认真细致。

　　4. 交车说明

　　（1）操作说明

　　在客户对车辆进行确认之后，销售顾问应针对车辆的操作进行详细的说明，包括车内各种设施的使用，各种操控键的作用和使用方法、工具的使用，销售顾问可以利用《使用说明书》向客户介绍新车的使用知识。

　　参考话术："××先生／女士请您看一下仪表中的时钟是否准确?我们已经为您调整过时钟。请您打开音响，这里是调到FM收音机的开关，您看这几个频道是××台、××台……我已经为您调整过所有频道了，您只要按这几个数字键就可以，很方便，请您试试看。"

（2）安全注意事项的说明

销售顾问要向客户说明车辆的安全配置以及使用的规范和要求，告知在行车过程中的安全注意事项。例如，如何正确使用安全带，儿童锁的使用方法，不要将可乐罐和矿泉水瓶放在驾驶人座椅下面，一旦滚到制动踏板下面去，将会产生严重的安全事故等。

（3）精品加装的确认

销售顾问与客户一起对精品加装项目的情况进行确认，并检查安装的质量，同时向客户说明精品的使用和操作。例如，加装了导航系统的，要告诉客户各种功能和操作方法等。

（4）上牌程序的说明

销售顾问要向客户说明车辆上牌的手续以及办理的地点，如果是代办上牌的，要与顾客预约上牌的时间，并告知相关的收费标准，有很多客户是第一次购车，对上牌的手续不了解，因而常常在上牌过程中出现问题。例如，上了牌却没有办理备案，没有及时购买养路费和车船税，最终导致车辆无法年审，还要接受高额的滞纳金，因此，上牌的说明是十分重要的。

（5）磨合期注意事项的说明

磨合期的使用对一辆车的性能起到至关重要的作用，因此，销售顾问在交车的过程中，要向客户说明磨合期应注意的关键点。

例如，磨合期要控制车速，发动机的转速尽量控制在 3 000 r/min 以内，避免急加速和急制动，避免在不平坦的道路上行驶等，同时要告诉客户磨合期保养的时间和相关的费用等。

（6）保修条件和保修范围的说明

在交车的过程中销售顾问要让售后服务部的专业人员向客户讲述车辆保修的条件和保修的范围，这就需要销售顾问与服务顾问有一个衔接，将服务顾问介绍给客户认识。相关话术如下：

销售顾问："××先生／女士您好，这是我们售后服务部的服务顾问××，下面将由他向您介绍相关售后服务的工作内容。"

服务顾问："××先生／女士您好，我是服务顾问××，感谢您成为我们的用户，从今天起，您的车有什么问题请与我联系……"

销售顾问或服务顾问应根据《保养手册》的内容解释车辆检查和维护的日程及其重要性，重点是保修期限和保修项目等重要事项。很多客户认为在保修期内，车辆有任何的问题都属于保修范围，这是不对的，如果在交车的时候不说清楚，在今后的使用过程中买卖双方容易产生矛盾，引起不必要的争端。

例如，车辆的玻璃、刮水器片、灯泡、轮胎在使用过程中正常损耗是不属于保修范围的，如果不说明，很多客户就不知道，一旦说过了，客户就容易理解。特别要向客户说明强制保养的规定以及重要性，有些客户就是没有按厂家的规定进行强制保养，最后不能享受厂家的免费保修，给自己带来很大的损失。

（7）售后服务和满意度调查的说明

告知顾客售后服务部门会定期与客户进行联系，了解客户车辆的使用情况，并及时提醒客户进行车辆的保养，为其爱车提供全方位的售后服务，诚挚邀约其回本公司进行保养维护。此外提醒顾客车辆使用手册中有全国售后服务网络联络方式，以及本经销店的营业时间、预约项目、24 小时救援服务项目等。

此外销售顾问应了解顾客对本次购车过程的意见，告诉顾客汽车厂家和经销商还会对客户进行满意度调查，这些工作都需要客户耐心地配合，希望客户能够给予支持和配合。

5. 参观维修部门

为了向客户证实买车后可以提供的售后服务，同时为了展示经销店的维修实力，可以带客户参观维修车间，向客户介绍维修部门的负责人和维修设备。因为客户买了车后，是肯定要和维修部门打交道的，通过对售后服务部门的介绍能增强客户对经销店的信心。一旦他有朋友买车，就会想到介绍给这家经销店。

6. 新车交付仪式

因为交车是客户最兴奋的时刻，为了能迎合客户的心理，在交车的过程中举行交车仪式，能很好地激发销售顾问的热情，同时也带给客户一个惊喜，大大提高客户的满意度。

交车仪式力求简短、隆重、热烈，通过交车仪式让客户拥有一段难忘的经历，留下深刻的印象。举行交车仪式应该注意以下几点：

① 总经理或销售总监亲自参加交车仪式，到场向客户表示祝贺和感谢，并赠送鲜花和礼物。公司领导参与交车仪式会让客户感受到尊贵感，能够使交车仪式的效果更好，也使用户的心理得到最大限度的满足，从而使客户从满意转变为感动，提高客户对经销店的忠诚度。

② 由总经理亲自介绍销售经理、售后服务经理、客户服务部经理、保险专员等相关人员与客户认识，并交换名片，让客户了解今后车辆使用过程中出现问题可以找谁来解决，解除客户的后顾之忧。

③ 经销店有空闲的工作人员都列席交车仪式，鼓掌以示祝贺，营造一个热烈、温馨的交车氛围。

④ 与客户合影留念，并将照片冲洗出来后寄给客户。有条件的可以鸣放礼炮或播放事先准备的背景音乐，体现热烈的气氛。

交车仪式一方面是为了提高客户的满意度，另一方面也是通过这样一种方式来影响在经销店看车的或是修车的客户，让他们感受到作为我们的客户所受到的礼遇和尊重，那么，当他需要再次购车以及亲属、朋友购车，他们就会想到本店。可以说，交车仪式是非常有效的提高客户满意度的方式。

典型案例

热 忱 交 车

场景：一个交车现场。

销售顾问：如有不到之处，请多多见谅。

顾客：（兴高采烈）哪里哪里，我很满意，我还要谢谢你呢。

销售顾问：（趁势）哎呀，这怎么敢当呢，不用谢不用谢。其实，如果您能在您周围的朋友面前多美言几句，帮我介绍几个想买车的客户来，我就感激不尽了。哦，对了，过几天，当您回来做"首保"时，请一定事先通知我，到时候我哪儿也不去，在公司里专候您的到来，并且陪您一块去做车辆保养。

客户：那太好了，我一定帮你多介绍几个客户来。

销售顾问：（非常高兴）谢谢您。

客户通常都担心车买了以后就没人再关心他了。通过交车仪式，客户感到销售顾问帮他，而且是"专候"，能不高兴吗？从此，客户就有可能成为销售顾问的朋友了。

二、售后跟踪服务

售后跟踪服务是汽车销售当中最重要的环节之一，尽管顾客已经买了车离开，但是通过售后回访工作，可以与顾客建立良好的长期关系，并且提高顾客的满意度。

（一）成交顾客跟踪

成交后跟踪是指销售人员在成交后继续与顾客交往并完成与成交相关的一系列工作，以便更好地实现销售目标的行为过程。

成交后跟踪的意义如下：

（1）体现了以满足顾客需求为中心的现代推销观念

成交后跟踪使顾客在购买商品后还能继续得到推销人员在使用、保养、维修等方面的服务，购买后如果在质量、价格等方面出现问题还能得到妥善的解决。这两个方面使顾客需求得到真正意义上的实现，使顾客在交易中获得真实的利益。所以说，成交后跟踪是在现代推销观念指导下的一种行为。

（2）有利于提高企业的竞争力

随着科学技术的进步，同类产品在其品质和性能上的差异越来越小。企业间竞争的重点开始转移到为消费者提供各种形式的售后服务上。售后服务是否完善已成为消费者选择商品时要考虑的一个重要方面。而各种形式的售后服务也是在成交后的跟踪过程中完成的。

（3）有利于获取重要的市场信息

通过成交后的跟踪，推销人员可以获取顾客对产品数量、质量、花色品种、价格等方面要求的信息。因此，成交后的跟踪过程实际上就是获取顾客信息反馈的过程，便于企业开发新的产品。

（4）成交后跟踪有利于和顾客建立起良好的合作关系

成交后的跟踪工作可以加强推销人员和顾客之间的联系，通过为顾客提供服务，了解顾客的习惯、爱好和职业，从而有利于和顾客建立比较紧密的个人情感，有利于顾客重复购买或者推荐其朋友购买产品。

典型案例

用 心 交 车

乔·吉拉德在销售汽车的过程中除了很用心、很仔细地将锃亮的车子交给客户外，在交车时以及交车以后他还会做以下几件事，即一照、二卡、三邀请、四礼、五电、六经访。

一照：是指在将车子交给客户的那一刻，除了将车钥匙、证件交给客户外，乔·吉拉德还会同客户和客户的新车一起拍张合影照片；拍完照片后，乔·吉拉德会尽快地洗出照片送给客户；以致过了相当长的时间，每当客户看到或者其他人看到这张照片时，都会引起一段美好的回忆；而这一点帮助"乔"赢得了不少的订单。

二卡：是指第一张卡片是关于买这辆车子的交易过程，包括车子以后的维修记录等，叫车辆管理卡；第二张卡片是客户管理卡，与客户有关，记录所有与客户有关的信息，如客户的姓名、出生年月日、喜好、家里有几个孩子、在哪里念书、太太在哪儿工作等，全部列入管理内容。

三邀请：是指乔·吉拉德每年利用年会、文化活动等机会邀请这位客户到公司三次，客户回来后，首先到车间去保养和检查一下车辆，然后回到汽车展示中心，把新车及其相关的信息再向他作一下介绍。

四礼就是一年当中有四次从礼貌的角度出发去拜访顾客，包括生日、节假日等。

五电就是一年当中要给顾客最少打五次电话，问顾客车况如何，什么时间该回来做维修保养等，同时打电话问候顾客。

六经访就是一年当中基本上每两个月要去登门拜访一次，感谢顾客买车。

分析讨论： 说说该案例中涉及了交车的哪些环节?具体运用了什么技巧?

（二）跟踪的形式与内容

跟踪服务的主要形式是与客户进行电话、信函联系、短信问候、开展活动等，具体内容包括以下事宜：

① 询问客户用车情况和对本公司服务有何意见。

② 询问客户近期有无新的服务需求需我公司效劳。

③ 告之相关的汽车运用知识和注意事项。

④ 介绍本公司近期为客户提供的各种服务，特别是新的服务内容。

⑤ 介绍本公司近期为客户安排的各类优惠联谊活动，如免费检测周，优惠服务月，汽车运用新知识晚会等，内容、日期、地址要告诉清楚。

⑥ 咨询服务。

（三）回访时的注意事项

① 要调整好情绪，让自己保持微笑，如图 1-18 所示。声音听上去应该尽可能友好、自然，以便能很快取得顾客的信任，顾客便能和销售人员坦率地对话。

② 顾客一般不会觉得自己的认识有什么大问题，因此应使用推荐的介绍，进行正面引导、提醒，让他们感受到公司的专业性。

③ 要给那些没有准备的顾客时间，以便他们能记起细节，说话不应太快，不应给顾客留下"匆匆忙忙"的印象。

图 1-18　电话回访

④ 一定要让顾客把要说的话说完，不要打断他，对他说的话作简要而又清楚的记录，不说批评的话语，对顾客的批评也要作记录。

⑤ 如果顾客抱怨的话，不要找借口，只需要对顾客解释说已经记下了他的话。如果顾客乐意的话，要确保相关顾问会再打电话给他。有的问题解决后要在第一时间里及时回访顾客，告知处理结果，表示对问题的重视。

（四）电话回访的技巧

在顾客提车后的当天、三天、一周及三个月、一年等均要按期进行电话关怀，咨询顾客的使用情况，介绍相关信息等，保持与顾客的紧密联系，维护良好的关系。在电话回访中，应注意相关的话术与技巧，避免造成不良的效果。

1. 首日回访

回访责任人：销售顾问。

回访时间：销售顾问在交车当天或第二天对用户进行回访。如上午交车，则下午回访；如下午或晚间交车，则第二天早晨回访。

回访内容：以问候为主，同时告知用户将会在购车当天或第二天收到顾客服务质量部门的电话回访，确认用户购车事宜。以下为示例内容：

上午好／下午好／晚上好／您好！××（先生／女士）！

不好意思，打扰您了。我是（昨天／今天）刚交您车的××公司的销售顾问××，不知道××（先生／小姐）现在方便接听电话吗？或者您身边有固定电话吗？

① 方便、手机——继续访问。

② 方便、固定电话——重新拨打，继续访问。

③ 不方便——预约再访时间并致谢，终止访问。

（要确认用户是否有时间接听电话，以确保顾客满意度。）

请问您在驾驶爱车回去的途中车子使用顺利吗，驾驶时对车辆各方面的操控还习惯吗？

请问您在车辆的使用上还有没有不清楚或有疑问想进一步了解的地方？

还需要我为您服务吗？如果现在没有的话，请放心，我与我的公司及×××汽车将随时为您提供满意的服务。请记住我们的电话×××。

对了！×××汽车总部的顾客关爱员将会给您做个电话回访，确认您购车及用车的事宜，若有打扰到您，请您见谅。再一次祝您驾乘愉快，平安顺心！

2. 三日回访

回访责任人：销售回访员。

回访时间：交车之后第三天。

回访内容：调查用户满意度，从中发现一些潜在的服务缺失或顾客抱怨，登记缺失／抱怨内容并转达至销售部，监督抱怨处理解决的情况，同时确认抱怨的处理是否让用户满意。

早上好／下午好／晚上好。我是×××的销售满意度回访员×××（全名或昵称），打扰您了，请问您是××（先生／女士）吗？

① 是——开始访问；不是——请问（车牌号）这××款（车型）是您在使用吗？

② 是——记录使用人的信息、开始访问；不是——预约、致谢、终止访问或预约时间；其他——致谢并终止访问。

A1：请问××（先生／女士），您于（购买日期）在我公司购买了一台型号为××的×××轿车，为了确保每位来店顾客对我们的服务都能"非常满意"，在您购买车辆后的两周内，我们想耽误您 5 min 时间，做一个电话回访，如您在购车过程中有不满意之处请告诉我，我会及时帮您协调解决，请问您现在方便接听电话吗？或者您身边有固定电话吗？

① 方便、手机——继续访问。

② 方便、固定电话——重新拨打，继续访问。

③ 不方便——预约再访时间并致谢，终止访问。

④ 其他——致谢终止访问。

（要确认用户是否有时间接听电话，以确保顾客满意度。）

××（先生／女士），接下来的问题，有 5 种评分供您选择，请您帮我们打分，有不足之处，请多提宝贵意见：

（5 分是非常满意，4 分是满意，3 分是一般，2 分是不满意，1 分是非常不满意。）

B1：我们展厅环境的舒适性是否让您"非常满意"？

① 是——继续访问。

② 不是（满意、一般、不满意、非常不满意）。

记录顾客意见：

B2：销售人员的外表、着装以及礼仪是否让您"非常满意"？

① 是——继续访问。

② 不是（满意、一般、不满意、非常不满意）。

③ 记录顾客意见：

B3：销售人员对××品牌的认知度与信心是否让您"非常满意"？

① 是——继续访问。

② 不是（满意、一般、不满意、非常不满意）。

记录顾客意见：

B4：销售人员专业知识是否到位，是否能耐心地为您购车提供具体的建议和信息？通过销售人员的讲解，您是否完全了解了新车的功能和参数？关于以上几点是否让您"非常满意"？

① 是——继续访问。

② 不是（满意、一般、不满意、非常不满意）。

记录顾客意见：

B5：销售人员的服务态度是否让您"非常满意"？

① 是——继续访问。

② 不是（满意、一般、不满意、非常不满意）。

记录顾客意见：

B6：新车质量是否让您"非常满意"？

① 是——继续访问。

② 不是（满意、一般、不满意、非常不满意）。

记录顾客意见：

B7：付款方式及流程便捷吗？销售顾问有亲自带您去打钱吗？

① 是——继续访问。

② 不是（满意、一般、不满意、非常不满意）。

记录顾客意见：

B8：交车程序的便捷性是否让您"非常满意"？

① 是——继续访问。

② 不是（满意、一般、不满意、非常不满意）。

记录顾客意见：

B9：交给您的车是否清洁干净？

① 是——继续访问。

② 不是（满意、一般、不满意、非常不满意）。

记录顾客意见：

B10：请问在交车的同时，我们的销售顾问有没有及时向您介绍您的私人售后服务顾问，就此您"非常满意"吗？

① 是——继续访问。

② 不是（满意、一般、不满意、非常不满意）。

记录顾客意见：

B11：在购车过程中，您的抱怨是否得到及时、妥善的解决，就该项您是否"非常满意"？

① 是——继续访问.

② 不是（满意、一般、不满意、非常不满意）。

记录顾客意见：

B12：请问在您购车后，我们的销售顾问有没有对您进行关怀回访?您是否"非常满意"？

① 是——继续访问。

② 不是（满意、一般、不满意、非常不满意）。

记录顾客意见：

B13：请问总体而言，您对整个购车过程是不是"非常满意"？（请客户除去产品本身质量问题来选择回答。）

① 是——继续访问。

② 不是（满意、一般、不满意、非常不满意）。

记录顾客意见：

B14：若您需要再次购车或置换新车，您还会选择在我们公司购买吗？

（会；不会）

B15：您会推荐您的亲戚朋友来本店购车或维修吗？

（会；不会）

××（先生／女士）您来做首保时，可以提前一天和我们预约，这样您会享受到更便捷、更细致的服务，可以节省您的宝贵时间，您的服务顾问电话是××，当然您有任何问题可以致电顾客服务中心，电话是××。

××（先生／女士），耽误您的时间了，日后××（汽车品牌）会委托第三方调研公司对您做电话回访，让您对我公司的服务情况进行打分，如果我们的服务您都认可，请您对所有问题都回复"非常满意"，请您多多支持我们的工作. 谢谢您了!×××祝您驾乘愉快! 万事顺心!

3．一周回访

回访责任人：销售顾问

回访时间：交车后一周内。

回访内容：对用户本周车辆使用情况进行了解，向用户再次提醒车辆的一些特殊功能，对于交车后的一些后续事宜进行提醒以表达对用户的关爱，让用户对销售顾问放心进而对经销店乃至××品牌增加信心。

4．一月回访

回访责任人：销售顾问。

回访时间：交车后一个月内。

回访内容：车况询问及前几次回访的感谢。对重要顾客要预约上门拜访的时间，如果对方允许则实施上门拜访，建议销售顾问或顾客关爱员或服务顾问携带礼物前去拜访，礼物的品种及价格视用户的重要性及忠诚度进行选择。如果上门拜访被谢绝，则仅在电话中问候和表示感谢，告知可来店自取礼品。在以上两种情况下，与顾客交流的话术应告知顾客回访的内容，即今后该顾客的回访由经销商的顾客关爱专员进行。

5．三月回访

回访责任人：顾客关爱专员。

回访时间：交车后 3 个月内。

回访内容：以首保为由提醒为主。

6. 交车后半年／一年回访

回访责任人：顾客关爱专员。

回访时间：交车后半年／一年。

回访内容：续保提醒／生日提醒／促销通知／活动通知。

（五）未成交顾客的跟踪

实际上，第一次到店就成交的顾客不多。一般情况下，对于未成交的顾客，找到原因后加以改进的思路才是正确的，但更重要的是：这不是事后的"亡羊补牢"，而是通过回访了解顾客的相关信息，尽量为顾客解决问题，如可以再向顾客推荐其他适合的服务，诚恳邀约顾客有时间再来公司，这种顾客称为潜在顾客。销售人员在开发一个新的潜在顾客的时候，都需要对潜在顾客进行多次的跟踪回访，但问题是，如果整天不停地给顾客打电话，顾客会非常反感，但如果隔了较长时间才回访顾客的话，顾客往往就会把销售人员给忘了。所以，怎样抓住顾客回访的时机，成了有效跟踪顾客的一个非常重要的问题。

心理学统计的结果表明，在销售人员第一次给一个潜在顾客打电话后，在 24 小时之内必须对他进行回访，否则他很容易就会把销售人员忘了。这样，第一次对他的联系成本就浪费了，接下来应该在 3 天后回访他，运用跟不运用这种极限点的效果是完全不一样的。比如在这个极限点上回访这个顾客，他的反应是："哦，你是×××公司的××吧，我记得。"说明顾客对销售人员的印象还很深；如果销售人员不知道这个极限点，可能在第 6 天或第 7 天才去打电话给他，他的反应可能是："啊？你是谁啊？什么？"这说明他已经彻底把销售人员忘记了，那前面两次联系也就彻底白做了。所以，在开发潜在顾客的时候，懂得抓住这些记忆储能的极限点是非常关键的。再接下来是 7 天后进行回访。这样，只用四次电话联系，每次通常只聊 2 分钟左右或者发出一些资料，就会让一个新顾客在一个月里都能够对销售人员保持深刻的记忆，在他有需要的时候就会想起销售人员，并打电话过来询问，这就出现了商机。

【任务实施】

引导问题 1：新车交付中各环节的主要工作事项及其要求有哪些，填写到下表中，并由小组成员模拟交车情境进行演练。

工作类别	序号	工作环节	主要内容与要求
交付准备	1	新车准备	
	2	销售顾问准备	
交付流程	1	客户接待	
	2	确认单证及费用说明	
	3	车辆验收	
	4	交车说明	
	5	参观维修部门	
	6	新车交付仪式	

引导问题 2：要想让导入任务中的吴先生成为忠诚顾客，交车后还必须定期跟踪。请你拟定一个吴先生车辆使用的跟踪计划，并试制定"三天回访"话术。

客户购车信息	回访话术	重点关怀内容
客户：吴先生 车型：君威 Regal GS 3.0 豪华版 AT 钛银色轿车		

思考与讨论

1. 简述我国汽车工业发展现状。
2. 我国汽车行业发展面临的主要问题是什么？
3. 世界汽车工业发展的趋势特点有哪些？
4. 请简单比较世界三大车系各自的特点。
5. 请描述汽车 4S 店销售流程及各环节主要工作内容。
6. 汽车销售人员有哪些岗位职责和素质要求？
7. 发展潜在客户的方法有哪些？
8. 潜在顾客的判断原则是什么？如何管理潜在顾客？
9. 礼仪的基本原则是什么？在汽车营销礼仪中，仪表修饰的原则是什么？
10. 简述在商务接待礼仪中，电话礼仪的要求。
11. 汽车销售接待服务工作流程的标准是怎样的？
12. 询问的方法有哪些？开放式询问和封闭式询问各有何特点？
13. 在客户接待过程中，倾听和提供建议都有哪些技巧？
14. 马斯洛需求层次理论包括哪几个层次的内容？
15. 讨论不同类型顾客的特点和应对措施。
16. 汽车展示时要注意哪些细节标准？
17. 车辆介绍方法有哪几种？什么是 FAB 特征利益法？
18. 六方位绕车介绍法的六个方位分别指哪几个位置？说出每个位置的主要介绍内容。
19. 试乘试驾应注意什么？在不同路况应分别重点演示哪些项目或性能？
20. 常用的汽车报价方法有哪几种？分别有什么特点？
21. 处理客户异议应遵循什么原则？
22. 在处理客户异议的方法中，直接反驳法和推迟法分别用在什么情况下？
23. 销售顾问在交车前一天的准备工作有哪些要求？
24. 交车流程包括哪几个步骤？其中交车说明应重点明哪几点内容？
25. 交车后客户跟踪回访的作用和意义是什么？一般交车后应做几次回访，试述回访时间与回访的内容。

模块 2　汽车市场营销管理

张华担任某品牌 4S 店的销售经理已近一年时间，最近店里新车型上市，但市场反响并不如预想的那么热烈，感觉这季度的销售任务要完成较困难。他与市场部的王经理商量，能否开展一些营销活动，推广新车型，吸引和发展客户，带动汽车的销售？同时集团公司也准备挑选市里的一两个乡镇开设二级店，以促进多个品牌车型的销售，至于将在哪里开设，以哪些品牌汽车为主，需各店中层管理人员提交书面报告和二级店开展业务的营销计划。

情境分析

汽车已不仅仅是交通工具，常被赋予更多的文化与时尚的意义，消费者的购买需求与动机也更复杂。作为汽车销售部门管理人员或市场部营销人员，应重视汽车的营销过程，多研究与思考汽车商品从生产领域到消费领域所采取的经营战略、策略，如何开展市场营销活动和营销管理，通过市场调研、目标市场选取与定位，确定产品组合，以最合理的价格和最灵活的方式，把适销对路的汽车产品送到用户手中。这些内容都是汽车市场营销的研究对象，作为营销管理人员应具备一定的汽车市场营销知识和技能。

任务 1　汽车市场营销基础认知

【任务导入】

因为小王在工作中的优秀表现，公司将提升小王为销售经理。总经理找小王聊了工作与生活等各方面的事，最后对小王提出要求：作为管理人员，以后工作重点就和以往不一样了。不仅要为自己个人的销售行为负责，而且要为整个团队的销售业绩负责。除了管理好整个团队的日常业务工作外，还要通过各种手段提升整个店的销售业绩。如何提升整个企业的业绩呢？小王觉得除了人的因素以外，还涉及诸如客户开发、产品、价格、销售手段、品牌等多种影响因素，这些因素中哪些更重要？如何实施？怎样处理它们互相之间的联系？汽车市场营销与别的产品营销有何区别等，都令小王感到困惑，但他知道这些工作的过程其实就是汽车市场营销行为，于是决定先从市场营销学的基础开始学习，提高自身的营销知识与技能。那么应该如何理解汽车市场营销的一些基本概念呢？

【学习指引】

通过本任务的完成和学习，你应该掌握以下知识：

① 市场营销的基本概念。

② 汽车市场营销的定义与观念的演变。

通过本任务的完成和学习，你应该具备如下工作能力：

① 以正确营销观念指导营销行为。

② 能从营销事件中分析该企业的营销观念。

【相关知识】

一、市场营销基本概念

（一）市场的定义

市场可以从多个角度来理解，在日常生活中，人们习惯将市场看作买卖的场所，如集市、商场、批发市场等。经济学家从解释经济实质的角度提出市场概念。他们认为市场是一个商品经济范畴，是商品内在矛盾的表现，是供求关系，是商品交换关系的总和，是通过交换反映出来的人与人之间的关系。因此，哪里有社会分工和商品生产，哪里就有市场。市场是为完成商品形态变化，在商品所有者之间进行商品交换的总体表现。这是抽象市场概念。

管理学家则侧重从具体的交换活动及其运行规律去认识市场。在他们看来，市场是供需双方在共同认可的一定条件下所进行的商品或劳务的交换活动。美国学者奥德森和可克斯就认为："广义的市场概念，包括生产者和消费者之间实现商品和劳务的潜在交换的任何一种活动。"

营销学大师菲利普·科特勒指出："市场是由一切具有特定欲望和需求并且愿意和能够以交换来满足此需求的潜在顾客组成。"因此，市场规模的大小，由具有需求拥有他人所需要资源且愿意以这些资源交换所需的人数而定。从企业立场看，市场是外在的、也许可以影响但却无法控制的，是交换和发展增值关系的场所。

市场包含三个主要因素：有某种需要的人，为满足这种需要的购买能力和购买欲望。用公式表示即

$$市场 = 人口 + 购买力 + 购买欲望$$

市场的这三个因素是相互制约、缺一不可的，只有三者结合起来才能构成现实的市场，才能决定市场的规模和容量。

将上述市场概念做简单综合和引申，可以较为完整地认识市场。

首先，市场是建立在社会分工和商品生产基础上的交换关系。

其次，现实市场的形成要有若干基本条件。这些条件包括：

① 消费者（用户）一方需要或欲望的存在，并拥有其可供支配的交换资源。

② 存在由另一方提供的能够满足消费者（用户）需求的产品或服务。

③ 要有促成双方达成交易的各种条件，如双方接受的价格、时间、空间、信息和服务方式等。

第三，市场的发展是一个由消费者决定而由生产者推动的动态过程。站在营销者角度，人们常把卖方称为行业，而将买方称为市场。

(典)(型)(案)(例)

寻找市场——三个业务员的故事

美国一家鞋业公司派它的推销员甲到非洲一个国家去了解公司的鞋能否在那里找到销路。一

周后，这位推销员发电报回来说："这里的人不穿鞋，这里没有市场。"

鞋业公司又派出推销员乙到这个国家进行考察，弄清情况。一周后，推销员乙发电报回来说："这里的人不穿鞋，这是一个巨大的市场，值得我们干。"

公司为慎重起见，决定派营销部经理丙再去考察。两周后，丙发电报回来说："这里的人不穿鞋，然而他们有脚疾，穿鞋对脚会有好处。我们必须在教育他们懂得穿鞋有益方面先要花费一笔钱。在开始之前，还必须先得到部落首领的合作。此外，这里的人没有什么钱，但是他们生产了我未曾尝过的最甜的菠萝。我估计鞋的潜在销售量在3年以上。如果做得好，我们还可以长期地占领该市场。因而我们的一切费用，包括推销菠萝给欧洲一家超级市场的费用，都将得到补偿。因此，我认为，我们应该毫不迟疑地去干。"

思考分析：

① 甲、乙、丙三个人，谁的看法正确？为什么？

② 此案例给你的启发是什么？

（二）市场营销的核心概念

市场营销的核心概念包括：需要、欲望和需求，产品、效用和价值，交换、交易和关系，潜在顾客、市场营销者和相互市场营销等。

1. 市场营销

市场营销是在市场中进行交换活动的过程，是在一定的市场观念的指导下进行的。而市场营销学是研究市场营销活动及其规律的应用科学。

市场营销学是由英文 marketing 一词翻译过来的。由于对 marketing 一词的含义理解不同，因此中文译名也就有很多种，比如"市场学""销售学""市场营运学""行销学"和"市场营销学"等，其中以"市场学""市场营销学"最为常见。对于"市场学"这一翻译，有人提出 marketing 作为动名词强调的是动态意义，而"市场学"容易使人理解为静态地研究市场、流通、供给关系及价值规律的经济学科。若译作"销售学"，容易使人感到更侧重于重视销售技巧与推销方法，也不能完整的翻译 marketing 的内涵。因此，"市场营销"的翻译就显得较为贴切。

关于市场营销的定义，许多学者和组织从不同的角度进行了解释，但最具有代表性的是以下几种。

美国市场营销学会（American Marketing Association，AMA）定义委员会将市场营销定义为："把生产和劳动从生产者引导到消费者或用户所进行的企业活动。"

美国市场营销学者里查德·黑斯（Rthise）等人的定义是："市场营销是确定需求并使提供的产品和服务能满足这些需求。"

美国著名市场营销学者菲利普·科特勒（Philip Kotler）所作的定义是："市场营销是个人和群体通过创造，并同他人交换产品和价值，以满足需求和欲望的一种社会与管理过程。"

从以上定义可以看出，市场营销的含义包括：

① 市场营销必须以"顾客和市场"为导向，是一种具有创新性、创造性的行为过程。

② 市场营销强调交换是核心，交换是构成市场营销活动的基础，只有通过交换才能实现买、卖双方的目的。

③ 市场营销追求满足消费者的各种需求与欲望，其终极目标是服务顾客、满足顾客、赢得顾客。

④ 市场营销是连接企业与社会的"桥梁"，通过企业组织内外资源的协调、沟通来平衡三方利益，即企业利润、顾客需求、社会利益。

2．需要、欲望和需求

（1）需要

需要是人与生俱来的"基本要求"，是人行为的动力基础和源泉，是人脑对生理和社会需求的反映，并不是所有的需要都会上升到欲望，而只有部分需要才会上升到欲望。

需要总是在不断地更新、不断地增加，需要又总是推动人们去不断地努力，去不断地奋斗。需要是人类认知过程的内部动力。为了满足需要，个人必须通过认知过程解决一定的问题，完成一定的任务。需要在人的个性心理活动中往往又以情绪表现出来。凡是能满足人需要的事物，则产生肯定的情绪；凡是不能够满足人需要的事物，则产生否定的情绪。个人物质和精神方面的需要、社会的需要，会促使人们去为了满足这种需要和适应这种需要而坚持不懈地努力，并在这一过程中形成了自己的意志和决心。

（2）欲望和需求

欲望是指对部分满足物的愿望，只有部分欲望上升到需求。

需求是指有支付能力和愿意购买某种物品或产品的欲望。可见，消费者的欲望在有购买力做基础时就成为需求。

人类的需求和欲望是市场营销活动的出发点。需求是没有得到某些基本满足的感受状态。欲望是想得到能满足基本需要的具体满足物的愿望。需求是稳定的，也是有限的，而欲望却是丰富的，会经常有多种选择。对个人而言，需求和欲望是产生行为的原动力。因此，研究人们的需求和欲望，并设法通过恰当的产品满足这种需求和欲望，对市场营销非常重要。

3．产品、效用和价值

汽车产品包括有形的和无形的。有形产品是为顾客提供服务的载体。无形产品或服务是通过其他载体，诸如人、地、活动、组织和观念等来提供的。

效用是汽车消费者对满足其需要的汽车产品的全部效能的估价，是指汽车产品满足人们欲望的能力。

价值是顾客选择所需的汽车产品除效用因素外，产品价格高低也是因素之一。价值是消费者的付出与所获效用之间的比率。

4．交换、交易和关系

（1）交换

交换是指从他人那里取得所需之物，而将自己的某种东西作为回报的行为。交换是汽车市场营销的核心概念，当人们决定以交换的方式来满足需求或欲望时，就存在市场营销了。

（2）交易

交易是交换的基本组成单位，是交换双方之间的价值交换。交易通常有两种方式：一是货币交易；二是非货币交易，包括以产品换产品、以服务换服务的交易等。一项交易通常要涉及几方面：至少两件有价值的东西；双方同意的交易条件、时间、地点；有法律、法规来维护和迫使交易双方执行的承诺。这是汽车市场营销的基本内容，也是汽车市场调研的信息资料之一。

（3）关系

关系是指交换过程中形成的社会和经济的联系。关系营销是汽车市场营销者与顾客、分销商、零售商、供应商等建立、保持并加强合作关系。通过互利交换及共同承诺使各方实现各自目的的营销方式。

5. 潜在顾客、市场营销者和相互市场营销

在交换双方中如果一方比另一方更主动、更积极地寻找交换，则前者称为汽车市场营销者，后者称为潜在顾客。所谓汽车市场营销者，是指希望从他人那里取得资源并愿意以某种有价之物作为交换的人。市场营销者可以是卖方，也可以是买方。当买卖双方都表现积极时，就把双方都称为汽车市场营销者，并将此种情况视为相互市场营销。

知识链接

菲利普·科特勒

菲利普·科特勒被誉为营销学之父、营销界的爱因斯坦。他生于1931年，被美国西北大学凯洛格管理学院聘为终身教授，具有美国麻省理工学院博士、哈佛大学博士及苏黎世大学等八所大学的荣誉博士学位。另外，他还担任美国管理学院主席、美国营销协会董事长和彼得·德鲁克基金会顾问。

菲利普·科特勒创作了20多部著作，他的《营销管理》被许多国家的营销人士视为营销宝典，被奉为营销学的圣经。营销学的许多理论是由科特勒创新提出的，他成就了完整的营销理论。他一直致力于营销战略与规划、营销组织、国际市场营销和社会营销等研究，见证了美国40多年经济的兴衰。他创造了整合营销、顾客让渡价值理论、目标市场营销、产品生命周期理论、体验式营销、反向营销和社会营销等理论，并进一步将营销思想的精髓运用到社会利益、健康利益和心理利益等方面，拓展了营销理论的实施范围，使营销思想和理论为非营利组织和全球研究计划服务。

二、汽车市场营销管理

（一）汽车市场营销的定义

汽车市场营销就是汽车企业为了更好地满足市场需求，为实现企业经营目标，通过计划、组织、指挥与控制等管理职能而进行的一系列活动。其基本内涵包括：一是研究市场需求，即研究顾客的需求特点和需求量；二是开展一系列更好地满足市场需求的整体营销活动。

在竞争日益激烈的汽车市场中，汽车市场营销已成为汽车企业重要的战略要求。汽车市场营销最主要的不是"推销"，"推销"只是营销的一个职能。营销关注及研究得更多、更重要的是汽车销售前和销售后的相关内容及规律。汽车市场营销主要是指汽车企业在动态上如何有效地管理其汽车商品的交换过程和交换关系，以提高经营效果，实现企业目标。汽车市场营销的目的是了解消费者的需要及潜在需求，按照消费者的需要或者引导消费需求来设计和生产适销对路的产品，同时针对整体的营销理念，将销售渠道、定价、促销、宣传等工作进行营销组合，从而实现企业营销目标。

汽车市场营销学是一门将汽车与市场营销结合起来进行研究的、应用性很强的交叉边缘学科，其研究对象是汽车企业的市场营销活动。从某种意义上说，汽车市场营销学不仅是一门科学，更是一门艺术。

（二）汽车市场营销观念的演变

1. 汽车生产观念

生产观念是工业革命以来最早的观念之一，而汽车生产观念产生于20世纪20年代前。在资本主义工业化初期以及第一次世界大战末期和战后一段时期内，由于物资短缺、市场产品供不应求，生产观念成为企业指导生产和销售的核心理念。生产观念认为消费者喜欢那些可以随处购买到而且价格低廉的产品，企业应致力于提高生产效率和分销效率，扩大生产，降低成本以扩展市场。最为典型的例子即为美国汽车大王亨利·福特，他所宣传的"不管顾客需要什么颜色，我只有一种黑色的汽车"，充分体现了生产观念一切从企业生产出发的宗旨。亨利·福特在 20 世纪初期通过引进先进生产线，提高生产效率，降低成本，使大部分消费者能够买得起他的汽车，以此提高福特汽车的市场占有率。因此，生产观念是一种重生产、轻市场的营销观念。

2．汽车产品观念

汽车产品观念认为：高质量、多功能和具有某些创新特色的产品总能引起消费者的兴趣。汽车企业应致力于生产优质产品，并不断地改进产品。然而，很多情况下持有汽车产品观念的生产者没有意识到他们并没有迎合市场。他们在市场营销管理中缺乏远见，只注重自己产品的质量，而不注重市场需求的变化，在市场没有做好准备的情况下推出产品，而导致失败。一个新的或改进过的产品，如果没有价格、分销、广告和其他功能的配合也是不会成功的。

典型案例

一位办公室文具柜生产商的产品价值导向

有一位办公室文具柜生产商认为他的文具柜一定好销，因为他们是世界上最好的。他曾自豪地说："这些柜子即便是从 4 楼扔下去也能完好无损。"而他的销售部经理却这样回答："的确这样，但是我们的顾客并不打算把它们从 4 楼扔下去。"

谈谈该生产商的产品价值导向的观念存在的问题。

3．汽车推销观念

汽车推销观念产生于 20 世纪 20 年代末期，资本主义国家由"卖方市场"向"买方市场"过渡。在这期间，由于科技的进步、管理水平的提高，汽车产品产量迅速增加，逐渐出现了产品供大于求的现象。特别是在 1929～1933 年的资本主义经济危机期间，大量的汽车产品销售不出去，促使很多企业认为：如果不去推动市场，消费者就不会足量购买自己的产品和服务，就不能在日益激烈的市场竞争中得以生存。因此，企业必须积极促销。同时他们还认为，消费者通常表现出一种购买惰性或者抗衡心理，企业需要利用一系列有效的推销和促销工具去刺激他们大量购买。

推销观念被大量用于推销那些非渴求商品。所谓非渴求商品，就是指购买者一般不会想到要去购买的商品。当某一种产品在市场上供大于求时，大多数企业常常奉行推销观念，它们的近期目标是销售其能够生产的东西，而不是生产市场所需要的产品。然而，建立在强化推销基础上的营销有着高度的风险。这种观念虽然有所进步，开始重视广告及推销，但实质仍然是以生产为中心，以企业为中心，不考虑顾客的需求，不研究市场的变化。

4．汽车市场营销观念

汽车市场营销观念产生于 20 世纪 50 年代中期，它对以前的观念提出了挑战。因为随着社会生产力的迅速发展，绝大多数汽车商品供大于求，导致强力推销遇到了极大的困难。与以产品为中心以及"制造和销售"哲学不同。企业开始尝试着以顾客为中心以及"感觉和响应"哲学。企业开始认识到，必须转变经营观念，才能求得生存和发展。销售工作不再是为产品找到合适的顾客，而是为顾客设计适合的汽车产品。汽车市场营销观念认为。实现汽车企业诸目标的关键，在于正确确定目标市场的需求和欲望，并且比竞争对手更有效地向目标市场传送产品或服务，进而更有效地满足目标市场的需求和欲望。

哈佛大学教授西奥多·李维特对推销观念和营销观念作了深刻的比较：推销观念注重卖方需要；营销观念则注重买方的需要。推销以卖方需要为出发点，考虑如何把产品变成现金；而营销则考虑如何通过产品以及创造、传送和最终消费产品有关的所有价值，来满足顾客的需要。

5. 汽车社会市场营销观念

20 世纪 70 年代，当能源紧缺、环境污染、失业增加等情况日益严重时，在汽车市场营销观念的基础上，开始关注消费者需求、消费者利益和社会利益之间的冲突与矛盾，并逐步形成了汽车社会市场营销观念。

汽车社会营销观念认为，汽车企业的任务是确定诸目标市场的需求、欲望和利益，并以保护或者提高消费者和社会福利的方式，比竞争者更有效、更有利地向目标市场提供能满足其需求、欲望和利益的物品或服务。

汽车社会营销观念要求营销者在营销活动中考虑社会与道德问题。他们必须平衡企业利润、消费者需要的满足和社会利益三者的关系。

企业把社会营销观念看作改善它们社团的名声、提升品牌知晓度、增加顾客忠诚度、建立销售额以及增加新闻舆论的一个机会。它们认为顾客将越发倾向于选择那些除了能提供理性和情感利益之外，还具备良好企业公民形象的企业。

知识链接

奔驰的社会营销观

奔驰不仅其汽车产品优质，而且在造车时始终抱着对社会负责的态度，下面两点充分体现了"奔驰"的社会责任感。

1. 造全世界最"安全"的车

据统计，每年全球因交通事故死伤的人数高达 25 万，汽车的安全问题尤其突出。奔驰一向重视交通安全问题，它首创的吸收冲击式车身和安全气囊（SRS）等安全设计被汽车工业界引为标杆，并导致各汽车大厂竞相投入研究开发的行列。

翻开奔驰的企业历史，从 20 世纪 50 年代开始它就致力于安全问题的研究。1953 年，奔驰发明的框形底盘上的承载式焊接结构使得衡量车身制造的标准朝着既美观又安全的方向迈出了第一步。在 600 型的基础上，奔驰又研制出了"安全客舱"，即载客的内舱在发生交通事故时不会被挤瘪，承受冲击力的是发动机和行李舱这两个"缓冲区"，为了不让转向盘挤伤驾驶人，转向柱是套管式的，可以堆拢到一起。在每一辆奔驰小轿车上，从车身到驾驶室部件，共有 136 个零部件是为安全服务的。

2. 造"环保至上"的车

尽管汽车给人们带来很多好处，但令人遗憾的是汽车加剧了环境的污染，表现为汽车的运行增加了城市的噪声，汽车排出的废气污染了空气等。于是环境污染问题也成为汽车的两大克星之一。由于石油、太阳能、煤、核能、水力、风力等都可以用来发电，这就使得汽车能源不局限于某一种能源，可消除部分噪声与废气的污染。

　　奔驰把对环保问题的关切作为其汽车设计的重点，长期以来重视环保技术的研究，致力于研制节能和保护环境方面的新型汽车。"使你加入节约能源及环境保护的工作"就是奔驰的口号。石油危机发生后，奔驰致力于研究使用汽车代用能源的装置，如乙烷、甲烷或混合燃料发动装置。奔驰每年定期推出强化企业形象的广告，表现其对环境问题的高度关心是广告的重要内容。一般汽车企业是以美国环保法规为最终标准，多数的商品开发也以满足美国的标准为前提，但奔驰除了这些之外，另外制定了一套比美国标准还严格的管理规定。

6．现代汽车全面营销观念

　　在激烈的市场竞争中，多数汽车企业积累起了应对市场和消费者的经验，已经具有转变现有营销模式的能力，需要重新思考如何在新的市场环境中经营和竞争。

　　现代汽车全面营销观念认为：营销应贯穿于所有方面，包括构成其内、外部环境的所有因素，要有广阔的、前瞻性的视野。现代汽车全面营销涉及 4 个方面：内部营销、整合营销、关系营销和社会责任营销。现代汽车全面营销观念试图认识和协调市场活动的宽广度与复杂性，如图 2-1 所示。

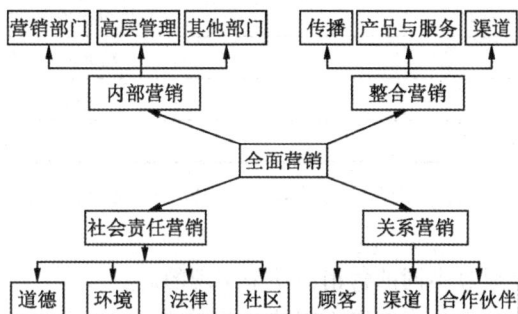

图 2-1　全面营销维度

　　（1）内部营销

　　内部营销，即确保企业中每个部门、每位职员有适当的营销职责。内部营销的任务是雇用、培养、激励那些能服务好顾客的员工。内部营销有时甚至比企业外部营销更重要。

　　内部营销发生在两个方面。一方面，各种不同的营销职能（销售人员、广告、客户服务、产品管理、市场调研）须协调工作，所有这些营销职能都应该从顾客角度来调整。另一方面，营销需要其他部门的支持，其他部门也必须"考虑顾客"，营销部门不是全企业唯一须时时念及顾客的部门。企业上下各部门必须在增进企业整体利益的前提下，采取多方面的协调行动，为争取顾客发挥应有的作用。

　　（2）整合营销

　　营销者的任务是设计营销活动和整合全部营销计划。营销行为是从进行产品设计构思开始的，这样才能真正做到为消费者创造、传播和传递价值。整合营销包含营销活动和营销实践方式的所有营销组合，它是企业用来实现其营销目标的一整套营销工具。麦卡锡把这些工具概括为 4 类，称为 4P：产品、价格、促销和地点。每个 P 下面都有若干特定的变量，见表 2-1 所示。

表 2-1　营销组合 4P 的常见变量

营销组合	产品	价格	促销	地点
主要变量	质量 设计 性能 名称 包装 服务	折扣 折让 付款	销售促进 广告 人员推销 公共关系	渠道 覆盖区域 商品分类 位置 存货 运输

　　营销组合决策还需考虑营销渠道与最终消费者。企业在短期内可以通过修订价格、增强推销力量和增加广告费用，来实现短期赢利。而开发新产品和改善渠道效率则需要较长时间。因此，在短期内，企业通常只能对营销组合 4 个变量中的少数几个进行变更。4P 代表了销售者的观点，即营销工具可用于影响买方。从买方的角度看，每一个营销工具都是用来为顾客提供利益。罗伯特·劳特伯恩提出了与 4P 相对应的顾客 4C，见表 2-2。

表 2-2　4P 与 4C 的含义

4P	4C
产品 （product）	顾客解决方案 （customer solution）
价格 （price）	顾客成本 （customer cost）
地点 （place）	便利 （convenience）
促销 （promotion）	沟通 （communication）

　　以顾客为中心的企业必将方便地满足顾客需要，同时和顾客保持有效的信息交流。整合营销的两大主题是：

　　① 传播和传递价值是通过不同的营销活动来实现的。

　　② 以诸因素组合效益最大化来调整不同的营销活动。

　　换句话讲，设计与执行营销计划时是要全盘考虑企业经营的内外环境，该过程需整合需求管理、资源管理和网络管理。

　　（3）关系营销

　　营销的主要目标越来越趋于发展各组织的牢固关系，它将直接或间接决定企业营销活动的成败。关系营销旨在与关键主体（顾客、供应商、分销商和其他营销伙伴）建立令彼此都满意的长期合作关系以赢得和维持业务。关系营销需要在合作者中建立强有力的经济、技术和社会联系。

　　汽车市场营销中介绍的关系营销，是指组织与组织之间的关系，而不是个人与个人之间的关系。个人与个人的熟人关系，是中国传统商人所具有的特色商业规则。交易过程中首先要达到关系人的彼此信任，而不是契约信任。客户之所以会放心大胆地进行交易，是因为对方是信得过的熟人。在这样的"熟人网络"里，冷冰冰的、法律意义上的契约关系，并不会给中国传统商人带来利润，而只有投入极大的情感因素，真心实意地结交朋友，最终达到高度的"人格信任"，才会因此而声名鹊起、财源滚滚。因此，在中国传统社会中，"人"本身被当作了多种可能的商机或利润来源，所以，中国传统商人需要处理的是"人与人"的关系，而不是"商业与市场"的关系。

　　关系营销所强调的与上述传统"人与人"关系不同，它指出营销不仅要建立客户关系管理，还要建立合伙人关系管理。营销的 4 个关系群体是：顾客、员工、营销合伙人（渠道、供应商、分销商、经销商、代理商）、金融领域成员（股东、投资者、分析者）。关系营销的最终结果是要为企业建立独特的关系网络。一个营销网络包括企业和与之有互惠利益关系的合作者（顾客、雇员、供应商、分销商、零售商、代理商和学者等）。这样，竞争已经不单单是在企业之间展开，而是在市场网络之间展开，从而促进企业不断建立更好的关系网络。它的运作原则十分简单：与利益相关者建立有效的关系网络，利润才能随之而来。

发展牢固的关系需要了解不同群体的能力和资源，包括他们的需要、目标和欲望。今天，越来越多的企业针对不同的顾客形成不同的价格、服务和信息，这些企业根据每个顾客过去的交易、人口统计学、心理学、媒体和分销活动的记录收集相关的信息，希望通过获取高的顾客忠诚度和关注顾客价值以赢得更大份额的顾客消费量，从而提高收益。

（4）绿色营销观念

绿色营销观念有广义和狭义两种理解。广义的绿色营销观念是指企业营销活动中体现的社会价值观、伦理道德观，要自觉维护自然生态平衡，抵制各种有害营销。因此，广义的绿色营销观念又称伦理营销观念。狭义的绿色营销观念主要是指企业在营销活动中，要谋求消费者利益、企业利益与环境利益的协调，既要充分满足消费者的需求，实现企业利润目标，又要充分注意自然生态平衡，履行环保的责任。因此，狭义的绿色营销观念又称生态营销观念或环境营销观念。

绿色营销要求企业将环境保护的观念融于企业的经营管理之中，重视研究本企业的环境对策；采用新技术、新工艺，减少有害废弃物的排放；对废旧产品进行回收处理、循环利用，变普通产品为"绿色产品"，积极争取"绿色商标"；积极参与社区的环境整治，加强对员工和公众的环保宣传引导，树立"绿色企业"形象。目前，世界各大公司已在实践绿色市场营销。世界最大的化学工业公司杜邦公司任命了专职的主管环境事务的经理，负责指导遍布全球的各公司的废弃物回收清理工作，并计划在未来 30 年里，逐步减少以至最终停止排放有害废弃物，并且以废旧产品为原材料生产新产品。绿色营销的推行，无疑增加了企业必要的环保投入，但同时也给企业带来了可观的收益。由此可见，绿色营销的本质，就是强调企业在进行市场营销活动时，要努力把经济效益与环境效益结合起来，尽量保持人与环境的和谐，不断改善人类的生存环境。

【任务实施】

引导问题 1：汽车市场营销与市场营销概念相比，有何相同之处？说说其自身的特点。

引导问题 2：分析汽车市场营销观念的发展过程，将各阶段营销观念的特点填写到以下表格中。

汽车营销观念名称	观念基本主张与内容	时间

任务2 汽车市场营销环境分析

【任务导入】

某老板准备近期投资在学校附近建设一家豪华品牌的汽车 4S 店（例如 VOLVO 品牌），请你为老板分析该店的经营环境。

【学习指引】

通过本任务的完成和学习，你应该掌握以下知识：

① 汽车市场营销环境的定义、特点。

② 汽车市场营销宏观与微观环境分析的主要内容。

③ 汽车市场营销环境分析方法。

通过本任务的完成和学习，你应该具备如下工作能力：

① 描述汽车市场营销宏观与微观环境中的主要影响因素。

② 利用矩阵图、SWOT 等方法进行市场营销环境与战略分析。

【相关知识】

一、汽车市场营销环境内涵

1. 汽车市场营销环境的定义

市场营销环境是企业生存和发展的条件，是指影响企业营销活动和营销目标并与企业营销活动有关系的各种因素和条件。菲利浦·科特勒认为："企业的营销环境是由企业营销管理职能外部的因素和力量组成的。这些因素和力量影响营销管理者成功地保持和发展同其目标市场顾客交换的能力。"也就是说，市场营销环境是指与企业有潜在关系的所有外部力量与机构的体系，它包括宏观环境和微观环境。

宏观环境是指一个国家或地区的自然、政治、法律、人口、经济、社会文化、科学技术等影响企业营销活动的宏观因素；微观环境是指企业内部条件，包括企业的顾客、竞争者、营销中介、社会公众等对企业营销活动有直接影响的因素。宏观环境和微观环境是市场环境系统中不同的层次，所有的微观环境都受宏观环境的制约，而微观环境对宏观环境也有影响。企业的营销活动就是在这种外界环境相互联系和作用的基础上进行的。

汽车生产企业是社会经济活动的基本单位，具有相对独立性，但它同时也是整个社会经济生活的有机组成部分，在能源、原材料、劳动力、生产、销售、资金、信息、技术等诸多方面与社会存在着千丝万缕的联系。因此汽车企业的营销活动不可避免地受到企业内、外部因素的影响，这些因素共同构成市场营销活动的环境。

汽车市场营销环境是指那些对汽车企业的营销活动产生重要影响的全部因素。按照这些因素对企业营销活动的影响不同，汽车市场营销环境同样可以分为汽车市场营销宏观环境和汽车市场营销微观环境。

2. 汽车市场营销环境的特点

（1）客观性

汽车市场营销环境是指与汽车企业市场营销活动有联系的企业内、外部因素的总和，因此是客观存在的，不以企业意志为转移的。一般来说，企业营销管理的任务就是要以企业可控制的营销组合因素去适应不可控制的外部环境，满足目标顾客的需要，实现企业目标。

在 20 世纪 80 年代以前，人们认为宏观环境属于不可控因素，只有那些存在于企业内部的因素才是企业可以控制的因素。但是，在 20 世纪 80 年代后期，美国著名市场营销学者菲利普·科特勒提出了"大营销"的概念，认为在进军某一个特定市场时，当代营销者越来越需要借助政治力量和公共关系，冲破各种贸易壁垒和公众舆论方面的障碍，使企业在市场上有效地开展工作。从这个意义上说，企业的外部环境已经不是完全不可控了，它们多多少少可以通过"大营销"活动来加以影响和改变。

（2）相关性

汽车企业市场营销环境各因素不是孤立的，而是相互联系、相互依赖、相互作用的。如国家宏观调控政策中的财政与税收政策、通货膨胀、需求过旺、原材料短缺等因素都能导致商品价格的上涨；科技、经济的发展会引起政治、经济体制的相应变革或变更，从而影响企业产品的质量及其更新换代的速度等。这种相关性给企业开展市场营销带来了更加复杂的客观环境。

（3）动态多变性

从市场学的发展历史来看，最初企业只是将市场看成自己的环境因素；随着商品交换范围的扩大，政府的法律制度、经济政策等也成为企业环境的重要因素。随着社会经济的进一步发展，科学技术资源、生态资源、环境保护、消费者权益保护等也构成了企业营销环境的组成部分。显然，构成企业市场营销环境的因素是多方面而且是不断变化的。此外，市场营销环境诸因素变化程度虽不同，但变化是绝对的，且其变化速度呈加快趋势。如在宏观环境中，科技、经济、政治与法律因素的变化较之人口、社会与自然因素的变化相对较大，速度也较快。因此企业必须用动态的观点去研究市场营销环境的影响，把握其变化趋势，从中发现和挖掘有利的市场机会。

汽车市场营销环境是在不断发生变化的。从总体上说，当今汽车市场营销环境的变化速度呈加快趋势，每一个汽车企业作为一个小系统都与市场营销环境这个大系统处在动态的平衡之中。一旦环境发生变化，平衡便被打破，汽车企业必须积极地反应和适应这种变化。

（4）可利用性

市场营销环境的发展变化对企业营销活动的影响无非是两个方面：一是提供新的营销机会；二是产生新的环境威胁。机会和威胁并存，且在一定条件下可以相互转化。市场营销环境的变化虽然不以企业的意志为转移，但企业却可以利用它，可以根据环境因素的变化积极主动地调整市场营销战略，甚至可以通过众多的联合力量去冲破环境制约。企业需要主动地把握营销环境的发展变化趋势，抓住有利的市场机会，从而得以发展。

（5）差异性

尽管各个企业所面临的宏观环境总体来说是一致的，但由于企业所处地理位置不同、企业性质不同、政府管理体制不同等方面的原因，各个企业直接面对的具体环境又具有明显的差异性，而且同样一种环境因素的变化对不同企业会造成不同程度的影响。因此，汽车企业为适应营销环境的变化所采取的营销策略也各不相同。这就要求企业认真分析自身所处的环境特点，结合自身企业特点，制定切合实际的营销策略。

3．汽车市场营销环境研究的意义

研究市场营销环境是生产企业制定营销策略的前提。任何一家生产企业的市场营销活动，都会受到来自企业外部环境的影响。这些环境会随着时间的变化、地点的转移而不断变化，不断给企业带来新的发展机遇和威胁。

对汽车营销来说，汽车市场营销环境的研究是汽车营销活动最基本的课题。汽车市场营销环境是汽车营销活动的约束条件。汽车营销管理者的任务不但在于适当安排营销组合，使之与外部不断变化着的营销环境相适应，而且要创造性地适应和积极地改变环境，创造或改变顾客的需要。这样才能实现潜在交换，扩大销售，更好地满足目标顾客日益增长的需要。

汽车的市场营销活动，是在不断发展、变化的环境中进行的。这个环境既对汽车市场产生影响，又对汽车营销造成制约。分析汽车市场营销环境的目的有以下 4 点：

要发现汽车市场营销环境中影响汽车营销的主要因素及其变化趋势；

要研究这些因素对汽车市场的影响和对汽车营销的制约；

要发现在这样的环境中的机会与威胁；

要善于把握有利机会，避免可能出现的威胁，发挥汽车市场营销者的优势。克服其劣势，制定有效的汽车市场营销战略和策略，实现汽车市场营销目标。

知识链接

> 1983 年，美国经济从石油危机的影响中摆脱出来，汽车市场需求大增。而对美国汽车出口最多的日本却因 "自愿出口限制" 配额影响，每年只能向美国出口车 10 万辆，造成美国国内进口车供应市场出现巨大缺口。加上此时日元升值，日本汽车制造商采取了向高档车转移方针。而美国三大汽车厂商对低价车毫不重视，并趁日本车涨价之机调高同类车售价。
>
> 看到美国市场机会的韩国现代汽车企业，在对美国汽车市场营销环境的详细调查、预测和分析之后，确定了质优价廉的产品战略。提出 "日本车质量、韩国车价格" 的营销推广口号，进军美国汽车市场。韩国现代汽车企业 1986 年进入美国市场当年，汽车销量就达到 168 882 辆，是同期日本铃木汽车企业 60 983 辆销量的 2.5 倍。韩国汽车通过汽车市场营销环境分析取得了辉煌的战果。

二、汽车市场营销环境分析

（一）汽车营销的宏观环境

宏观市场环境是企业外在的不可控制的因素。企业市场营销的宏观环境十分复杂，各种因素不断地制造市场营销机会与威胁，如图 2-2 所示。

成功的企业总是那些能在纷繁复杂的宏观环境中意识到尚未被满足的需要和趋势并能及时作出赢利反应的企业。

1. 经济环境

经济环境包括能够影响企业营销活动所在的国家或地区顾客的购买力和消费行为的宏观经济状况。宏观经济中的各项因素都不同程度上影响汽车企业的营销活动，主要包括宏观经济发展状况、消费环境等方面。

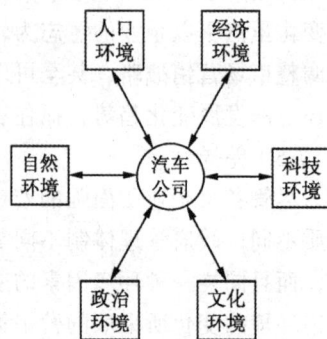

图 2-2 汽车营销宏观环境

（1）宏观经济发展状况

我国正处于全面建设小康社会的大环境下，经济和消费都有很大的发展。预计到 2020 年我国的高速公路里程将增加到 10 万 km 以上，城市、乡镇、农村间将形成世界上最大的公共交通网络；全国汽车保有量将超过 1 亿辆，货运车辆将以数千万辆计，私人汽车消费将占总量的 6成以上。从而形成了一个巨大的汽车消费市场。我国加入 WTO 后，汽车行业参与了全球竞争与合作，国外汽车企业纷纷进入我国汽车制造业和营销市场，汽车工业处于高速发展时期。在如此有利的宏观环境下各大汽车企业都制定了长期的发展战略和营销策略。

（2）消费环境

消费环境主要包括消费者收入和消费者支出两方面的情况。

① 消费者收入　指消费者个人所得的总收入。消费者收入形成了社会购买力，但并非全部收入都可用于购买商品和劳务。消费者收入研究的重点是分析个人可任意支配收入，这是消费需求中活跃、机动、可吸引性强的部分，所形成的需求弹性较大。特别是汽车消费，企业应加强在持币待购的消费群体中的宣传、广告和推销工作。企业应进一步研究特定消费群体的具体收入水平。例如我国 10%的国民拥有 40%的财富，这些先富起来的群体是当前汽车消费的主力军；70%的国民拥有 53%的财富，如何满足他们的需求，开发什么样的车型可以进一步激发该群体的汽车消费欲望，都应该进行深入分析和研究，并制定相应营销策略。

② 消费者支出的模式　消费者支出模式决定了消费结构（人们在消费过程中各类消费的构成）。消费者支出模式主要取决于消费收入的变化。德国统计学家恩格尔（Engel）于 1857 年提出了恩格尔定律：随着家庭收入的增加，用于购买食品的支出占家庭收入的比重（恩格尔系数）下降，用于住房和家庭经营的开支占家庭收入的比重大体不变，用于服装、交通、教育、卫生、娱乐等方面的支出和储蓄占家庭收入的比重上升。

我国现阶段居民消费结构有鲜明的特点。食品开支占收入的百分率不断下降，储蓄占收入的百分率明显上升，住房、教育方面支出所占收入的百分率迅速上升。因此汽车企业不仅要研究居民消费的结构状况，还必须注意到居民消费的倾向性。

消费者收入中用于储蓄的部分会削弱购买力，储蓄逐步地释放可以增加未来的购买力。汽车业界各项营销活动正围绕持币待购的消费者展开。

消费信贷是指消费者凭信用先取得商品的使用权，再按期归还贷款。此种购买商品的方式为消费者提供了提前消费的机会，在美国十分普及，它促进了经济增长，创造了更多的就业机会。我国消费信贷在安居工程中迅速展开，并日趋规范化。在汽车信贷方面，主要汽车大企业也已经与金融界联手展开工作，这种消费形式的规范化将大大加快汽车消费的进程。

2．自然环境

自然环境是影响企业营销活动的基本因素，它是指影响社会生产的自然因素，主要包括资源环境和生态环境。在生态平衡不断遭到破坏、自然资源日渐枯竭、污染问题日益严重的今天，环境问题已成为涉及各个国家、各个领域的重大问题，环保呼声越来越高。从市场营销角度来讲，自然环境的发展变化已给企业带来严重的威胁，也造成了市场机遇与挑战的并存。自然环境对汽车企业市场营销的影响主要表现在以下两个方面。

（1）资源环境

由于汽车生产和使用需要消耗大量的自然资源，生产汽车的原料和材料等等资源环境会影响汽车的市场营销。过去，人们习惯于就地取材，而现在，人们则开始从成本和质量的角度来考虑生产汽车的原料和材料。汽车工业越发达，汽车普及程度越高，汽车生产消耗的自然资源就越多。近年来，自然矿产资源日益短缺，如铁矿石的总供给能力就已无法满足钢铁冶炼的需要，这种汽车制造原材料的短缺，对汽车企业的市场营销活动过程是一个长期的约束条件。所以各个汽车企业不断改进汽车材料、结构、生产工艺，以期能在减少资源耗费的情况下提高汽车性能，并且对新能源汽车的开发给予了足够的关注。

（2）生态环境

生态与人类生存环境逐步恶化，环境保护措施日趋严格，而汽车的大量使用会污染环境，这就对汽车的性能提出了更高的要求，对企业的产品开发等市场营销活动将产生重要影响。汽车企业应采取的对策有以下几点：

① 发展新型材料，提高原材料的综合利用。例如，第二次世界大战以后，由于大量采用轻质材料和新型材料，每辆汽车消耗的钢材平均下降10%以上，自重减轻达40%。

② 回收利用工业品类可再生资源。例如，若干经济发达国家要求汽车企业实施全部报废汽车的回收和处理，日本规划今后汽车上的所有零部件予以回收，并均可再生后重新用作新产品零部件的原材料或其他用途。

③ 加强对汽车节能、改进排放新技术的研究。例如，汽车燃油电子喷射技术、内燃机缸内直喷、涡轮增压技术等都是汽车工业进行环境保护的产物。

④ 积极开发替代燃料的新能源汽车。例如，国内外各大汽车企业目前正在广泛研究的电动汽车、燃料电池汽车、混合动力、液化石油气和天然气汽车等。

3．使用环境

（1）地理环境

汽车是所有机械设备中对地理环境最为依赖的一种。奔驰在广袤无际的平原与蜿蜒曲折的山地，无论如何都不会是一种感觉。显然，只有适应当地地理环境的汽车才会受到消费者的欢迎。例如，对于华北、西北和青藏高原来说，东风汽车公司生产的东风卡车具有不可动摇的地位，因为东风的成功，与其针对目标市场的需求，包括地理环境的要求，制造出适宜当地地理气候条件的性能优越的汽车分不开。

为了使汽车更好地适应目标市场的地理环境，汽车生产厂家不但要针对地理环境进行设计，而且要针对驾驶环境进行测试。在西方发达国家的某些汽车生产厂家，有时还借助高新技术虚拟驾驶环境为汽车设计取得资料。例如，世界上最大的汽车内部系统制造商之一的约翰逊控制装置公司，曾经投资建成了自己的"舒适工程中心"。该中心的核心装置是一台汽车驾驶模拟装置，可以模拟不同条件下的汽车行驶环境，如道路上的景象、声响以及汽车的承受力和减震性等。这种虚拟驾驶环境作为一种仿真的产品研制手段，可以为产品开发人员切身体验怎样把汽车设计得更为舒适提供更好的条件。

（2）公路交通环境

汽车不但对地理环境具有较高的依赖性，而且对公路交通环境具有更高的依赖性。公路交通是指一个国家或地区公路运输的作用，各等级公路的里程及比例、公路质量、公路交通量及紧张程度，公路网布局，主要附属设施如停车场、维修网点、加油站及公路沿线附属设施等因素的现状及其变化情况。

公路交通对汽车营销的影响有：一是良好的公路交通条件有利于提高汽车运输在交通运输体系中的地位。公路交通条件好，有利于提高汽车运输的工作效率，从而有利于汽车的普及；反之，公路交通条件差，则会减少汽车的使用。二是汽车数量的增加也有利于改善公路交通条件，从而为企业的市场营销创造更为宽松的公路交通使用环境。

城市道路交通是汽车尤其轿车使用环境的又一重要环境。它包括城市的道路面积与城市面积的比例、城市交通体系及结构、道路质量、立体交通、车均道路密度及车辆使用附属设施等因素的现状及其变化。城市道路交通环境对汽车市场营销的影响，与公路交通基本一致。但由于我国城市的布局刚性较大，所以城市布局形态一经形成，改造和调整的困难很大；加之人们对交通工具选择的变化，引发了对汽车需求的增加，中国城市道路交通的发展面临着巨大的压力。因而，使用环境对汽车市场营销的约束作用就更为明显。

4. 人口环境

人口环境体现在人口数量、人口分布、人口结构、人口素质等方面。汽车市场营销就是由那些有购车欲望并有购车经济能力的人所构成的。人口环境对汽车企业的经营活动具有总体性和长期性的影响。

（1）人口数量

人口构成劳动力市场和需求消费市场。人口的增长带来了各项消费需求的扩大，诸如住房、教育、文化、交通、穿着、饮食、娱乐、通信等方面。我国汽车市场的消费者及潜在消费者在逐年的增加，并参与到汽车消费中。

（2）人口分布

人口的地理分布对消费者有很大的影响。一方面，生活方式和风俗习惯的差异，会形成地域间在消费需求和消费方式上的不同；另一方面，人口密度的大小、人口流动量的多寡、人们的富裕程度都会影响不同地区市场需求的大小。

家庭是社会的基本单位，也是汽车商品购买和消费的基本单位。随着家庭经济状况的改善，轿车已经开始大量进入家庭，各档次的轿车成为各消费层家庭的必备用品，而大城市是各种车辆消费的大户，其中特大城市中的居民占据私家轿车消费市场份额的一半以上。

从发展的眼光来看，全国每个家庭均属于潜在的汽车市场消费单位，是一个极大的市场。汽车企业应深入研究各类家庭的收入和消费状况，对车辆的偏爱和要求，从而最大限度地从消费者角度来开发、生产、销售各型车辆。

（3）人口结构

人口结构包括自然结构和社会结构。

① 人口的自然结构　主要指年龄结构和性别结构。不同年龄、性别的消费者对包括汽车在内的各种商品的需求各不相同。从年龄结构上看，我国汽车消费市场目前以中年及青年消费群为主，但是随着私家车的普及，汽车细分市场的纵深，其他年龄层市场的开发将成为必然。从性别结构上看，不同性别的消费者对汽车和各类商品的需求也是不同的。例如男性消费者喜欢动力性强的汽车，要求车型大一些，粗犷一些；女性则偏爱小巧或华丽一些的汽车。

② 人口的社会结构　包括民族结构、宗教结构、职业结构和教育结构等。我国有 56 个民族，由于各民族的文化、习惯和生活方式不同，其消费需求和特点也有很大的差异。不同的宗教信仰者对汽车品牌名称、色彩、款式等都有不同的偏好和忌讳。人口职业结构在三大产业的

不同体系下又可细分为若干行业，从而构成不同的消费阶层和群体。这些不同的结构层次都有着不同的需求特点，购买行为也有很大差异。

（4）人口素质

随着社会的发展，我国现已进入大众化高等教育时代。教育结构的重大变化大大促进了生产力的发展，加速了经济的提高，同时也促进了消费的提升，这也是汽车市场不断发展扩大的重要保证。

世界人口增长迅速，资源短缺、污染、拥挤和整体生活质量下降是人口增长带来的主要问题。就购买力而言，人口的增长意味着市场机会的增加，营销商应时刻关注国内外市场人口的变化与发展。

知识链接

世界人口的增长态势

世界人口正呈现出爆炸性的增长趋势，自 20 世纪 60 年代以来，每年以 1.8% 的速度增长。目前，全世界人口已经接近 65 亿，但是人口分布并不均匀，一半以上的居民都集中在中国、印度、美国、印度尼西亚、巴西和巴基斯坦这 6 个国家，总数达 33 亿。国家统计局测算数据表明，截至 2007 年底，中国总人口达到 13.21 亿，约占同期世界总人口的 20%。虽然中国已经进入低生育率国家行列，但由于人口增长的惯性作用，当前和今后 10 年，中国人口仍将以年均 800 万～1000 万的速度增长。按照目前总的生育率为 1.8% 进行预测，2020 年中国人口将达到 14.6 亿，人口环境问题日趋严重。

5．政治环境

营销决策在很大程度上受政治环境变化的影响。政治环境指在特定社会中影响和限制各个组织和个人的法律、政府机构和压力集团的环境。

（1）政策环境

政府能制定和实施与宏观经济有关的政策较多，它们反过来又影响市场、企业和消费者。对汽车营销影响较大的几种政策如下：

① 税收　税收可以是直接的，也可以是间接的。直接税收，例如收入税，减少了金钱的数量，即一个家庭可以花在企业提供的产品和服务上的收入。间接税，例如购买税或增值税，或者购置费。我国的汽车购置费高达 10%。

② 政府开支　政府和其他企业一样，也购买商品和服务，不过购买的规模更大。这样大的购买能促进经济发展，也能使经济萧条。如果一个政府决定采取削减开支的政策，工业可能会受到沉重打击。中国政府在 20 世纪 90 年代中期降低通货膨胀的手段就是大大减慢了各种基本建设的发展速度。

③ 利率　政府的经济政策影响着利率，后者会给消费者和企业都带来冲击。对于许多消费者来说，利率上升的一个最严重后果是他们贷款的月偿还额上升。利率上升还会阻碍他们通过分期付款购买大件贵重商品。例如，一个消费者想买某个品牌的汽车，他可能会考虑他能买得起多贵的车。为了减少购买中的这种可能障碍，许多汽车销售商同信用公司达成协议，为汽车购买者提供贷款。

④ 汽车政策　国家的汽车政策主要包括汽车产业政策、汽车企业政策、汽车产品政策和汽车消费政策 4 个方面。

国家的汽车产业政策可分为促进汽车产业发展的政策和抑制汽车产业发展的政策。我们国家的汽车产业政策带有从计划经济过渡到市场经济的显著特点。1994 年 1 月，财政部通知取消购买小轿车及旅行车、越野车和工具车的控购审批政策。1994 年 7 月，国务院出台了《汽车工业产业政策》，转而采取鼓励个人购买汽车的策略，并鼓励汽车企业按照国际惯例自行建立销售和售后服务体系，从此中国的汽车工业走上健康发展的道路。

不管是发达国家，还是发展中国家，对重点汽车企业都实行优待和保护政策，我国也有相应政策，并对汽车的宏观产品结构和微观结构进行调整。在汽车消费方面，我国政府制定了许多引导汽车消费的策略，鼓励汽车发展和更新，对愿意更换新车的消费者给予一定的经济补助，执行严格的汽车报废标准以促进汽车的更新。另外，部分城市又基于环保与交通城建原因进行车辆限行限购，这些政策无疑影响了汽车的消费。

⑤ 国际贸易集团　政府也同国际贸易集团的成员国一起，协商国际贸易协定的范围、期限和条件。例如，欧盟成员国之外的企业发现，他们越来越难以将产品销往欧盟国家。

除了正式贸易集团之外，企业还经常受到贸易协定的影响。这些贸易协定有的是贸易保护主义的，因为它们试图使国内生产商免受进口商品的冲击。有的协定则努力促进国家之间的贸易自由。例如，日本同意在将汽车销售到欧美时，实施自愿出口约束，这有助于对日本进口增加配额，以保护欧美国家的国内汽车生产。

⑥ 竞争对手　从现有的贸易保护壁垒和行业的全球化程度来看，中国的汽车工业将是受冲击最大的行业。加入 WTO 将使国际汽车巨头加快进入中国市场的步伐，增强渗透和抢占中国市场的力度。这一切将极大地改变中国汽车市场的竞争格局，使中国的汽车产业和汽车市场融入全球汽车产业体系和市场体系之中。中国的汽车企业必须审时度势，在与国际汽车巨头的合作中，利用贴近中国汽车消费者的先天优势，尽快培育自己的核心竞争力，才能在未来的汽车竞争格局中掌握主动权。

知识链接

世界汽车工业市场的热点

纵观世界汽车产业发展史，曾经发生过两次热点地区转移。第一次是 20 世纪 20 年代，伴随着福特汽车革命，全球汽车产业重心从欧洲转移至北美。第二次发生在 20 世纪 70 年代，日本汽车产业的崛起使得世界汽车产业发展热点又从美国转移到日本。目前，全球汽车热点地区正出现第三次转移的趋势，传统的汽车生产大国通过跨国兼并重组，迅速将跨国公司转换为全球公司，发掘和抢占新兴市场并将其纳入全球体系，利用其规模经济效益，提高整体投资收益率，因此全球汽车热点地区便可能从发达国家转移至新兴市场国家。作为新兴市场的代表，中国将会成为可能性最大的国家之一。

汽车热点地区的转移不仅会引起世界汽车产业一系列具有深远意义的变化，而且还会对加速改革开放中的中国汽车市场格局产生直接影响。

（2）法律环境

法律是一种强制性的影响力，它与法令、规则、规章、条例一起构成法规，并以国家机器作为保证。

改革开放以来，我国多次进行了宪法修改，并颁布了《民法通则》这样的重大法律，制定了各种有关企业发展的经济法规，诸如《企业法》《商标法》《广告法》《反不正当竞争法》《消费者权益保护法》《中外合资经营企业法》等。我国加入 WTO 后废除了各类不合时宜的行政规定、法令 2 000 多份，以与国际接轨的新规则、条例来指导、支持企业的经营发展。因此我国各级执法机构加强了对消费者权益的保护，国家监督部门、环保部门、工商部门、物价管理部门、审计部门及各类新闻媒体也都加强了对企业的监督，相关机构在接到投诉和发现问题后均会进行及时有效的处理。汽车召回制度就是对汽车企业生产的缺陷汽车进行严格管理的一种制度。

6. 技术环境

技术环境可能是目前影响人类命运的最引人注目的因素，新技术创造新的市场和机遇。自 1886 年世界上第一辆汽车发明以来，经过 100 多年的发展，汽车上应用的技术也日新月异。各种原来用在军事上、航天上的发明都逐渐用在民用的汽车身上，例如，ABS、SRS、AT、GPS、EFI 等电子或计算机控制技术。新技术的出现以及价格的下降使得汽车的发展更加快速。此外，科学技术的进步，也会使人们的生活方式、消费模式和消费需求结构发生深刻的变化。

7. 文化环境

文化环境包括影响一个社会的基本价值、观念、偏好和行为的风俗习惯其他因素。市场营销学中所说的社会文化因素，一般是指在一种社会形态下，已经形成的信息、价值、观念、宗教信仰、道德规范、审美观念以及世代相传的风俗习惯等被社会所公认的各种行为规范。人们成长于特定的时期和地区，这种条件塑造了人们的基本信仰和价值观，确定他们与周围人们的关系的世界观也随之形成。相应的社会文化力量影响着人们的生活和行为方式，进而影响着人们的购买动机和行为。

（二）汽车市场营销的微观环境

汽车市场营销的微观环境是指与汽车企业紧密相连，直接影响其营销能力的各种参与者。微观环境的主要因素包括公司自身、供应商、市场中介、消费者、竞争对手和各种公众因素，这些因素构成了公司的价值传递系统。

1. 公司自身

在制订营销计划时，营销部门应兼顾公司的其他各个部门，如高层管理、财务、研究与开发、采购、生产、会计等部门，所有这些相互关联的部门构成了公司的内部环境。高层管理部门负责制定公司的使命、目标、总体战略和政策。营销部门依据高层管理部门的规划来做决策和实施经营计划，必须与公司的其他部门密切合作。财务部门负责寻找实施营销计划所需的资金；研究与开发部门负责研究产品；采购部门负责供应原材料；生产部门负责生产质量和数量都合格的产品；会计部门负责核算收入与成本，以便管理部门了解是否实现了预期目标。

2. 供应商

供应商是公司价值传递系统中的重要环节，他们能提供公司生产产品及提供服务所需的资源。供应商的变化对营销有重要的影响，营销部门必须关注供应商短缺或延迟、工人罢工及其他因素。这些因素在短期内会影响销售，而长期内会影响顾客的满意度。营销部门还必须关注公司主要生产原料的变化趋势，供应成本上升将使公司产品价格上升，从而影响公司的销售额。

3．市场中介

市场中介帮助公司将其产品促销、销售并分销给最终购买者。市场中介包括经销商、货运储运商、营销服务机构和金融中介。

① 经销商是销售渠道环节中的相关企业，帮助企业向顾客销售产品。制造商必须选择具备一定规模并不断发展的销售机构。而这些机构往往有足够的力量操纵交易条件。甚至将某个制造商拒之门外。

② 货运储运商帮助企业完成从原产地至目的地之间存储和移送商品。在仓储、运输过程中，企业必须综合考虑成本、运输方式、速度及安全性等因素，从而决定运输和存储商品的最佳方式。

③ 营销服务机构包括市场调查企业、广告企业、传媒机构、营销咨询机构，它们帮助企业正确地定位和促销产品。

④ 金融中介包括银行、信贷企业、保险企业及其他金融机构，能够为交易提供金融支持或对货物买卖中的风险进行保险。而大多数企业和客户都需要借助金融机构为交易提供资金。

同供应商一样，市场中介也是公司的整个价值传递系统的重要组成部分。在使顾客满意的努力中，公司不仅要使自己的业绩最好，而且要与供应商和市场中介建立有效的伙伴关系，以使整个系统取得最佳业绩。

4．消费者

公司应仔细研究其消费者市场。个体市场由个人和家庭组成，他们仅为自身消费者而购买商品和服务。企业市场购买产品是为了转卖，以获得利润。政府市场由政府机构构成，购买产品和服务以服务公众或作为救济发放。最后是国际市场，由其他国家的购买者构成，包括消费者、生产商、经销商和政府。每种市场都有各自的特点，销售人员需要对此进行仔细研究。

5．竞争对手

一个公司要获得成功，就必须比竞争对手做得更好，让顾客更满意。因此，营销部门不仅要考虑目标顾客的需要，而且要在消费者心里留下更好的印象，以赢得战略上的优势。

根本不存在对所有公司都能使用的战略。每个公司都应考虑与竞争对手相比自己独特的公司规模与市场定位。在市场占绝对优势地位的大公司使用的战略，小公司就不一定适用。但仅靠规模的优势是不够的，某些战略可以使大公司制胜，但有些战略也可以使大公司惨败。小公司也可以采用一些大公司无法采用的高回报的营销战略。

6．公众

公众是指对一个组织实现其目标的能力有兴趣或有影响力的任何团体。按类型可以分为金融公众、媒体公众、政府公众、市民公众、当地公众、一般公众及内部公众七类。

一个公司在制订针对顾客的营销计划时，也应制订针对其主要公众因素的营销计划。假想公司希望从某个特定的公众那里得到特别的回应，如信任、赞扬、时间或金钱的帮助，公司就需要针对这个公众制订一个具有吸引力的计划以实现其目标。

三、汽车市场营销环境分析的方法

（一）汽车市场营销环境分析程序

一般情况下，汽车市场营销环境分析可按照下列程序进行。

① 利用市场情报和市场调研等方法科学搜集营销环境的相关信息。

② 采用定性分析与定量分析相结合的方法对环境因素的变化趋势及不连续变化的转折点作出科学预测。

③ 进一步分析环境因素的变化对企业可能造成的影响，从而预测企业在未来一个时期可能受到的威胁以及可以利用的机会。

④ 结合企业现状，提出市场营销环境分析的结论及企业适应未来环境变化的建议，为企业制定营销战略提出有参考价值的意见。

（二）汽车市场营销环境分析方法

1. 矩阵图分析法

汽车企业只有不断地适应营销环境的变化，才可以顺利地展开营销活动。为此，汽车企业除了应建立预警系统，监控环境变化以加强营销环境变化的预测外，还必须掌握分析环境变化的具体方法，从而主动调整营销策略，使企业的营销活动不断地适应营销环境的变化。

对汽车企业而言，并非所有的营销机会都具有相同的吸引力，也不是所有的环境威胁都产生相同的压力。因而企业对于每种营销环境的变化给企业带来的机会和威胁，应从数量上或程度上予以分析，运用比较的方法，找出和抓住最有吸引力的营销机会，避开最严重的环境威胁。因此可以通过某环境变化的"影响因素"和"影响程度"两个指标的表征来实现环境分析，根据这两个指标的具体情况去评价环境变化的特点，如图2-3所示。

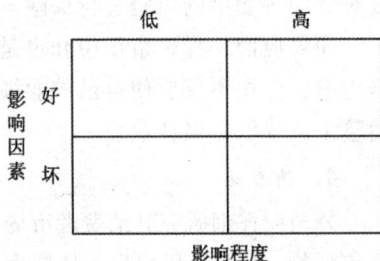

图 2-3　营销环境矩阵图分析法

如果某种环境变化对企业营销活动来说"影响因素"较好，并且"影响程度"较大，表明该环境变化将对企业的营销活动非常有利，企业应当抓住这样的机会。反之，如果某种营销环境变化对企业营销活动不利，其影响程度较大，表明该环境变化将对企业的营销活动产生非常不利的影响，企业应及时调整营销策略，甚至改变营销战略，以避开或减轻营销环境变化对企业营销活动的威胁。

2. SWOT 分析法

（1）SWOT 分析方法的含义

SWOT（Superiority Weakness Opportunity Threats，态势分析法，或优劣势分析法）用来确定企业自身的竞争优势（strength）、竞争劣势（weakness）、机会（opportunity）和威胁（threat），从而将公司的战略与公司内部资源、外部环境有机地结合起来。

SWOT 分析法是最常用的企业战略分析方法之一，它基于内外部竞争环境和竞争条件下的态势分析，就是将与研究对象密切相关的各种主要内部优势、劣势和外部的机会和威胁等，通过调查列举出来（S、W 是内部因素，O、T 是外部因素），并依照矩阵形式排列，然后用系统分析的思想，把各种因素相互匹配起来加以分析，从中得出一系列相应的结论，而结论通常带有一定的决策性。

按照企业竞争战略的完整概念，战略应是一个企业"能够做的"（即组织的强项和弱项）和"可能做的"（即环境的机会和威胁）之间的有机组合。

运用这种方法，可以对研究对象所处的情景进行全面、系统、准确的研究，从而根据研究结果制定相应的发展战略、计划以及对策等。

（2）SWOT 常见分析内容

① 优势，是组织机构的内部因素，具体包括：有利的竞争态势；充足的财政来源；良好的企业形象；技术力量；规模经济；产品质量；市场份额；成本优势；广告攻势等。

② 劣势，也是组织机构的内部因素，具体包括：设备老化；管理混乱；缺少关键技术；研究开发落后；资金短缺；经营不善；产品积压；竞争力差等。

③ 机会，是组织机构的外部因素，具体包括：新产品；新市场；新需求；外国市场壁垒解除；竞争对手失误等。

④ 威胁，也是组织机构的外部因素，具体包括：新的竞争对手；替代产品增多；市场紧缩；行业政策变化；经济衰退；客户偏好改变；突发事件等。

（3）SWOT 分析的基本步骤

① 分析环境因素　将调查得出的各种因素根据轻重缓急或影响程度等排序方式建立分析模型，如图 2-4 所示。

a. 分析企业内部优势、劣势，既可以是相对企业目标而言的，也可以是相对竞争对手而言的。

b. 分析企业面临的外部机会与威胁，可能来自于与竞争

优势	机会
劣势	挑战

图 2-4　SWOT 分析模型

无关的外环境因素的变化，也可能来自于竞争对手力量与因素变化，或二者兼有，但关键性的外部机会与威胁应予以确认。

② 构造 SWOT 综合分析图　运用系统分析的综合分析方法，将外部机会和威胁与企业内部优势和劣势进行匹配组合，形成公司可选择的战略对策，如图 2-5 所示。

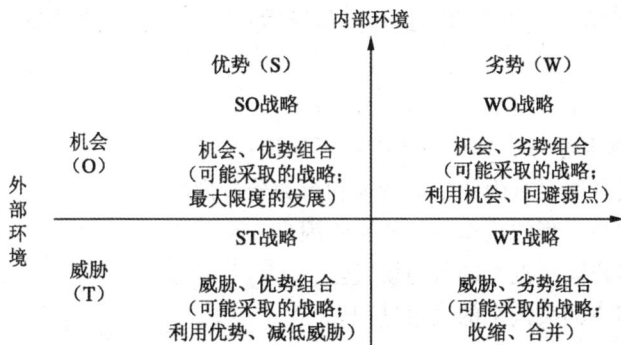

图 2-5　SWOT 综合分析图

③ 制订行动计划　在完成环境因素分析和 SWOT 矩阵的构造后，便可以制订出相应的行动计划。制订计划的基本思路是：发挥优势因素，克服弱点因素，利用机会因素，化解威胁因素；考虑过去，立足当前，着眼未来。

（4）SWOT 分析组合类型

① 优势-机会（SO）战略　是一种发展企业内部优势与利用外部机会的战略，一种理想的战略模式，应最大限度的发展。

② 劣势-机会（WO）战略　利用外部机会来弥补内部劣势，使企业改劣势而获取优势的战略。

③ 优势–威胁（ST）战略　企业利用自身优势，回避或减轻外部威胁所造成的影响。

④ 劣势–威胁（WT）战略　一种旨在减少内部劣势，回避外部环境威胁的防御性技术。

【任务实施】

引导问题：利用 SWOT 分析方法，建立 SWOT 分析模型，再画出其 SWOT 综合分析图，进行其经营环境分析，思考其经营战略模式与行动计划。

S	O
W	T

任务3　汽车消费者购买行为分析

【任务导入】

汽车消费是汽车市场经济活动的必然产物，汽车营销过程就是充分满足客户需求的过程。客户通常有许多选择的机会，面对众多的能满足其特定需要的汽车产品和服务，他们怎样进行挑选？他们作出购买选择的依据和习惯行为对汽车产品和汽车经销商营销策略产生较大的影响。因此汽车营销必须研究客户的购车和消费行为，掌握其规律和特点，有利于营销者实施针对性强的、效率更高的营销策略。

分组角色扮演，由小组中两人分别模拟个人客户和集团客户，需购买轿车（或手机），其他人员模拟销售人员。由销售人员通过对客户的沟通交流，找出"客户"的购买动机、购买行为习惯、决策过程、主要影响因素等，最后给他提供车型和销售方案建议。

【学习指引】

通过本任务的完成和学习，你应该掌握以下知识：

① 汽车个体消费者购买行为的基本特征和行为分析内容。

② 个体和集团客户类型的购车行为的影响因素。

③ 个体和集团客户购买汽车的行为模式。

④ 个体和集团客户购买汽车的决策过程。

通过本任务的完成和学习，你应该具备如下工作能力：

① 能利用个体消费者的购买特征分析客户需求。

② 能总结发现客户的购买行为的模式与决策过程的特点。

③ 能根据客户的购车动机、消费规律采取合适的营销模式。

【相关知识】

一、消费者购买行为认知

（一）消费者购买行为的含义

所谓消费者购买行为，是指消费者为满足自身生活消费需要，在一定的购买动机驱使下所进行的购买消费品或者消费服务的活动过程。消费者购买行为是复杂的，其购买行为的产生是受到其内在因素和外在因素的相互促进交互影响的。企业通过对消费者购买的研究，来掌握其购买行为的规律，从而制定有效的市场营销策略，实现企业营销目标。消费者是市场营销活动的中心，企业从事市场活动，必须了解产品的销售对象——用户，了解他们的需求、动机与购买行为，以便有效地与用户沟通，满足用户的需要。

（二）消费者购买行为的类型

按照不同的分类标准，汽车消费者可以分为不同的类型。按照车辆的性质分类，可分为乘用车、商用车；按照购买者规模进行分类，可分为个人消费、集团消费。

1．按车辆的性质分类

（1）乘用车用户消费市场

乘用车用户消费市场是指由购买乘用车的单位和个人组成的汽车用户市场，其主要目的是满足单位、个人或家庭生活的需要，为企事业单位、政府机关以及各种社团组织等维持集团的正常运转以及个人交通提供便利。

（2）商用车用户消费市场

商用车用户消费市场是指由以盈利为经营目的而购买汽车的企业客户构成的汽车用户市场。商用车用户购买汽车主要用于各种生产资料、半成品、成品的运输，包括从事公共基础设施建设的企事业单位，从事公路运输、出租汽车、城市公共交通、旅游服务业，以及汽车改装厂。

2．按车辆的购买者规模进行分类

（1）个人消费者

汽车个人消费者将汽车作为个人或家庭生活消费或经营使用，主要是为了满足个人在工作、生活上的需要，为个人交通提供便利或者作为营运工具。从世界范围来看，此类消费者人数众多，对汽车的需求量大，占据了很大的市场份额。目前，汽车个人消费市场是我国汽车消费市场增长最快的一个细分市场，因此，个人消费者对汽车的需求、购买行为、购买模式等已成为汽车生产厂商和经销商们的研究重点。个人消费者主要分为以下几种类型：

① 习惯型　指消费者忠于某一种或某几种品牌，有固定的消费习惯和偏好，购买时心中有数，目标明确。这类顾客常常重复过去的购买行为，企业应尽可能地争取更多的习惯型顾客。

② 理智型　这类消费者的特点是，在购买活动中对商品的效用、特性、价格、式样等经过仔细比较和考虑：并且广泛收集市场信息，权衡利弊，精心挑选，务求满意。理智型购买者经验丰富，决策胸有成竹，不易受外界影响。

③ 冲动型　这类消费者购买时，易受外界因素的影响，为外界影响所冲动。如新产品、新款式、新包装等有较大的吸引力，为之而动。

④ 经济型　这类消费者对价格反应灵敏，以追求"经济实惠，物美价廉"为主。因此，优惠商品、降低商品价格对他有较强的吸引力。

⑤ 随意型　这类消费者其购买心理活动不稳定，缺乏购买经验，没有固定偏爱，一般抱着试一试的态度购买。

⑥ 情感型。这类顾客对商品的象征意义特别重视，联想力极其丰富。

企业的营销人员，应该了解目标市场上的消费者属于哪种类型，然后有针对性地开展营销活动，以利于实现企业的营销目标。

（2）集团消费用户

集团用户是指为了维持集团的正常运转或经营而购买汽车作为集团消费物品使用或生产加工的用户，如各类企事业单位、政府机关以及各种社团组织等。这一市场在我国现阶段仍属于比较重要的市场，但是，由于近年来各级地方政府以及各类企事业单位实行公车改革制度，集团消费的数量有所降低，有部分消费者由集团消费转向了个人消费。

（三）购买行为分析的基本内容

在当今市场上，企业要从事有效的营销活动，必须搞清楚顾客购买行为表现出来的五个"W"和一个"H"。即 what、who、where、when、why 和 how。这六个方面是研究顾客购买行为的基本内容。

1. 买"什么"车

即了解消费者知道什么、购买什么。企业要了解消费者需要什么商品，了解商品的知晓度、被接受度。通过了解，既可以清楚市场占有率和不同品牌的销售情况，也可以搞清楚消费者的偏好，以提供满足消费者需要的商品和服务。

2. "谁"来购买

即要了解消费者是哪些人，弄清购买行动中的"购买角色"问题。消费者指的是企业的目标顾客；购买角色是指在购买活动中不同人的位置和作用。严格地说，购买者有别于消费者，而购买者，通常指的是实际完成购买行为的人，他可能是产品的消费者，也可能不是。在一些商品的购买活动中，购买者、决策者与消费者是分离的。因此，要搞清楚在消费者的购买行动中，谁是决策者，谁是使用者，谁对决定购买有重大影响。这样，企业可以准确确定自己的目标对象，更有针对性地实施产品、价格、渠道以及促销策略。

3. "哪里"买车用车

即了解消费者在哪里购买，在哪里使用。企业要了解消费者在购买某类商品时的习惯，他们愿意在哪里、什么商店购买企业的商品。企业搞清楚后，可以据此研究商品及服务的适当的销售渠道和地点。企业还要了解消费者是在什么样的地理环境、气候条件、什么场所使用商品，可以根据消费者使用的地点、场所条件，提供更适应的产品和服务。

4. "什么时候"购买

即了解消费者消费和购买某类商品和服务的具体时间。搞清楚消费者什么时候消费和购买，对于开发新产品，拓宽服务领域，增加服务项目有重要作用，根据所预测的消费购买时间，企业可以早做准备。

5. "为什么"买车

即了解和探索消费者行为的动机或影响其行为的因素。消费者为什么喜欢这个牌号的商品而不喜欢另外一个；为什么单买这种包装、规格的商品而拒绝接受其他种类等等。只有探明了原因与动机，企业才可以比较全面地了解消费者的需要。

6. "如何"买车

即了解消费者怎样购买、喜欢什么样的促销方式，以及搞清楚消费者对所购商品是如何使用的。企业清楚了这两个问题之后，可以提供多品种的适宜产品；可以针对不同情况实施差异化营销；还可以作出有效的促销决策，吸引更多消费者购买。

二、个体消费者购买行为的分析

（一）汽车个体消费者市场的基本特征

1. 需求具有伸缩性

一方面，汽车的个人消费需求具有较强的需求价格弹性，即价格的变动对汽车的个人需求影响很大。另一方面，这种需求的结构可变。当客观条件限制了这种需求的实现时，它可以被抑制，或被转化为其他需求，或最终被放弃；反之，当条件允许时，个人消费需求不仅会得以实现，甚至会发展成为流行性消费。

2. 需求具有多样性

消费者由于在个人收入和文化观念上的差别，以及在年龄、职业、兴趣、爱好等方面的差异，会形成不同的消费需要，从而使个人购买者的需求表现出多层次性或多样性。就这种意义而言，汽车企业如果能够为消费者提供多种多样的汽车产品，满足消费者多样化的需求，无疑会为企业争取更多的营销机会。如 20 世纪 90 年代中期，当时人们都认为中国的"家用轿车"应当是经济实用型的。但一项调查表明并非如此，人们对家用轿车的需求是多样化的，从高档轿车到微型轿车都有自己的消费者。

典型案例

杭州"狗不理"包子店

杭州"狗不理"包子店是天津狗不理集团在杭州开设的分店，地处商业黄金地段，正宗的"狗不理"以其鲜明的特色（薄皮、水馅、味道鲜美、咬一口汁水横流）而享誉神州。但正当杭州南方大酒店创下日销包子万余只的纪录时，杭州的"狗不理"包子店却将楼下 1/3 的营业面积租让给服装企业，此时是"门前冷落车马稀"。

当"狗不理"一再强调其鲜明的产品特色时，却忽视了消费者是否接受这一"特色"，那么受挫于杭州也是必然的了。

首先，"狗不理"包子馅比较油腻，不合喜爱清淡食物的杭州市民的口味。

其次，"狗不理"包子不符合杭州人的生活习惯。杭州市民将包子作为便捷快餐对待，往往边走边吃，而"狗不理"包子由于薄皮、水馅、容易流汁，不能拿在手里吃，只有坐下用筷子慢慢享用。

再次，"狗不理"包子馅多半是蒜一类的辛辣刺激物，这与杭州这个南方城市的传统口味也相悖。

3. 需求具有可诱导性

对大多数个人购买者而言，他们对汽车缺乏足够的专门知识，往往会受到周围环境、消费风气、人际关系、宣传等因素的影响，对某种特定的车型产生较为强烈的需求。因此，企业应注意引导、调节和培养某些被细分后的个人购买市场，强化广告和促销手段的应用，提高企业的市场占有率。

4. 需求具有替代性

个人购买者在面临多种选择时，往往会对能够满足自己需要的商品进行比较、鉴别。只有那些对个人购买者吸引力强，引起的需求强度高的汽车产品才会导致消费者的最终购买。也就是说，能够同时满足消费者需要的不同品牌之间具有竞争性，需求表现出相互替代的特性。

5. 需求具有发展性

个人购买需求一般从简单到复杂、由低级向高级发展。在现代社会中，各类消费方式、消费观念、消费结构的变化总是与需求的发展性和时代性息息相关的。所以汽车产品个人购买需求的发展也会永无止境，如在不过分增加购买负担的前提下，消费者对汽车的安全、节能和环保等性能的要求总是越来越高。

6. 需求具有集中性和广泛性

一方面，由于私人汽车消费与个人经济实力关系密切，在特定时期内，经济发达地区的消费者或者收入相对较高的社会阶层，对汽车（或某种车型）的消费量比较明显，需求表现出一定的集中性。另一方面，高收入者各地都有（尽管数量上的差异可能较大），而且随着经济发展会不断增多，所以需求又具有地理上的广泛性。

（二）个体消费者购买行为的影响因素

影响消费者购买行为的因素较多，可从内在因素与外在因素两方面进行分析。

1. 内在因素

影响消费者购买行为的内在因素主要有消费者的心理因素与个体因素。心理因素指消费者在满足需要活动中的思想意识，它支配着消费者的购买行为。个体因素主要如购买者的年龄、性别、经济收入、教育程度等，它们在很大程度上影响着消费者的购买行为。

（1）心理因素

汽车个人消费者的购买行为会受到以下心理因素的影响：需求动机、知觉、学习与经验、态度。

① 需求动机　客户购买商品最根本的原因来自需求，它就是个体对内外环境的客观需要在脑中的反映。需求常以一种"缺乏感"体验着，以意向、愿望的形式表现出来，最终形成推动人们进行活动的动机，并随着满足需要的具体内容和方式的改变而不断变化和发展。如果这种需求未被满足，人们内心就会产生紧张或不舒适，当这种紧张或不舒适达到一定程度，就会推动人们为满足需求而采取行动，这就产生了动机。因此动机是促成人们购买行为的前提。

知识链接

美国心理学家马斯洛将人类需求按照重要性和满足的先后顺序，提出了需求五层次理论：生存需求、安全需求、社交需求、自尊需求、自我实现需求。马斯洛认为这5种需求是按从低级到高级的层次组织起来的，只有当较低层次的需求得到了满足，较高层次的需求才会出现并要求得到满足。

该理论同样适用于汽车市场，有乘用车购买动机的，一定是在生存需求得到满足以后，才可能去购买汽车以满足更高层次的需求；而对汽车有购买欲望的人，会根据自己的经济实力选择不同品牌、不同价位的车型。普通消费者购买汽车是为了满足代步的需要，因此一般会选择经济紧凑型汽车；而社会地位和经济收入较高的消费者，一般会选择豪华型的轿车；个体商户购买汽车可能要兼顾家用和商务用车，既要经济实惠又要体面、大气；而购买商用车的消费者，则要根据用途而定。图2-6所示为某公司对客户购车动机的调查结果。

车主购车动机

单位：%

经济条件提高，享受生活	38.1
上下班距离远，购车代步	30.7
工作性质需要	21.0
外出游玩方便	4.0
周围朋友/同事都买了，所以自己也买	3.7
带孩子/宠物出行方便	1.3

微型	34.9
小型	37.4
紧凑型	40.2
中型	42.8
中大型	45.0

微型	38.6
小型	38.0
紧凑型	33.5
中型	30.1
中大型	24.7

微型	14.6
小型	13.2
紧凑型	15.0
中型	18.6
中大型	21.8

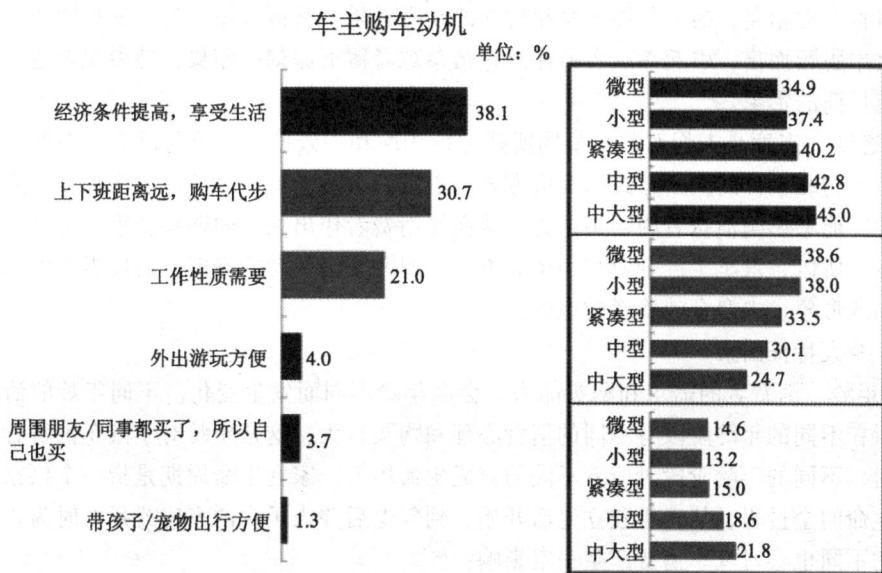

图 2-6 车主购车动机调查结果

② 学习与经验　消费者购买行为大多是后天通过学习、经验积累获得的。学习对行为的影响往往是潜移默化却又十分深远的。通过学习，消费者可以获得丰富的知识和经验，不断地调整和改变自己的行为。

汽车企业应积极地通过对消费者传送相关知识，引起消费者注意，激起消费者消费欲望，从而主动地引导消费者的消费行为。购买汽车的过程就是一个学习汽车知识的过程。消费者对汽车产生需求之后，就会主动地搜集有关汽车的资料，对各品牌汽车进行分析、对比、判断、咨询直至购买。在整个过程中，消费者必然要与营销人员接触，营销人员可以运用各种暗示及强化手段来引导消费者对汽车品牌的强烈反应。促进消费者对产品的购买欲望。例如，汽车展销会、新产品推介会、用户联谊会等都是厂家为用户或潜在用户提供的学习机会，企业应充分利用这些机会加强本企业的产品宣传，对消费者的购买行为起到积极的强化与推动作用。

③ 知觉　知觉是人对事物的各种属性、各个部分以及它们之间关系的综合的、整体的、直接的反映，是个体选择、组织并解释感觉的过程。

知觉受到多种因素的影响。首先，受到学习与经验的影响，复杂的知觉是要靠学习与经验获得的。其次，受到知觉的观点差异影响。人们在对外界事物进行感觉时，一般会根据自己对物的某一着眼点而获得感觉，并以此作为解释知觉的依据，因此人们的观点就会不一致。最后，受到知觉中的动机因素影响。动机不同，知觉的经验就会有差异。

对于同一个刺激物，人们会产生不同的知觉，如看到甲壳虫车，有人会认为其小巧玲珑，感觉内部空间小；有人会认为其外形乖巧别致，能给人一种驾驶灵活的感觉；有人则觉得其外形独特，有个性等。

对于知觉的利用，最典型的例子就是车展。汽车企业参加车展进行展车选择、陈列及展台布置时，必须要研究参加展会的人们的心理，找出人们的关注点，将人们的注意力吸引到自己的展台上，使自己的展区成为人们的知觉对象。因此，每次举办国际车展时，参展厂商的展台都会布置得非常精美，播放与展车交相辉映的动听音乐，聘请车模，目的就是期待能够在众多的同行之中脱颖而出，引起参观者的注意，给参观者留下深刻的印象，使参观者通过自己的想象而完善厂商的形象。

④ 态度　态度是人们对某个事物所持的持久性和一致性的评价与反应。态度影响个人对其他人、事物和事件的判断方式和反应方式。消费者通过学习，对产品、服务或企业形象形成某种态度，能够影响消费者的购买行为，从而使消费者作出相应的购买决策。态度一旦产生，很难改变，所以，汽车生产企业和经销商不要试图改变消费者的态度，而应当考虑如何改变自己的产品或形象，去迎合消费者的态度。

（2）个人特征因素

① 年龄　消费者的需求和购买能力，会因年龄不同而发生变化。不同年龄的消费者或同一消费者在不同的年龄阶段有不同的消费心理和购买行为，这是年龄对于汽车消费者的直接影响。同时，不同的年龄阶段对应着不同的家庭生命周期。家庭生命周期是指一个以家长为代表的家庭生命的全过程，从青年独立生活开始，到年老后并入子女的家庭或死亡时为止。家庭生命周期的不同也会对汽车消费产生一定影响。

② 收入　消费市场是由消费者、消费者的购买欲望以及消费者的购买力构成的。而经济条件决定购买能力，直接影响购买决定。其中收入是最主要的因素，特别是可支配收入，研究消费者购车行为时应重点研究汽车消费者可支配收入的变化。

③ 职业　职业状况对于人们的需求和兴趣有着重大影响。在市场细分的过程中，汽车和职业的关系越来越紧密。作为汽车企业，应当密切关注购买本企业产品的消费者职业分布。"物以类聚，人以群分"在汽车的选购上表现得十分突出，汽车产品所表现出来的产品特性很容易吸引与其相契合的具有某一职业特征的群体。

④ 生活方式　生活方式是一个人在生活中所表现出来的活动、兴趣和看法的整个模式，是人的社会活动的一项重要内容，包括衣、食、住、行、劳动工作、休息娱乐、社会交往、待人接物等物质生活和精神生活的价值观、道德观、审美观。生活方式直接或间接地影响着一个人的思想意识和价值观念，对人们的消费观念有着巨大的影响。

⑤ 其他个性特征　一个人的受教育程度、个性、生活地域等与个人特征有关的因素也会影响其选购汽车的行为。例如，消费者所受教育的程度与其收入、社会交往范围、居住环境等均与消费习惯有密切关系。一般来说，受教育程度越高的消费者对消费需求的理性色彩越浓。如教师、医生等受教育高的群体，购买汽车时相对理性，讲求实用性，综合考虑汽车的安全性、价格，而对追求驾驶刺激的乐趣要求相对较低。所以，汽车企业要关注消费者文化水平与购车偏好之间的关系，以提供满足不同层次的消费者所需要的汽车产品。

2. 外在因素

（1）社会因素

消费者处在一个复杂的社会生活之中，其购买行为经常会受到一些社会因素的影响，这些因素包括家庭、相关群体、社会角色与地位等。

① 家庭　是社会上最重要的消费者购买单位，一个家庭的结构、家庭地位、家庭状态等都会影响家庭的购买行为。购买者家庭成员是对消费行为影响最大的主要参考群体。在我国，由于传统文化的影响，各家庭成员在购买过程中承担着不同的角色。不同支配类型的家庭在购

买大宗家庭消费品时决定权是不一样的。一般来说，购买类似汽车、家具、住房等高档消费品以及价格昂贵的耐用品通常由丈夫决定，而购买生活用品等多数由妻子决定。

② 相关群体　指能直接或间接影响消费者态度、意见、价值观念和行为的一群人。相关群体对消费者购买行为的影响表现在以下几个方面：提供消费模式，坚定消费者购买信心，引起效仿的欲望，产生"一致化"压力。汽车企业要善于运用相关群体对消费者购买行为的影响来制定产品开发和营销策略。按照对消费者的影响强度，相关群体可分为主要群体、次要群体和模仿群体。

a. 主要群体，指由那些与消费者经常接触且关系密切的人组成的群体，如家庭成员、亲戚朋友、邻居、同学和同事等。这类群体对消费者影响最大。如消费者购车前常常会观察单位的领导、同事、朋友购买什么车，与之交流心得，然后决定自己欲购车型。

b. 次要群体，指消费者能够与之接触但接触相对较少的群体，其影响程度比主要群体要小些。

c. 模仿群体，指由消费者所尊崇的人组成的群体，如崇拜的偶像、明星、各界名人等。他们对消费者的影响有时会较大。

③ 社会角色与地位　根据职业、收入、财产、教育程度、居住区域、住房等因素，可以把社会划分出一个个层次，称为社会阶层。处在不同阶层的人们所扮演的角色不同、社会地位也不同，在经济收入、价值观和兴趣等方面也有所不同，对汽车的品牌、车型等也有各自的偏好。例如劳斯莱斯，被视为身份和地位的象征，英国王室在很长一段时间内使用劳斯莱斯品牌，因而劳斯莱斯的购买者几乎都集中在社会的顶尖阶层。

（2）文化因素

文化是在人们的社会实践中逐渐形成价值观念、伦理道德、风俗习惯、宗教信仰、语言文字等，对个人需求和购买行为的影响极其深远。每一种文化内部，也会因为各种因素的影响，使人们的价值观念、伦理道德、风俗习惯等表现出不同的特征，即亚文化。例如，由于地理位置、气候、经济发展水平、风俗习惯的差异，我国有南方、北方，或东部沿海、中部、西部内陆地区等亚文化群。不同地区人们的生活习惯有差异，消费自然有别。例如，在广东、广西地区的商务车常见的是广本雅阁，而北方则多是奥迪。

另外，有些消费习俗如节假日消费、信仰性消费等，也应注意或利用。如汽车生产企业或销售企业可充分利用节假日进行宣传，提高产品影响力和销量；而对于有些民族或者宗教来说，某些颜色或特定的日子可能是其禁忌，在这些地方进行汽车销售时必须注意。

（3）政策因素

国家的宏观政策对汽车的消费也有很大影响，如汽车购置税、燃油附加税等政策也体现了国家对汽车消费的引导和影响。

（三）汽车个体消费者的购买模式

汽车消费者的购买模式是指汽车消费者为满足某种需要，在把购买动机转化为实际购买行为的过程中逐渐养成的不易改变（相对稳定）的购买形态。主要包括消费心理模式和购买行为模式。一般地说，购买模式具有客观性、规律性和相对稳定性的特点。

汽车消费者的购买行为作为人类行为的一种，是受多种因素影响而形成的复杂行为。其行为是受心理活动支配的，首先汽车消费者受到某些刺激而产生某种需要，这种需要又导致产生购买某种商品的动机，由购买动机最终产生购买行为。这一系列过程称为汽车消费者购买行为模式。

按照刺激–反映模式的观点，人们行为的动机是一种内在的心理活动过程，像一只"黑箱"，是一个不可捉摸的神秘过程。客观的刺激，经过"黑箱（心理活动过程）"产生反应——购买动机，引起行为。只有通过对行为的研究，才能了解心理活动过程。在营销学的范畴中，非常关注消费者对营销刺激和其他刺激的反应，关注消费者的购买行为。消费者购买行为的基本模式如图 2-7 所示。

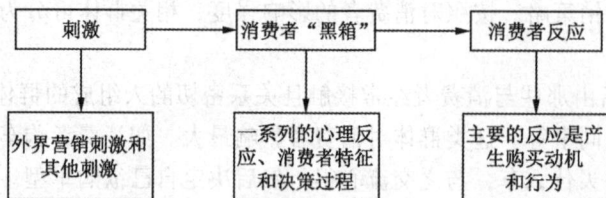

图 2-7　消费者购买行为的基本模式

汽车消费者购买行为模式各环节的影响因素较多，如图 2-8 所示。购买行为产生的起点是消费者受到了某种刺激。消费者所受到的刺激包括两种，一是环境刺激，消费者总是处在一定的环境中，受到有关环境因素影响，即政治、经济、社会、技术、文化等环境因素对消费者的影响，它们是影响消费者"黑箱"的宏观环境，制约着整个消费需求。二是营销刺激，企业为了将产品销售出去，会采取有关策略，即企业采取的产品策略、价格策略、分销策略、促销策略等对消费者的影响。对企业而言这些因素均是可控制的，他们对消费者的"黑箱"产生直接而具体的影响。由于消费者的心理活动过程是看不见、摸不着的，带有神秘色彩，所以称其为"消费者黑箱"，又称"消费者黑匣子"。消费者"黑箱"处于外部刺激和消费者反应之间，尽管"消费者黑箱"是看不见、摸不着、神秘莫测的，但是企业可以研究它，以便采取相应的策略。消费者黑箱包括以下两部分内容。一是消费者特性。主要包括影响消费者购买行为的社会文化、个人、心理等因素。消费者特性会影响消费者对刺激的理解和反应，同一种刺激作用于具有不同特性的消费者，往往会产生不同的反应。二是消费者的决策过程，它直接影响购买者决策的最后结果。

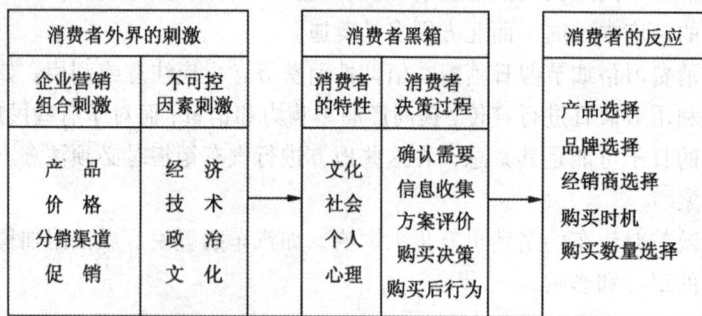

图 2-8　消费者购买行为模式的影响因素

消费者受到外部刺激进入消费者"黑箱"后，在内在因素作用下，消费者对产品的选择、品牌的选择、供应商的选择、时间的选择、地点的选择、数量的选择等称为消费者的反应。

（四）汽车个体消费者购买决策过程

仅仅了解影响消费者行为的主要因素和消费者行为模式，对于营销者还是不够的，还需要了解：目标购买者是谁?他们面临着什么样的决策?谁参与决策?购买者决策过程的主要步骤是什么?

1. 消费者购买决策过程的参与者

不同的购买决策可能由不同的人员参加。同一购买决策也可能由不同的人参加，即使同一购买决策只有同一人参加，该购买决策人在参与购买决策过程的不同阶段也充当着不同的角色。也就是说，人们在购买决策过程中可能扮演不同的角色。或者说，在购买决策过程的不同阶段，又扮演不同角色并相应地完成不同功能的参与者。

① 倡议者　最初提出购买某种商品的人。

② 影响者　指对评价选择，制定购买标准和做出最终选择有影响力的人。

③ 决策者　指对部分或整体购买决策作出最后决定的人。

④ 购买者　指实际购买产品的家庭成员，一般是成年人或青少年。

⑤ 使用者　指产品的使用者，许多产品都有多个使用者。

2. 购买决策内容

消费者的购买决策，是指消费者要对购买对象、购买目的、购买组织、购买时机、购买地点、购买方式等作出选择，即通常所说的 60 s。

① 购买对象　它涉及消费者对产品和品牌的选择。对于营销人员就是了解顾客需要或准备购买的商品与服务。

② 购买目的　即消费者为何要购买。研究消费者购买目的就是要分析消费者出于什么动机购买商品。通过了解消费者的购买动机，营销者就能有依据地说明和预测消费者的购买行为。

③ 购买组织　即购买者。营销人员要通过对消费者购买活动以及参与购买过程中的不同角色的分析，确定购买商品的主体。一般来说，对于消费者市场主要是确定家庭成员的地位和作用。

④ 购买时机　消费者购买习惯，往往有时间上的特定性。而且商品的性质不同，购买时间也不一样。如消费者对季节性和节日性商品的选购，在届时和过时等不同时机，其购买的兴趣会迥然不同。企业应根据消费者的购买习惯，在生产安排、货源组织和营业时间等方面做到同步营销。

⑤ 购买地点　这包括两方面的情况，即在何处作出购买决定，在何处购买。一般来说，日用品和食品往往在购买现场作出购买决定，就近购买；家具、家电等则往往先在家中作出购买决定，在信誉较好的商场购买。企业应根据上述情况，合理安排商业网点和商业分配路线。

⑥ 购买方式　消费者的购买方式有习惯型、忠诚型、理智型、经济型、冲动型、情感型等几种。消费者的购买方式不仅会影响市场营销活动的状态，而且会影响产品设计、营销计划的制订和其他经营决策。因此，营销人员要认真研究，根据消费者购买方式的不同特点来确定自己的营销方式。

3. 购买行为决策过程

在复杂的汽车购买行为中，遵循一般规律，个人汽车消费者的购买过程是相互关联的购买行为的动态系列，一般包括五个步骤：确认需求—收集信息—评估方案—购买决策—购后行为，如图 2-9 所示。

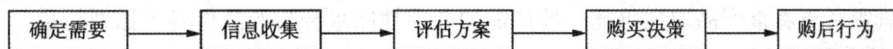

确定需要 → 信息收集 → 评估方案 → 购买决策 → 购后行为

图 2-9　消费者购买的决策过程

（1）确定需要

汽车消费者发现现实情况与其所想达到的要求之间有一定的差距时，产生了相应的解决问题的需要，这种需要是购买决策的起点。消费者的某种需要可能由外在刺激引起。外在刺激可能是收入增加、企业促销力度较大或消费者的所见等，如看到新出炉的面包产生食欲，动人的新车广告引发购买汽车的想法，朋友买了一套高级组合音响，或者商家促销有多项优惠等促使消费者有购买音响的想法等。

汽车营销人员应该深入了解消费者产生某种需要的环境，找到引发这种需要的内在动因和外在刺激因素，从而运用多种营销手段，促使消费者与刺激因素频繁接触，并强化刺激因素与该需要之间的必然联系。例如，对汽车制造商而言，可以广泛而持续地宣传其产品的卓越性能和独特的造型，从而引发人们的购买欲望。

（2）收集信息

当唤起的需求动机很强烈，而且可以满足的物品又易于购买时，消费者的需求就能很快得到满足。但在大多数情况下，需求不是立即就能够得到满足的，如购买一台空调机可能要积蓄几个月，购买一套住房可能要积蓄几十年，因此，需求便储存在记忆中。这时，消费者处于一种高度警觉的状态，对于需要满足的事物极其敏感，有些消费者就会着手收集有关信息，包括同其需求相关的一般信息。如要购买汽车，就从各种广告媒体及其他信息渠道中寻求有关汽车的信息，以及同其需求相联系的具体信息，如收集汽车的各种牌号、价格、性能、款式、规格等。

对于汽车营销人员来说，这一阶段的一个关键问题是要了解这些消费者所要求的信息来源，以及这些信息来源对消费者购买决策的相对影响程度。汽车消费者购买商品的主要信息来源一般有以下四个方面。

① 个人来源 指家庭成员、朋友、邻居或同事等提供的信息。

② 商业来源 是指从推销员、广告、零售商、商品包装、展示会、商品说明书等方面获得的信息。

③ 公共来源 即大众传播媒介、消费者评估组织等提供的有关信息。

④ 经验来源 指消费者本人通过以前购买使用或当前试验中获得的知觉。

这些信息来源的相对影响力随产品和购买者的不同而变化。总的看来，消费者得到的关于产品的信息主要来自商业来源，而最有影响力的来源是个人来源，个人来源在服务的购买上影响更大。商业来源一般告知购买者，而个人来源能帮助消费者评价产品。例如，想购买汽车的人通常从商业来源处了解到有关车的信息，但要向来4S店为汽车进行保养的车主询问对该车的评价。

（3）选择评价

消费者在通过各种渠道获得有关产品的信息后，需要分析和处理所得信息，逐渐对市场上各种品牌的产品形成不同评价，最后决定购买。消费者对产品的评价主要从以下几个方面进行。

① 分析产品属性 产品属性是指产品能够满足消费者某种需要的特性。消费者一般都将产品看成能提供实际利益的各种产品属性组合，对不同的产品，消费者感兴趣的属性是不同的。产品的各项不同属性可以满足消费者的多方位需求。然而，并不是产品属性越丰富，消费者越满意。消费者更看重产品的性价比，即产品的各项性能组合与产品价格的比例关系。

② 建立属性等级 在现实生活中，每一个产品的所有属性并非都是最优的，消费者也不会将产品的众多属性看作同等重要，而是从产品满足需要的角度出发，对产品属性分析后，建立自己心目中的属性等级。例如，对于专业赛车手来说，他购买汽车首先考虑的是快速，其次才考虑（有的可能不考虑）价格；而对于工薪阶层的个人汽车使用者来说，他一般首先考虑的是价格。

可见，商品的属性在不同的汽车购买者心目中的重要程度是不同的，企业应当根据汽车购买者对不同属性的态度进行市场细分，采取多种对策影响购买者决策，提高本产品被选中的几率。

③ 确定品牌信念　品牌信念是消费者对某品牌的某一属性已达到何种水平的评价。关于某个特定品牌的一系列信念被称为品牌形象。消费者的个人经验、选择性注意、选择性曲解、选择性记忆会影响他对某品牌的信念，而这种信念可能与产品的真实属性不一致。

④ 形成"理想产品"　消费者会运用效用函数，对各品牌产品就其各项属性带来的效用，进行整体评价，从众多品牌中选出其理想品牌。

（4）购买决策

购买决策是消费者购买行为过程中的关键性阶段，因为只有作出购买决策以后，才会产生实际的购买行动。消费者经过分析比较和评价以后，便产生了购买意图。但消费者购买决策的最后确定，除了与消费者自身的喜好有关外，还受其他因素的影响，如他人态度、预期环境因素、非预期环境因素。

① 他人态度　这是影响购买决策的因素之一，如丈夫想买一辆车，但妻子坚决反对，丈夫极有可能改变或放弃购买意向。他人态度对消费者购买决策的影响程度，取决于他人反对态度的强度，他人与购买者的亲密关系以及劝告者专业水平。

② 预期环境因素　消费者购买决策受产品价格、产品的预期利益、本人的收入等因素的影响，这些影响是消费者可以预测到的，所以称为预期环境因素。

③ 非预期环境因素　消费者在购买决策过程中除了受上述因素影响外，还会受推销态度、广告促销、购买条件等因素的影响，这些影响消费者是不大可能预测到的，所以称为非预期环境因素。比如汽车消费者在购买车的过程中，她原来准备购买某一品牌的车，后受到各种大众传播媒介的影响，而改变了原来的态度。

因此，在汽车消费者（特别是个人汽车消费者）的购买决策阶段，汽车营销人员一方面要向汽车消费者提供有关产品更多的详细的情报，便于汽车消费者比较优缺点；另一方面则应通过各种销售服务，创造方便顾客的条件，加深其对企业及商品的良好印象，促使汽车消费者作出购买本企业商品的决策。

（5）购后评价

购后评价是消费者就所购买产品的满意程度进行的评价。汽车消费者购买汽车后，购买的过程并没有结束，他还会通过其他有关汽车的信息对其购买进行检验，比较汽车产品与期望的差距，为消费者做出再次购买该企业商品的决策提供借鉴，作出购买本企业商品的决策。

三、汽车集团消费者购买行为分析

汽车产品的购买者不仅仅是个体消费购买者，还有各种形式的组织或集团，这些组织或集团构成汽车组织消费市场。由于汽车产品本身的使用特点，决定了汽车组织消费市场是一个覆盖面很大的市场，这个市场的购买者是汽车企业的重要营销对象，企业应当充分了解他们的特点和购买行为。

（一）集团消费市场的特点

1．购买规模大，类型相对集中

虽然集团消费市场购买者数目相对个人消费市场要少得多，但是他们每次购买数量、金额却很大。对某些汽车厂商来说，往往是几家大买主就分担了厂家的绝大部分的销售量，有时一张订单的金额就可能高达数千万元甚至数亿元。另外，虽然集团消费购买者在地理上也较为分散，但购买者的类型却比较集中。

2．供求双方联系密切

在现代汽车市场营销中。集团消费购买者希望有稳定的货源渠道，而汽车厂商更需要稳定的销路，因此供求双方常常需要保持较为密切的联系，并且这种相互间的供需合作不会轻易中断。有时购买者希望供应商能够按自己的要求提供产品，在技术规格、产品功能、结构性能、交货日期或服务项目等方面提出特殊要求，供应商应经常与购买者沟通，详细了解他们的需要并尽力满足。

3．购买专业性强

集团消费购买者大多对产品有特殊要求，且采购过程复杂，采购是由受过专业训练的人来执行的，有的集团消费购买者甚至会选择采购代理商。因此，集团消费购买者通常十分了解所购产品的特征，甚至了解生产工艺，并且有较强的选购、比较和议价能力。

4．多人影响购买决策

与个人购买者相比，影响集团消费购买决策的人员更为众多。汽车集团消费购买过程通常由若干技术专家和高层管理者共同参与。

5．短期的需求弹性较小

相对于个人汽车消费者而言，集团消费购买者的需求弹性小得多，特别是短期内需求受价格变动的影响不大。例如，汽车再生产者只要所生产的车辆的需求没有发生变化。就不会因为汽车零部件或中间性产品的价格上涨而减少购买，也不会因为价格下跌而增加购买。

有的组织购买者面临的选择机会不多，如地方政府或行业公会规定本地的组织用户只能选购本地产汽车。排挤外地产品，或者由于产品的特殊性，供应商数目有限等，这些原因都使得需求弹性较小。

（二）汽车组织消费者的购买方式

汽车组织消费者在采购过程中，常见的购买方式有以下几种。

1．公开招标选购

公开招标选购，即集团组织的采购部门通过一定的传播媒体发布广告或发出信函，说明拟采购的商品、规格、数量和有关要求，邀请供应商投标。招标单位在规定的日期开标，选择报价较低和其他方面合乎要求的供应商作为中标单位。这种招标方式常被用于政府采购、再生产者配套采购、重大工程项目建设单位装备采购等场合。

采用招标方式，集团组织会处于主动地位，供应商之间会产生激烈的竞争。供应商在投标时应注意以下问题：①自己产品的品种、规格是否符合招标单位的要求。非标准化产品的规格不统一，往往成为投标的障碍。②能否满足招标单位的特殊要求。许多集团组织在招标中经常提出一些特殊要求，譬如提供较长时间的维修服务，承担维修费用等。③中标欲望的强弱。

如果企业的市场机会很少，迫切要求赢得这笔生意，就要采取降价策略投标；如果企业还有更好的市场机会，只是来尝试一下，则可以适当提高投标价格。但无论如何，报价均要求在合理的范围内，恶意的低价竞争不一定能够中标，因为招标单位对价格一般进行过调查，有一个标底价。过分高于或低于这个价格，招标单位都可能淘汰投标单位。

有时，招标单位对投标单位要进行资质审查。例如，汽车再生产者对零部件或中间性产品的配套采购，就要对各个拟投标的供应商进行资格审查，看其产品质量是否能够通过本企业质量部门或产品试验部门的质量认定，考察其是否具有必要的融资能力等。所以供应商在投标前应了解招标单位的决策过程，事先做好必要的准备工作。

2．议价合约选购

议价合约选购，即集团组织的采购部门同时和若干供应商就某一采购项目的价格和有关交易条件展开谈判，最后与符合要求的供应商签订合同，达成交易。汽车产品的大宗订单、特殊需求订单一般均采取此种购买方式。

（三）影响集团消费购买行为的主要因素

集团消费购买行为是一种理性行为，但集团消费购买行为仍会受到一些因素的影响，具体可分为以下几种类型。

1．环境因素

环境因素是集团消费购买者所处企业的内外部环境，如经济状况、政治法律环境、社会舆论、科技水平等。这些因素都会或多或少影响集团消费者购买行为。例如，如果经济环境好，就可以促进市场增加需求，反之则会减少需求；如果政府出台环境保护政策，需要买车的企业就应当考虑到，出于保护环境，政府可能在不久之后以法律、法规的形式限制汽车的排量、噪声等指标，所以，在采购决策时就可以考虑购买环保型汽车。

2．组织因素

组织因素是指购买者内部采购部门自身的目标、政策、程序、结构、制度等方面的设置状况。在现代市场经济中，组织因素的变化大体呈现出以下趋势。

① 采购部门地位上升　随着市场经济发展，无论何种机构对运行成本的控制越来越重视，这促使采购部门在组织中的地位不断提升，具体表现在采购部门级别提高、采购部门专业人员比例增加等。

② 采购权力集中　目前的趋势是向着集中采购的方向发展，即设立独立的采购部门，专门负责集团消费所需的各种物资、物品或货物的采购，实现专业化采购。这种机制有利于提高采购的专业化水平，有利于对采购环节进行集中监督，有利于形成规模采购，增加对供应商的判断，节约采购成本。

③ 合同长期化　购买者越来越注重同那些信誉较好的供应商保持长期的合作关系，同他们签订长期的购销合同。这种方式的优点是可以将组织的运行成本保持在一个较稳定的水平上，从而有助于其产品或服务的价格具有稳定性。

④ 加强采购绩效评估　强化考核主要是指企业建立对采购绩效的评价机制。通过制定奖励制度激励那些成绩突出的采购人员，以促使他们关心组织的总体利益。

3．人际因素

集团消费购买行为的人际因素，是指集团内部各机构不同的人员之间的关系，其主体是不同地位、不同职权、不同说服力的各类参与者之间的关系。对于营销者而言，应当充分了解客户组织的人际关系状况，确定每个人在购买决策中扮演的角色及其影响力的大小，利用这些因素促成交易。

4. 个人因素

购买决策过程中每一个参与者都具有自身的特点，个人消费者市场上影响购买行为的个人因素在集团消费市场上依然发挥作用。这里的个人因素，主要是指购买者中每一个参与购买活动的人员，各自在购买动机、个人经历、喜爱偏好等方面的因素。这些个人因素往往受到个人年龄、收入、受教育水平、职业、性格以及对风险态度等要素的影响。

（四）汽车集团消费者的购买决策过程

汽车组织消费者购买决策比个体用户更加透明、更加理性。决策过程的各个阶段目的明确，任务清晰。一般可分成 8 个阶段。

① 问题识别　提出需求是企业购买决策过程的起点。需求的产生既可以是企业内部的刺激，也可以是企业外部的刺激，需求一般由使用者提出。

② 确认需求　指对所需产品的数量和规格进行确认。

③ 产品规格　指由专业技术人员对所需产品的规格、型号、功能等技术指标做具体分析，并作出详细的说明，供决策部门和采购人员参考。

④ 寻找供应商　为了选购满意的产品，采购人员要通过各种途径，选择服务周到、产品质量高、声誉好的供应商。

⑤ 征求供应建议书　对找到的能满足集团用户需求的多个候选供应商，购买者应请他们提交供应建议书，尤其是汽车这类价值高、价格贵的产品，还要求他们写出详细的说明，经过比较排除，对经过筛选后留下的供应商，让他们提出正式的说明。

⑥ 选择供应商　在收到多个供应商的有关资料后，决策部门或采购部门应根据资料选择比较满意的供应商。

⑦ 发出正式订单　企业的采购中心最后选定供应商以后，采购部开订单给选定的供应商，在订货单上列举技术说明、需要数量、期望交货期等。

⑧ 绩效评价　产品采购以后，买主会及时评估供应商的履约情况，并根据评估结果，决定今后是否继续采购某供应商的产品。在一般情况下，评估供应商主要考虑 4 个方面的因素，即质量、服务、配送和价格。

【任务实施】

引导问题 1：了解客户购买车辆（或手机）的动机、主要关注的商品特征（影响因素）。

客户姓名	购买动机	关注的商品特征
客户 1		
客户 2 （海关组织购车）		

引导问题 2：通过交流，分析客户购买决策过程、方式及客户类型，提出销售建议。

客户姓名	购买参与者	决策内容	购买行为习惯 （类型）	销售建议要点（车型、价格范围、付款方式等）
客户 1				
客户 2 （海关组织购车）				

任务 4　汽车市场调查与预测

【任务导入】

张总想在长江中路紫园小区（本学校旁边）附近建设一间 VOLVO 品牌的汽车经销店，但也有朋友建议，应将 VOLOV 店建在汽车销售更集中的西区。在这里建一个综合品牌的二级店，同时提供养护快修服务。哪个建议更科学？请你策划和组织一个市场调查，并形成一个调查报告，给张总提供一些能指导决策的可靠信息和建议。

【学习指引】

通过本任务的完成和学习，你应该掌握以下知识：

① 汽车市场调查的类型、方法与实施步骤。

② 市场调查问卷的设计方法。

③ 撰写市场调查报告的要求与方法。

④ 汽车市场预测的方法与步骤。

通过本任务的完成和学习，你应该具备如下工作能力：

① 能初步制订简单的市场调查的实施方案与计划。

② 能设计较规范的市场调查问卷。

③ 能按格式要求撰写市场调查报告。

【相关知识】

一、汽车市场调查

（一）汽车市场调查的概念

1. 市场调查的含义

市场调查是指运用科学的方法，系统地收集、整理、分析并报告与企业有关的市场营销方面的信息，供营销管理人员了解营销环境、发现机会与问题，作为市场预测及营销决策的依据。市场调查是认识市场、获得市场信息的最基本的方法，是作科学的经营决策的基础，是发现经营和管理中存在问题的重要手段，是市场预测的基础。美国市场调查营销协会给市场调查下的定义是：市场调查是一种通过信息将消费者、顾客和公众与营销者连接起来的桥梁。这些信息用于识别和确定营销机会及问题产生，提炼和评估营销活动，监督营销业绩，改进人们对营销过程的理解。

2. 汽车市场调查的定义

汽车市场调查就是指对汽车用户及其购买力、购买对象、购买习惯、未来购买动向和同行业的情况等方面进行全部或局部的了解。具体来说，就是以汽车的购买人（个人或团体）和市场营销的各组合要素为对象，运用科学方法，收集、记录、整理和分析所有情报信息资料，从而掌握汽车市场的现状及其发展趋势的一种经营活动。

（二）市场调查的作用

市场营销调查是汽车企业营销活动的出发点，其作用有以下几点：

1. 了解市场状况

汽车市场调研有助于管理者了解市场状况以及利用市场机会。汽车企业一方面要把生产出来的汽车通过流通领域送到消费者手中；另一方面还要了解消费者需要什么样车型的汽车，对质量有何要求，需求量有多大，现有的竞争对手是谁，是否还会有新进入的竞争对手等。

2. 提高企业的竞争力

产品能否进入市场和进入市场的深度如何，除了取决于其本身的生产经营条件外，还包括汽车的品牌、品种、数量、质量与在市场上所占据的地位，以及汽车企业对市场变化的适应能力。另外，还取决于市场本身对某种车型的需求量、需求时间、地点、方向等需求情况和市场竞争的激烈程度。这些相关信息的准确获得，有助于企业提高竞争力。

3. 提高经营管理水平

企业应充分了解和掌握现代科学技术与经营管理的发展水平及趋势，借助世界上已经成熟的科学技术和经营管理成果从事生产经营活动，为企业的发展和进步创造良好的条件。

典型案例

福特野马轿车的成功

1964 年，著名的汽车大王艾柯卡为福特汽车公司推出的新产品野马轿车取得了轰动一时的成功，两年内为福特汽车公司创造了 11 亿美元的纯利润。在不到一年的时间里，野马轿车风行整个美国。为什么野马轿车如此受人的欢迎呢?这与其独特周密的营销计划是分不开的。艾柯卡在仔细分析了市场状况之后，制定了一整套推出野马轿车的营销策略。

1962 年，艾柯卡就任福特汽车公司分部总经理后，便策划生产一种受顾客欢迎的新车，这一念头是他对整个汽车市场营销环境作了充分调查研究之后产生的。第一，福特公司的市场调查人员调查得知：第二次世界大战以后，生育率激增，今后十年的人口平均年龄要急剧下降，20 多岁的年龄段人口要增长一倍，18 ~ 34 岁的年轻人渴望占到新车购买者的一半。根据这一消息，他预计今后 10 年的汽车销售量会大幅度增长，对象就是年轻人。第二，艾柯卡的职员通过调查发现：随着受教育程度的提高，消费模式也在改变，妇女和独身者顾客数量增加，拥有两辆汽车的家庭越来越多，人们愿意把更多的钱花在娱乐上，人们正在追求一种样式新颖的轻型豪华车。第三，艾柯卡在欧洲了解福特汽车公司生产的红雀轿车销售情况时，发现红雀太小了，没有行李舱，虽然省油，但外形不漂亮，如不尽快推出一种新车型，公司就有可能被对手击败。于是，根据以上市场调查的结果，艾柯卡提出了一个目标市场，适合这个市场的车应当是：车形要独树一帜，容易辨认；为便于妇女和新学驾驶汽车的人购买，要容易操作；为便于外出旅行，要有行李舱；为吸引年轻人，外形要像跑车，而且要胜过跑车。

在做了充分的市场调查以及其他工作后，野马汽车获得了巨大的成功，正是因为艾柯卡作了充分的市场调查，对自己汽车的品牌以及消费者需求进行了详尽了解后，为福特公司创造了巨大的利润。"磨刀不误砍柴工"，充分的市场调查对营销的作用不言而喻，产生的利润、利益远远超过预期的想象。

（三）市场调查的特点

1. 系统性

市场调查作为一个系统，包括编制调查计划、设计调查、抽取样本、访问、收集资料、整理资料、分析资料和撰写分析报告等。影响市场调查的因素也是一个系统，诸多因素互连构成一个整体。

2．目的性

任何一种调查都应有明确的目的，并围绕目的进行具体的调查，提高预测和决策的科学性。

3．科学性

表现在市场调查的方法、技术手段和分析结论具有科学性。

4．真实性

具体表现为两方面的要求：第一，调查资料数据必须真实地来源于客观实际，而非主观臆造。第二，调查结果应该具有时效性，即调研所得结论能够反映市场运行的现实状况，及时捕捉和抓住市场上任何有用的信息资料，及时分析，及时反馈，为有关部门和企业活动提供决策建议或依据。

（四）市场调查的内容

市场调查的内容主要有：消费者的情况调查、企业竞争者的情况调查、市场方面的情况调查。

1．消费者的情况调查

市场营销的核心是如何最好地满足消费者的需求。消费者的行为习惯和消费特点将直接影响到一个营销企业的命运，因此，开展市场营销调查首先要了解消费者的情况。消费者的情况主要包括消费者的需求、消费结构、消费动机和行为特点等。

（1）消费需求量调查

消费需求量直接决定市场规模的大小，而影响需求量的因素是货币收入及目标消费人群两个方面。估计市场需求量时，要将人口数量和货币收入结合起来考虑。

（2）消费结构调查

消费结构是消费者将货币收入用于不同商品的比例，它决定了消费者的消费取向。对消费结构的调查包括以下几部分：人口构成；家庭规模和构成；收入增长状况；商品供应状况以及价格的变化。

（3）消费动机与行为特点调查

实施这方面的调查主要是试图通过对消费者购买本企业产品的原因，购买的时间、地点和方式，消费者对产品的喜好、忠诚、偏爱程度等的了解，为企业确定产品的质量、品种、式样、价格、销售渠道以及促销方式等提供依据。

（4）潜在市场的调查

主要目的是发现潜在目标市场。调查对象是驾驶学校、已有用户、目标群体、汽修场所等。

2．企业竞争者的情况调查

竞争者情况调查包括一般竞争状况调查和主要竞争对手调查两方面的内容，重点是对主要竞争对手进行调查。

调查中要了解：主要的竞争对手对市场的控制能力；消费者对主要竞争产品的认可程度；汽车市场容量以及竞争者的市场占有率；市场的竞争程度；竞争对手的销售能力和市场计划；竞争者对经销渠道的控制程度和方法；竞争者所售的车型和服务的优势、劣势；等等。

3．市场方面的情况调查

市场情况调查是指对企业在市场营销活动中涉及的各种可控因素和不可控因素的变化状况的调查，通常包括汽车市场营销环境调查、产品调查、产品价格调查、销售渠道调查、促销调查。

（1）汽车市场营销环境调查

它是对影响企业市场营销的环境因素进行的调查，分为微观环境调查和宏观环境调查。前者的调查对象包括企业自身、营销中介、顾客和竞争对手，后者包括人口、经济、自然、科技、政治法律以及社会文化等因素。通过这些市场环境因素调查，企业可以根据市场环境的变化发展状况，合理有效地组织营销活动。

（2）产品调查

汽车产品调查是对汽车销售服务能力、产品实体、产品生命周期的调查。汽车销售服务能力调查的对象主要包括销售能力和市场供应能力，如供货渠道、汽车销售服务能力、售后服务的质量、维修设备的先进程度、技术水平、资金使用状况、人员素质等。产品实体调查是对产品本身各种性能的好坏程度的调查，如产品规格、产品类型和产品外观认可程度调查。产品生命周期的调查，在产品生命周期的不同阶段所调查的内容也不同，如在投入期主要是消费者购买此种产品的动机、对价格的承受力、产品的需求程度和优势所在等。

（3）产品价格调查

在制定汽车价格时不仅要考虑产品的成本支出，还要看市场竞争情况，了解市场中的商品价格情况，为企业定价提供依据。汽车产品价格调查主要包括以下内容：目标市场不同阶层顾客对产品的承受能力；竞争车型的价格水平及销售量；提价和降价所引起的反应；目标市场不同消费者对产品的价值定位；现有定价能否使企业盈利以及盈利水平在同类企业中居于什么样的地位。

（4）销售渠道调查

销售渠道调查主要是为了明确企业应选择什么样的销售渠道将产品顺利地分销出去，以及选择何种运输方式和运输路线才能将产品以较低的运输费用尽早地送到消费者手中。

（5）促销调查

促销调查就是要了解不同促销方式的优缺点以选择正确的促销组合，调查对象包括广告宣传、公关活动、现场演示、优惠活动。

（五）市场调查的对象

市场营销调查按调查对象的范围不同，可以分为市场普查、个案调查和抽样调查等三种。

1．市场普查

市场普查是对调查对象的所有构成要素逐一进行的调查，属于一次性调查，目的是尽可能全面准确地获得统计资料。市场普查仅适用于范围和用户都很有限的一些专用产品，原因有三个方面：

① 大型普查需要耗费大量的财力、物力和时间。

② 大型普查需要大量调查员参加，而各调查员素质的差异会影响调查结果的准确性。

③ 调查所用的时间长，往往导致其结果失效。

2．个案调查

个案调查包括重点调查和典型调查两种。

重点调查是在全体调查对象中选取部分重点单位进行的调查。

典型调查是在全体调查对象中选取那些具有典型意义的单位所进行的调查。

个案调查的优点是以较少的费用开支，了解调查对象的基本情况，而缺点是适用范围不广。

3．抽样调查

抽样调查是从全体调查对象中抽取部分个体作为样本进行调查，用所得结果来推断、说明总体的调查方法，分为随机抽样调查和非随机抽样调查两大类。

抽样调查的设计一般要注意确定以下几个内容：

（1）确定抽样对象

抽样对象是指对哪些人进行调查。抽样对象并不总是显而易见的，例如，要想了解家庭购买汽车的决策过程，究竟应调查丈夫、妻子还是其他成员?只要购买者、使用者、决定者和影响者处于分离状态（即不是由一人承担），调研人员就需要对抽样对象进行选择。

（2）确定样本大小

成本高，而且往往没有必要。只要抽样程序正确，即使样本不足总体的 1%，也同样能提供可靠的调查结果。

（3）确定抽样方法

抽样的方法有多种，常用的有非随机抽样和随机抽样、系统抽样等。

① 非随机抽样　按照调查者主观设定的某个标准抽取一定数目的个体进行调查。选取的样本能否代表调查的总体，取决于调查者的经验与判断。非随机抽样有三种具体方法：一是任意抽样法，即调查人员根据情况，任意选择样本，例如在街上随便找几个行人，问其对某种产品的看法和印象；二是配额抽样法，即首先对总体进行分组，然后由调查人员从各组中任意抽取一定数量的个体；三是判断抽样法，即调查人员根据自己的经验判断由哪些个体作为样本。

② 随机抽样　根据随机原则从调查总体中选取部分个体作为调查样本，用样本数据推算总体。由于遵循随机原则，总体中每一个体被抽取的机会均等。根据抽样技术的差别，常用的随机抽样方式有三种：一是简单随机抽样，即在调查对象总体中不进行任何主观的选择，按偶然的机会抽取样本，使每一个体被抽为样本的机会均等；二是分层随机抽样，即对总体按某种特征（如年龄、性别、职业等）进行分层，然后在每一层中用简单随机抽样方式抽取样本；三是分群随机抽样，即将调查对象总体按一定标准划分为若干个群（典型的是按地理区域进行分群），然后采用简单随机抽样法抽出一定数量的群体作为样本，对抽取样本进行普查，依此推断总体的特征。

③ 系统抽样　系统抽样又称等距抽样，它是将总体中各个体按某一特征（或编号）排列，然后依固定的顺序和间隔抽取样本。系统抽样介于随机抽样和非随机抽样之间。方法如下：

抽样前，须将总体的每一个单位编号，先计算样本区间（即 N/n，N 表示总体的数目，n 表示样本的大小），如果样本区间为分数，可四舍五入化为整数。然后从 $1 \sim N/n$ 号中随机抽出一个号码作为第一个样本单位，将第一个样本单位的号码加上样本区间即得第 2 个样本单位，依此类推，直到样本数足够为止。其第一个样本单位可以依判断抽样法抽取，也可用随机方式抽取。例如，总体样本有 10 000 个，样本的大小决定为 200 个，则样本区间为 10 000 / 200，即 50，假如从 1 ~ 50 中随机抽出了 7，则样本单位的号码，依次为 7，57，107，157，207，…直到样本达到 200 个为止。系统抽样适用于对零售店数据的常规调查。

（六）市场调查的方法

市场调查的方法很多，常用的主要有文案调查法、询问法、观察法、试验法等。

1. 文案调查法

文案调查法是指搜集各种历史和现实的动态统计资料（第二手资料），从中摘取与市场调查课题有关的情报，在办公室内进行统计分析的调查方法。

这种方法主要是通过调查人员向有关方面索取，或从网络中搜寻，或采用剪报、摘录等方式获得资料。其资料来源主要有：

① 企业内部积累的各种资料，如业务记录、统计报表、工作总结等。

② 国家机关公布的国民经济发展计划、统计资料、政策、法令、法规等，以及一些内部文件。

③ 各行业协会、联合会提供的资料。

④ 国内外的公开出版物，如报纸、杂志及图书上刊登或记载的新闻、报道、消息、评论、调查报告等。

⑤ 各研究单位、学会、专业情报机构和咨询机构提供的市场情报和研究结果。

⑥ 企业之间交流的有关资料。

2. 询问法

询问法是通过询问的方式收集市场信息，也就是向被调查者询问，以获得所需资料的一种方法。按调查者与被调查者之间接触方式的不同，询问法可分访问调查、电话调查、留置调查、邮寄调查和网络调查等五种形式。

（1）访问调查

访问调查即调查人员当面向被调查者提问，以获得所需的情报、信息。它的优点主要是有激励效果和观察机会；缺点是调查费用较高，并且被调查者有可能受到调查人员的诱导而提供不真实的答案。

（2）电话调查

电话调查即通过电话向被调查者对调查的内容征求意见。它的优点是情报及时，资料的统一程度高，可以对难以接触的被调查者及不易进入其住宅的家庭进行调查；其缺点是有些地方无电话，仅限于简单问题，照片和图样等无法利用，一般仅限于市区，否则费用过大。

（3）留置调查

留置调查是指访问员至受访者家中访问，委托协助调查并留下问卷，日后再回收问卷的方法。其优点是：即使问题项目多，受访者还是可依据自己的时间从容作答；受访者可回答难以当面回答的问题；即使当时受访者不在家亦可进行调查；受访者意见不易受调查人员的影响。而缺点是：难以确认是否为受访者本人的回答，即使是本人回答亦可能受家人朋友意见的影响；调查地域范围有限；不利于对调查人员的管理监督。留置调查介于走访和邮寄调查之间。

（4）邮寄调查

邮寄调查是调查人员将设计好的调查表邮寄给被调查者，请其填好寄回。要注意的是，邮寄调查所提问题必须简明，不宜过多。其优点是调查区域广泛，可避免调查员的偏见并能与群体或家庭成员交换意见；缺点是通常回收率较低，各细分市场的回收率不一致，费时较长，仅限于简单的问题，答卷者可能不是调查对象。

（5）网络调查

网络调查是指利用网络技术进行信息收集的一种方法。目前，网络调查的方式主要有：E-mail 法、Web 站点法、Net-meeting 法、视讯会议法、OICQ 网络寻呼机法或在聊天室选择网民进行调查、在 BBS 上发布调查信息等。由于因特网不受时空、地域限制，网络调查具有地域广泛性、信息及时与共享性、操作便捷性和经济性等优点，而且由于调查者与被调查者不进行任何接触，结果有较强的准确性。然而，其缺点是：网络的安全性问题有待改进，企业和消费者对网络调查缺乏了解和信任，影响其使用效果；网络调查技术尚不完善、专业人员匮乏；网络普及率不高和拒访现象大量存在，影响了调查结果的可靠性；无限制样本、重复投票等问题令人困扰。

询问法各种形式之间的差异与特点如表 2-3 所示。

表 2-3　询问法的五种方式的特点比较

询问形式	调查对象	范围	回收率	费用	质量
访问调查	可控可选	窄	高	高	较高
电话调查	可以控制	较窄	较高	低	较高
留置调查	可以控制	较窄	高	高	高
邮寄调查	一定控制	广	较低	较低	较低
网络调查	一定控制	广	较低	低	较高

3．观察法

观察法是由调查人员在现场直接或使用仪器对调查对象进行观察的一种方法。在观察过程中，调查对象不知道自己在被调查，行动一如既往，毫无掩饰成分，所以观察结果准确客观，这是该方法的优点；其缺点是费用较大，并且只限于观察人的外部行为，而不能说明行为背后的动机。所以在观察的同时，应结合询问法进一步了解、收集系统资料。

观察法常用的方法有以下几种：

（1）直接观察法

直接对调查对象进行观察。例如调查消费者对品牌、业务性能的爱好与反应，可派人到零售商店柜台前观察购买者的选购行为。

（2）行为记录法

一般将录音机、摄像机、照相机等设备装到现场，将被调查者的行为如实地记录下来。

（3）痕迹观察法

这种方法不直接观察调查对象的行为，而是观察其留下的实际痕迹。例如汽车销售商为了解在哪个电台上做汽车广告效果好，可以观察来修理的汽车收音机停在哪个电台上，然后对记录结果进行统计，就能知道汽车用户最常听哪个电台，则在这个电台上做汽车广告的效果最好。

4．试验法

试验法起源于自然科学的实验求证。这里所谓的试验是先在一定的小范围内进行试验，然后再研究是否大规模推广的市场调查方法。当要推出新产品或采用新推销策略时，按要调查的项目选择一定的地点、对象、规模，开展小范围内的试验，对其结果进行全面分析、评价，看有无大规模推广的价值，应如何改进才最有效等。

试验法的优点是方法科学，可获得较准确的原始资料，作为预测销售额的重要依据；缺点是不易选择社会经济因素相类似的试验市场，且试验时间较长，成本较高。

（七）市场调查的步骤

汽车市场调研一般由 5 个主要步骤组成，即确定问题与调查目标、制订调研计划、搜集调研信息、分析调研信息、得出调研结论。

1. 确定问题与调查目标

市场调查的主要目的是收集与分析资料以帮助企业更好地进行决策，以减少决策失误，因此调查的第一步就要求决策人员和调查人员认真地商定研究目标。在任何一个问题上都存在着许多可以调查的事情，如果对该问题没有清晰的定义，那么收集信息的成本可能会超过调查结果的价值。例如，某汽车公司发现其销售量已连续下降达半年之久，管理者想知道真正原因究竟是什么——是经济衰退，广告支出减少，消费者偏爱转变，还是促销手段不得力。

市场调查者应先分析相关资料，然后找出研究问题，并进行假设、提出研究目标。假如调查人员认为上述问题是消费者偏爱转变的话，再进一步分析、提出若干假设。例如：①消费者认为该公司产品设计落伍；②竞争车型的广告设计较佳。

提出假设、给出研究目标，主要是为了限定调查的范围，下一步就应决定收集哪些资料，这自然与调查的目标有关。例如：①消费者对本公司产品及其品牌的态度如何；②消费者对本公司品牌产品价格的看法如何；③对本公司品牌的电视广告与竞争品牌的广告，消费者心目中的评价如何；④不同社会阶层对本公司品牌与竞争品牌的态度有无差别。

2. 制订调研计划

在确定了调研工作目标之后，市场调研的第二步就是成立调研小组，对市场调研所达到的目标进行全方位、全过程的计划，形成市场调研计划书，其内容应该包括市场调研主题介绍、市场调研提纲拟定、调研小组介绍、市场调研对象选择、调研方法和形式的选择、调研时间进度表和调研经费预算等。

3. 搜集调研信息

如果没有适用的现成资料（第二手资料），那么原始资料（第一手资料）的收集就成为必需步骤。在充分的准备工作之后，市场调研活动进入了实施阶段，即进行资料的搜集。这是整个调研工作中最复杂、工作量最大、耗费人力物力最多的环节，它能否按计划顺利进行是决定最终调研质量和调研结果好坏的关键。

4. 分析调研信息

分析是指从数据中提炼出当前的调查结果，对主要数据变量要进行数理统计方面的工作，从而得出趋势性的结论。这个环节主要是通过对原始调查资料进行筛选、整理和提炼使其条理化、系统化。

5. 得出调研结论

在数据分析的基础上，用形象的图表或语言进行总结说明，这是调研活动的最后环节，是整个市场调研工作最终结果的集中体现。

（八）市场调查问卷设计

调查问卷的设计是营销调查的重要一环。调查问卷设计得是否完善，直接影响到调查效果。一份好的调查问卷既能使调查部门达到调查的目的，又能让被调查者乐意合作。

1. 问卷的设计原则

问卷的设计应遵循以下原则，如图 2-10 所示。

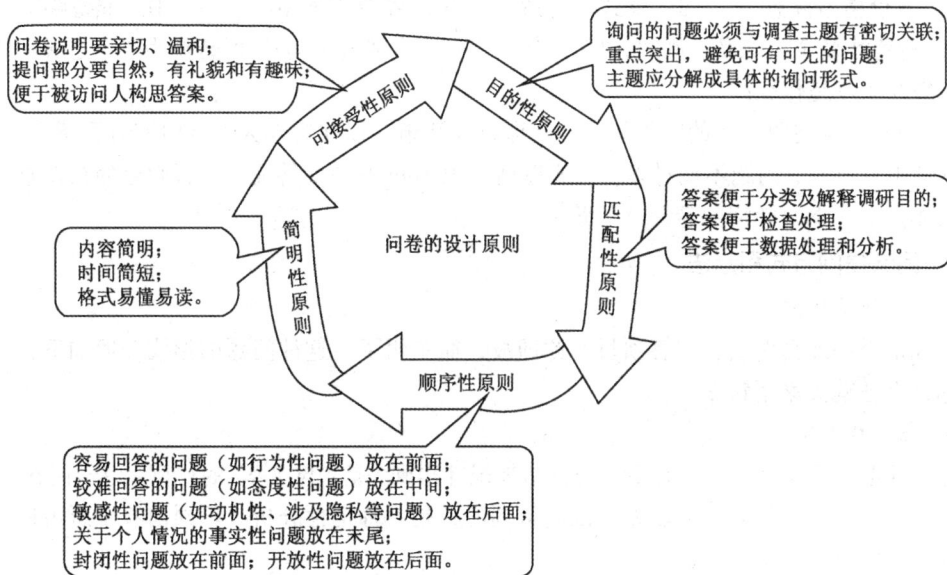

图 2-10　问卷的设计原则

2. 问卷的构成

一份比较完善的调查问卷通常由以下四部分构成：

① 调查问卷说明　其内容主要包括填表目的和要求、被调查者应注意的事项、交表时间等。

② 被调查者的基本情况　包括被调查者的年龄、性别、文化程度、职业、住址、家庭人均月收入等。

③ 调查内容本身　即所调查的具体项目，是问卷的最重要组成部分。

④ 编号　有些问卷需要编号，以便分类归档、汇总统计。

3. 问卷设计的注意事项

① 排列问题时必须按普通人的思考顺序，由简单到复杂，由表面直觉到深层思考。

② 问卷中问句的表达要通俗易懂、意思明确，不用模棱两可、含混不清的问句，更要避免使用"一般""经常"等词语。例如，"您最近经常驾驶汽车吗？"这里"最近"是指"近一周""近一月"，还是"近一年"？"经常"是指间隔多久？表意不明。又如"您对马自达汽车是否满意？"这样的问题不够具体明确，也不易达到调查目的。若需要调查的资料涉及质量或售后服务，则可分别询问："您对马自达汽车的质量是否满意？为什么？"和"您对马自达汽车的售后服务是否满意？为什么？"

③ 避免使用引导性问题或带有暗示性的问题。例如，"您喜欢捷达轿车吗？"这样的问句容易将答案引向喜欢，从而造成偏差，故应改为："您现在开什么牌子的车？"

④ 调查语句要有亲切感，并考虑到答卷人的自尊。例如：

您没有购买××轿车的原因是：

A. 买不起　　　　B. 款式不好　　　　C. 没有车库　　　　D. 不会开车

这种提问方式易引起调查者的反感。可以换为——

您暂不购买××小轿车的原因是：

A. 对价格不满意　　B. 款式不合适　　C. 停放不方便　　D. 准备购买

① 避免涉及个人隐私。例如，"您今年几岁?""你结婚了吗?"可转换为"您是哪一年出生的?""您的职业是什么?"

② 问卷中各问题之间的间隔要适当，印刷要清晰，以便答卷人看卷时有舒适感。

问卷不宜过长，问题不能过多，一般控制在 15 min 左右回答完毕，否则会使被调查人因时间过长而敷衍答卷，影响问卷调查的效果。

4. 问卷提问方式和方法

（1）二项选择法

又称是否法或真伪法，回答项目非此即彼，简单明了。这种问题的形式一般如下：

你是否已购买家用轿车?

A. 是；B. 否。

这类问题的答案通常是互斥的，调查结果统计得到"是"与"否"的比例。由于回答项"是"与"否"之间没有任何必然的联系，因此得到的只是一种定性分析。不同回答中所占比例大的那一项，其影响力和重要性比较大。

（2）多项选择法

有些问题为了使被调查者完全表达要求、意愿，还需采用多项选择法。根据多项选择答案的统计结果，得到各项要素重要性的差异。例如：

您买家用轿车是因为：

A. 经济条件允许　　　　　　　B. 自己开着玩，个人娱乐

C. 送给朋友　　　　　　　　　D. 上下班驾驶，代步工具

E. 气派，赶时髦　　　　　　　F. 周围邻居或熟人都有

G. 为了旅游、出行方便　　　　H. 其他（具体写出）

（3）程度尺度法

研究同问题的不同程度差别，通常用"很好""较好""一般""较差""差"等回答来表述。例如：

请问，您是否想买一辆家用轿车?

A. 很想买　　　B. 想买　　　C. 不一定　　　D. 不想买　　　E. 很不想买

请问，您觉得当前家用轿车的价格如何?

A. 很贵　　　　B. 贵　　　　C. 适中　　　　D. 便宜

这两个问题的回答结果，单独看来，各选项次数的差距小，问题表现得不很鲜明。然而，若将两个表格交叉，如图 2-11 所示，便可以看到价格的被认可程度与产品的可接受性有一个非常高的相关度。

项目	很想买	想买	不一定	不想买	很不想买	合计
次数	100	100	100	100	100	500
百分比%	20	20	20	20	20	100
项目	很贵	贵	适中	便宜	合计	—
次数	125	125	125	125	500	—
百分比%	25	25	25	25	100	—
项目	很想买	想买	不一定	不想买	很不想买	合计
很贵	00	00	15	30	80	125
贵	00	20	35	50	20	125
公道	20	50	35	20	00	125
便宜	80	30	15	00	00	125
合计	100	100	100	100	100	500

图 2-11　程度尺度法举例结果的对比

（4）顺序法

这种方法就是列举出若干项目，以决定其中较重要的顺序方案。例如：

您所知道的家用轿车品牌有哪些?您最喜欢哪两种?首先是哪种?其次是哪种?

A．奔驰　　　　　B．宝马　　　　　C．桑塔纳　　　　D．捷达

E．富康　　　　　F．别克　　　　　G．凯越　　　　　H．其他

（5）自由回答法

自由回答法不限定答案，回答者可自由申述意见，不受任何拘束。自由回答法的优点为：拟定问题不受拘束，较其他访问方式容易，对回答者不限制回答范围，可探悉其建议性意见；其缺点为：对不能明确回答者，大都回答"不知道"等含糊之词；受调查员访问方式以及表达能力的影响，统计需很长时间，几乎难以做到各种精细的分析；记分困难，可信度偏低。

（6）偏向偏差询问法

偏向偏差询问法调查到底偏差到何种程度，以测定支持品牌的程度。例如：

Q1：现在你拥有什么品牌的汽车?被调查者若选择 A 品牌则继续回答 Q2。

Q2：目前最受欢迎的是 B 品牌，今后你是否仍打算购买 A 品牌?被调查者若回答是，则继续回答 Q3。

Q3：据说 B 品牌的价格要降低一成，你还继续选择使用 A 品牌吗?

（7）回想法

回想法用于测验品牌名、企业名、广告的印象强度。

（8）图案标示法

图案标示法就是将答案用图示符号对称排列，两边意义相反。

知识链接

汽车广告投放效果调查问卷

您好，我们是××公司的调查员，我们正在进行一项关于××品牌汽车广告效果的调查，想邀请您用几分钟时间帮忙填答这份问卷。本问卷实行匿名制，所有数据只用于统计分析，请您放心填写。题目选项无对错之分，请您按自己的实际情况填写。谢谢您的帮助。

Q1：请问您知道或听说过以下汽车品牌或车型吗?（多选）

□ 宝马五系；□ 英菲迪 M 系列；□ 奔驰 E 系列；□ 奥迪 A6；□ 雷克萨斯 GS；

□ 无/不知道

Q2: 请问最近一个月内，您看到过哪些品牌的汽车广告？请注意这里说的广告包括各种形式的广告。（多选）

□ 宝马五系；□ 英菲尼迪 M 系列；□ 奔驰 E 系列；□ 奥迪 A6；□ 雷克萨斯 GS；

□ 无/不知道

Q3: 请问您最近一个月内在哪些地方看到过英菲尼迪 M 系列的汽车广告？（多选）

□ 电视；□ 网络；□ 杂志；□ 报纸；□ 公交车移动电视；

□ 楼宇液晶电视；   □ 户外；□ 其他

Q4: 下列哪些广告语或画面情节是出现在您看过的英菲尼迪 M 系列广告中？（可多选）

□ 一场感官体验的革新；□ 一辆车在路上行驶；□ 在英菲尼迪，我们未知，灵感；

□ 动感的澎湃；□ 触感的细腻；□ 观感的震撼；□ 听感的愉悦；□ 嗅感的清新；

□ 感，前所未感；□ 全新英菲尼迪 M 灵感奢华座驾；□ 新灵感，心动力；

□ 有人在用毛笔写字、画画；□ 人的眼睛/耳朵特写；□ 其他

Q5: 请问最近六个月内，您是否看到过这则广告？（单选）

□ 看过；□ 没看过

Q6: 请问最近一个月内，您看过几次这个广告？（填空）

_____

Q7: 总的来看，您是否喜欢这则广告？请以 1～5 分打分，1 表示非常不喜欢，5 表示非常喜欢，分值越高表示越喜欢（打分）

喜欢程度_____

Q8: 下面哪句描述最符合您对这则广告的看法呢？（单选）

□ 这个广告符合我对广告中这个品牌的原有印象；

□ 这个广告很适合广告中的这个品牌，并且提升了我对这个品牌的印象；

□ 这个广告完全不适合广告中的这个品牌

Q9: 请问看完这则广告后，它对您购买英菲尼迪 M 系列的意向有怎样的影响呢？（单选）

□ 极大地增加了购买的意向；□ 一定程度地增加了购买的意向；

□ 没有影响；□ 一定程度地减少了购买的意向；

□ 极大地减少了购买的意向

Q10: 下面是人们对这则广告的一些看法。就这则广告而言，请告诉我您对这些看法的同意程度。（每行单选）

看法内容	非常同意	比较同意	一般	不同意	非常不同意
这是一个新颖有创意的广告	○	○	○	○	○
这是一个容易理解的广告	○	○	○	○	○
这是一个独特，与众不同的广告	○	○	○	○	○
这个广告有很强的娱乐性，很好玩	○	○	○	○	○
这是一个贴近我生活的广告	○	○	○	○	○
这是一个容易记忆的广告	○	○	○	○	○
这个广告使我觉得他们的产品比其他品牌的好	○	○	○	○	○

（九）撰写市场调查报告

调查报告的核心是实事求是地反映和分析客观事实。调查报告主要包括两个部分：一是调查，二是研究。调查，应该深入实际，准确地反映客观事实，不凭主观想象，按事物的本来面目了解事物，详细地占有材料。研究，即在掌握客观事实的基础上，认真分析，透彻地揭示事物的本质。至于对策，调查报告中可以提出一些看法，但不是主要的。对策的制定是一个深入的、复杂的、综合的研究过程，调查报告提出的对策是否被采纳，能否上升到政策，应该经过政策预评估。

1. 撰写市场调查报告的要求

① 必须掌握符合实际的丰富确凿的材料　这是调查报告的生命。丰富确凿的材料一方面来自于实地考察，一方面来自于书报、杂志和互联网。在知识爆炸的时代，获得间接资料似乎比较容易，难得的是深入实地地获取第一手资料。这就需要脚踏实地地到实践中认真调查，掌握大量的符合实际的第一手资料，这是写好调查报告的前提，必须下大工夫。

② 对于获得的大量的直接和间接资料，要做艰苦细致的辨别真伪的工作，从中找出事物的内在规律性　调查报告切忌面面俱到。在第一手材料中，筛选出最典型、最能说明问题的材料，对其进行分析，得出正确的结论，总结出有价值的东西，这是写调查报告时应特别注意的。千万不要把不重要、无关紧要的因素当成重点、当成关键因素进行分析，那这篇调查报告就是在误导营销决策者。

③ 用词力求准确，文风朴实　写调查报告，应该用概念成熟的专业用语，非专业用语应力求准确易懂。特别是被调查对象反映事物的典型语言，应在调查报告中选用。盲目追求用词新颖，把简单的事物用复杂的词语来表达，把简单的道理说得云山雾罩、玄而又玄，这样的调查报告不仅不会让营销决策者喜欢，反而会显得调查报告没有内容。

④ 逻辑严谨，条理清晰　调查报告要做到观点鲜明，立论有据。调查报告的目的是为企业的营销决策者提供营销决策依据，千万不要在调查报告中提出模棱两可的观点，要有高度的确定性。

⑤ 要有扎实的专业知识和思想素质　好的调查报告，是由调查人员的基本素质决定的。调查人员既要有深厚的理论基础，又要有丰富的专业知识。调查人员要对调查研究的内容有着深刻的认识，对调查内容所涉及的知识应该是很熟悉的，这样才能正确分析调查所取得的资料并能写出好的调查报告。

2. 构思市场调查报告的框架

（1）确定主题

① 确定选题　选题一般表现为调查报告的标题，也就是调查报告的题目，它必须准确揭示调查报告的主题思想，做到题文相符、高度概括，具有较强的吸引力。标题一般是简明扼要地突出市场调查全过程中最有特色的环节，揭示所要论述的内容。

② 提炼并形成观点　观点是调查者对分析对象所持有的看法和评价，是调查材料的客观性与调查者主观认识的统一体，是形成思路、组织材料的基本依据和出发点。要从实际调查的情况和数字出发，通过现象而把握本质，具体分析，提炼观点，并立论新颖，用简单、明确、易懂的语言阐述。

（2）构思提纲

提纲是调查报告的骨架，拟订一份提纲可以理清思路。调查报告的提纲可以从层次上列出报告的章节形式的条目提纲，或者列出各章节要表述的观点形式的观点提纲。一般先拟定提纲框架，把调查报告分为几大部分。然后在各部分中再充实，按次序或轻重，横向或纵向罗列而成较细的提纲。提纲越细，反映调查者的思路越清晰，同时也便于对调查报告进行调整。

3．市场调查报告的构成

（1）题目

作为一种习惯做法，市场调查报告题目的下方，紧接着注明报告人或单位、报告日期；然后另起一行，注明报告呈交的对象。这些内容编排在调查报告的首页上。

（2）目录与摘要

当市场调查报告的页数较多时，应使用目录或索引形式列出主要纲目及页码，编排在报告题目的后面。报告应提供报告摘要，主要包括四个内容：明确指出本次调查的目标；简要指出调查时间、地点、对象、范围以及调查的主要项目；简要介绍调查实施的方法、手段，以及对调查结果的影响；调查中的主要发现或结论性内容。

（3）正文

正文应依据调查提纲设定的内容充分展开，它是一份完整的市场调查报告。正文的写作要求言之有据，简练准确。每层意思可以用另起一段的方式处理，而不需刻意注意文字的华丽与承接关系，但逻辑性要强，要把报告作为一个整体来处理。

（4）附件

附件是指市场调查报告正文包含不了或对正文结论的说明，是正文的补充或更为详细的专题性说明。一般包括数据的汇总表、统计公式、参数选择的依据，以及与本调查报告题目相关的整体环境资料或有直接对比意义的完整数据、调查问卷、访谈提纲等，均可单独成为报告的附件。

4．市场调查报告的撰写技巧

（1）标题的写法

调查报告的标题可以采用单标题或双标题。单标题只有一行标题，一般通过标题把被调查单位和调查内容明确而具体的表现出来；双标题有两行标题，采用正、副标题形式，一般正标题表达调查主题，副标题用于补充说明调查对象和主要内容。双标题的优点很多，正标题突出主题，副标题交代形势、背景，有时还可以烘托气氛，二者互相补充，因此成为调查分析报告中最常用形式。

（2）写作的表达方式

调查报告的表达方式以说明为主。"说明"在调查报告中的主要作用是将研究对象及其存在的问题、产生的原因、程度以及解决问题的办法解释清楚，使读者了解、认识和信服。在报告中不论是陈述情况、介绍背景，还是总结经验、罗列问题、分析原因以及反映事物情节、特征和状况等，都要加以说明。即使提出建议和措施，也要说明。因此，调查报告是一种特殊说明文，而且特殊就特殊在处处都要说明。

（3）调查报告的语言

调查报告不是文学作品，它具有较强的应用性。因此它的语言应该严谨、简明和通俗。

① 严谨　在调查报告中尽量不使用如"可能""也许""大概"等含糊的词语，还要注意在选择使用表示强度的副词或形容词时，要把握词语的程度差异，例如，"有所反应"与"有反应"，"反响较大"与"反响强烈"，"显著变化"与"很大变化"之间的差别。为确保用词精确，最好用数字来反映。还要区分相近、易于混淆的概念，例如，"发展速度"与"增长速度"，"番数"与"倍数"，"速度"与"效益"等。

②　简明　在叙述事实情况时，力争以较少的文字清楚地表达较多的内容。要使语言简明，重要的是训练作者的思维。

③　通俗　调查报告的语言应力求朴实严肃，平易近人。通俗易懂才能发挥其应有的作用。但通俗、严肃并非平淡无味，要加强各方面的修养和语言文字表达的训练，提高驾驭语言文字的能力，写出语言生动、通俗易懂的高水平的调查报告。

（4）调查报告中数字的运用

较多地使用数字、图表是调查报告的主要特征。调查报告中的数字既要准确，又要讲求技巧，力求把数字用活，用得恰到好处。

①　要防止数字文学化　数字文学化表现为在调查报告中到处都是数字。大量使用数字时，要注意使用方式。一般应该使用图表来说明数字。

②　运用比较法表达数字　这是基本的数字加工方法，可以纵向比较或横向比较，纵向比较可以反映事物自身的发展变化，横向比较可以反映事物间的差距，对比可形成强烈的反差，增强数字的鲜明性。

③　运用化小法表达数字　有时数字太大，不易理解和记忆。

④　运用推算法表达数字　有时个体数量较小，不易引起人们的重视，但由此推算出的整体数量却大得惊人。

⑤　运用形象法表达数字　这种方法并不使用事物本身的具体数字，而是用人们熟悉的数字表示代替，以增强生动感。

⑥　使用的汉字与阿拉伯数字应统一　总的原则是可用阿拉伯数字的地方，均应使用阿拉伯数字。公历世纪、年代、年、月、日和时间应使用阿拉伯数字，星期几则一律用汉字，年份一般不用简写；计数与计量应使用阿拉伯数字，不具有统计意义的一位数可以使用汉字（如一个人、九本书等）；数字作为词素构成定型的词、词组、惯用语或具有修辞色彩的语句应当用汉字（如"十二五"规划等）；邻近的两个数并列连用表示概数时应当用汉字（如三五天、十之八九等）。

（5）撰写调查报告时应注意的问题

一篇高质量的调查报告，除了符合调查报告一般的格式以及很强的逻辑性结构外，写作手法是多样的，但必须注意以下两点问题。

①　市场调查报告不是流水账或数据的堆积　数据在于为理论分析提供了客观依据，市场调查报告需要概括评价整个调查活动的过程，需要说明这些方案执行落实的情况，特别是实际完成的情况对于调查结果的影响，需要认真分析清楚。

②　市场调查报告必须真实、准确　从事实出发，而不是从某人观点出发，先入为主地作出主观判断。调查前所设计的理论模型或先行的工作假设，都应毫不例外地接受调查资料的检验。凡是与事实不符的观点都应该坚决舍弃，凡是暂时还不能确定的应如实写明，或放在附录中加以讨论。

知识链接

随着我国汽车市场竞争的日益激烈，作为企业开发产品、了解市场信息的市场调查，越来越成为宣传引导汽车消费的一种重要手段。除了企业、专业调查机构外，更多的媒体、非专业调查机构掀起了一波接一波的汽车市场调查活动：从 2002 年的几个，到 2004 年的几十个，再到 2006 年的上百个，各类调查如雨后春笋般涌现，令人眼花缭乱。

"最具人气车型""最佳造型轿车""最佳风云车"等，调查之后的获奖名称天花乱坠，更有稀奇古怪的奖项，如"最小胃口奖"等。总之，费尽心机设计的各类奖项背后，是评选结果的皆大欢喜。无论是主动参与还是被动参与的厂商，大都能捧回些"徒有虚名"的"大奖"，如果奖项不够分配，还可因车设奖，增加一些特别奖。

面对大相径庭的调查评选结果，消费者大多"雾里看花"，不知道这些调查结果从何而来。其奖项的设计，更是完全绕开了广告法关于不得在宣传中使用绝对化语言的规定，几乎所有的奖项都用上了"最"字，这不禁让人质疑这些调查的公正性、权威性和目的性。

二、汽车市场预测

（一）市场预测的定义

汽车市场预测就是指在对汽车市场调查取得各种原始资料和二手资料与信息的基础上，运用科学的方法，通过对影响汽车市场供求变化的各因素进行研究，分析和预见其发展趋势，掌握汽车市场供求变化的规律，为经营决策提供可靠的依据。

预测为决策服务，是为了提高管理的科学水平，减少决策的盲目性。企业需要通过预测来把握经济发展或者未来市场变化的有关动态，减少未来的不确定性，降低决策可能遇到的风险，使决策目标得以顺利实现。汽车市场预测可以预判市场的未来发展趋势，为汽车相关企业确定生产、经营方向提供有参考意义的依据。

（二）汽车市场预测的内容

汽车市场预测的内容十分广泛，可以预测汽车市场的需求量和销量及其变化，也可以预测汽车市场价格的变化等，概括起来主要有以下几个方面。

1．市场需求预测

这是根据有关资料对汽车产品未来的需求变化进行细致的分析研究，掌握需求的内在规律，正确地估计和判断其发展趋势。具体内容有：

① 需求总量预测，如对购买力增长速度与总量、购买力投向及消费构成变化等进行预测。

② 需求影响因素变化预测，即对引起需求变化的各种影响因素的变化趋势、变化时间、变化程度进行预测，以便寻求变化的深层原因。

③ 需求变化特征预测，即对未来消费者需求变化的特点进行预测。

2．市场占有率预测

市场占有率是指在一定的市场范围内，企业某种产品中的销售量或销售额与该市场上同类产品的总销售量或总销售额之间的比率。

市场需求预测主要考虑的是市场环境发展变化对需求量的影响，而市场占有率预测侧重于产品本身的特性和销售的各种行为对销售量的影响。

3．企业销售预测

销售预测是对本企业汽车产品销售量、销售价格及营销效益进行的预测。它是在市场需求预测和市场占有率预测的基础上，对今后一定时期内销售水平的具体测算。其计算公式为：

$$销售量=市场需求量 \times 市场占有率$$

（三）汽车市场预测的步骤

市场预测的一般步骤如下：确定预测目标—收集资料—选择预测方法—分析预测误差—编写预测报告。

1．确定预测目标

明确目的是开展市场预测工作的第一步，因为预测的目的不同，预测的内容和项目、所需要的资料和所运用的方法都会有所不同。明确预测目标，就是根据经营活动存在的问题，拟定预测的项目、制订预测工作计划、编制预算、调配力量、组织实施，以保证市场预测工作有计划、有节奏地进行。

2．收集资料

围绕预测目标，收集信息资料。有了充分的资料，才能为市场预测提供分析、判断的可靠依据。在市场预测计划的指导下，调查和收集预测有关资料是进行市场预测的重要一环，也是预测的基础性工作。

3．选择预测方法

根据预测的目标以及各种预测方法的适用条件和性能，选择合适的预测方法。有时可以运用多种预测方法来预测同一目标。预测方法的选用是否恰当，将直接影响到预测的精确度和可靠性。运用预测方法的核心是建立描述、概括研究对象特征和变化规律的模型，根据模型进行计算或者处理，即可得到预测结果。

4．分析预测误差

预测误差是预测值与实际值之间的差额。预测者应尽量将这种误差控制在许可的限度内，否则市场预测将失去意义。这就要求预测人员必须分析预测误差产生的原因和误差的程度，并寻求将预测误差控制在允许范围内的方法。

5．编写预测报告

确定预测值，并提出正式预测报告。预测报告应该概括预测研究的主要活动过程，包括预测目标，预测对象相关因素的分析结论，主要资料和数据，预测方法的选择和模型的建立，以及对预测结论的评估、分析和修正等。

（四）汽车市场预测的方法

汽车市场销售预测，多数是以已有车辆的短期预测为主，即针对从过去到现在直至将来可持续销售下去的车辆的预测，所以该预测资料大多以过去的实绩为依据。预测方法主要有定性预测法和定量预测法。

1．定性预测法

定性预测方法是通过预测人员的主观经验和分析问题的能力，对事物未来的发展趋势作出预测。这种方法主要用来预测和判断未来的发展趋势，适用于缺乏数据的场合，预测结果的准确度依赖于预测人员的经验、知识和素质。

定性预测法主要有：专家意见法、领导人员推断法、营销人员估计法、顾客意见调查法。

（1）专家意见法

① 头脑风暴法　头脑风暴法又称专家集体讨论法，是指邀请有关方面的专家，通过面对面的形式，对有关预测问题的现状及发展前景给出意见，对该问题的发展趋势作出量的预测。头脑风暴法的预测效果好坏，在很大程度上取决于专家选取是否适当。在专家的选取过程中，要注意以下几个问题：

a. 专家要具有代表性。专家应选取与预测项目有关的各个方面的专家，具有较好代表性且最好相互不认识。

b. 专家要有丰富经验，有较长的相关工作经历，有良好的个人表达能力。

c. 专家要具备一定的市场调研与预测方面的知识和经验。

d. 专家的数量要合适。专家多一些，可以使问题讨论充分和深入一些；但人数太多，组织工作就较困难，而且归纳意见也较费事。

头脑风暴法预测的流程如下：

a. 召开征询意见会议，邀请出席会议的专家一般以 5~11 人为宜。

b. 会议主持人提出题目，要求大家充分发言，提出各种各样的方案。方案多多益善，对专家提出的方案和意见，不持否定态度。

c. 会议结束后，主持人再对各种方案进行比较、评价和归纳，最后确定预测方案。

头脑风暴法属于集体经验判断法，它的优点是由专家作出的判断和估计具有更高的准确性，可以使专家自由辩论、充分讨论，广开思路，从而提高预测的准确性。但是，该方法存在受专家个性和心理因素或其他专家意见的左右，也受到参加人数和讨论时间的制约，这些将影响预测的科学性和准确性。

② 德尔菲法　德尔菲法又称专家小组法，是 20 世纪 40 年代末期由美国兰德企业首创的，是专家会议法的一种改进，由预测主持者反复向专家寄发调查表，经过综合整理，形成最终的预测结论。德尔菲法弥补了专家头脑风暴法的不足，能够使被调查专家的知识和经验得到充分发挥。它具有以下特点：

a. 匿名性：专家由主持人选定，互不见面、不沟通信息，保证专家之间不相互影响，这样有利于创造性地发表意见。

b. 反馈性：对各位专家的意见要进行几次综合整理，每轮预测结果经过整理后再反馈给各位专家，下一轮预测时作为参考。

c. 收敛性：预测的结果是专家意见统一评定得到的，专家意见经几轮反馈，趋于一致。

德尔菲法的预测过程和营销调研的过程基本相似，主要分为以下步骤：

a. 准备阶段：确定预测的目标和内容，准备资料，选取专家，拟定调查问题，设计调查表。

b. 征询阶段：发出调查表向专家征询，把结果整理后再反馈给专家，进行下一轮征询，反复进行，直到结论趋于稳定。

c. 分析处理阶段：对各专家的预测结果进行综合，得出最终预测结果。

d. 预测结果的处理和表达，其方式取决于预测的种类和要求。常用中位数和四分点处理和表达预测结果。中位数代表专家预测结果，上下四分点表示预测结果的分散程度。为方便确定中位数和四分点，专家人数最好为奇数。

（2）领导人员推断法

它是指由负责企业市场营销工作的领导召集有关营销人员共同进行分析，经过充分讨论，广泛交换意见，然后从多种意见或方案中，选择一个或几个较理想的方案进行预测。此方法不需要经过精确的设计即可简单迅速地进行。所以，当预测资料不足而预测者的经验相当丰富的时候，这是一种最适宜的方法。

（3）营销人员估计法

因为汽车销售员接近用户，对车辆是否畅销和车辆品种、规格、式样的需求等都比较了解，所以，可以通过听取汽车销售员的意见来推测市场需求。

这种方法是这样进行的：先让每个参与预测的汽车销售员对下一年度的销售最高值、最可能值、最低值分别进行预测，算出一个概率值，然后再根据不同人员的概率值求出平均预测值，如表 2-4 所示。

表 2-4 汽车销售员对 2018 年某车型销量的预测分析

汽车销售员	预测项目	预测销售量（台）	出现概率	预测销售量×概率	可靠性
陈×	最高销量	1200	0.3	360	0.8
	最可能销量	1000	0.5	500	
	最低销量	700	0.3	210	
	期望值	（360+500+210）×0.8=856			
张×	最高销量	1300	0.3	390	1.0
	最可能销量	900	0.4	360	
	最低销量	700	0.3	210	
	期望值	（390+360+210）×1.0=960			
李×	最高销量	1000	0.2	200	1.1
	最可能销量	850	0.5	425	
	最低销量	700	0.4	280	
	期望值	（200+425+280）×1.1=996			
公司预计销量	（856+960+996）÷3=937				

（4）顾客意见调查法

这种预测方法是通过征询顾客的潜在需求或未来购车计划，了解顾客购车活动的变化及特征等，然后在收集顾客意见的基础上分析市场变化，预测未来的市场需求。

调查的形式有：销售现场直接询问、电话询问、入户访问、问卷调查等。

这种预测法能较好地考虑目标人群的消费特征，因此有一定的准确性；但因样本选择范围和消费者认识的限制，一般只作为其他方法的参考预测值。

定性预测方法还有以下几种：

领先指标法（通过将经济指标分为领先指标、同步指标和滞后指标，并根据这 3 类指标之间的关系进行分析预测）、相互影响法（从分析各个事件之间由于相互影响而引起的变化，以及变化发生的概率，来研究各个事件在未来发生的可能性的一种预测方法）、情境预测法（一种新兴的预测法，由于它不受任何条件限制，应用起来灵活，能充分调动预测人员的想象力，考虑较全面，有利于决策者更客观地进行决策，在制定经济政策、企业战略等方面有很好的应用）等。

2．定量预测法

定量预测法是根据掌握的数据资料，运用统计方法和数学模型，近似地揭示预测对象的数量变化程度及结构关系，并据此对预测目标进行定量测算。

定量预测法主要有：时间序列法、因果预测法。

（1）时间序列法

时间序列法是将历史数据按时间顺序加以排列，构成一组统计的时间序列，找出一定的发展规律，然后向外延伸，预测市场未来发展趋势的方法。

常见的具体方法有：移动平均法、加权移动平均法、指数平滑法、直线趋势法等四种。

（2）因果预测法

从市场已有的发展变化出发，寻找这种变化的原因，分析因果关系，建立数据模型，以预测市场未来的发展变化。这是一种比较复杂的预测技术，理论性较强，预测结果比较可靠；由于是从资料中找出某种因果关系，所以需要的历史资料较多。

【任务实施】

引导问题 1：如果要在某地建设新的汽车销售店，或投入某种品牌车型，应对当地的经营环境等进行分析，首先应进行相关市场调查。请想想应收集和分析哪些方面的信息，采用什么调查方法？请将分析情况填写在如下表格中。

调查主题	主要调查项目	采用的调查方法
例如：地理环境		

引导问题 2：根据导入任务，根据上述分析中需要对客户进行调查的内容，设计一个相应的调查问卷。

引导问题 3：综合各小组调查内容，分析相关数据，按规范的格式要求形成一篇调查报告，给张总投资提供参考和建议。

任务5　汽车市场细分与定位

【任务导入】

随着社会和经济的发展，汽车企业在生产经营过程中面对的是一个变幻莫测的复杂市场，企业都深深地感受到，凭借自己的力量要为整个市场服务是不可能的，因为消费者由于年龄、职业、收入、社会地位、生活习惯的不同，对汽车产品及服务有着不同的需求。每个企业的服务对象，都只是市场上的部分顾客。因此，企业需从顾客中寻找、辨认对企业最有吸引力，并能为之提供最有效服务的特定部分，把它作为自己的目标市场，千方百计地在目标市场上比竞争者服务得更好，这一过程就是市场细分与目标市场决策。目前，除了个别车型外，我国汽车市场已经进入买方市场，消费者的选择余地大大增加，相对应汽车及零部件生产、销售企业之间的竞争也日趋激烈化，企业要想在整个汽车市场上占据一席之地，必须在进入市场之前，通过对整个市场的细分，找准适合自己发展的目标市场，确定自己在市场中的竞争地位。

如果在你所在的学校附近建设一间汽车销售与服务店，其产品或服务应重点选择在哪一个细分市场，如何进行定位呢？

【学习指引】

通过本任务的完成和学习，你应该掌握以下知识：
① STP 营销的含义、实施步骤与内容。
② 汽车市场细分的作用、原则与方法。
③ 汽车目标市场范围类型及其选择的原则、方法和营销策略。
④ 汽车目标市场定位的方法步骤。
⑤ 目标市场定位的战略类型和具体策略。

通过本任务的完成和学习，你应该具备如下工作能力：
① 能针对目标市场的不同属性与特征进行市场细分。
② 能合理选择目标市场范围及其营销策略。
③ 能依据原则合理进行企业目标市场的定位，选择恰当的市场定位策略。

【相关知识】

一、汽车市场细分

（一）STP 营销简述

现代汽车市场营销的一个核心内容是 STP 营销，即汽车市场细分（segmentation）、汽车目标市场选择（targeting）、汽车市场定位（positioning）。对汽车生产企业而言，应该在市场细分的基础上有效地选择适合本企业的那部分市场作为目标，确定目标市场，制订相应的生产、销售和服务计划，从而达到资源的合理利用，并实现利润的最大化。

STP 营销的步骤及内容是：按照购买者所需要的产品和营销组合，将一个整体市场分为若干个消费群，并逐一描述它们的特征（即市场细分）；企业选择一个或者几个准备进入的细分市场（目标市场）；建立与市场上推广该产品的关键特征与利益相适应的市场定位，如图 2-12 所示。

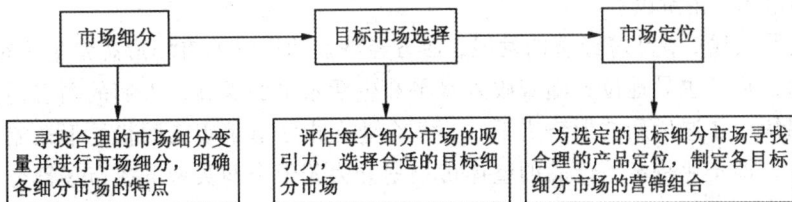

图 2-12 STP 营销步骤与内容

（二）市场细分的定义和演变

1. 市场细分的定义

市场细分和目标市场的观念是现代市场营销理论不断发展的结果。所谓市场细分，就是企业通过市场调研，根据市场需求的多样性和购买者行为的差异性，把某一产品的整体市场（即全部用户）划分为若干具有某种相似特征的用户群（细分市场），以此来确定目标市场的过程。换言之，市场细分就是分辨具有不同特征的用户群，把它们分别归类的过程。每一个用户群就是一个细分市场，又称"子市场"，每一个细分市场都是由具有相似需求倾向的消费者所构成。它的目的不在于对产品进行分类，而是对相同产品需求各异的消费者进行分类，以找出具有不同需求的购买者或用户群的购买规律，为企业进行市场营销活动提供依据。

2. 市场细分的演变过程

回顾 20 世纪以来，西方经济发达国家企业在进入市场途径和市场营销方式上发生了很大的变化，大体经过了三个发展阶段。市场细分是 20 世纪 50 年代中期由美国著名营销学家温德尔·斯密在总结了企业市场营销实践经验的基础上提出来的，是二战结束后企业营销战略思想的一个重要发展。所以，市场细分理论已被广泛地用来指导企业的市场营销活动，在加强企业市场竞争能力方面起到了重要作用。

（1）大量营销阶段

西方经济发达国家在工业化初期，由于物资短缺、商品供不应求、卖方市场居于主导地位，所以生产观念在企业中甚为流行。与此相适应，企业普遍实行了大量市场营销方式，即企业大量生产某种产品，并通过众多的渠道进行推销，试图以这种产品来吸引市场上的众多购买者。企业采取这种营销方式的目的在于大大降低成本和价格，以便创造巨大的潜在市场，获取最多的利润。

（2）产品差异营销阶段

自 20 世纪 20 年代之后，随着科学技术的进步、科学管理和大规模生产的推广，在西方经济发达国家，商品产量迅速增加，逐渐出现了供过于求的现象，卖方市场开始向买方市场过渡，企业间的竞争日趋激烈，并导致了产品销售困难、价格跌落、利润下降，从而对企业构成了很大的威胁。这时，由于同一行业中的各企业生产经营的产品大体相同，因此谁都难以有效地控制产品的销售和价格。这种情况促使一些企业逐渐认识到了产品差异的潜在价值，并开始实行产品差异市场营销方式，即企业以现有产品为基础进行改型变异，推出多种外观、式样、型号和质量的产品，或千方百计使自己的产品与竞争者的产品保持一定的差异性，以此来吸引顾客，争取在市场竞争中取得主动权。但是，这种对产品的改型变异以及追求产品的差异性，往往并不是从特定的购买者群的需要出发，而是企业提供自己认为有某种特色的产品供购买者选择，因而带有较大的主观性和盲目性。

（3）目标市场营销阶段

第二次世界大战后，随着经济的发展，西方经济发达国家的市场形态发生了很大的变化，买方市场逐渐占据了主导地位；随着收入水平和生活水平的提高，人们的消费需求日趋多样化而且变化加快。在这一新的形势之下，一些企业在市场营销观念的指导下开始实行了目标市场营销方式，即企业将某一产品的整体市场划分为若干个购买者群或市场部分，然后选择其中一个或多个市场部分为目标市场，开发适销对路的产品，发展相应的市场营销组合，以此来适应和满足目标市场的需要，实现企业的任务和目标。这就是已为企业普遍采用的目标市场营销方式。

（三）市场细分的作用

1. 有利于发现有价值的营销机会

通过有效的市场细分，企业能够了解广大汽车消费者对购买汽车需求的满足程度。对于企业自身而言，可以在汽车研发、推广过程中了解汽车类型、定位方面的缺点和薄弱环节，从而找到可开发的新领域。此外，通过市场细分，企业能够更直观地了解到汽车市场现状和市场竞争的激烈程度，从细微处找到竞争较小的那部分市场，发现并抓住有价值的营销机会。

2．有利于企业发挥自身优势

主要表现在 3 个方面：一是企业可以按照目标市场的需求和变化，及时、准确地调整产品结构和营销策略；二是企业能够有效地建立起营销和运输渠道，有针对性地进行广告宣传；三是可以集人、财、物于一点或数点，使有限的资源发挥出最大的功用，从而最大限度地避免浪费。换句话说，每个企业的经营能力都有优势和劣势，将企业有限的资源分摊在广袤无垠的市场上，将会使企业的优势无从发挥，劣势难以弥补，若企业能够将整体市场细分，将企业的优势和市场需求相结合，确定自己最核心的目标市场，将有助于企业集中优势力量，开拓更大的市场。

3．有利于营销组合决策

科学有效的市场细分，对企业在产品定位、价格制定、广告策划和促销手段等营销要素组合的决策方面有着重要的指导意义。

典型案例

奇瑞汽车企业通过明确的市场细分，以"QQ"车型紧紧抓住微型轿车这个细分市场的目标用户，即收入不高，但有知识、有品位、有个性的青年人，并兼顾有一定事业基础、心态年轻、追求时尚的中年人，开发他们所喜爱的汽车，这一举措取得了巨大的成功。另外，为了吸引年轻人的眼球，奇瑞QQ除了配备轿车应有的配置以外，还装载了特有的"I—say"数码系统，集多种时尚功能于一身，让 QQ 与计算机和互联网密切相连，更加迎合年轻人及时尚一族的需求，人们称之为"会说话的QQ"。

QQ 微型轿车从 2003 年 5 月推出至今，已经获得了无数奖项，赢得了良好的市场反响，拥有一大批用户。

分析 QQ 轿车的目标市场策略成功之处。

（四）市场细分的原则

1．可进入原则

可进入原则是指企业的资源条件与市场营销能力必须达到足以进入所选定的细分市场的水平，并且能够具备施展自身实力的空间。假如一家生产低端微型轿车的厂商将豪华车列入自己的细分市场，那这种市场细分将是无效、无意义的。

2．可测量原则

本原则总的要求是各细分市场的需求特征、购买行为等要能被明显地区分开来，各细分市场的规模和购买能力大小等要能被具体测量。它主要包括两重含义：一是细分汽车市场所选择的标准要能被定量地测定，以便能明确划分各细分市场的界线；二是所选择的细分标准要与汽车市场需求者的某种或某些实际购买行为有必然的联系，这样才能使各细分市场的购买行为特征被明显地区分开来，为汽车市场营销者能有效地针对不同细分市场制定营销组合战略提供实际可能，这也是市场细分的根本意义所在。

3．可赢利原则

可赢利原则是指企业在细分市场上要能够获取期望的赢利。如果市场容量太小，销售规模和销售数量有限，这样的细分市场对企业缺乏吸引力。可赢利原则要求必须细分出具有一定销售潜力的子市场，即各个子市场应拥有足够数量的潜在购买者和足够多的市场需求，否则企业将无法得到必要的利润。同时还应注意，由于汽车行业具有关联度高、规模效益显著、资金密集和技术密集等特点，因此对汽车市场绝不能细分到失去足够规模经济效益的程度。

4. 稳定性原则

稳定性原则要求细分后的市场应具有相对的稳定性，如果变化太快、太大，会使制定的营销组合很快失效，造成营销资源分配重新调整的损失，并形成企业市场营销活动的前后脱节和被动的局面。

5. 差异性原则

企业进行市场细分应尽可能地区别于已有的或竞争对手的市场细分，以突出自己的特色和个性，便于发现更多有价值的市场机会。如果细分出来的各个子市场对企业营销变量组合中的任何要素的变动都能作出差异性反应，则说明市场细分有效；若反应相同，则说明细分无效。通常可供选择的变量很多，但其中有一些变量是企业习惯使用的，企业进行市场细分时，思维上往往容易受到它们的约束，以至于市场细分分不出特色，无疑会影响企业对市场机会的发现、把握和利用。

（五）汽车市场细分的标准

汽车市场细分的方法应有利于对目标市场的研究、定位及其营销，通常情况下，可以按照以下依据将汽车市场予以细分。

1. 按消费者属性特点细分

（1）按人口和社会经济因素细分

人口统计细分这是指按照不同的人口统计特征区分的人群。比如大的方面按性别特征可区分为男性人群市场和女性人群市场，按年龄可区分为婴幼儿、青少年和中老年人市场。当然，不同年龄段的人群根据其他特征还可以作进一步的细分，比如老年人可分为富裕的老年人、经济状况一般的老年人以及贫困的老年人。这里的人口因素包括年龄、性别、家庭人数、生命周期等；而社会经济因素则是指收入、教育、社会阶层和宗教种族等。

在众多人口因素中，消费者的收入水平始终是汽车营销进行市场细分必须重点考虑的因素。尤其对于目前的中国汽车市场，汽车对大多数普通居民来说还是一种奢侈品，影响购买的最重要因素是收入。

（2）按地理位置细分

按地理位置细分就是把市场分为不同的地理区域，如按国家、地区、纬度、地形等来细分市场。各地区由于自然气候、经济、文化水平等因素各异，形成了不同特点的消费习惯和偏好，影响消费者的需求和反应。汽车企业在进行销售时，应根据不同的地理因素，采取不同的营销方案。市场上出现家用经济型轿车时，由于经济发展速度和人民生活水平的不同，华东和沿海地区与西部和边远地区的消费者相比，需求相对较高，因此，汽车企业纷纷将华东和沿海地区与西部地区作为主要细分营销市场分别实施不同的营销方案。

（3）按购买者心理细分

按购买者心理细分就是按照消费者的生活方式、性格等心理因素上的差异对汽车市场加以细分。生活方式是指一个人或者一个群体对于生活消费、工作和娱乐等的看法和态度。不同的生活方式导致不同的消费需求。同样，每个消费者由于性格各不相同，也会产生消费需求的差异。例如世界所有著名的汽车品牌往往都被赋予了个性色彩，这些都是按照购买者的心理特征设计的。

（4）按购买者的行为细分

所谓按购买者的行为细分，指的是根据用户对产品的认知、态度、使用情况与反应等行为将市场细分为不同的购买者群体。属于行为细分的因素主要有：购买理由、品牌忠诚度（按照消费者的忠诚程度，可以将他们分为4类，绝对忠诚型、适度忠诚型、转移型、多变型）、使用者情况和使用频率、利益寻求、待购阶段、消费者态度（一般分为5种类型：热爱型、肯定型、冷漠型、排斥型和敌意型）等。汽车企业应当针对持有不同态度的消费者所占的比例，采取不同的营销策略。

（5）按最终用户的类型细分

不同的最终用户对同一产品追求的利益不同。企业通过分析最终用户，可以针对不同用户的不同需要制定不同的对策。如我国的汽车市场按用户类型可以分为军用和民用两个市场。军用汽车要求质量绝对可靠、越野性能好、按期交货，但对价格并不太在意，民用汽车则要求质量好、服务优、价格适中。

（6）按用户规模细分

根据用户规模，可将汽车市场划分为大、中、小三类客户。一般来说，大客户数目少但购买额（量）大，对企业的销售额（量）起着举足轻重的作用，因此企业应特别重视，注意保持与大客户密切的业务关系；而对于小客户，企业一般不直接供应，可通过中间商或各地的经销商进行销售。

（7）按用户的购买特点细分

购买特点主要是指购买者的购买能力、购买目的、购买方式、购买数量、付款方式、采购制度和手续等。大多数情况下，市场细分通常不是依据单一标准进行，而是把一系列划分标准结合起来进行细分，目标市场取各种细分市场的公共部分。

2．按汽车商品属性细分

① 按西方国家对汽车产品大类的划分方法，汽车市场可分为：轿车市场和商用车市场。轿车市场是指各类轿车需求者，商用车市场是指除轿车以外的所有汽车产品现实的和潜在的购买者。

② 按我国对汽车产品类型的传统划分标准，汽车市场分为载货汽车市场、越野汽车市场、自卸车市场、专用汽车市场、特种汽车市场、客车市场、轿车市场等七种市场。也可分为两类：一是乘用汽车市场，包括客车、轿车及具有乘用车车身形式的各类专用汽车构成的市场；二是载货汽车市场，包括各类非乘用车车身形式的专用汽车市场。

③ 按购买者的性质不同，汽车市场可分为：机关公务用车市场、商务及事业性单位用车市场、生产经营性用户需求市场和私人消费性用户需求市场等。

④ 按汽车产品的性能特点不同，汽车市场可分为：一是载货汽车市场，包括重型汽车市场、中型汽车市场、轻型汽车市场和微型汽车市场。二是轿车市场，按照汽车排量划分，排量小于或等于1L，属于微型车；排量大于1L且小于或等于1.6 L属于普通级轿车；排量大于1.6 L且小于或等于2.5 L，属于中级轿车；排量大于2.5 L，且小于或等4 L，属于中高级轿车；排量大于4L，属于高级轿车。三是客车市场，包括大型、中型、轻型和微型客车市场。

⑤ 按汽车产品的完整性不同，汽车市场可分为整车市场、零部件市场（含二、三、四类底盘）、汽车配件市场。

⑥ 按汽车使用燃料的不同，汽车市场可分为汽油车市场和柴油车市场。

⑦ 按地理位置不同，汽车市场可分为东部沿海地区汽车市场、中部地区汽车市场、西部地区汽车市场。也可划分为东北区、华北区、华东区、中南区、西南区和西北区六个汽车市场，甚至还可分为城市汽车市场和农村汽车市场。

⑧ 按汽车保有量变化与否，汽车市场可分为新增需求市场、更新需求市场。其中，汽车保有量是指全社会拥有的可以上路行驶的各类汽车的总量（辆）。

⑨ 按是否具有军事用途，汽车市场可分为军用汽车市场、民用汽车市场。

⑩ 按是否属于首次向最终用户销售，汽车市场可分为新车市场、旧车市场。

⑪ 按汽车是否具有专门用途，汽车市场可以分为普通车市场和特种专用车市场。

需要指出的是，企业在进行市场细分时往往不是运用一个单一的依据，而是综合使用几个变数，把一系列划分标准结合起来进行细分，目标市场取各种细分市场的汇集。一般地说，对需求差异小的产品市场可以使用较少的因素和变量进行细分，对需求差异大的产品市场则需要使用较多的因素和变量进行细分，对某些产品的整体市场还要运用多种因素和变量逐级、逐层进行细分，这样才能从中筛选出适当的细分市场。

知识链接

上海大众为推出帕萨特轿车进行市场细分和目标市场选择时，采用的就是几个变数的综合运用。首先，运用汽车业界通用的按排量和价格进行市场细分。对于公务车市场，主要采用排量标准，这样 B 级车消费者的消费背景和消费特征就可以作为帕萨特目标消费者的消费背景和特征。而对于非公务车市场，则采用价格细分，帕萨特可以选择 20 万元以上的市场作为目标市场。然后，再考虑这两个市场面对的消费者群体的普遍特征。同时，帕萨特轿车是相对于上海大众以往车型更高档的车种，有着美丽的外观，运用了先进的技术，同时又有着低油耗等 A 级车通常强调的优点。因此，推断出帕萨特轿车目标市场的潜在消费者的背景特征和消费特征。

① 帕萨特轿车潜在消费者的背景特征：30～50 岁的男性，受过高等教育，中高级管理人员（一般不是老板），有妻子和孩子，可能是第二辆车。

② 帕萨特轿车潜在消费者的消费特征：他们有一定的驾驶经验和爱好，对自己作出的决定非常负责，目前自己驾车的消费者（包括政府官员、公司白领等）有成就感和责任心。

当然，细分一个市场有许多方法，然而，并不是所有的细分都是有效的。要使细分市场有效，就必须使细分市场具有可衡量性、可进入性和有发展潜力等特征。

（六）汽车市场细分的过程与步骤

1. 汽车市场细分的过程

完成一个市场细分，通常要经过 3 个阶段，即调查阶段、分析阶段和细分阶段。

（1）调查阶段

市场细分是对整个市场进行的。市场上存在着需求各异的大量群体，群体间的购买欲望、购买能力、地理位置和购买实力大不相同。企业通过市场调查可以了解这些差异所在，并找到市场细分的变量。此外，在进行市场调查的同时，企业还要研究竞争对手的情况以及优势所在，以便确定该细分市场是否值得进入，同时衡量本企业在这一细分市场是否具有优势。

另外，企业在进行市场调查的同时，还要研究其竞争对手的策略、反应、优劣势等，以便确定该细分市场是否值得进入，或者企业是否在该细分市场上拥有比较优势。

（2）分析阶段

在调查工作完成以后，必须对所搜集到的各种数据、资料进行筛选和分类，将零散的资料进行汇总，从中找出一些有规律性的发现，使之成为对企业进行市场营销有帮助的信息。

（3）细分阶段

根据不同消费者的态度、行为、消费心理和消费习惯等变量来划分消费群体，然后再根据最显著、最具代表性的特征给每个细分市场命名。

2．汽车市场细分的步骤

为了有效地细分汽车市场，有的放矢地实施营销策略，企业在进行市场细分时，应该按照以下步骤进行：

（1）根据需要选择产品市场范围

企业应该明确，不是企业生产什么产品销往什么地方，而是要考虑什么地方什么人需要什么产品，企业就生产什么产品，并投放该市场。

（2）分析潜在客户的需求

企业通过市场调研选定产品后，市场分析研究人员通过科学的方法。从地理因素、行为因素和心理因素等方面，分析潜在客户有哪些需求，为后面的深入分析提供资料。

（3）分析潜在客户的不同需求

通过抽样调查，分析潜在客户有哪些需求。

（4）为细分市场命名

企业从整体市场中划分出不同的细分市场，结合各细分市场客户的特点进一步分析，并为细分市场命名。

（5）测量各细分市场大小

对细分市场大小进行测量的目的是确定该市场有多少消费者，估计市场的容量，以此来决定企业是否选择该细分市场或者将要投放的产品的数量。

知识链接

日本铃木公司将小型汽车"铃木武士"推广到美国市场时，选择铃木武士车的细分市场和对武士车定位时进行了市场调查。这个调查的目的是了解潜在消费者的概况和特征，以及他们所认知的武士车与其他汽车相比的特点。由于当时在美国市场上还没有"武士车"，因此进行调查时，除美国市场外，同时选择了消费特征和美国比较相似并且已经开始销售铃木武士车的加拿大。

在加拿大调查的结果表明，在和同类型车比较后选择武士车的原因，压倒多数的回答是经济价值（59%），其后为外观、设计（29%）。

在美国市场，根据和"铃木武士"相似类型的铃木 SJ410 试销情况统计，调查结果表明：

（1）潜在消费者主要是 18～30 岁的单身年轻人，包括年轻女士，且主要为首次购车者；其次为 30 岁以上的非首次购车者。

（2）认为铃木武士不存在直接竞争产品。

（3）对价格和敞篷表示感兴趣，认为其多功能、实用、省油、独特而漂亮。

1983 年，通用公司购买铃木 5%的股份，开发的超小型汽车雪佛兰·斯普林特，1984 年进入市场，仅当年在西海岸即销售出 17 000 辆。

（七）市场细分的基本方法

1. 单一因素法

单一因素法是指企业仅依据影响需求倾向的某一个因素或变量对一产品的整体市场进行细分。该方法适用于市场对一产品需求的差异性主要是由某个因素或变量影响所致的情况。

2. 多因素法

多因素法是指企业依据影响需求倾向的两个以上的因素或变量对一产品的整体市场进行综合细分。该方法适用于市场对一产品需求的差异性是由多个因素或变量综合影响所致的情况。

3. 系列因素法

系列因素法是指企业依据影响需求倾向的多种因素或变量对一产品的整体市场由大到小、由粗到细地进行系统性的逐级细分。该方法适用于影响需求倾向的因素或变量较多，企业需要逐层逐级辨析并寻找适宜的市场部分的情况。

企业在进行市场细分时，能否视具体情况和实际需要使用适当的因素、变量及方法直接影响着市场细分工作的质量和效率，因此市场营销人员在对市场实施细分之前，必须对有关问题进行认真的考虑。

知识链接

市场细分的新方法

开发一个汽车新产品，一般会考虑这个产品的目标市场有多大。过去，一个产品的目标年销量少则上万，多则几十万上百万。现在，这种观念正逐渐发生变化，一些厂商为了寻找新的市场增长点，在产品开发时，定位越来越细化，目标群体越来越具体，批量也越来越小，甚至进行定制开发和生产。因此，传统的汽车开发理念忽视了这一群体中不同的人的不同喜好。而新的营销理念是针对同一群体中不同的人的喜好来开发新产品。

如何才能有效地进行市场细分？下面通过实例解析，介绍几种主要运作方法，以供企业经营者从中获得一些启迪、灵感，并在实战中参考、应用。

1. "网格法"市场细分

"网格法"好像切蛋糕，就是以一定的"细分变数"为界限，把某种商品的市场像一块大蛋糕分切成若干小块，从中选择自己吃得下的一小块蛋糕去经营，如经一次分切还选择不到合适的蛋糕，则可多次分切，直到适合自己的生产能力为止。

如某汽车生产厂，当年在原主导产品市场饱和、企业没有足够的优势继续参与竞争的情况下，考虑进行战略转移。经市场调研，发现载重汽车市场有更大的发展潜力，企业也具备开发能力，决定逐步向这一领域转移。但这块宝地照样竞争激烈，如何在夹缝中求生存，可运用"产品／市场网格法"进行如图 2-13（a）所示市场细分。

经此初步细分，汽车市场变成了 12 块小蛋糕，从产品类别看，载重 8 t 载重汽车的生产最接近企业的实力，而此类产品企业购买量最大，故初步确定为企业提供载重卡车。但仔细研究，仍觉范围太大，企业无力全面顾及，又进行了第二轮网格细分，如图 2-13（b）所示。可将载重汽车的功能适用于哪类单位，再细分为 16 个小市场。

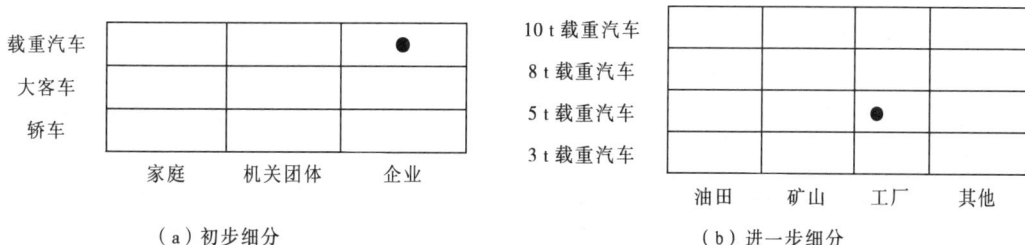

（a）初步细分　　　　（b）进一步细分

图 2-13　"网格法"市场细分

企业根据自己的实际，在第一步市场细分的基础上，决定根据企业的优势开发机械厂专用的 5 t 载重汽车。

2. "箭线法"市场细分

所谓"箭线法"就是以某种商品为出发点，像个光源引伸出多级箭线导引出众多的子市场供企业选择。

如某个企业经调研咨询，决定进入汽车市场，但由于实力有限，采用以下"箭线法"进行了市场细分，以选择决定进入的细分市场，如图 2-14 所示。最后选择了从定位于微型客车的生产经营起步，尔后逐步发展壮大，目前已发展成为国内一家生产微型轿车和微型客车的知名企业。

3. "坐标法"市场细分

"坐标法"中又有三维坐标和平面坐标，即选择 2~3 个最为关键的细分变数来分解、指引市场，从而确定本企业的产品及市场定位。当年日本轿车进军美国汽车市场前就采用此法进行了战略部署，如图 2-15 所示。

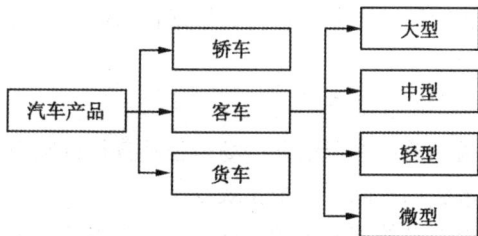

图 2-14　"箭线法"市场细分

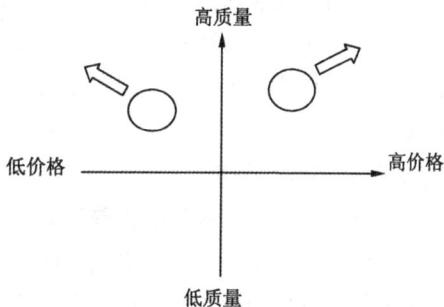

图 2-15　"坐标法"市场细分

日本分析人员认为，美国消费者购买轿车，最为关注的是质量与价格这两个因素，故以此建立平面坐标系来细分市场，在此坐标系的四个象限中，低质高价消费者难以接受，在高质高价区域去和美国本土的企业争夺市场份额不具备本土渠道和品牌优势，而低质低价在当时情况下也难有作为，故只有通过提高劳动生产率不断地降低生产成本，以相对的高质低价去和美国本土的汽车企业进行竞争，结果一举成功。

> **知识链接**
>
> **反细分战略**
>
> 实行市场细分是必要的，但不是分得越细越好。真正的市场细分，不是以细分为目的，而应以发掘市场机会为目的。在强调市场细分的过程中，有些企业实行了过度细分，过多的分市场导致产品种类增加，批量变小，成本上升，价格上涨。于是一种称之为"反细分"的战略应运而生。
>
> 反细分战略是将许多过于狭小的分市场组合起来，以便能以较低的价格去满足这一市场的需求，即能有效地降低生产与营销成本。
>
> 实施反细分战略，可以采用如下两种方法
>
> （1）由缩减产品线来减少分市场。此法适合于拥有太多产品线的企业。如有的企业因过于讲求产品差异化，使生产和营销成本大量增加。减少产品线，主动放弃较小或无利的分市场，并不会影响企业的市场占有率。
>
> （2）合并几个较小的分市场。此法是将几个较小的分市场集合起来，提供较低价格和较普通的产品吸引顾客，形成较大的分市场。有的企业通过提供标准化产品，有效地降低了成本和价格。

二、选择汽车目标市场

在现代营销活动中，市场细分只是企业选择和确定目标市场的前提与基础。由于资源的有限性和稀缺性，汽车企业在完成了市场细分后，必须对各种细分市场进行科学评价，决定要为多少个细分市场做重点服务，并根据客观条件选择适合本企业的目标市场，以不断拓展市场。

（一）目标市场的含义

目标市场是指企业的目标客户，也就是企业营销活动所需要满足的市场需求，是企业期望且能够开拓和占领的，并最终决定要进入的市场。

企业的一切营销活动都是围绕目标市场进行的，选择和确定目标市场、明确企业的具体服务对象，是企业制定营销策略的基本出发点。在市场经济条件下，任何产品市场都有许多客户群，他们有着各自的需求，且分散在不同的地区和领域。因此企业应当根据自己的资源情况、长远发展目标和优势来选择适合本企业的目标市场。

（二）目标市场的分析

汽车企业究竟选择哪些细分市场作为目标市场，关键在于细分市场是否具备足以吸引企业的目标市场价值，即能否为企业提供足够的市场机会以及能否使企业获益。

在竞争日益激烈的汽车市场中，企业要从种类繁多的细分市场中挑选一个或者几个最适合企业发展的目标市场，必须从以下几个方面认真做好目标市场的比较分析。

1. 市场规模和发展潜力分析

市场规模主要由消费者的数量和人们的购买力所决定，同时也受到不同地区的消费情况、消费者对汽车企业市场营销策略的响应程度的影响。分析汽车市场规模既要考虑当前市场上消费者的消费水平，又要考虑该市场潜在的发展趋势。对于没有发展前景的市场，即使当前规模很大，企业也不能轻易涉足，以免影响企业的长期收益；对于当前市场规模虽然不大，但有发展潜力的市场，则应该尽早进入。

2．企业特征分析

企业特征分析指的是分析企业现有的和将来的资源条件以及经营目标是否能与细分市场的要求相符合。这就要求企业应当根据自身的经营目标和企业的经营规模、资源条件、管理水平、技术等级、资金基础、人员素质等状况来衡量并确定企业是否能保证对目标市场的控制，实现在该市场的经营目标，尽量避免因资源不足而造成市场机会流失或因资源过剩而造成无端浪费。

3．获利情况分析

五力模型是由麦克尔·波特于 20 世纪 80 年代初提出的用于竞争战略的分析模型，可以有效地分析客户的竞争环境。即一个行业的竞争程度和行业利润潜力可以由 5 个方面的竞争力量反映并决定，如图 2-16 所示，包括新进入者的威胁、供应商讨价还价能力、买方讨价还价能力、替代品的威胁以及竞争对手之间的竞争。

企业经营的最终目的是要落实在能否长期获利上，要对现实的和潜在的竞争者、替代产品、消费者和供应者进行充分细致的分析，正确判断这 5 种力量对企业的长期获利带来的是机会还是威胁。利润是企业生存和发展的源泉，因此，只有能为汽车企业带来足够利润的细分市场，才能被企业确定为目标市场。

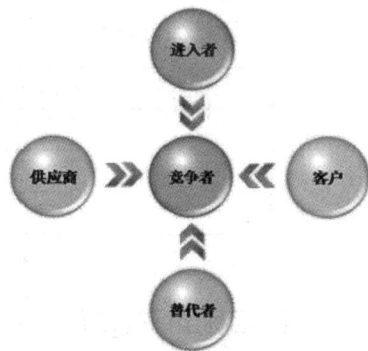

图 2-16　波特五力模型

（三）选择目标市场的原则

通过市场细分，企业在选择目标市场时，可按照以下原则进行：

① 对企业要提供的产品或者服务在目标市场应该具有足够的现实或者潜在的购买力。

② 企业应有足够的开发能力以应对目标市场的需求变化，即企业能够随市场需求的改变而保持持久的经营能力。

③ 目标市场上的竞争者的数量或是竞争力度相对较少，即在有选择的自由度时，应尽量选择参与竞争比较容易的细分市场作为目标市场。

④ 要有可以利用的销售渠道或可以建立销售渠道的现实条件。

⑤ 企业可以有效地获取市场的信息或建立市场信息系统。

⑥ 应能相对容易地获取营销活动所需要的资源。

（四）选择目标市场的方法

企业确定目标市场的方法有如下两种：

1．同质市场，直接进入

这种方法是指当某产品的整体市场为同质市场或企业可以将其视为同质市场时，企业无须进行市场细分，可以直接将该产品的整体市场作为自己的目标市场。

2．异质市场，先细分，后进入

这种方法是指在某种产品的整体市场为异质市场时，企业通常要先进行市场细分，然后选择其中一个或者数个细分市场作为自己的目标市场实施营销活动。

在企业以细分市场为基础选择目标市场时，可以借助"汽车产品-市场矩阵图"进行。该矩阵图是以市场类型（即产品整体市场的各个组成部分）为横坐标，以产品类型（即产品的各种具体类型或者各个细分市场对产品的具体要求）为纵坐标的二维平面图。图中有若干个对应于一定类型产品的市场部分。企业在对各个市场部分进行细致的分析评价后，就可以根据总体目标的要求、自身的生产经营条件、市场销售潜力、同行业竞争状况等有关因素，选择和确定本企业所要进入的细分市场。

例如某品牌轿车的细分市场选择：轿车产品可以分为豪华轿车、中档轿车、微型轿车，对不同的用户需求（如企业、政府、私人）进行不同的市场细分，利用不同类型的客车对不同需求的客户进行目标市场锁定，建立汽车产品-市场矩阵图，如图 2-17 所示。

客户需求类型		私人	企业	政府
产品类型	豪华轿车			○
	中档轿车	○	○	○
	微型轿车	○		

图 2-17　某品牌汽车产品-市场矩阵图

（五）目标市场的评价

选择目标市场后，应对其进行评价。评价目标市场主要应从以下 3 个方面进行：

1. 市场规模和增长潜力的评估

它主要是对目标市场的规模与企业的规模和实力相比较进行评估，以及对市场增长潜力的大小进行评估。

2. 市场吸引力评估

市场吸引力主要是指企业在目标市场上长期获利能力的大小。它主要取决于若干因素，如现行竞争者、潜在竞争者、替代产品、购买者和企业生产供应者对企业所形成的机会与威胁等。

3. 企业本身的目标和资源

如果某个市场具有一定规模、增长潜力和吸引力，企业还必须对该市场是否符合企业的长远目标、是否具备获胜能力以及是否具有充足的资源等情况进行评估。

企业对目标市场进行科学评估后，当决定进入时，还必须选择目标市场的营销策略。

（六）选择目标市场的范围

目标市场范围是指实施市场细分化策略的企业决定进入一种产品整体市场的市场部分的多少。市场范围类型选择是企业在选择和确定目标市场时要作出的一项重要决策，它直接关系着企业某一大类产品的内部结构、市场营销组合的具体安排等问题。可供企业选择的目标市场范围策略主要有以下 5 种：

1. 单一市场集中化

单一市场集中化是指企业决定只生产一种类型的标准化产品，并且只将其供应给产品整体市场的某一个顾客群，满足其一种特定的需要。较小的企业通常采用这种策略。

2. 产品专业化

产品专业化指企业决定生产一种类型的系列产品，并将其供应给产品整体市场的各个顾客群，满足其对一种类型产品的各不相同的需要。在实践中，这种策略往往是实施第一种策略的企业实行产品开发、市场开发策略后形成的结果。

3. 市场专业化

市场专业化是指企业决定生产多种不同类型的产品，只将其供应给产品整体市场的某一个顾客群，满足其多种需要。这种策略通常是经营能力较强的企业试图在某一细分市场上取得较好的适应性和较大的优势地位而采取的策略。

4. 选择性专业化

选择性专业化是指企业决定有选择地同时进入产品整体市场的几个不同的市场部分，并有针对性地向各个不同的顾客群提供不同类型的产品，以满足其特定的需要。这一般是生产经营能力较强的企业在几个市场部分均有较大吸引力时所采取的策略。

5. 全面进入

全面进入是指企业决定全方位地进入产品整体市场的各个市场部分，并有针对性地向各个不同的顾客群提供不同类型的系列产品，以满足产品整体市场各个市场部分的各种各样的需要。这主要是大企业为在一种产品的整体市场上取得领导地位而采取的策略，它往往是选择市场专业化或选择性专业化演化的结果。

在运用上述市场范围策略时，企业一般是先进入最有吸引力且最有条件进入的市场部分，只是在机会和条件成熟时才酌情有计划地进入其他市场部分，逐步扩大目标市场范围。

（七）目标市场的营销策略

在市场细分、选择目标市场之后，企业还要确定目标市场营销策略，即企业针对选定的目标市场确定有效地开展市场营销活动的基本方针。企业确定目标市场的方式不同，选择的目标市场范围不同，其营销策略也就不一样。可供企业选择的目标市场营销策略主要有以下几种：

1. 无差异性营销策略

当企业面对的是同质市场或同质性较强的异质市场时，便可以采用这一策略开展市场营销活动。从实际情况看，这一策略对拥有广泛需求，能够大量生产、大量销售的产品基本上都是适用的。这种策略是针对市场共性的一种求同存异的营销策略。例如，美国福特企业 20 世纪 20 年代前期所生产的"T 型"车，在营销策略上就属此类。

这种策略的基本特点是：企业不进行市场细分，将某一产品的整体市场作为自己的一个大的目标市场；营销活动只注意市场需求的共同点，而不顾及其存在的差异性；企业只推出一种类型的标准化产品，设计和运用一种市场营销组合方案，试图以此吸引尽可能多的购买者，为整个市场服务。

需要指出的是，在某一产品的整体市场上常常会有若干个实行无差异性营销策略的相互竞争的企业，它们为了使自己的产品能够在市场上建立起特定的形象，取得竞争优势，扩大产品销售，往往在实行该种营销策略的同时实施产品差异化策略，力求使自己的产品与竞争者的产品有所区别，但这并不意味着他们的目标市场不同，也不表明他们从根本上改变了实施的目标市场营销策略。

（1）无差异性营销策略的优点

① 采用这种策略的企业一般可以设立大规模的单一产品生产线、广泛和大众化的销售渠道，通过大量的广告和统一的宣传等开展强有力的促销活动，因而往往能够在消费者或用户的心目中树立起"超级产品"的形象。

② 大批量生产、储运和销售，可以降低单位产品的成本，无差异的广告宣传等促销活动可

以节省促销费用，不搞市场细分也会相应地减少市场调研、产品开发、制定多种市场营销组合方案等方面所要耗费的人力、物力和财力资源，而这种经济性也正是该种策略立论的主要基础。

（2）无差异性营销策略的局限性

① 由于消费需求不断变化，一种产品长期为所有消费者或用户接受的情况越来越少，许多过去的同质市场已经转变为异质市场或正在向异质市场转化，因此在现代社会经济条件下这种策略的适用范围越来越小。

② 当同行业中的多个企业都采用这种策略时，必然造成某一产品整体市场上的竞争日趋激烈，而在较小的市场部分上消费者的特殊需求又得不到满足，这对生产经营者和消费者来说都是不利的。

③ 由于许多同质市场都是潜在的异质市场，因此一些企业在试图运用该策略吸引尽可能多的顾客时，常常在竞争中为另一些想方设法为整体市场中得不到满足的顾客提供适合他们需要的产品的企业所胜过，从而使自己的竞争努力受挫，处于被动的境地。

鉴于以上原因，不少过去长期实行无差异性营销策略的企业，都随着环境的变化被迫转而采用了其他的目标市场营销策略。

2. 差异性营销策略

差异性营销策略是企业面对异质市场时可以选择的一种目标市场营销策略。这种策略的基本特点是：企业在对异质市场进行细分的基础上，从产品的整体市场中选择多个乃至全部细分市场为自己的目标市场，并根据每个目标市场的需要分别制定相应的市场营销组合方案，提供特定的产品，在多个市场部分上有针对性地开展营销活动。

（1）差异性营销策略的优点

① 由于企业针对各个细分市场的要求实行了产品和市场营销组合的多样化策略，因而可以较好地满足一种产品整体市场中各个消费者的不同需要，提高企业的适应能力和竞争能力，扩大产品销售。

② 如果企业在数个细分市场上都取得了较好的营销效果，就能树立起良好的企业形象，大大提高消费者或用户对该企业及其产品的信赖程度、接受速度和购买频率，从而形成较大的优势。

鉴于以上原因，现在有相当多的企业都采用了这种目标市场营销策略，并取得了成功。

（2）差异性营销策略的局限性

① 由于运用这种策略的企业进入的市场部分较多，而且针对各个细分市场的需要实行了产品和市场营销组合的多样化策略，因此就使企业的业务范围较宽、业务内容较为繁杂、业务量较大、生产经营费用较高、力量的使用较为分散、管理的难度较大。因此，有些企业在采用这一策略的时候，采取了只对产品的整体市场进行粗分或少进入一些细分市场的策略，以便缓解上述问题的出现，避免对企业产业的不利影响。

② 这种策略的基本特点，决定了对它的采用要受到企业资源能力的很大限制，因此实行策略的多为资源雄厚、物质技术力量强、专业人才较多、经营管理基础好的大企业。

3. 集中性营销策略

集中性营销策略也是企业面对异质市场时可以选择的一种目标市场营销策略。这种策略与前两种策略有较大的不同，它不是面向产品的整体市场，也不是把力量分散地使用于若干个细分市场，而是集中力量进入一个细分市场或是对该细分市场进一步细分后同时进入其中几个更小的市场部分，为目标市场开发一种理想的产品，实行高度专业化的生产和营销，集中力量为之服务。实行这种策略的企业，希望的不是在产品的整体市场或较多的细分市场上拥有较小的份额，而是力求在一个较小或少数几个更小的细分市场上取得较高的甚至支配地位的市场占有率和竞争优势。

（1）集中性营销策略的优点

①　由于企业集中力量于一个细分市场或其中几个更小的市场部分上，因而便于深入了解目标市场的需求情况，开展具有针对性的营销工作，易于迅速占领市场并得到优势，提高自己在目标市场上的知名度。

②　由于企业的目标市场范围较小，集中使用力量，实行了生产和营销等方面的专业化，因而可以少投资和资金占用，降低生产成本和经营费用，加快资金周转，提高投资收益率，取得较好的经营效益。

这种策略主要适用于小企业。小企业由于资源力量有限，因而无力在产品的整体市场或多个细分市场上与大企业抗衡，但在大企业未予注意和不愿顾及的某个细分市场上全力以赴，易于取得成功。寻找市场缝隙，实行集中性营销，为自己创造成长的小气候，可以说是小企业变劣势为优势的一种明智的选择。

（2）集中性营销策略的局限性

集中性营销策略的局限性主要是实行这种策略的企业要承担较大的潜在风险。由于企业选定的目标市场范围窄小，业务单一，因而市场需求一旦发生较大的变化或遇到强有力的竞争对手侵入，企业往往会因回旋余地小而陷入困境。因此，采用这种策略的企业必须密切注意目标市场的需求动向及其他营销环境因素的变化，制定适当的应急措施；其次是自身的力量一旦有了增强，就要寻找机会，适当地扩大目标市场的范围或实行多元化经营。

以上可供企业选择的三种目标市场营销策略，企业在决定采取何种策略时，应全面考虑企业的资源条件、经营管理能力、产品的性质、产品所处的市场生命周期阶段、市场的性质、市场的供求状况和发展趋势、竞争对手的实力及其采取的目标市场营销策略等多方面的主客观条件下的因素，然后权衡利弊方可作出抉择。此外，企业的目标市场营销策略应保持相对稳定，但随着上述各种条件和影响因素的变化，企业也应适时地加以必要的调整。

三、汽车目标市场定位

（一）目标市场定位的定义

汽车产品在市场上品牌繁多，各有特色，而广大用户又都有着自己的价值取向和认同标准，企业要想在自己的目标市场取得竞争优势，就必须在充分了解用户和竞争对手两方面情况的基础上，确定本企业产品的市场位置，树立产品特色，这个过程即是目标市场定位。由此可见，目标市场定位就是指企业以何种产品形象和企业形象出现，达到给目标客户留下深刻的印象效果。

产品形象和企业形象是指用户对产品和企业形成的印象，譬如大家经常所说的"物美价廉""经济实惠""技术先进"等都属于产品形象的范畴。国内外大公司都十分重视市场定位，精心地为其企业及每一种汽车产品赋予鲜明的个性，并将其传给目标消费者。例如，像吉利、夏利、羚羊、佳宝、哈飞等品牌的汽车，其主要针对的是中低收入者，其定价一般在 10 万元以下；像赛欧、宝来、爱丽舍、POLO 等主要针对的是中等收入的城市人群，其定价一般在 10 万元至 20

万元之间；像别克、帕萨特、奥迪以及一些进口汽车，如本田、宝马、奔驰等针对的是高收入人群，定价一般在 30 万元或以上。当然，上述所列的仅仅是市场定位中价格的因素。对于除价格因素外的功能因素、质量因素、销售渠道因素和促销因素等也可以进行同样的分析。

（二）市场定位的意义与原则

1. 市场定位的意义

① 市场定位是企业制定市场营销组合的基础。

② 市场定位有利于树立产品及企业在客户心目中的形象，形成与众不同的个性。

③ 市场定位有利于企业制定竞争策略，争取更大的主动权。

2. 市场定位的原则

企业要做好市场定位，使自己的产品在社会公众心目中树立起良好的形象，并不是一件容易的事情。企业必须在策略上考虑将产品和形象定位在什么档次、位置或者水平上：是与竞争对手针锋相对。把自己的产品定在与竞争对手相似的位置上；还是虽然与竞争对手争夺同一细分市场，但是选择另辟蹊径、独树一帜，将产品定在与竞争对手完全不同的位置上，以避免与竞争对手的正面碰撞，抢占潜在的市场空间。突出宣传自己的特色，坚守自己的传统领地。上述考虑就属于企业在进行市场定位前，应该把握的一个原则。企业应该结合自己的实力、产品优势及其他主客观条件，综合分析对比，确定定位策略。一般而言，企业在实力强、产品水平先进时期，可以采取与竞争对手相似的定位策略，对竞争对手形成足够的威胁。但是，如果企业实力和产品水平还未达到先进程度，则应该以形成自己的市场特色为定位目标，选择稳妥的定位战略，确保企业能够稳步发展。

（三）市场定位的过程

汽车企业在进行市场定位的过程中，一要详细了解竞争对手产品的市场定位；二要研究目标用户对产品各种属性的关注程度，然后以此为依据，为本企业确立产品特色和独有形象，进而完成产品的市场定位。汽车企业对产品的市场定位，一般包括以下几个内容。

1. 调查研究影响定位的因素

影响汽车企业产品定位的因素主要包括：

（1）竞争者的定位情况

调查研究竞争者的定位情况，要求企业对竞争者的定位进行详细了解、确认，并尽可能准确地预测竞争者的发展潜力及空间，以便判断该竞争者是否会对本企业构成威胁，从而比较出本企业是否具备潜在的竞争优势。

（2）目标用户对产品的评价标准

调查研究目标用户对产品的评价标准，要求企业关注用户最关心的问题，想用户之所想，急用户之所急，并以此作为定位决策的依据。

2. 选择竞争优势和定位战略

企业通过与竞争者在产品、成本、促销和服务等方面的对比分析，明确自己的优点和缺点，从而认定企业自身的竞争优势，进行合适的市场定位。

3. 准确地传播企业定位观念

企业在作出市场定位决策之后，还应大力进行宣传工作，把企业的定位观念准确地传播给潜在客户。需要注意的是，企业应避免宣传不当在公众心目中造成误解：一是定位档次过低，不能充分凸显企业的特色；二是定位档次过高，让公众望洋兴叹，不敢趋近；三是定位混淆不清，导致企业或产品在公众心目中没有明确统一的认识。这些误解将会给企业形象和经营效果造成不利影响，而且误解一旦造成将很难消除。

一般来说，企业的市场定位容易引起公众误解的情况有以下几种：

① 定位过高，容易造成消费者可望而不可即的心理，从而失去一部分有望成为企业产品拥护者的客户。例如，面向出租行业销售的轿车，就不应该给人以档次过高的印象。

② 定位过低，不能显示企业或产品的特色。例如，面向社会高端阶层、大集团销售的轿车就不应该给人以档次过低的印象。

③ 定位怀疑，容易使客户觉得企业的产品在特色、价格或者制造商方面的一些宣传与实际不符，从而产生不信任感。

④ 定位混乱，会让企业产品在公众中没有明确统一的认知。这种混乱可能是由于定位主题或多层次宣传主题所致，也可能是由于产品定位变换太频繁所致。

以上误解都会给企业形象和经营效果造成不良影响，企业应特别注意，避免这些情况的发生。

（四）市场定位的具体策略

1. 比附定位策略

比附定位策略就是攀附名牌的定位策略。企业通过各种方法和同行中的知名品牌建立一种内在联系，使自己的品牌迅速进入消费者的心里，占领一个牢固的位置，借名牌之光使自己的品牌生辉。其实质是一种借势定位或反应式定位，即借竞争者之势，衬托自身的品牌形象。

在比附定位策略中，参照对象的选择是一个重要问题。一般来说，企业只有与知名度、美誉度高的品牌作比较，才能借势抬高自己的身价。如沈阳金杯客车制造企业的金杯海狮车"金杯海狮，丰田品质"的定位就属此类定位策略。

2. 市场空当定位策略

这是一种企业寻找市场尚无人重视或未被竞争对手控制的位置，使自己推出的产品恰好适应这一潜在目标市场的需要的定位策略。如国内推出 MPV 车时在定位上就采用了这一定位策略。当年海南马自达生产的普力马刚上市的时候，其"五座+两座，工作+生活"的广告宣传就是看好这个空当，掀起一阵家庭用 MPV 的旋风，获得了较好的效果。

3. 属性定位策略

这种定位策略是指企业根据汽车产品某些特定的属性来定位。如本田汽车在广告中宣传它的低价，宝马在促销中宣传它良好的驾驶性能等都属此类定位策略。

4. 利益定位策略

这种定位策略是指根据产品所能满足的客户需求或能为客户提供的利益、解决问题的程度来对汽车产品定位，如"解放卡车，挣钱机器"即属此定位策略。

5. 与竞争者划定界线的定位策略

这是指对某些知名而又属司空见惯类型的产品作出明显的区分，给自己的产品定一个相反的位置。如"五谷道场"方便面，非油炸方便面与传统的油炸型方便面品牌划清了界限，就属于此类定位策略。

6. 性价比定位策略

这是指结合对照质量、性能和价格来定位的策略。如物有所值、高质高价或物美价廉等定位。

【任务实施】

引导问题 1：根据学校周边地区的市场调研结果，分析消费者特点，为即将开设的汽车销售服务店的经营市场进行细分，完成如下表格。

细 分 标 准	市场区域特点	汽车销售产品细分	汽车服务产品细分
人口和社会经济因素			
地理位置			
购买者心理			
最终用户类型			
购买特点			
用户规模			

引导问题 2：根据以上市场细分情况，分组讨论在适合当地经营环境条件下，该汽车经销服务店的目标市场应选取哪一个细分市场及其范围？

引导问题 3：讨论该汽车经销服务店应以怎样的企业形象示人，如何确立企业产品的市场定位，采用怎样的产品市场定位策略。

任务6　优化汽车产品策略

【任务导入】

汽车产品是汽车市场营销的基础。在汽车市场中，汽车企业为了满足市场需求，必须通过提供某种汽车产品或相应的服务来实现。因此，产品策略成为汽车企业的营销重点。优化汽车产品策略首先需要理解汽车产品组合策略，掌握汽车产品生命周期的市场策略。对于汽车经销商来说，不管是 4S 店形式或综合超市或二级网点的形式，同样需考虑如何满足客户的需求，使各种客户都尽可能在店中找到与需求欲望接近的产品。这也就涉及企业的产品营销策略的优化与实施的问题。试分析广汽本田的产品策略特点。

【学习指引】

通过本任务的完成和学习，你应该掌握以下知识：

① 汽车产品及汽车产品组合的概念。

② 汽车产品的五个层次和汽车产品组合的营销策略。

③ 汽车产品生命周期理论与市场营销策略。

通过本任务的完成和学习，你应该具备如下工作能力：

① 能根据市场和企业的实际情况优化产品组合决策。

② 能分析产品所处的生命周期，制定相应对策。

【相关知识】

一、市场营销组合理论

市场营销组合概念最早由尼尔·鲍顿提出，他认为企业营销组合涉及对调研分析、产品、定价、渠道、人员销售、广告、包装、销售点展示、服务、物流等十二个因素的组合。后来，又有一些营销学者在尼尔·鲍顿的研究基础上，对营销策略提出过不同的组合方式，其中比较有代表并为各学者广泛认同的是，1960 年美国市场营销学家杰罗姆·麦卡锡将各种因素归结为四个主要方面的组合，即产品（product）、价格（price）、地点（place）和促销（promotion），简称 4P，后来被称为传统市场营销组合 4P 理论，是市场营销的四大基石，也是现今市场营销教科书的主要模式。

产品策略是指企业向目标消费者群体提供能够满足消费者需求的产品来实现企业的营销目标。产品包括有形产品和无形产品。企业需要针对产品的质量、数量、品牌、品种、规格、式样、花色、包装、特点、商标以及各种附加产品等因素进行组合和运用。

定价策略是指企业对产品价格的制定和变动等采取营销策略来实现营销目标，具体通过定价方法、定价策略和价格调整策略来体现。其中主要包括成本导向定价法、需求导向定价法、竞争导向定价法三种方法及新产品定价策略、地理定价策略、心理定价策略、折扣折让定价策略、产品组合定价策略、产品价格的高价和低价调整策略等内容。

分销策略是指企业需要决策产品向消费者流通过程中所涉及的所有环节和方式，构建产品的流通渠道网络来实现营销目标。其中包括渠道类型的确定、中间商、渠道设计与管理、物流、网点设置等因素的组合和运用。

促销策略是指企业以利用各种信息传播手段刺激消费者，引起消费者购买欲望的促进活动。其中包括有关广告、人员推销、营业推广、公共关系等促销方式的选择及促销设计和管理等的组合和运用。

知识链接

4C 理 论

4P 理论在市场频繁变化的情况下受到挑战，4C 理论应运而生。它是在 1990 年由美国学者罗伯特·劳特朋教授提出的，是 4P 理论的转换，即产品（production）转换为顾客（consumer），价格（price）转换为成本（cost），渠道（place）转换为方便（convenience），促销（promotion）转换为沟通（communication），这种转换是在顾客满意思想下发生的。

顾客策略强调企业要从顾客需求和利益出发组织生产过程，研发出满足顾客需求的产品和服务。注重顾客需求及以此为基础产生的客户价值。从本质上来说，顾客策略就是指导企业产品的产生与改变要以顾客需求为前提，使市场成为生产过程的起点而不是终点，让企业忘掉产品，倡导顾客第一的营销原则，以顾客至上、为顾客服务为己任。

成本策略要求企业应该考虑顾客在实现其自身需求时需要付出的成本，而不是考虑企业的利润目标等因素。成本策略引导企业在进行产品定价时，要充分理解消费者购买该产品的愿意支付价格，而不是以生产的成本、利润等指标来指导企业定价。而消费者的支付不仅仅包括货币的支付，还包括时间、体力和精力的消耗，以及购买风险。

方便策略是指倡导企业减少流通环节，降低流通成本，让利于顾客的渠道策略思想。企业的渠道策略思路不是从企业角度出发，而是从顾客角度出发，方便顾客购买、提高分销效率等。例如，将超市建成仓储式，通过对库房、物流的有效管理，实行零库存计划，将库房改造成超市进行产品销售；解决顾客的停车难问题，为顾客提供停车便利；解决顾客交通问题，为顾客提供购物班车；药房在经营时为解决女性照顾孩子的问题，提供婴儿车、婴儿餐椅、婴儿喂养室等。

沟通策略强调忘掉促销和注重双向沟通，认为企业不能单方面向顾客传递信息，需要与顾客间进行双向交流，鼓励顾客向企业咨询信息并为企业的经营献计献策。由于促销的本质是单向营销信息的灌输，没有得到顾客方面的信息反馈就不清楚促销的效果如何，就会迷失企业的经营方向。例如，企业可以提供消费者免费服务电话，聆听顾客的想法和意见，与那些有抱怨的消费者及时沟通。

二、产品及产品整体概念

（一）基本概念

人们对汽车产品的理解，传统上常常仅指的是实物产品，其实这只是狭义的理解。从市场营销观念来看，产品是指向汽车市场提供的能满足汽车消费者某种欲望和需要的任何事物，包括实物、服务、保险、品牌等各种形式。简而言之，人们需要的产品=需要的实物+需要的服务。市场营销学关于产品的概念具有两个方面的特点：首先，并不是具有物质实体的才是产品，而凡是能满足汽车消费者某种欲望和需要的服务也是产品；其次，对企业而言，其产品不仅是具有物质实体的实物本身，而且也包括随同实物出售时所提供的服务等。

产品是指能提供给市场用于满足人们某种欲望和需要的任何事物，包括实物、服务、场所、组织、思想、主意等。时至今日，人们对产品概念的认识仍在不断地深化和外延。产品概念的外延越来越大，并终于形成了现代产品整体概念的思想。

所谓产品整体概念是指由企业提供的，能够满足人们生活和生产需求的实体和实质、内容和形式、无形和有形等若干因素的综合体，我们将它们统称为产品。显然，产品的整体概念的外延是非常广泛的，它体现了以顾客为中心的现代营销观念，并建立在顾客的需求即产品这一等式的基础之上的。

（二）产品概念的五层次说

关于产品整体概念的另一种理解是"五层次说"，即把产品整体概念理解为是由实质产品、形式产品、延伸产品、形象产品和信誉产品五个层次所组成的一个整体，如图2-18所示。

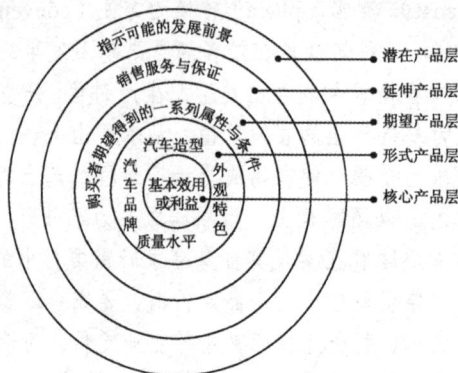

图 2-18　产品的五个层次

1．核心产品

核心产品是指向顾客提供的产品的基本效用或利益，从根本上来说，每一种产品实质上都是为解决某个问题而提供的服务。

2．形式产品

形式产品是指核心产品借以实现的形式或目标市场对某一需求的特定满足形式。

3．期望产品

期望产品是指购买者在购买产品时期望得到的与该产品密切相关的一系列属性和条件。

4．延伸产品

延伸产品是指顾客购买形式产品和期望产品时，附带获得的各种利益的总和，包括产品说明书、保证、安装、维修、送货、技术培训等。

5．潜在产品

潜在产品是指现有产品包括所有附加产品在内的，可能发展成为未来最终产品的潜在状态的产品。

产品整体概念的五个层次，十分清晰地体现了以顾客为中心的现代营销观念。这一概念的内涵和外延都是以消费者需求为导向的，由消费者的需求来决定的，可以说忽视产品整体概念的企业不可能真正贯彻现代营销观念。

（三）产品营销策略

产品是企业获取利润的来源，对企业的经营业绩起重要的作用，如何采取相应的营销策略，使企业产品满足不同客户的多种产品层次需求，对企业的发展起关键性作用。在市场营销理论中，产品策略包括有产品组合策略、产品生命周期策略、新产品开发策略、产品品牌和商标策略等等。本书重点讨论汽车后市场的产品组合策略与产品生命周期策略。

三、汽车产品组合策略

在拳击赛场上，我们知道击倒对手的方式一般有两种：一种是找准时机，倾全身力气，一记重拳击倒对手；另一种是打出漂亮的组合拳，以点数赢得比赛。而在汽车市场的产品竞争中，也有着类似的两种在竞争中赢得先机的思路：一是集中企业最优质资源，研发和投放一款战略车型，实现较高产销量，从而获取相对较高的回报，这种情况一般出现在汽车企业面临巨大竞争压力以及汽车市场的竞争程度还不高，市场需求仍较单一的时候；二是利用科学合理的产品组合策略，推出系列车型，从而赢得市场，这种产品组合策略又分为两种，其一是针对于各个细分市场的产品组合，其二是针对于单个细分市场的产品组合，而前一种产品组合策略运用的背景是汽车企业纵向产品线还未丰富完善或汽车市场需求趋向多元化，市场竞争趋于激烈；而后一种产品组合策略运用的背景则是汽车企业纵向产品线已经丰富完善以及市场需求已经多元化，市场竞争已趋白热化。

而从当前中国汽车市场的竞争现状来看，单靠某一款产品实现"KO"对手的时代已经过去，中国汽车市场此前"老三样"的辉煌时代已经难以复制。主要原因无疑就是当前车市已经成为买方市场，消费者需求已经呈现多元化趋势，单一产品已经难以满足所有消费者的需求。在这样一种背景之下，汽车企业必须开始实施产品组合策略。

（一）产品组合及相关概念

产品组合又称产品搭配，是指企业提供给市场的全部产品线和产品项目的组合或结构，可以简单地理解为企业的全部业务经营范围。企业为了实现营销目标，充分有效地满足目标市场的需求，必须设计一个优化的产品组合。研究产品组合首先必须弄清几个与其相关的概念。

1. 产品线

产品线是指在某种特征上互相关联或相似的一组产品，通常属于产品大类的范畴。这种类别可以按产品结构、生产技术条件、产品功能、顾客结构或者分销渠道等因素进行划分，譬如汽车产品的某一车型系列就是按产品结构划分的一条产品线。

2. 产品项目

产品项目是指产品线中不同品种、规格、质量和价格的特定产品。例如，一个车型系列中各种不同档次、质量和价格的特定品种。

3. 产品组合结构

① 产品组合的宽度。是指产品组合中所包括的产品线的数目，譬如我国一汽集团拥有的车型、品牌系列均较多，其产品组合的宽度相对较宽。

② 产品组合的深度。是指一条产品线中所包括的产品项目的数目，如一个车型系列中的产品品种的多少。

③ 产品组合的长度。是指产品组合中包括的所有产品项目的总数，即企业产品深度的总和。

④ 产品组合的相关性。是指各条产品线在最终用途、生产条件、分销渠道或其他方面相互关联的程度。例如，两个车型系列中在零部件总成上的通用性高低，便是产品组合相关性的概念范畴。

（二）产品组合决策

企业在进行了产品组合分析之后，还要进行产品组合决策，即是企业对上述产品组合予以决策。产品组合多表明产品覆盖面宽，产品组合少表明产品覆盖面窄。汽车产品组合决策对企业的市场营销有着重要意义。如增加产品组合宽度（如车型系列多），扩大经营范围，可减少单一车型的经营风险。增加产品组合的长度或深度（品种多），可使产品线丰满，同时给每种产品增加更多的变化因素，有利于企业细分市场，提高产品的市场占有率和用户满足率。在市场竞争激烈的情况下，增加产品品种是提高企业竞争能力常用的手段。目前我国的汽车市场，除了中型载货汽车的品种发展较为完善外，其余各种车型都还有很大的品种发展余地。而在轿车和重型汽车方面对车型系列的发展空间还很大，因而各汽车企业更要做好产品线与产品项目的决策，以谋求企业更大的发展空间。

1. 扩大汽车产品组合策略

（1）扩大汽车产品广度

一个企业在生产设备、技术力量所允许的范围内，既有专业性又有综合性地发展多品种。扩大产品组合的广度可以充分利用企业的人力和各项资源，使企业在更大的市场领域中发挥作用，并且能分散企业的投资风险。例如，上海大众在扩大汽车产品线广度上的思路是：普通型—桑塔纳 2000—帕萨特—经济型轿车。

（2）加深汽车产品组合深度

从总体来看，每个企业的产品线只是该行业整个范围的一部分。如宝马公司的汽车在整个汽车市场上的定价属于中高档范围。加深汽车产品组合的深度，可以占领该行业同类汽车产品更多的细分市场，迎合更广泛的消费者的不同需要和爱好。上海帕萨特将在帕萨特轿车基本型的基础上，研制开发豪华型车和变形车，就是上海大众加深汽车产品组合深度的例子。

（3）加强汽车产品组合相关性

一个汽车企业的汽车产品需要尽可能地相关配套，如汽车和汽车内饰、汽车涂料等。加强汽车产品组合的相关性，可提高汽车企业在某一地区某一行业的声誉。必须指出的是，扩大汽车产品组合往往会分散经销商及销售人员的精力，增加管理困难，有时会使边际成本加大，甚至由于新产品的质量性能等问题，而影响本企业原有产品的信誉。

2．缩减汽车产品组合策略

产品线缩减是指企业根据市场变化及自身的实际情况，适当减少一部分产品项目。该策略也同样有缩减汽车产品组合广度、深度、相关性三种情况。在以下情况下，企业应考虑适当减少产品项目：一是已进入衰落期的亏损的产品项目；二是当无力兼顾现有产品项目时，放弃无发展前途的产品项目；三是当出现市场疲软时，删减一部分次要的产品项目。采取缩减产品组合策略有以下好处：

①　可集中精力与技术，对少数汽车产品改进品质、降低成本。

②　对留存的汽车产品可以进一步改进设计、提高质量，从而增强竞争力。

③　使脱销情况减少至最低限度。

④　使企业的促销目标集中，效果更佳。

同样，采取该策略可能会使企业丧失部分市场，增加企业经营风险。因此，一个企业对于某种汽车产品，在决定是否淘汰之前，应慎之又慎。

3．延伸汽车产品的组合策略

产品线延伸是针对产品的档次而言，在原有档次的基础上向上、向下或双向延伸，都是产品线的延伸。

（1）产品线向上延伸策略

企业原来生产中、低档或低档产品，如新推出高档或中档的同类品，这就是产品线向上延伸策略。这一策略具有明显的优点：可获取更丰厚的利润；可作为正面进攻的竞争手段；可提高企业的形象；可完善产品线，满足不同层次消费者的需要。但采用这一策略应具备一定的条件：即企业原有的声誉比较高；企业具有向上伸延的足够能力；实际存在对较高档次的需求；能应付竞争对手的反击。

（2）产品线向下延伸策略

企业在原来生产高档或中档产品的基础上，再生产中档或低档的同类产品，便是产品线向下延伸策略。企业采用这一策略可反击竞争对手的进攻，可弥补高档产品减销的空缺；可防止竞争对手乘虚而入。但它可能给人以"走下坡路"的不良印象，也可能刺激竞争对手进行反击，还可能形成内部竞争的局面。为此，企业应在权衡利弊后才作出决策。

（3）产品线双向延伸策略

原来生产中档产品的企业同时扩大生产高档和低档的同类产品，则是产品线双向延伸策略。采用这种策略的企业主要是为了取得同类产品的市场地位，扩大经营，增强企业的竞争能力。但应注意，只有在原有中档产品已取得市场优势，而且有足够资源和能力时，才可进行双向延伸，否则还是单向延伸较为稳妥。

知识链接

宝马产品及产品组合策略

1. 宝马的产品定位

宝马是最完美的驾驶工具。宝马要传递给顾客创新、动力、美感的品牌魅力。这个诉求的三大支持是：设计、动力和科技。公司的所有促销活动都以这个定位为主题，并在上述三者中选取至少一项作为支持。每个要素的宣传都要考虑到宝马的顾客群，要使顾客感觉到宝马是"成功的新象征"。要实现这一目标，宝马公司欲采取两种手段，一是区别旧与新，使宝马从其他品牌中脱颖而出；二是明确那些期望宝马成为自己成功和地位象征的车主有哪些需求，并去满足它。

2. 宝马公司（BMW）产品组合表

宝马公司的产品组合策略情况如表2-5所示。

表2-5 宝马公司产品组合情况

	宝马公司（BMW）产品组合的宽度						
	1系	3系	5系	6系	7系	8系	X系	Z4系
产品线的长度	1系运动型两厢轿车	新3系四门轿车	全新 5系Li	6系双门轿跑车	7系四门轿车	8系造型独特优雅跑车	X1、X3、X5车型	BMW Z4敞篷跑车
		新3系双门轿跑车	全新 5系标准轴距版	6系敞篷轿跑车	全新 BMW高效混合动力7系		X6全新BMW高效混合动力X6	
		新3系敞篷轿跑车	5系 GRAN TURISMO					

	宝马公司（BMW）产品组合的宽度（续）				
	M系	MINI	劳斯莱斯	i系	服饰
产品线的长度	M3 四门轿车 M3 双门轿跑车 M3 敞篷轿跑车	MINI、MINI CLubman 和 MINI 敞篷车	"幻影"双门四座的敞篷车；双门轿跑版的古思特（Ghost）	新能源汽车致力于混动、增程式电动车和插电式电动车	西装、西裤、衬衣、领带等正装
	M5 四门轿车 M5 双门轿跑车		长轴距版、轿跑版和敞篷版	i3、i8 新能源汽车	休闲装、茄克、风衣、休闲裤、羊毛衫、T恤等
	X5 M、X6 M				

四、汽车产品的生命周期

（一）产品生命周期理论

产品在市场上的销售情况及其获利能力会随着时间的推移而变化。这种变化的规律就像人的生命一样，从诞生、成长到成熟，最终将走向衰亡。产品在市场上的这一过程在市场营销学中被称为产品的生命周期，或产品市场生命周期，或产品市场寿命。

产品经过研究开发、试销，然后进入市场，其市场生命周期就开始了。产品被消费者拒绝或淘汰，退出市场，则标志着产品生命周期的结束。产品市场生命周不是产品的自然生命或使用寿命。典型的产品生命周期一般可分为四个阶段，即介绍期（或引入期）、成长期、成熟期和衰退期，如图 2-19 所示。

1.介绍期

新产品投入市场，便进入了介绍期。此时，顾客对产品还不了解，只有少数追求新奇的顾客可能购买，销售量很低，销售额增长缓慢，企业不但得不到利润，反而可能亏损。

2.成长期

当产品在介绍期的销售取得成功以后，便进入成长

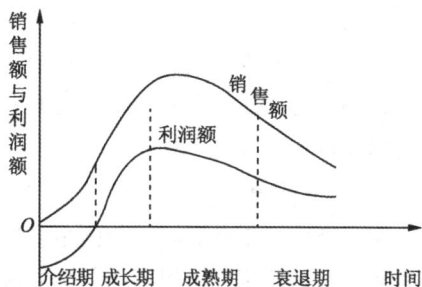

图 2-19　汽车产品生命周期

期，这时顾客对产品已经熟悉，大量的新顾客开始购买，市场逐步扩大。产品已具备批量生产能力，成本降低，销售额迅速上升，利润也迅速增长。在这一阶段，竞争者纷纷进入市场，使产品供给量增加，价格随之下降，企业利润增长速度逐步减慢，最后达到生命周期利润的最高点。

3.成熟期

经过成长期以后，市场需求趋向饱和，潜在的顾客已经很少，销售额增长缓慢直至转而下降，标志着产品进入了成熟期。在这一阶段，竞争逐渐加剧，产品售价降低，促销费用增加，企业利润下降。

4.衰退期

随着科学技术的发展，新产品或新代用品的出现将使顾客的消费习惯发生改变，转向其他产品，从而使原来产品的销售额和利润额迅速下降。于是，产品进入了衰退期。各种档次、各种类型的汽车产品不同，其生命周期及其经历各阶段的时间长短也不同。

有些汽车产品生命周期可能只有 2~3 年，有些汽车产品生命周期可以长达几十年。有些汽车产品经过短暂的市场介绍期，很快就达到成长、成熟阶段；而有些汽车产品的介绍期经历了许多年，才逐步为广大汽车消费者所接受。

（二）产品生命周期各阶段的判断

企业在营销过程中，必须经常了解自己的产品正处于生命周期的什么阶段，以便及时制定出相应的营销策略。产品生命周期的各阶段之间并无明显的界限，带有很大的随机性和模糊性，一般只能作出定性的判断。企业只有通过一些变通的方法来判断产品生命周期的各个阶段。通常有三种方法：类比法、销售增长率比值法和成长曲线（戈珀兹曲线）法。

1.类比法

类比法一般用于判断新产品的生命周期。对于正在销售的新产品，由于没有销售资料或者销售资料不全，很难进行分析判断。可以运用类似产品的历史资料，进行比照分析。

所谓类比法就是根据同类产品的市场销售过程来分析、判断产品生命周期的各个阶段。很多产品的出现，往往是对以前某一种产品的改进、改善，因此，它的销售特点和销售历史，同前一种产品会有很大的相似性。例如，铃木公司在为铃木武士车定位时，就参照了铃木 SJ410 在美国西海岸的销售情况进行分析的。由于同一产品在各地销售和流行的时间有先后，因此，参照同种产品在先行销售地区的发生、发展情况，也是一种很好的方法。当然，各地区由于经济水平和文化素养、生活习惯不同，情况不会完全一致。

用类比的方法必须注意：第一，两种产品必须有可比性，就是说两者之间在消费方式、价格、原料、销售方式等方面有相似性；第二，不管类比的产品之间有多大程度的相似，毕竟是两种不同的产品，它们在销售时间和使用价值上总有一定的差异，因此被比产品的生命周期情况只能作为一种参考。

2. 销售增长率法

由于产品生命周期变化的主要特征反映在销售量变化上，因此，通过观察销售量的变化来判断产品正处于生命周期的哪个阶段也是一种可行的方法。所谓销售增长率比值法就是用销售增长率的数据（$\triangle y / \triangle t$ 的比值）制定出定量标准来划分产品生命周期的各个阶段。这里，$\triangle y$ 代表销售量的增长率，$\triangle f$ 表示时间的增加量。在一般情况下：

$\triangle y / \triangle t$ 的值从销售始点起增长不足 10% 时，为介绍期。

$\triangle y / \triangle t$ 的值大于 10% 时，进入增长期。

$\triangle y / \triangle t$ 的值从 10% 以上的增长速度缓解下来，处于 0.1% ~ 10% 之间时，属于成熟期。

$\triangle y / \triangle t$ 的值接近 0 或小于 0 时，则产品进入衰退期。

需要说明的是，生命周期是产品在整个市场的销售历史，因此，$\triangle y$ 是指该产品在整个市场的增长率，而不是某企业的销售增长率。

3. 成长曲线法（戈珀兹曲线法）

成长曲线是一种描述动植物生长、变化的曲线，很适应反映产品生命周期的发展变化情况。用此种方法可以在事中、事前推测，判断出产品所处生命周期的阶段。一种常用的成长曲线是戈珀兹曲线，该曲线正好对应了产品生命周期的四个阶段：介绍期、成长期、成熟期、衰退期。所以，把产品销售情况（即发展过程）看作时间 t 的函数，可以得到产品生命周期曲线。

（三）汽车产品生命周期的市场策略

产品在其生命周期各阶段具有不同的市场特点，企业只有在了解各阶段的特点之后，才有可能制定出相应的营销策略，保证企业营销活动的成功。关于产品生命周期各阶段的特征，可以从销售量、价格、成本、利润、市场竞争和消费者态度等方面去观察。不同汽车产品在产品生命周期的不同阶段也各有其不同的特点，所以，汽车企业营销策略也应有所不同。对于汽车企业来说，运用产品生命周期理论主要有三个目的：一是使自己的汽车产品尽快尽早为汽车消费者所接受，缩短汽车产品的介绍期；二是尽可能保持和延长汽车产品的成长阶段；三是尽可能使汽车产品以较慢的速度被淘汰。因此，善于根据汽车产品生命周期各阶段的特点，有效利用各种策略，是汽车企业取得营销成功的关键。

1. 介绍期的市场策略

在产品介绍期，由于消费者对产品十分陌生，企业必须通过各种促销手段把产品推入市场，力争提高产品的市场知名度。另一方面，由于介绍期的生产成本和销售成本相对较高，企业在给新产品定价时又不得不考虑这个因素，所以，在介绍期，企业营销的重点主要集中在促销和价格方面。在这个阶段建立新产品的初级需求，努力提高新产品的知名度，乃是这一阶段的策略重点。具体的营销策略有：

（1）避免夭折策略

新产品上市，企业在缩短介绍期的同时，必须认真考虑如何减少新产品夭折的风险。主要措施有：控制投资规模，风险控制投资规模，待销量有明显增加时才逐步扩大投资；单一品种或品牌进入市场，待新产品被接受后才不断多样化和差异化；广泛收集顾客使用新产品后的信息，尽快修正新产品的缺陷，保证新产品的质量。所有这些，都可尽量避免新产品夭折的风险。

（2）广告宣传策略

新产品上市，广告宣传的重点应放在知悉产品的存在和产品的利益、用途上，以便建立初级需求。这一阶段可采用多种多样的促销方式、手段，如发送赠品、新产品演示、借助企业原有产品的提携支持、以寄售和优惠等办法诱导中间商经销等。总之，要有相当的促销力度，尽快使新产品能被潜在顾客接受。

（3）上市范围策略

介绍期产品的上市范围要根据企业条件和潜在市场对新产品的需求程度等具体情况而定；可全面铺开，推向整体市场；也可先向区域市场推出，然后逐步扩大。

（4）定价与促销策略

新产品的定价与促销力度组合，可形成四种策略供选择，如表 2-6 所示。

表 2-6　介绍期市场策略

销售价格 ＼ 销售费用	高	低
高	高价快速促销	高价低速促销
低	低价快速促销	逐步加入市场

a. 高价快速促销策略：以高价推出新产品，并以大规模的促销活动相配合，以图在竞争者还没有反应过来时，先声夺人，把本钱收回来。高价是为了获取高额毛利；高促销的目的是使顾客能接受高价格，加速市场渗透。采用这一策略的条件是：市场容量大；大多数消费者还不知道该产品；消费者急需购买该产品而不在乎高价格；这种产品的品质要特别高，功效要比较特殊，很少有其他产品可以替代；但有可能面临潜在的竞争。

b. 高价低促销策略：采用高价格推出新产品，但花费少量的广告宣传促销费用。高价目的在于减少促销费用，又能获取高额毛利。采用这种策略的条件：市场容量小；大多数消费者了解该产品或产品必须具有独创的特点，填补了市场上的某项空白，它对消费者来说主要是有无的问题，选择性小；消费者愿意高价购买；产品的生产和经营必须有相当的难度和要求，普通企业无法参加竞争。

c. 低价快速促销策略：以低价推出新产品，并配合以大规模的促销活动。这一策略可快速占领市场，达到最大市场占有率。采用这一策略应符合下列条件：市场容量相当大，消费者对这种新产品不了解，但对价格十分敏感；潜在竞争比较激烈；扩大产量能有效降低成本。它要求企业在生产中最大限度地降低成本，以维持较大的推销费用。

d. 逐步加入市场策略：采取低价格和低促销费用来推出新产品，占领新市场。低价格的目的在于使消费者尽快接受该产品，并能有效地阻止竞争对手对市场的渗入；低促销费用以降低售价，增强竞争力。采用此策略的条件是：市场容量大，产品弹性大，消费者已熟悉该产品；消费者对价格十分敏感，有相当多的潜在竞争者。

2．成长期的市场策略

一项新产品顺利进入成长期，说明这是一个成功的新产品，它已摆脱了夭折的风险。但必须看到，这并不等于该产品能成功地为企业长期获利。这是因为众多的竞争者完全可以采用"迟走半步"的竞争策略，既不用研制新产品投入，又可针对新产品的缺陷、不足，加以大幅度改进，最终把创新产品的企业挤出市场。为此，成长期产品的策略重点应放在创立名牌、提高偏爱度上，促使顾客在出现竞争性产品时更喜爱创新企业的产品。具体策略有：

（1）产品质量策略

成长期的市场策略主要是保证质量，坚决杜绝某些产品一旦进入成长期便降低质量、失信于消费者、自毁声誉的现象，并在此基础上不断提高质量水平。

（2）产品改进策略

企业要对产品进行改进，在改进产品质量的同时，赋予产品新的功能，修正缺陷，丰富式样，强化特色，在商标、包装、款式、规格、定价等方面作出改进，使整体产品优于同类产品。

（3）创建名牌策略

在出现众多竞争对手的情况下，努力树立起本企业及其产品的良好形象。要重点宣传品牌商标，提高品牌的知名度与偏爱度，促使潜在顾客认牌购买。

（4）拓宽市场策略

汽车企业要通过市场细分，找到新的尚未满足的细分市场，并迅速占领这一市场。还要利用新开辟的分销渠道，增加销售网点，通过方便消费者购买来拓宽市场。

（5）价格降低策略

在增长期，虽然市场需求量较大，但在适当时期也可以充分利用价格手段，即降低价格，争夺低收入、对价格敏感的潜在顾客，以加强竞争能力。

3. 成熟期的市场策略

成熟期是汽车企业获得利润的黄金时期。成熟期的策略重点应放在延长生命周期、提高竞争力上，通过获得竞争优势，维持大量销售，从该产品中获得尽量多的利润。企业可具体采用以下策略：

（1）市场改进策略

努力开拓和寻找新的目标市场，向市场需求的深度和广度发展，即尽量在使用者的人数和用量上采用不同的策略。这种策略不需要改变产品本身，只是寻找新的细分市场，创造新的消费方式等。其通常有三种形式：

① 寻找新的目标市场　为了促使更多的人使用本企业品牌的产品，可用各种促销手段使未使用过这种产品的人也购买它；可设法进入那些虽然使用这种产品，但并未使用过本企业品牌的新的细分市场；可吸引竞争者的顾客试用本企业品牌。

② 刺激消费者增加用量　为使顾客增加用量，也有各种途径：一是提高使用频率，使顾客增加使用次数；二是增加每次的用量；三是增加新的更广泛的用途，这是延长产品生命周期的有效办法。

③ 树立新形象　重新树立产品形象，寻找新的买主。

（2）产品改革策略

改进产品与改进市场相辅相成，改进产品将更有效地改进市场。企业可从三个方面改进产品：

① 提高质量，使本企业品牌的产品更可靠、更经济、更耐用、更安全等。

② 增加特性，使本企业品牌的产品具有其他同类产品所没有的新特性。

③ 更新款式，包括采用新的包装、造型、花色、外观设计等，增加产品的美感。

（3）营销组合改革策略

产品进入成熟期后，必须重新设计营销因素组合方案，对产品因素及非产品因素（价格、渠道、促销）加以整合，对营销策略进行具有吸引力及扩张性的拓展。例如，上海汽车集团销售总公司为推进桑塔纳的销售，在1999年改变传统的分销渠道，设立地区分销中心，引进了特许经营的营销方式，以改进营销组合。

4. 衰退期市场策略

当某一品牌或品种的产品销售额明显下降或急剧下降时，说明这种产品已进入衰落期。销售额下降的原因主要是出现了更新的产品、消费者对这种产品已不感兴趣或过度竞争所致。伴随着销售额的迅速下降，利润也在下降甚至出现亏损的局面。该产品行业内的竞争者或立即退出市场，或缓慢地退出市场。显然，这一阶段的营销策略重点是掌握时机，退出市场。具体的策略是：

① 收割策略　指利用剩余的生产能力，在保证获得边际利润的条件下，有限地生产一定数量的汽车产品，适应市场上一些老汽车消费者的需要，或者只生产某些零部件满足用户维修的需要。

② 榨取策略　指大力降低销售费用，精简推销人员，增加当前利润。

③ 集中策略　指汽车企业把人力、物力集中到最有利的细分市场和销售渠道上，缩短战线，从最有利的市场和渠道获取利润。

④ 撤退策略　指当机立断，撤退老产品，组织汽车新产品上马。在撤退的时候，可以把生产该种汽车产品的工艺以及设备转移给别的地区的汽车企业，因为，该种汽车产品在别的地区可能并非处在衰退期。

综上所述，汽车产品生命周期各阶段的特性、营销目标和策略如表2-7所示。

表2-7　汽车产品生命周期各阶段策略对比表

生命周期		投入期	成长期	成熟期	衰退期
特性	销售	低销售	销售快速上升	销售高峰	销售衰退
	成本	按每一汽车消费者计算的高成本	按每一汽车消费者计算的平均成本	按每一汽车消费者计算的低成本	按每一汽车消费者计算的低成本
	利润	亏损	利润上升	高利润	利润衰退
	消费者	创新者	早期采用者	中间多数	落后者
	竞争者	极少	逐渐增加	数量稳定开始衰退	数量衰退
营销目标		创造产品知名度和试用	最大限度占有市场份额	保护市场份额获取最大利润	对该品牌削减支出和汲取收益
策略	产品	提供一个基本成品	提供产品的扩展品、服务、担保	品牌和式样的多样性	逐渐淘汰疲软项目
	价格	采用成本加成	市场渗透价格	较量或击败竞争者的价格	削价
	分销	建立选择性分销	建立密集广泛的分销	建立更密集广泛的分销	进行选择；逐步淘汰无盈利的分销网点
	广告	建立知名度	在大量市场中建立知名度	强调品牌的区别和利益	减少到保持坚定忠诚者需求的水平
	促销	大力加强销售促进以吸引试用	充分利用有大量消费者需求的有利条件，适当减少促销	增加对品牌转换的鼓励	减少到最低水平

【任务实施】

引导问题 1：在互联网上收集相关资料，分析广汽本田汽车公司的产品组合宽度与深度，以及产品线长度。

引导问题 2：经过分析可知，参考下表所示知名汽车品牌厂商的产品策略，谈谈广汽本田的产品策略，填写在相应的表格中。

汽车品牌	主要产品策略
上海通用	三大品牌：凯迪拉克、别克、雪佛兰分别覆盖了高、中、低档价位的市场，细分市场做的很细，为各个阶层的消费者提供了品牌选择的机会
奇瑞	奇瑞投放市场的整车有 QQ3、QQ6、A1、瑞麒 2、旗云、开瑞 3、A5、瑞虎 3、东方之子、东方之子 Cross 等十个系列数十款产品，价格从 3 万元起，最高价位也只在 10 万元左右，主要覆盖低价位的轿车市场
奔驰	奔驰汽车，一个几乎全世界无人不知的汽车品牌。它的策略就是品牌的策略，利用高知名度和消费者的信任度稳稳的抓住中高档的消费市场
宝马	作为高档汽车产业的先导，宝马的高性能、舒适程度在消费者心中早已扎下了根，以它的知名度，在市场上的策略就是名牌效应
广州本田	

引导问题 3. 在广汽本田 4S 店销售的产品中，分析它们分别处在产品生命周期的哪个阶段？应分别采取哪些应对策略？

产品名称	产品所处生命周期	特点	应对策略

任务 7　汽车产品定价

【任务导入】

汽车价格是汽车市场营销中的一个非常重要的因素，它在很大程度上决定着市场营销组合的其他因素。价格的变化直接影响着汽车市场对其的接受程度，影响着消费者的购买行为，影响着汽车生产企业盈利目标的实现。因此，汽车定价策略是汽车市场竞争的重要手段。汽车的定价策略既要有利于促进销售、获取利润、补偿成本，同时又要考虑汽车消费者对价格的接受能力，从而使汽车定价具有买卖双方双向决策的特征。

从经济学观点看，价格是严肃的，价格是商品价值的货币表现，不能随意变动。但从汽车市场营销的角度看，汽车价格是活跃的，汽车价格要对汽车市场变化作出灵活的反应，要以汽车消费者是否愿意接受为出发点。

一款紧凑型汽车（如福克斯）即将上市，应如何对其定价，原来的同级别同品牌老款车该如何进行价格调整？

【学习指引】

通过本任务的完成和学习，你应该掌握以下知识：

① 汽车价格的构成及定价目标。

② 汽车定价的步骤与基本定价方法、策略。

③ 汽车产品定价程序与价格调整策略。

通过本任务的完成和学习，你应该具备如下工作能力：

能够灵活运用价格策略对汽车产品进行定价与价格调整。

【相关知识】

一、汽车产品定价概述

产品的价格是整个营销组合的基本组成部分，因为它是产品之间可以进行快速比较的一个因素。消费者通常广泛地用它来判断产品和服务。菲利普·科特勒在《营销学管理》一书中所说"在营销组合中，价格是唯一能产生收入的因素，其他因素则表现为成本。价格因素也是营销组合中最灵活的因素，它的变化是异常迅速的。"在现代市场营销中，价格带有很强的竞争意识，许多企业都视合理运用价格杠杆为取得市场的重要策略。价格直接关系着市场对产品的接受程度，影响企业利润的多少，是营销组合策略中的一个重要组成部分，但价格在市场上却最容易受到外界干扰，又最难控制。因此要把价格定到消费者、企业能接受的位置，就需要讲究科学性和艺术性。

"价值"（value）的本义是指某种东西对人的意义和用处。一种商品，人们可以自己使用它，这叫商品具有"使用价值"；还可以用来与别人交换，这叫商品具有"交换价值"。一件商品的交换价值是体现在它所交换得来的商品上。因此通常把通过交换得来的商品称为一件商品的"交换价值"（exchange value），简称"价值"。一件商品可以和其他许多商品进行交换，也就是商品价值具有许多表现形式，其中用货币来表现的商品价值，就是"价格"（price）。价格与价值之间是形式与内容的关系，两者不能进行"量"的比较。

在中国车市竞争日益激烈的今天，价格策略成为国内汽车企业重要的营销手段。产品价格是企业向外界发出的最真实的营销信息，传递了企业营销的战略、战术意图。价格策略也可以考核企业管理水平。特别是国外汽车企业加入中国市场的竞争后，更使价格在市场扩张、吸引顾客、参与竞争、维护企业地位等方面起到其他营销策略所不能取代的作用。

价格作为参与竞争的主要手段之一，具有双重性：一方面企业稳健的价格策略有利于企业的产品快速地进入市场、占领市场，有利于企业防止新的竞争者的产生，有利于维护企业的市场地位等；另一方面盲目的价格策略也直接或间接地损害着企业的利润来源，甚至是企业的整体形象。也就是说，企业定价的原则必须是在遵循客观经济规律的基础上，合理地、自由地、富有想象力地以及富有创造力地设定产品价格。

二、影响汽车价格的因素

汽车价格的高低，主要是由汽车包含的价值量的大小决定的。但是，从市场营销角度来看，汽车的价格除了受价值量的影响之外，还要受以下几种因素的影响和制约：

1．汽车成本

汽车在生产与流动过程中要耗费一定数量的物化劳动和活劳动，并构成汽车的成本。成本是影响汽车价格的实体因素。汽车成本包括汽车生产成本、汽车销售成本和汽车储运成本。

2．汽车消费者需求

汽车价格的高低直接反映了汽车买者与卖者的利益关系。汽车消费者的需求对汽车定价的影响，主要通过汽车消费者的需求能力、需求强度、需求层次反映出来。汽车定价要考虑汽车价格是否适应汽车消费者的需求能力。

3．竞争者行为

汽车价格是竞争者关注的焦点和竞争的主要手段。汽车定价是一种挑战性行为，任何一次汽车价格的制定与调整都会引起竞争者的关注，导致竞争者采取相应的对策。在这种对抗中，竞争力量强的汽车企业有较大的定价自由，竞争力量弱的汽车企业定价的自主性就小，通常是追随市场领先者进行定价。同时，汽车企业竞争者的定价行为也会影响到本企业的汽车的定价，迫使本企业作出相应的反应。

4．社会经济状况

社会经济状况从多方面影响汽车价格的变化，它的周期性变化直接影响着汽车市场的繁荣和疲软，并决定着汽车价格总水平的变化。一个国家或地区经济发展水平及发展速度高，人们收入水平增长快，购买力强，价格敏感性弱，有利于汽车企业较自由地为汽车定价。反之，一个国家或地区经济发展水平及发展速度低，人们收入水平增长慢，购买力弱，价格敏感性强，企业就不能自由地为汽车定价。

5．汽车企业销售渠道和促销宣传

汽车企业销售渠道的建设和选择、中间环节的多少直接决定着汽车销售费用的高低，直接影响着汽车的价格。汽车企业的促销宣传需要大量资金的支持，促销费用最终也要进入汽车的销售价格之中。总的来说，汽车企业营销能力强的企业，有利于在既定汽车价格水平下完成销售任务，对制定汽车价格有着较大的回旋余地。

6．汽车企业的整体营销战略与策略

各个汽车市场营销决策相协调配合，形成一个有机的整体，构成一个汽车市场营销决策体系。汽车价格策略作为汽车市场营销决策体系的重要组成部分，既要服从于汽车市场营销战略目标的实现，又要配合其他诸如汽车产品策略、汽车销售渠道策略等各项决策的制定与实施。总的来说，只有在了解了各因素对汽车定价的影响之后，才能制定出具有竞争力的汽车价格策略。

7．国家相关的政策法规

目前，我国的汽车市场价格更多的是在政府物价部门审批下制定的。在社会主义市场经济下，有效加强价格管理，对于整个汽车产业、消费者以及国家都具有很重要的意义。另外，国家的政策也会影响汽车定价。如沈阳奥克斯汽车股份有限公司是近年来刚刚"借壳"进入汽车领域的，新政策要求厂家实现欧Ⅱ转欧Ⅲ排放标准，对于资金和技术都还不够完善的企业来说，由此产生的运营成本就会相应的增加，而这部分费用最终还是会反映到汽车价格上来。

汽车的定价除了受到以上几种因素的影响之外，还受到国家的金融政策、汽车的使用环境、地区以及国际大背景等因素的制约。因此，汽车企业必须综合考虑各方面影响价格的因素，进

一步改善我国家用轿车市场的供求关系。提高供给能力，保障供给质量，创造和刺激消费者对家用轿车的需求，从而促进我国轿车工业的健康稳步发展。

三、汽车定价目标

定价目标，就是每一件商品的价格实现以后应达到的目的，它和企业战略目标是一致的，并为经营战略目标服务。其总的要求是追求利润的最大化。汽车定价目标是在对汽车目标市场和影响汽车定价因素综合分析的基础上确定的。汽车定价目标是合理定价的关键。不同汽车企业、不同的汽车经营环境和不同汽车经营时期，其汽车定价目标是不同的。在某个时期，对汽车企业生存与发展影响最大的因素，通常会被作为汽车定价目标。

企业定价目标大致有以下 4 个方面。

1．以追求利润为定价目标

盈利是企业的基本目标，价格的高低变化又直接影响着企业的盈利水平，因此，不少企业都把实现目标利润作为重要的定价目标。由于企业在不同产品上所确定的目标利润不同，因此，以追求利润为目的的定价目标也有不同的表现。

（1）最大利润目标

最大利润是指企业在一定时期内可能并准备实现的最大利润额，这就是要求企业全部产品线的各种产品的价格总体最优，而不是单位商品的价格最高。因此，企业经常有意把少数几种商品的价格定得很低，以招揽顾客，借以带动其他商品的销售，从而在整体上获取最大的利润。

（2）预期收益目标

任何企业对其投入的资金，都希望获得预期水平的回报。而预期的回报水平通常是通过投资收益率（资金利润率）来表示的。所以，企业经常规定自己的资金利润率目标，为此，企业定价要求在产品成本基础上加上适当的预期收益。竞争实力强大的企业常用这种定价方法。

（3）适当利润目标

在剧烈的市场竞争中，企业为保全自己，减小经营风险，或因为经营力量不足等多种原因，把取得适当利润作为定价目标，这样既能够保证一定的营销渠道，又能使企业得到适当的投资回报。

2．以增加销量为定价目标

大量销售一方面可以形成强大声势，提高市场知名度，并方便顾客购买，另一方面可有效地降低生产和经营成本。因此，争取大量的销售量，也就争取到了最大的销售收入。

以此为定价目标的企业在进入市场定价时一般都采用低价策略，而在调整价格时，一般都采用降价策略。

3．以扩大或保持市场占有率为定价目标

市场占有率，又称市场份额，是指企业的销售额占整个行业销售额的百分比，或者是指某企业的某产品在某市场上的销量占同类产品在该市场销售总量的比例。市场占有率是企业经营状况和企业产品竞争力的直接反映。从长期来看，较高的市场占有率必然带来高利润。

在实践中，市场占有率目标被国内外许多企业所采用，其方法是以较长时间的低价策略来保持和扩大市场占有率，增强企业竞争力，最终获得最优利润。但是，这一目标的顺利实现至少应具备 3 个条件：

① 企业有雄厚的经济实力，可以承受一段时间的亏损，或者企业本身的生产成本本来就

低于竞争对手。

② 企业对其竞争对手的情况有充分了解，有从其手中夺取市场份额的绝对把握。

③ 在企业的宏观营销环境中，政府未对市场占有率作出政策和法律的限制。比如美国制定有"反垄断法"，对单个企业的市场占有率进行限制，以防止少数企业垄断市场。在这种情况下，盲目追求高市场占有率，往往会受到政府的干预。

4. 以应对竞争为定价目标

相当多的企业对于竞争者的价格十分敏感，有意识地通过商品的恰当定价去应付竞争或避免竞争的冲击，是企业定价的重要目标之一。所谓用价格去防止竞争，就是以对市场价格有决定影响的竞争者的价格为基础，去制定本企业的商品价格，或与其保持一致，或稍有变化，并不企图与之竞争，而是希望在竞争不太激烈的条件下，求得企业的生存和发展。

不过，具体到某一个企业，价格如何制定，要根据实际情况区别对待。一般来说，在成本、费用或市场需求发生变化时，只要竞争者维持原价，采用这种定价策略的企业也应维持原价；当竞争者改变价格时，也应随之调整，避免竞争带来的冲击。对于谋求扩大市场占有率的企业，其定价应采取低于竞争者的薄利多销的策略；对于具有特殊条件，财力雄厚，或商品质量优良的企业，可采取高于竞争者的定价策略。

四、汽车定价的方法

一般来说，产品应该根据成本加上合理利润来定价格。但在很长一段时间里，中国轿车企业一贯推行新车上市高售价的策略，因此"暴利"成为中国汽车工业的代名词。目前，汽车定价不是遵循成本加合理利润原则来制定，而是根据市场上同类产品的价格、竞争对手的价格策略、企业对市场占有率的目标诉求等因素，采用"类比"方法确定的。在中国，现行的汽车市场存在的基本定价方法就有以成本为导向、以需求为导向和以竞争为导向 3 种定价方法。

1. 成本导向定价法

成本导向定价法是指以企业产品的成本为基础来制定价格，这种定价完全是企业以自身经营成本为考虑前提，也就是说企业先要快速回收投资成本。这种定价的方法有以下 4 种。

（1）完全成本加成法

完全成本加成法是指在汽车产品的单位成本上，加上企业一定的加成率作为产品的销售价格，加成率是企业预期的利润与成本之间的比例。这样在售价与成本之间形成的差额就是企业实际所获得的利润。其计算公式如下：

$$汽车单位成本 = 单位产品的总成本 \times （1+加成率）$$

例如，某企业生产某一款家用轿车所需的总成本为 10 万元，加成率为 20%，则该汽车的总销售价为

$$10 万元 \times （1+20\%） = 12 万元$$

成本加成法主要的优点是：一方面成本的计算企业可以完全控制，因为成本是企业的内部信息，只需估计平均可变成本和加成率，就可以确定产品的价格；另一方面是因为这种定价方法的价格泡沫成分较少，对于企业和消费者来说都较为合理。但成本加成定价不利于企业参与市场竞争，原因是成本加成定价是根据卖方的主观意愿来决定汽车产品的价格，而没有考虑到竞争对手定价策略，因此当产品的价格一旦定下后，如果出现由于市场竞争而调整价格，则企

业的经营计划将会受到影响。另外这种定价法也没有考虑到企业今后的销售量的计划没有实现时的应变策略。

（2）目标利润定价法

目标利润定价法是企业首先确定自身总成本和计划总的销售量这两个指标，然后再加上一定的投资收益率作为利润来确定产品的价格。值得注意的是目标利润率一定要大于同期的银行利率。其计算公式如下：

$$汽车单位产品价格 = 总成本 \times （1 + 目标利润率） / 预计的销售总量$$

目标利润定价法的优点很明显：这种定价为企业确保投资收益的回收而设定了一个目标，也就是说只要能完成这个销售目标，企业就一定能盈利；另外企业设定的销售目标也是企业对市场的一个整体反映，具有一定的科学性。但这种定价法，也和成本加成定价法一样，对市场的风险性估计不足，如果由于某种外界因素，企业的目标不能完成，则企业产品的价格就不能保证企业的投资收益率，反而会相应地增加企业的投资回收期。

（3）盈亏平衡定价法

盈亏平衡分析，是通过把成本划分为固定成本和可变成本，假定产销量一致，根据成本、产量、售价和利润之间的函数关系，找出产量、产品价格、单位产品的可变成本、年固定成本、生产能力利用率等因素的盈亏平衡点，再结合预测的各个因素可能的变动情况，对项目的风险情况及项目对各因素不确定性的承受能力进行大致判断的一种分析方法。盈亏平衡点就是项目处于盈亏平衡状态时该因素的数值，其中盈亏平衡状态就是销售收入等于总成本、项目盈利为零的状态，即

$$T_r = PQ = F_c + C_v Q = T_c$$

其中　T_r 为销售收入；P 为产品价格；Q 为产品产量即销售量；T_c 为总成本；F_c 为固定成本；C_v 为单位产品的变动成本。由该公式可以容易地计算出各个因素的盈亏平衡点，如图 2-20 所示。应该指出的是盈亏平衡定价法适用于汽车工业以及汽车经销商的经营定价。

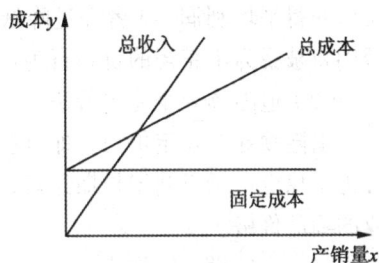

图 2-20　汽车产品盈亏平衡图

盈亏平衡分析法被广泛应用的原因是：首先，研究产量变化、成本变化和利润变化之间的关系，这是盈亏平衡分析法的最基本功能。由于企业的任何决策都有可能引起产销量、成本、价格等因素的变化，所以分析这些因素的变化对利润的影响，就能为汽车企业决策提供依据。其次，能确定盈亏平衡点产量，即指企业不盈不亏时的产量，这时企业的总收入等于总成本。最后，能确定企业的安全边际。在确定盈亏平衡点产量的基础上，就可以进一步确定企业的安全边际。安全边际是指超出盈亏平衡点的销售量或期望销售量、销售收入或期望销售收入，也就是盈亏平衡点以上销售量，即现有销售量超过盈亏平衡点销售量的差额。安全边际的计算说明了从现有销售量或预计可达到的销售量到盈亏平衡点是否还有差距，还有多大的差距，只要有差距企业就亏损，差距越大，亏损也就越大；反之，销售量只要超过盈亏平衡点，企业就盈利，超过越多，盈利就越多，企业经营就越安全。

（4）边际成本定价法

所谓边际成本是指企业每增加一单位产量所增加的总成本。边际成本定价是一种以变动成本为基础的定价方法。也就是说企业不用计算固定成本，而只要以预计总收入减去总的变动成

本后，得到边际贡献，再用边际贡献去补偿固定成本。因此，如果企业这个边际贡献不能完全弥补固定成本，就说明企业亏损，反之企业则盈利。其计算公式如下：

$$边际贡献 = 销售总收入 - 总的变动成本$$

$$单位产品的价格 = （边际贡献 + 总的变动成本）/ 预计的销售量$$

采用边际成本定价的汽车产品价格在实际的销售过程中可能要低于单位产品成本。但如果市场是处于买方市场，汽车产品市场竞争环境不容乐观时，这种定价法反而可以帮企业减少固定资产的损失。

2. 竞争导向定价法

竞争导向定价法是一种以竞争对手的价格为基础，根据竞争双方的力量等情况作对比后，企业制定比竞争者的价格或高或低或相同的价格，以达到增加利润、扩大销售量或者提高市场占有率目标的定价方法。这种定价方法主要是为了竞争，其特点是以竞争者的价格作为定价基础，以成本和需求为辅助因素，只要竞争者价格不变，即使成本或需求发生变动，价格也不动；反之亦然。常用的方法有以下几种。

（1）随行就市定价法

随行就市定价法，即企业在竞争中力求把自己的产品价格保持在同行业平均价格水平上，依据竞争对手的价格来定价。在竞争激烈供需基本平衡的市场上，这是一种比较稳妥的定价方法。这样做既减小了风险又大体反映了该商品的社会必要劳动时间，还有利于与同行和平共处，从而获得平均利润，或者经过降低成本的努力，获得超额利润。但注意不能变相搞成价格共谋，否则将被视为不正当的价格行为而遭制裁。

（2）追随领导企业定价法

追随领导企业定价法，即有些拥有较丰富的后备资源的企业，为了应付或者避免竞争，或者为了稳定市场以利于长期经营，采用以同行业中影响最大的企业的价格为标准，来制定本企业的商品价格。

（3）竞争投标定价法

通过投标争取业务的企业，大多采取竞争投标定价法。在竞争投标中，报价越低，得标的概率越大。因此，参加投标的企业在确定投标报价时，必须预测竞争者的价格意向，制定最佳报价。最佳报价必须兼顾两个方面，既能使企业得标，又可给企业带来最大利润。美国 GE 若需要订购一批汽车零件，它们会在网上发布这个消息，然后在许多供应商的投标中选择价格低的供应商订货。

典型案例

上海大众"帕萨特"的定价策略

上海大众为了制定出有竞争优势的市场价格，上海大众首先从以下几个方面分析了自己的优劣势。

（1）就生产成本而言，由于该车系上海大众已在 2000 年就开始生产了，而且产销量每年递增，所以生产成本自然会随着规模的增加而降低。

（2）竞争品牌技术差异。

① 在与市场同档次产品（如奥迪 A6、本田雅阁、通用别克等）相比，虽然帕萨特的长度排名最后一位，但是帕萨特轿车身材最高，达 1.47 m；整车轴距为 2.803 m，远远高于雅阁、别克。

帕萨特的乘坐空间和乘坐舒适性在同类轿车中处于最高水平，尤其对后排乘员来说，腿部和头部空间尤显宽敞。

②　帕萨特和奥迪 A6 所用的 2.8V6 发动机技术水平均处于领先地位。

③　空气阻力影响汽车的最高车速和燃油油耗。帕萨特的风阻系数仅为 0.28，在同类轿车中处于最高水平。

④　和帕萨特及奥迪 A6 的周密防盗系统相比，雅阁没有发动机电子防盗系统和防盗报警系统，别克轿车没有防盗报警系统。

⑤　帕萨特轿车的长度在四种车型中名列之末，但由于其卓越的设计，帕萨特的行李舱容积却超过了广州本田雅阁和上海通用别克的水准。

（3）售后服务是汽车厂商们重点宣传的部分，而维修站的数量则是个硬指标。上海大众建厂最早，售后服务维修站的数量自然也会居于首位。在市场营销方案中，上海大众依然用图表的方式充分展示了自己在这方面的优势。

在对经销商的培训及消费者的宣传中，上海大众用了这样的语言：上海大众便捷的售后服务、价平质优的纯正配件，使帕萨特的维护费用在国产中高级轿车中最低，用户耽搁时间最短，真正实现"高兴而来，满意而归"。很明显，上海大众抓住了消费者的需求心理：高质量、低价位、短时间。

在对全员培训中，上海大众非常明确的描绘出了帕萨特的品牌定位：感性表述——帕萨特宣告了你人生的成就；理性描述——帕萨特是轿车工业的典范。最后一句"帕萨特 2.8V6 是上述品牌定位的最好例证"，推出了新产品的卖点与竞争力。

整个营销方案的最后，打出了帕萨特 2.8V6 的定价：35.9 万元人民币。

从这个案例中，我们可以很明显地看出，上海大众采用的是竞争导向定价法，这也是跨国公司通常的做法。他们在考虑产品成本和需求的同时，主要依据同一市场上同类产品竞争对手的价格来确定自己产品的价格。而德国大众在中国生产的帕萨特轿车是具有垄断性的，所以需要提醒有关厂家注意的是上海大众推出 35.9 万元人民币的帕萨特 2.8V6，肯定要以击败某一或某些竞争对手为主要目标的。而 35.9 万元的帕萨特 2.8V6 正好低于别克 2.98 L 最高配置的 36.9 万，稍高或基本等于奥迪 1.8T 35 万元的价格。这时就不难看出帕萨特 2.8V6 的上市会对别克 2.98 L 最高配置及奥迪 1.8T 形成直接冲击。

从帕萨特的市场表现来看，其定价策略的运用是成功的，它不仅有效地运用了市场竞争的手段之一——价格竞争策略，同时也有效地向消费者传递了企业和产品的形象信息，为企业和产品在市场中找到了立身之地，也大大增强了企业的竞争力。

3．需求导向定价法

需求导向定价法，是以消费者的需求情况和价格承受能力作为定价依据的，而不是通过企业产品的成本来制定价格。其主要有认知价值定价法、需求差异定价法和反向定价法 3 种。

（1）认知价值定价法

认知价值定价法，又称"感受价值定价法""理解价值定价法"。这种定价方法认为，某一汽车产品的性能、质量、服务、品牌、外观设计和价格等，在消费者心目中都有一定的认知和评定。消费者往往根据他们对产品的认识、感受或理解的价值水平，综合商品的直接与间接的购物经验、对市场行情和同类产品的了解程度对价格作出的评判。当汽车产品的价格水平与消费者对该产品价值的理解水平大体一致时，消费者就会接受这种价格，反之，消费者就不会接受这种价格。

对于买方的认知价值的估算方法有 3 种：其一是主观评估法，即根据本企业内部的各个部门对产品的认识情况综合评估产品的价格；其二是客观评估法，即由企业外部业内的有关专家、营销人员，通过比质，考虑供求、成本等因素，在个人评估基础上评估可销产品的预测值，最后通过实地试销、调整，确定正式销售价格；其三是实销评价法，即用一定量的商品试销，然后通过市场调查来确定消费者对产品价格的接受程度，最后对产品的价格进行评估。

（2）需求差异定价法

严格地讲，需求差异定价法采用的是价格歧视方式，即指企业按照两种或两种以上与成本无关的差异价格来销售同一种产品，以适应顾客的不同需要，从而扩大销售，增加收益。在同一品牌汽车交易过程中根据不同顾客不同价格、不同款式不同价格、不同地点不同价格、不同时间不同价格、不同用途不同价格以及不同付款条件不同价格等方式来定价。

上述各种差异定价方式就是指同一产品对不同的细分市场采取不同的价格，而给予买方不同的价格优惠。其优惠形式主要有折扣、津贴或免费等，是差异化营销策略在价格制定中的体现，是一种较为灵活的定价方法。实行差异定价法必须具备以下 3 个条件：首先是企业对价格有一定的控制能力；其次是产品有两个或两个以上被分割的市场；最后是不同市场的价格弹性不同，需要先进行市场细分化，再根据各细分市场的成本、需求和利润目标定价。上海通用在推出别克荣御时，并没期待一个非常大的市场，而是走差异化竞争道路，瞄准特定的用户群体需求，有针对性地推出产品和制定价格，赢得了市场。

（3）反向定价法

反向定价法，又称逆向定价法，是指企业依据消费者能够接受的最终销售价格，计算自己从事经营的产品成本和利润后，逆向推算出产品的市场价。

2005 年的中国汽车市场，对于消费者来说最实惠的是汽车一轮接一轮的降价，几乎很多档次的家用轿车都有着 10% 左右的降价。而对于消费者来说，他们更能清楚地认识到这里面的问题。一种看法认为，原材料不断上涨，可汽车价格还在下降，这说明汽车厂商承受力很强。汽车制造企业比钢铁、零部件企业的回旋余地大，汽车是由几万个零部件构成的，每个零部件的价格都不一样，配置可装可不装，钢板有薄有厚，质地各不相同。汽车厂商可以采取其他的办法来调整，所以价格依然维持下降的局面。另一种看法则认为汽车行业目前仍是一个垄断的行业、一个不开放的行业、一个厚利的行业、一个不完全竞争的行业。在这样一个行业里，它的价格是扭曲的，成本是不真实的，所以这样的定价肯定是有钱赚的，不必担心会亏本，因为利润空间太大了，以至于可以先不考虑成本因素，先定下来，再核算。这样消费者在信息基本透明的前提下，会更加理智地进行选择，因此逆向定价对汽车行业的发展有着重要意义。

以上所讲的各种定价方法，只是汽车行业通常定价法中的分类，而实际上，企业的定价中，这些方法是相互影响、相互渗透的。产品定价是一个动态过程，因此企业就应根据自身情况以及市场综合分析，根据不同情况采取不同的定价方式。

五、汽车产品定价策略

汽车价格竞争是一种十分重要的汽车营销手段。在激烈的汽车市场竞争中，汽车企业为了实现自己的营销战略和目标，必须根据产品特点、市场需求及竞争情况，采取各种灵活多变的汽车定价策略，使汽车定价策略与汽车市场营销组合中的其他策略更好地结合，促使和扩大汽车销售，提高汽车企业的整体效益。因此，正确采用汽车定价策略是汽车企业取得汽车市场竞争优势地位的重要手段。

（一）汽车新产品定价策略

在激烈的汽车市场竞争中，汽车企业开发的汽车新产品能否及时打开销路、占领市场和获得满意的利润，除了汽车新产品本身的性能、质量及必要的汽车市场营销手段和策略之外，还取决于汽车企业是否能选择正确的定价策略。汽车新产品定价有三种基本策略，其价格与销量的关系如图 2-21 所示。

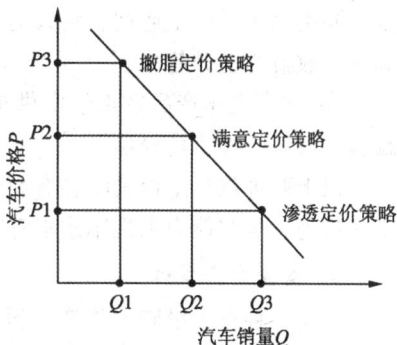

图 2-21　导入期的定价策略

1. 撇脂定价策略

撇脂定价策略是一种汽车高价保利策略，是指在汽车新产品投放市场的初期，将汽车价格定得较高，以便在较短的时期内获得高额利润，尽快地收回投资。

这种汽车定价策略的优点是：①汽车新产品刚投放市场，需求弹性小，尚未有竞争者，因此，只要汽车新产品性能超群、质量过硬，就可以采取高价，来满足一些汽车消费者求新、求异的消费心理；②由于汽车价格较高，因而可以使汽车企业在较短时期内取得较大利润；③定价较高，便于在竞争者大量进入市场时主动降价，增强竞争能力，同时，也符合顾客对价格由高到低的心理。

这种汽车定价策略的缺点是：①在汽车新产品尚未建立起声誉时，高价不利于打开市场，一旦销售不利，汽车新产品就有夭折的风险；②如果高价投放市场销路旺盛，很容易引来竞争者，从而使汽车新产品的销路受到影响。

这种汽车定价策略一般适应以下几种情况：

① 汽车企业研制、开发的这种技术新、难度大、开发周期长的汽车新产品，用高价也不怕竞争者迅速进入市场。

② 这种汽车新产品有较大市场需求。由于汽车是一次购买，享用多年，因而高价市场也能接受。

③ 高价可以使汽车新产品一投入市场就树立起性能好、质量优的高档品牌形象。

2. 渗透定价策略

这是一种汽车低价促销策略，是指在汽车新产品投放市场时，将汽车价格定得较低，以便使汽车消费者容易接受，很快打开和占领市场。

这种汽车定价策略的优点是：一方面，可以利用低价迅速打开新产品的市场销路，占领市场，从多销中增加利润；另一方面，低价又可以阻止竞争者进入，有利于控制市场。

这种汽车定价策略的缺点是：投资的回收期较长，见效慢，风险大，一旦渗透失利，企业就会一败涂地。

这种汽车定价策略一般适应予以下几种情况：

① 制造这种汽车新产品所采用的技术已经公开，或者易于仿制，竞争者容易进入该市场。利用低价可以排斥竞争者，占领市场。

② 投放市场的汽车新产品，在市场上已有同类汽车产品，但是，生产汽车新产品企业比生产同类汽车产品企业拥有较大的生产能力，并且该产品的规模效益显著，大量生产定会降低成本，收益有上升趋势。

③ 该类汽车产品在市场中供求基本平衡，市场需求对价格比较敏感，低价可以吸引较多顾客，可以扩大市场份额。

以上两种汽车定价策略各有利弊，选择哪一种策略更为合适，应根据市场需求、竞争情况、市场潜力、生产能力和汽车成本等因素综合考虑。

3. 满意定价策略

这是一种介于撇脂定价策略和渗透定价策略之间的汽车定价策略。所定的价格比撇脂价格低，而比渗透价格要高，是一种中间价格。这种汽车定价策略由于能使汽车生产者和消费者都比较满意而得名。由于这种价格介于高价和低价之间，因而比前两种定价策略的风险小，成功的可能性大。但有时也要根据市场需求、竞争情况等因素进行具体分析。

（二）按汽车产品寿命周期定价策略

在汽车产品寿命周期的不同阶段，汽车定价的三个要素——成本、消费者和竞争者都会发生变化，因此，汽车定价策略要适时而定：

（1）导入期

汽车消费者在起初接触汽车新产品的价格敏感性与他们长期的汽车价格敏感性之间是没有联系的。大多数消费者对新产品的价格敏感性相对较低，因为他们倾向于把汽车价格作为衡量汽车质量的标志，而且，此时没有可作对比的其他品牌汽车。但不同的汽车新产品进入市场，反应是有很大差异的。1908 年，福特公司推出的 T 型车就是新的大批量生产技术的产物，它的先驱者已经为其进入市场铺平了道路；而新型的天然气推动的汽车却并不容易普及。

（2）成长期

在成长期，消费者的注意力不再单纯停留在汽车产品的效用上，开始比较不同汽车品牌的性能和价格，汽车企业可以采取汽车产品差别化和成本领先的策略。一般来说，成长期的汽车价格最好比导入阶段的价格低。因为随着消费者对产品了解程度的增加，价格敏感性提高。但对于那些对价格并不敏感的市场，不应使用渗透定价。尽管这一阶段竞争加剧，但行业市场的扩张能有效防止价格战的出现；然而，有时汽车企业为了赶走竞争者，也可能会展开价格战。如美国、日本、韩国的汽车企业就是在美国汽车市场走向成长期时才爆发价格战的。

（3）成熟期

成熟期的汽车有效定价着眼点不是努力争得市场份额，而是尽可能地创造竞争优势。这时候注意不要再使用捆绑式的销售，因为那样只会使组合汽车产品中一个或几个性能更好的汽车产品难以打开市场。这时，市场为基本汽车产品定价的可调范围缩小，但可以通过销售更有利可图的辅助汽车产品或优质服务来调整自己的竞争地位。

（4）衰退期

衰退潮中很多汽车企业选择降价，但遗憾的是，这样的降价往往不能刺激起足够的需求，结果反而降低企业的盈利能力。衰退期的汽车定价目标不是赢得什么，而是在损失最小的情况下退出市场，或者是保护甚至加强自己的竞争地位。一般，有三种策略可供选择：紧缩策略、收缩策略和巩固策略。它们的含义分别是：将资金紧缩到自己力量最强、汽车生产能力最强大的汽车生产线上；通过汽车定价，获得最大现金收入，然后退出整个市场；加强自己的竞争优势，通过削价打败弱小的竞争者，占领他们的市场。

（三）折扣和折让定价策略

在汽车市场营销中，汽车企业为了竞争和实现经营战略的需要，经常对汽车价格采取折扣和折让策略，直接或间接地降低汽车价格，以争取消费者，扩大汽车销量。灵活运用折扣和折让策略，是提高汽车企业经济效益的重要途径。折扣和折让方式分以下五种：

1. 数量折扣

数量折扣是根据买方购买的汽车数量多少，分别给以不同的折扣。买方购买的汽车数量越多，折扣越大。

数量折扣可分为累计数量折扣和非累计数量折扣。前者规定买方在一定时期内，购买汽车达到一定数量或一定金额时，按总量给予一定折扣的优惠，目的在于使买方与汽车企业保持长期的合作，维持汽车企业的市场占有率；后者是只按每次购买汽车的数量多少给予折扣的优惠，这可刺激买方大量购买，减少库存和资金占压。这两种折扣价格都能有效地吸引买主，使汽车企业能从大量的销售中获得较好的利润。

2. 现金折扣

现金折扣是对按约定日期提前付款或按期付款的买主给予一定的折扣优惠价，目的是鼓励买主尽早付款以利于资金周转。运用现金折扣应考虑三个因素：一是折扣率大小；二是给予折扣的限制时间长短；三是付清货款期限的长短。

在国际结算中，现金折扣用于信用证结算的交货期折扣。若信用证付款期为 90 天，60 天付款可享受 2% 的折扣，则表示为 2/60，90。

3. 交易折扣

交易折扣是汽车企业根据各个中间商在市场营销活动中所担负的功能不同，而给予不同的折扣，所以又称"功能折扣"，如运输、仓储、售后服务的分工等。

4. 时间折扣

时间折扣有两层含义，一是季节折扣，二是时段折扣。

季节折扣是指在汽车销售淡季时，给购买者一定的价格优惠，目的在于鼓励中间商和消费者购买汽车，减少库存，节约管理费，加速资金周转。季节折扣率应不低于银行存款利率。

时段折扣是在一些特定的时段，如开业当天，展览会期间，周年庆典期间等时段内给予一定比例的折扣优惠。

5. 运费让价

运费是构成汽车价值的重要部分，为了调动中间商或消费者的积极性，汽车企业对他们的运输费用给予一定的津贴，支付一部分甚至全部运费。

企业是否要采取折扣和折让定价的策略，折扣的限度为多少，还要综合考虑市场上各方面的因素。特别是当市场上同行业竞争对手实力很强时，一旦实施了折扣定价，可能会遭到强大竞争对手的更大折扣反击。一旦形成了竞相折价的市场局面，则要么导致市场总价格水平下降，在本企业仍无法扩大市场占有率的情况下将利益转嫁给了消费者，和竞争对手两败俱伤，要么就会因与竞争对手实力的差距而被迫退出竞争市场。

因而，企业在实行折扣和折让定价策略时要考虑竞争者实力、折扣成本、企业流动资金成本、消费者的折扣心理等多方面的因素，并注意避免市场内同种商品折扣标准的混乱，才能有效地实现经销目标。

（四）针对汽车消费者心理的定价策略

这是一种根据汽车消费者心理要求所采用的定价策略。每一品牌汽车都能满足汽车消费者某一方面的需求，汽车价值与消费者的心理感受有着很大的关系。这就为汽车心理定价策略的运用提供了基础，使得汽车企业在定价时可以利用汽车消费者心理因素，有意识地将汽车价格定得高些或低些，以满足汽车消费者心理的、物质的和精神的多方面需求，通过汽车消费者对汽车产品的偏爱或忠诚，诱导消费者增加购买，扩大市场销售，获得最大效益。具体的心理定价策略如下：

1. 整数定价策略

在高档汽车定价时，往往把汽车价格定成整数，不带尾数。凭借整数价格来给汽车消费者造成汽车属于高档消费品的印象，提高汽车品牌形象，满足汽车消费者某种心理需求。

整数定价策略适用于：汽车档次较高，需求的价格弹性比较小，价格高低不会对需求产生较大影响的汽车产品。由于目前选购高档汽车的消费者都属于高收入阶层，自然会接受较高的整数价格。

2. 尾数定价策略

尾数定价策略是与整数定价策略正好相反的一种定价策略，是指汽车企业利用汽车消费者求廉的心理，在汽车定价时，不取整数、而带尾数的定价策略。如某款家用轿车定价为 9.98 万元。这种带尾数的汽车价格给汽车消费者直观上一种便宜的感觉。同时往往还会给消费者一种汽车企业经过了认真的成本核算才定价的感觉，可以提高消费者对该定价的信任度，从而激起消费者的购买欲望，促进汽车销售量的增加。

尾数定价策略一般适用于汽车档次较低的经济型汽车。经济型汽车价格定得低自然会对需求产生较大影响。

3. 声望定价策略

与尾数定价法相反，是根据汽车产品在消费者心目中的声望、信任度和社会地位来确定汽车价格的一种汽车定价策略。声望定价策略就高不就低，如将近 20 万元的车不是定在 19 万多，而是定在 20 万元以上，表明是 20 万元档次的车。声望定价可以满足某些汽车消费者的特殊欲望。如地位、身份、财富、名望和自我形象等，还可以通过高价格显示汽车的名贵优质。有报道称，在美国市场上，质高价低的中国货常竞争不过相对质次价高的韩国货，其原因就在于美国人眼中低价就意味着低档次。

声望定价策略一般适用于具有较高知名度、有较大市场影响的著名品牌的汽车。

4. 招徕定价策略

这是指将某种汽车产品的价格定得非常之高，或者非常之低，以引起消费者的好奇心理和观望行为，来带动其他汽车产品的销售的一种汽车定价策略。如某些汽车企业在某一时期推出某一款车型降价出售，过一段时期又换另一种车型，以此来吸引顾客时常关注该企业的汽车，促进降价产品的销售，同时也带动同品牌其他正常价格的汽车产品的销售。

招徕定价策略常为汽车超市、汽车专卖店所采用。

5. 分级定价策略

这是指在定价时，把同类汽车分为几个等级，不同等级的汽车，采用不同价格的一种汽车定价策略。这种定价策略能使消费者产生货真价实、按质论价的感觉，因而容易被消费者所接受。而且，这些不同等级的汽车若同时提价，对消费者的质价观冲击不会太大。

分级定价策略，等级的划分要适当，级差不能太大或太小。否则，起不到应有的分级效果。

（五）针对汽车产品组合的定价策略

一个汽车企业往往不只生产一种产品，常常会有多个系列的多种产品同时生产和销售，这同一企业的不同种汽车产品之间的需求和成本是相互联系的。但同时它们之间又存在着一定程度的"自相竞争"，因而，这时候的企业定价就不能只针对某一产品独立进行，而要结合相关联的一系列产品，组合制定出一系列的价格，使整个产品组合的利润最大化。这种定价策略主要有以下两种情况：

1. 同系列汽车产品组合定价策略

这种定价策略即是要把一个企业生产的同一系列的汽车作为一个产品组合来定价。在其中确定某一车型的较低价格，这种低价车可以在该系列汽车产品中充当价格明星，以吸引消费者购买这一系列中的各种汽车产品；同时又确定某一车型的较高价格，这种高价可以在该系列汽车产品中充当品牌价格，以提高该系列汽车的品牌效应。

同系列汽车产品组合定价策略与分级定价策略有部分相似，但前者更注意系列汽车产品作为产品组合的整体化，强调产品组合中各汽车产品的内在关联性。

2. 附带选装配置的汽车产品组合定价策略

这种定价策略即指将一个企业生产的汽车产品与其附带的一些可供选装配置的产品看作一个产品组合来定价。譬如汽车消费者可以选装该汽车企业的电子开窗控制器、扫雾器和减光器等配置。汽车企业首先要确定产品组合中应包含的可选装配置产品，其次再对汽车及选装配置产品进行统一合理的定价。如汽车价格相对较低，而选装配置的价格相对稍高一些，这样既可吸引汽车消费者，又可通过选装配置来弥补汽车的成本，增加企业利润。

附带选装配置的产品组合定价策略一般适用于有特殊、专用汽车附带选装配置的汽车。

（六）针对竞争对手的定价策略

针对竞争对手的定价方法很多，有通行价格法，即以行业的平均价格来定价；有对等定价法，与竞争者对峙，价格比拼；有差异定价法，绕开对手，在低、中、高不同层次上定价；有降价定价法，伴随着降价，实现促销。

典型案例

上汽的竞争定价策略

我国东北是一汽集团的传统领地。为了强行出关，插足东北出租车市场，上汽集团销售公司从1996 年起，连续三次推出了针对东北三省的优惠政策。如减少首付款、延长信贷期、免收出库费、返还广告费以及推行"100+1"和"1000+1"等。其中"100+1"为，从 1997 年 7 月 1 日起，凡累计购买桑塔纳车 100 辆的东北地区出租户，上汽公司将赠送一辆桑塔纳轿车；"1000+1"为，凡批准新增或更新累计 1000 辆桑塔纳出租的政府部门，上汽公司将回赠一辆 2000 型桑塔纳轿车。

另外，大众在 2000 年推出帕萨特时也同样采用了这种定价方法。上海帕萨特是大众帕萨特的改进型，就性能价格比而言，与本田雅阁、别克皇朝都属于国际市场上同级车型。但是，上海帕萨特却以远远低于广州本田和上海别克的价格在市场亮相。广州本田和上海别克的价格分别为

29.8 万元和 31～35 万元，而上海帕萨特却只定价为 22～25 万元。上海帕萨特的价格如此具有杀伤力，显然是要挤占广州本田和上海别克的销售市场。

从这个案例中我们还可以看到，产品、价格、分销、促销四个变数是市场营销组合策略的基本变数，汽车企业在运用营销策略时，应把它们视为一个整体来运用，这样才能取得较好的营销效果。

分析上汽定价中采取的针对竞争对手的具体措施有哪些。

六、汽车产品价格调整策略

市场上经常会出现一些背景相对比较复杂的价格战，有些企业单纯地为了扩大销售额而引起价格战；有些企业出于战略目的，不计成本地抢占市场；有些企业是为了清理滞销的库存，被迫价格战。无论价格战出自什么目的，但企业是不是要发动价格战、如何应对其他企业发起的价格战，则要综合考虑 3 方面的因素，即企业在市场上的地位、行业特点以及企业自身的能力，在此基础上作出价格战的决策。积极的价格战策略主要有以下几种。

1. 主动提价策略

价格作为经营行为中最为敏感的环节，牵一发而动全身，一次提价行为必然牵涉方方面面，通常消费者会对企业的降价保持正常心理态度，但不降反升的反常做法无疑给市场一些议论。因此，企业要提价成功应注意以下 4 个方面。

（1）完善的企业提价基础

成功提价不仅可以提高企业的利润，增强企业的综合实力，同时也可以在很大程度上提升企业产品品牌的美誉度。企业提价基础主要包括：第一，企业的产品具有相当的市场基础，企业产品的提价必然在很大程度上导致产品销售量的下降，因此这时的企业提价策略不应是追求一个短期的增量，而应该是一个稳健的发展过程，如果没有深厚的基础，反而会使企业自身一蹶不振；第二，企业的品牌具有相当的认可度，消费者对企业品牌的认可度往往反映了一个企业的综合实力，这就好比是不同人做同样的事，顾客总是情愿相信自己熟悉的、印象好的、有能力的一方；第三，拥有高忠诚度的消费者，高忠诚度体现在消费者实实在在地从产品中得到利益，并且发展为一种信任和依赖，这样的消费者只要他们仍然觉得物有所值，他们就容易理解并接受企业提价。

（2）寻找合适的提价理由

也就是说企业凭什么提价才能让消费者信服。企业涨价的理由很多，例如，生产成本加重。从我国目前汽车市场影响产品的因素分析，主要由内部环境与外部环境因素导致汽车产品价格的浮动。内部因素中的生产成本、经营成本等成本费用方面的摊高导了产品的涨价，而外部则是由于原材料、运输、税额及竞争对手的变动导致企业产品价格下调或上浮。这些都是涨价的有效理由。

（3）寻找合适的提价时间

企业提价往往很容易减少企业产品的销售量，也就是说在提价成功之前，企业在销售过程中，销售量会有一个下降的时间，找到合适的提价时间就是为了尽可能地减少由于提价而引起销售量下降的负面影响。例如，汽车在销售旺季过程中，由于销售量大，就不应该采用提价策略。反之，在汽车销售的淡季，由于销售量小，企业对汽车产品提价，不会对企业的销售产生很大的冲击。

（4）强而有力的后勤保障

企业的后勤保障通常包括企业自身的人力、物力，企业的员工工作效力，企业和经销商的凝聚力等，这些后勤保障因素制约着企业的提价目标的顺利完成。例如，作为一个营销工程，提价工作的实施应该动员所有的营销人员，在横向及纵向及时详尽地做好工作布置。应由高层领导负责设立专门的领导小组，一段时间内专门应对和处理与提价有关的工作项目。所以工作人员从方案正式实施开始都应进入紧急备战状态，市场一线随时都有可能爆发意料之外的紧急事件，任何没有及时处理或处理不圆满的工作细节都有可能落下市场病根。

2. 汽车降价策略

近三年来，中国汽车市场汽车产品价格下降成为市场大趋势，不管是主动降价还是被动降价，国产汽车无一例外地走上降价之路。然而，在降价过程中，若能把握主动，巧妙安排营销组合，则降价也不失为一项有效的价格策略。

典型案例

美国汽车巨头的价格战

"价格"在汽车史上的意义，追根溯源可至亨利·福特时期，正是他天才的设想"使每个家庭都拥有一辆汽车"才会使其决定用批量生产的方式来制造汽车从而提高生产率、降低成本，使销售价格也降低到了一般家庭都能买得起的水平，福特的 T 型车也成为了一辆真正的"让世界坐在车轮上的汽车"。

而今，面对日益激烈的竞争，汽车制造商们尽管使出浑身解数诸如新产品开发、借助新的营销模式等等，市场反应最强烈也最迅速的战术却与当年一样仍然是有效的价格策略，汽车业大腕们也似乎是各有各的谱。

底特律也流行"价格战"。

自 2001 年 9.11 恐怖事件以来，美国消费市场一直处于疲软状态，为了刺激消费，也为了清除剩余库存，集中力量准备新车型上市，通用首先吹响了"价格战"的号角。这种价格战并非是简单的降价，而是采用调动中间商和其他顾客积极性的价格折扣策略以及优惠的车贷措施等一系列的销售激励战略，但这些举措都是在稀释自己的利润率，无怪乎底特律其他车商们尽管也不得不尾随跟进却又是再三抱怨，克莱斯勒的负责人就称这分明是在向利润极限作挑战。

但不知是不是在销售激励策略中尝到了甜头，各大车商为此而支付的费用却逐年增长，据相关机构统计，通用和福特的费用增长率为 20% 左右，克莱斯勒的速度更快，2004 年 1、2 月份同比分别上升了 56% 和 42%，在此方面的动作大有赶超通用之势。

尽管一开始，克莱斯勒对这种变相的价格战并不赞赏，但被动尾随的结果却是市场销量的大幅增加，那么积极推进带来的势必是更大的蛋糕。事实也证明了这一点，克莱斯勒的市场占有率是 13.3%，同比上升了 0.3%。

但是价格战的老大却谁也不愿当。通用的市场分析专家保罗·巴鲁表示："打折会有损品牌的美誉度，而且会让人产生一种错觉即公司的成功来源于折扣返让。"克莱斯勒的新闻发言人吉森·凡思也否认了有报道称的"公司的主要精力投放在销售激励措施上"的说法。更有克莱斯勒的一位行政负责人把这种促销方式称为"让人上瘾的毒品"，他表示这种做法短期来看确实能使销量上涨，但从长远看，无论是对汽车工业还是消费者都是不利的。

保罗·巴鲁同时认为，"克莱斯勒在销售激励措施上相当积极，现在看来确实帮助他们占有了市场份额，但长远来讲利弊得失尚不能盖棺定论，应有待时间来证明。"言中之意透露出通用已在这方面受到了来自克莱斯勒的威胁。

3．直接降价

就是由厂方出面发布产品降价的信息。它的优点是信息权威，可信度高，全国上下步调一致，降价一宣布就可能在车市上引起连锁反应。如羚羊、奇瑞一降价就出现热销。但是由于人们对降价比较敏感，直接降价可能造成产品滞销的负面印象，所以许多厂家不愿意直接降价。

4．优惠降价

优惠其实是一种变相的降价，但优惠的面目更易为厂方和消费者接受，所以现在被用得最为普遍。如今车市上优惠的方式非常多，如价格优惠、送汽油票、送保险、送装饰等。

5．跟风降价

某种车型在同一档次的对手降价之后为了争取主动，扭转自己的不利地位，也会进行相应的价格调整。如奥拓降价之后福莱尔也跟着降价，吉利随后也作了小幅调整，这都是跟风降价。

6．新车上市即调低价格

最突出的就是广州新雅阁。雅阁不是在滞销而是在非常紧俏的情况下作出了大幅降价，这进一步加剧了它的紧俏。这种降价策略前所未有，对车市的影响非常大。

7．增配置不降价

这一招既可让厂家避免背上降价的"黑锅"又可以提高产品的性价比，让消费者得到实惠，所以车市上用得最多的就是上档次、增配置而价格不变。如桑塔纳、捷达、尼桑新蓝鸟、别克君威、奥迪 A6 等。

5 种降价策略都不同程度地发挥了作用，并给中国的汽车市场带来了一定程度上的繁荣。然而，降价是策略，而不是战略。企业的长期发展应将价格策略纳入企业战略的范畴，不是被动的降价，不是寻求简单的促销，而是在企业发展战略的框架内巧妙地运用，通过营销组合，实现企业发展的目标。

七、汽车定价的一般程序

汽车定价的一般程序如图 2-22 所示。

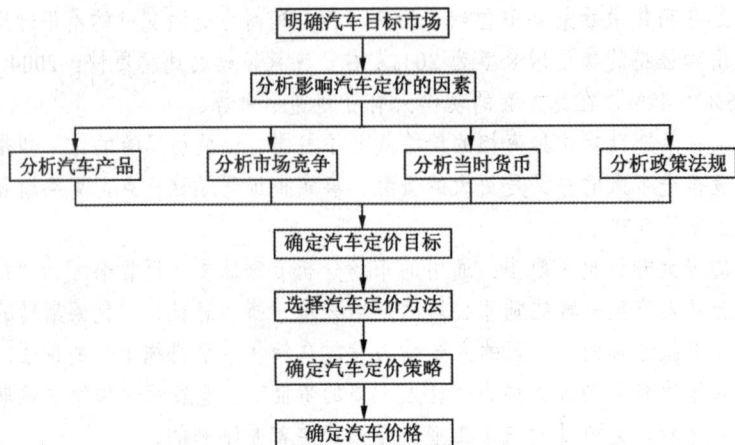

图 2-22　汽车定价的一般程序

1．明确汽车目标市场

在汽车定价时首先要明确汽车目标市场，汽车目标市场是汽车企业生产的汽车所要进入的市场。具体来讲，就是谁是本企业汽车的消费者。汽车目标市场不同，汽车定价的水平就不同。分析汽车目标市场一般要分析：该汽车市场消费者的基本特征、需求目标、需求强度、潜在需求量、购买力水平和风俗习惯等情况。

2．分析影响汽车定价的因素

（1）汽车产品特征

汽车产品是汽车企业整个营销活动的基础，在汽车定价前，必须对汽车进行具体分析。主要分析汽车产品的寿命周期、汽车性能、汽车质量、汽车对购买者的吸引力、汽车成本水平和汽车需求弹性等。

（2）市场竞争状况

在竞争的汽车市场中，任何汽车企业为汽车定价或调价时，必然会引起竞争者的关注，为使汽车价格具有竞争力和盈利能力，汽车定价或调价前，对竞争者主要进行如下分析：同类汽车市场中主要竞争者是谁，其汽车产品特征与汽车价格水平如何，各类竞争者的竞争实力如何等。

（3）货币价值

汽车价格是汽车价值的货币表现，汽车价格不仅取决于汽车价值量的大小，而且还取决于货币价值量的大小。

（4）政策和法规

国家的经济政策和法规对汽车企业定价有约束作用，因此，汽车企业在定价前一定要了解政府对汽车定价方面的有关政策和法规。

3．确定汽车定价目标

汽车定价目标是在对汽车目标市场和影响汽车定价因素综合分析的基础上确定的。汽车定价目标是合理定价的关键。不同汽车企业、不同的汽车经营环境和不同汽车经营时期，其汽车定价目标是不同的。在某个时期，对汽车企业生存与发展影响最大的因素，通常会被作为汽车定价目标。

4．选择汽车定价方法

汽车定价方法是在特定的汽车定价目标指导下，根据对成本、供求、汽车企业产销能力等一系列基本因素的研究，运用价格决策理论，对汽车产品价格进行计算的具体方法。汽车定价方法一般有三种，即以成本为中心的汽车定价方法、以需求为中心的汽车定价方法和以竞争为中心的汽车定价方法。这三种方法能适应不同的汽车定价目标，汽车企业应根据实际情况择优使用。

5．确定汽车定价策略

汽车定价策略主要有汽车新产品定价策略、折扣和折让定价策略和针对汽车消费者心理的定价策略，在激烈的汽车市场竞争中，汽车企业为了实现自己的营销战略和目标，必须根据产品特点、市场需求及竞争情况，采取各种灵活多变的汽车定价策略，使汽车定价策略与汽车市场营销组合中的其他策略更好地结合，促使和扩大汽车销售，提高汽车企业的整体效益。

6．确定汽车价格

确定汽车价格要以汽车定价目标为指导，选择合理的汽车定价方法，同时也要考虑其他因素，如汽车消费者心理因素，汽车产品新老程度等。最后经分析、判断以及计算活动，为汽车产品确定合理的价格。

【任务实施】

引导问题 1：影响汽车（如福克斯）价格的因素有哪些？定价的程序和方法是怎样的？

影响因素是：_____

定价的程序是：_____

_____

定价方法应采用_____方法。

引导问题 2：任务中待上市的（如福克斯）新车型应采用哪种定价策略？理由是什么？

引导问题 3：汽车价格调整策略有哪些？老款（如福克斯）车型可采取什么价格调整策略？

任务 8　汽车销售渠道的选择

【任务导入】

企业仅有适销对路的产品和合理的价格，是远远不够的，还必须建立一套既能发挥其产品优势，又能适应市场变化的市场营销渠道系统。

不管何种销售模式，不论销售公司置于何地，厂家考虑的都是为了接近用户，拥有越来越多的用户，这是厂商生存和发展的关键。试分析某新型"汽车行驶导航仪"应如何设计其销售渠道？

【学习指引】

通过本任务的完成和学习，你应该掌握以下知识：

① 汽车分销渠道的概念与作用。

② 常用的汽车销售渠道模式及其特点。

③ 汽车特许经销商的含义及其优势。

通过本任务的完成和学习，你应该具备如下工作能力：

① 能对汽车营销模式进行评价和选择。

② 能根据商品特点选取适当的分销渠道。

【相关知识】

一、汽车分销渠道的概念与作用

（一）分销渠道的概念

分销渠道，亦称分配渠道或销售渠道，是指产品从生产者向用户转移过程中所经过的一切取得所有权（或协助所有权转移）的商业组织和个人。即产品由生产者到用户的流通过程中所经过的各个环节连接起来形成的通道。分销渠道的起点是生产者，终点是用户，中间环节包括各种批发商、零售商、商业服务机构（如经纪人、交易市场）等。

在市场经济条件下，绝大多数产品并不是由生产者直接销售给最终消费者或用户的，而是要经过或多或少的中间环节。这些中间环节在西方国家称为中间商，我国更习惯于称其为经销单位或流通企业。中间商的存在是商品经济发展和社会分工的必然结果，他们是企业分销渠道的重要组成部分。

（二）汽车分销渠道的作用

汽车产品分销渠道的功能和作用主要有：①售卖功能；②投放功能；③实现储运功能；④市场预测功能；⑤结算与资金融通功能；⑥服务功能；⑦风险承担功能；⑧自我管理功能。此外，分销渠道还有促销、信息反馈，为汽车生产企业咨询服务等功能。

二、汽车分销渠道的模式

（一）销售渠道的类型

销售渠道按其有无中间环节和中间环节的多少，即按渠道长度的不同，可分为以下四种基本类型：

直接渠道：生产者→用户（第一型）

间接渠道 {
生产者→零售商→用户（第二型）
生产者→批发商→零售商→用户（第三型）
生产者→代理商→批发商→零售商→用户（第四型）

1. 直接渠道

生产企业直接把产品卖给用户，没有中间环节，又称"零层渠道"。直接渠道的具体形式有：推销员上门推销、设立自销机构、通过订货会或展销会与用户直接签约供货等形式。

2. 间接渠道

它是存在中间环节的渠道，也是更为广泛的渠道类型。中间环节越多，则渠道越长；反之，则越短。

渠道类型除了可以按渠道长度划分外，还可以按宽度划分。同一层次中间商的多少是渠道宽度的问题，中间商越多，则渠道愈宽；反之，则愈窄。因此，独家分销是最窄的渠道。

企业所采用的分销渠道的长短、宽度都是相对的，没有绝对的、固定的模式，企业应依据具体情况决策好渠道的长度和宽度。

（二）常用的汽车销售渠道模式

随着时代的发展，汽车销售出现了许多新的模式，参考国内外许多厂家的做法，可以分为以下几种：

1. "金字塔"模式

如图 2-23 所示，这种渠道层级可谓传统销售渠道中的经典模式，曾经在相当长的时期内主宰我国的汽车销售渠道，至今仍有部分商品采用这种模式。

在价格体系不透明、市场缺少规则的情况下，这种销售网络中普遍存在着"灰色地带"，使许多经销商实现了所谓的超常规发展。多层次的销售网络不仅瓜分渠道利润，而且经销商不规范的操作手段，如竞相杀价、跨区销售等常常造成严重的网络冲突；更重要的是，经销商掌握的巨大市场资源，几乎成了厂家的心头之患——销售网络漂移，可控性差，渠道过长，信息反馈过慢，无法有效贯彻品牌经营理念，层层加价，用户得不到良好的服务。其弊端已经被事实证明，对这种模式的改革势在必行。

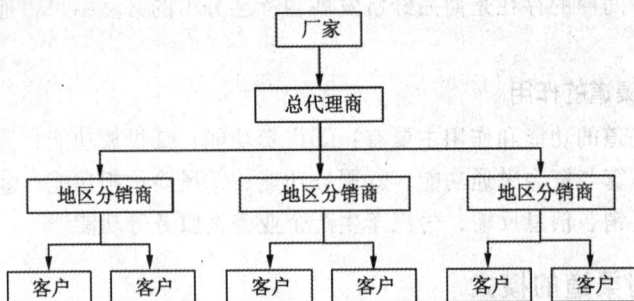

图 2-23 "金字塔"模式

2．扁平化分销模式

如图 2-24 所示，这种扁平化模式首先出现在美国。美国汽车销售体制的改革，是从减少销售层次开始的。它取消了各级代理商，改由地区办事处负责协调区域销售事务，贯彻品牌的经营理念。由厂家直接向专卖店供货，从而减少了中间环节，降低了营销成本。目前我国许多汽车品牌采用此种模式。

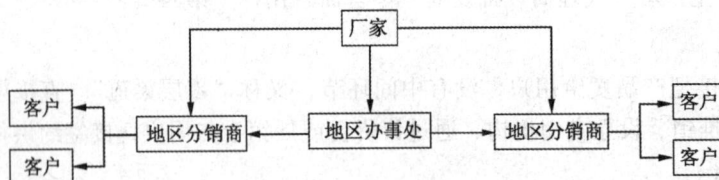

图 2-24 扁平化分销模式

3．直销模式

如大众汽车集团的销售模式，如图 2-25 所示，它并不是完全意义上的直销，但它打破了渠道的束缚，将所有销售管理部门都作为销售终端。其优点在于直接面对消费者，有利于品牌经营理念的贯彻，信息反馈及时迅速。

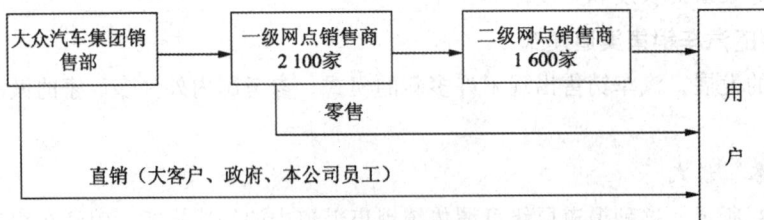

图 2-25 直销模式

我国部分汽车厂家在尝试这类体系，取得了不俗的业绩。但由于计划经济模式下遗留问题较多，汽车出厂渠道难以控制，"暗箱操作"不乏存在，有时甚至出现高级代理商的进货价反而高于低级代理商的情况，产品销售难以按既定的框架运行。这样就使得销售网络变得混乱。特别需要注意的是对各级销售商的价格协调。

4．"旗舰店"模式

"旗舰店"模式，如图 2-26 所示。

这种模式以奇瑞汽车销售有限公司为代表，2002 年奇瑞宣布正式推出被称为以"旗舰店"一拖四的"限区域独家特许连锁经营模式"。

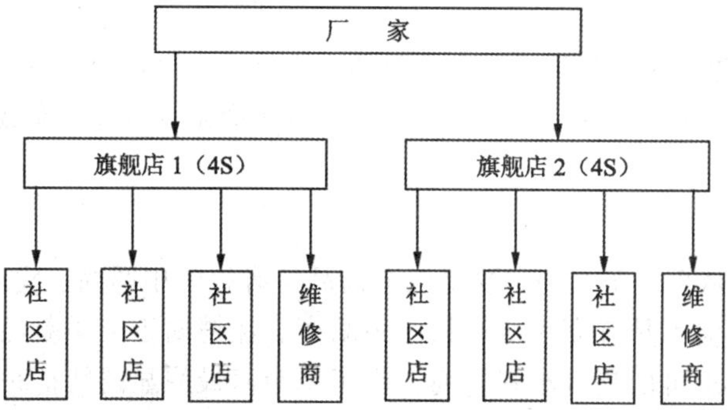

图 2-26 "旗舰店"模式

奇瑞汽车的分销模式

奇瑞认为：单一的汽车营销模式很难满足中国汽车市场的现实需求，如果强硬推行，一是会脱离市场；二是会增加销售成本，最终给用户增加不必要的购车负担。因此寻找一条"中间道路"，推出一种既结合国际先进营销理念，又贴近中国汽车市场现实需求的新模式势在必行。

所谓"限区域独家特许连锁经营模式"，就是在进行市场调研的基础上，结合短期、中期、长期的发展规划，在一个城市一定的区域内发展一家经销商，这家经销商首先要兴建一个具有整车销售、备件供应、维修服务和信息技术咨询"4S"功能的大型汽车专卖店，即"旗舰店"；与此同时，在这一区域其他地方，由"旗舰店"投资兴建若干个具有汽车展销和快修功能的"社区店"；此外，当"社区店"周围的消费能力达到一定需求时，"社区店"可升格为"4S"功能的"旗舰店"。

本着"贴近购买力，贴近保有量"的原则，这类"社区店"可以在汽车交易市场、汽车大道、大型住宅区兴建，这样充分地将国际先进的汽车专卖店营销理念和汽车交易市场销售能力强的优势结合起来。

"限区域独家特许连锁经营模式"可能给经销商的投资带来巨大的回报，最终使广大消费者受益。比如在同一区域内，一般厂家可能兴建四个大型的"4!"店，有 4 个经销商，而奇瑞所采用的模式只需要兴建一家具有"4S"功能的"旗舰店"和 3~4 家"社区店"即可，经销商只有一个，这无疑会降低投资风险。由于经销商投资最终要从消费者身上收回，因此无疑减轻了消费者的负担。

据介绍，在增加经销商的同时，奇瑞将通过三个方面的努力使经销商的投资获得最大的回报：一是推出"限区域独家特许连锁经营模式"，降低经销商的投资风险；二是向经销商快速提供新产品，通过丰富产品系列使经销商的投资能尽快收回；三是推出比竞争对手更具吸引力的营销政策。

（三）汽车中间商的类型

汽车中间商是指居于汽车企业与汽车用户之间，参与汽车交易业务，促使交易实现的具有法人资格的经济组织和个人。汽车中间商是销售渠道的主体，汽车企业产品绝大部分是通过汽车中间商转卖给汽车用户的。在实际汽车销售活动中，汽车中间商的类型是多种多样的。按照是否拥有商品的所有权可以分为经销商和代理商；按其在流通过程中所起的不同作用又可以分为批发商和零售商。

汽车批发商是从事以进一步转卖汽车为目的、整批买卖汽车的经济活动者，主要包括汽车经销商、特约经销商、销售代理商和总代理。汽车零售商是从事将汽车或汽车劳务售给最终汽车用户的经济活动者。

1. 汽车经销商

汽车经销商是指从事汽车交易，取得汽车商品所有权的中间商。代理商是受生产者委托，从事商品交易业务，但不具有商品所有权的中间商。经销属于"买断经营"性质，具体形式可能是汽车批发商，也可能是汽车零售商。汽车经销商最明显的特征是将汽车产品买进以后再卖出，由于拥有汽车产品所有权，汽车经销商往往制定自己的汽车营销策略，以期获得更大的效益。

2. 汽车特约经销商

属于特许经营的一种形式，是通过契约建立的一种组织，一般只从事汽车零售业务。特约经销商具有汽车企业的某种（类）产品的特许专卖权，在一定时期和在指定汽车市场区域内销售汽车企业的产品，并且只能销售签约汽车企业的产品，不能销售其他汽车企业的相同或相近产品。

汽车产品特约经销商除应具备一般经销商的条件外，还应建立品牌专营机构，有符合要求的专用展厅和服务、管理设施，以及专职的销售和服务人员，有较强的资金实力和融资能力，有良好的信用等级。

汽车特约经销商并不自动获得汽车企业的有关知识产权，如以汽车企业的商号或汽车产品品牌为自己的公司命名，或者用汽车企业的商标宣传自己，汽车特约经销商要获得这些知识产权的使用权，必须征得汽车企业的同意，并签订使用许可合同。

当汽车企业在一定的汽车市场区域内只选择一个特约经销商时，构成"独家销售"。

3. 汽车销售代理商

早在 1888 年，法国人埃米尔·罗杰在巴黎达姆大街 52 号开设了一家汽车销售代理商店，成为德国奔驰汽车公司在国外的第一家代理商；使奔驰牌汽车驶进了法国市场。以后，罗杰获得奔驰汽车公司的许可，在法国组装奔驰牌汽车，并成为世界上最早为汽车公司代理销售汽车的商人。汽车销售代理商属于佣金代理形式，是指受汽车企业委托，在一定时期和在指定汽车市场区域及授权业务范围内，以委托人的名义从事经营活动，但未取得汽车产品所有权的中间商。代理商最明显的特征是寻找汽车用户，按照汽车企业规定的价格向汽车用户推销汽车产品，促成交易，以及代办交易前后的有关手续。若交易成功，便可以从委托人那里获得事先约定的佣金或手续费；若汽车产品没有销售出去，也不承担风险。

汽车企业对销售代理商的条件要求一般高于特约经销商。虽然销售代理商不用买断汽车产品，对资金的要求低，但实际上它需要投入较大的资金按汽车企业的规范标准，去建设汽车专卖店和展厅。代理商还应具有很强的销售能力，有更高的信用和较强的融资能力，这些都需要经济实力做后盾。汽车销售代理商一般为区域独家销售代理商。

4. 汽车总代理

汽车总代理是指负责汽车企业的全部汽车产品所有销售业务的代理商，多见于实行产销分离体制的企业集团。汽车总代理商一般与汽车企业同属一个企业集团，各自分别履行汽车销售和生产两大职能。除了为汽车企业代理销售业务外，还为汽车生产企业开展其他商务活动。

（四）汽车企业销售体制及其管理

为了取得更大的营销业绩，改进销售工作，汽车企业除了应规划好分销渠道之外，还必须研究适合企业特点的销售体制及其管理办法。

世界各大汽车公司的销售体制各有特色。从销售与生产的关系看，销售体制大体可以分为两种类型：产销结合型与产销分离型。这当然是两种极端情形，现在更多的公司是这两种形式的混合型。有许多公司由于其自销比例较大，对其经营体制不太容易分辨，这时，要看产品销售主要渠道的归属及其销售比例。

1．产销分离体制

产销分离体制就是生产和销售分别由两个不同的独立核算的公司（一般都是独立法人）进行，按协议规定，生产公司只负责生产（接受营销部门的指导），销售公司只负责销售及售后服务等工作。销售公司是生产公司销售业务的全权代理。产销分离销售体制的典型例子有：原丰田汽车集团（见图 2-27）和德国大众汽车集团，尽管这两家汽车公司后来改为产销结合体制，但产销分离体制对这两家公司在成长过程中建立销售网和开拓市场，以及公司的成长壮大的确发挥了巨大作用。如丰田汽车公司称，前销售公司总经理神谷正太郎与丰田公司创始人丰田喜一郎对丰田公司的成长作出了相同的贡献，足见产销分离体制的重要作用。

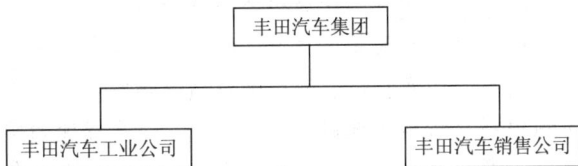

图 2-27　丰田汽车集团的产销分离机制

2．产销结合体制

产销结合体制就是生产与销售分别由统一核算公司的不同职能部门负责，生产部门与销售部门同属一个法人，均对同一法人公司的某一经营层负责。该体制如图 2-28 所示。

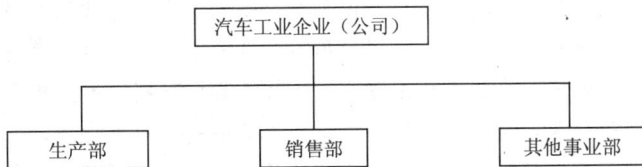

图 2-28　产销结合体制

3．两种产销体制比较

产销分离体制与产销结合体制相比，其优点有：

① 有利于各自集中精力，生产公司致力于改进产品、提高质量、降低成本；销售公司致力于研究市场、开拓市场、形成销售能力。

② 可以严格执行"以销定产"和需求导向定价等经营战略和策略，避免了产销结合体制对成本控制决心不大的倾向。

③ 销售公司可以更好地同金融界打交道，为生产公司筹集所需的周转资金。

产销分离体制与产销结合体制相比，其缺点有：

① 产销分离体制要实现销售流动资金向生产流动资金的转换有赖于银行的大力协助，因而企业常常受制于银行。

② 生产公司容易对销售公司的定价感到不理解和产生抵制情绪。

③ 产销分离使得生产公司与销售公司之间要有一套协调机构，工作变得复杂。而产销结合体制的优缺点与产销分离体制正好相反。

尽管产销分离体制的缺点十分明显，但只要处理得当，在公司处于成长阶段时，它依然表现出明显的优势。我国部分汽车公司，尤其是一些企业集团正在效仿这种体制。例如，上海大众汽车有限公司、天津微型汽车厂等生产企业的销售业务，则分别由其集团（公司）的专门销售公司负责。实践表明，产销分离体制取得的成效不小。近年来，上海汽车工业的大发展与上海汽车工业总公司在集团内部实行了产销分离体制不无关系。鉴于此，我国其他一些汽车企业也不同程度地引入了产销分离体制，尽管这些企业的生产职能与销售职能并没有完全分开，但一般都将销售部改为相对独立的部门，组成汽车贸易公司，形成复合型体制。这种汽车贸易公司一般属于独立法人，是企业的全资子公司。各企业应结合自己的特点，选择更适合的销售体制。

知识链接

欧盟汽车营销模式改革

据 2002 年 2 月 21 日的《世界新闻报》报道，欧盟日前作出决定，将于 2002 年 10 月开始强力推行汽车销售模式改革，彻底打破长期以来汽车市场的行业垄断，在汽车销售商之间引入竞争机制，改变目前的指定汽车代理商的销售方式，以压缩流通领域的费用，振兴汽车销售。新规则规定，汽车生产厂商必须给销售商更多的自由，例如销售商可以在任何地方寻找消费者，可以卖不同厂家的汽车，也可以把车批发给超级市场去卖。而且，今后经销商也不再向购买者提供汽车售后服务和维修。欧盟的这一新规定，将导致汽车零售业的革命。

一、欧盟改革前的汽车销售模式

在汽车工业发展初期，欧洲的汽车生产厂家普遍采取多渠道销售模式。随着汽车生产规模的扩大，这种多渠道销售模式造成汽车市场的混乱，不利于汽车工业的发展。通过不断改革和改进，逐步形成了以汽车厂家为中心、产销分离、严密分工的汽车专营销售模式。这种销售模式的特点是：汽车销售模式围绕汽车厂家建立，执行汽车厂家制定的汽车销售战略及各项销售政策。汽车销售网一般分为两级，一级销售网承担汽车中转和批发业务，二级销售网承担汽车零售业务。各销售网点在自己的区域内销售本公司的汽车或本公司规定的某几种汽车。这种汽车专营是排他的，不能在本区域内另设相同的销售网点。推行这种汽车专营制度，避免了汽车销售的混乱的局面，有利于保持适度经营规模，有利于开拓市场，也有利于加强与用户的联系。

汽车品牌销售专卖店起源于欧洲，且目前仍盛行全世界。这种销售方式是由汽车生产厂家按照一定的要求授权给一些指定的代理商来经营的。通常代理商只能经营某一品牌的汽车，而且大多数需要品牌专卖店具备四位一体的功能，简称 4S 功能。有的汽车销售店还具有第 5 个功能——旧车回收。由于厂家基本上不出资，品牌专卖店的店主们就需要投入巨资来修建专卖店。为保证经销商获利，各品牌生产商通常会做大量的市场调研，然后逐步授权、开店、为经销商指定划分势力范围，并规定各授权者不得跨区域销售。

特许经营阻碍了销售领域的正当竞争，这种汽车销售模式造成了客观上的汽车销售垄断，最大的受害者就是汽车消费者。目前，欧盟成员国市场上的汽车价格相差较大，约30%。零售商根据厂家要求只卖车给本地居民。而消费者想到售价便宜的国家去买车，却受到国籍限制。这显然成为欧盟"统一大市场"合唱中一个很不和谐的音符。

二、欧盟汽车销售模式改革的利弊分析

现在的欧洲，年汽车产量是1 700万量，这使得欧洲荣升为世界汽车工业最主要的生产基地。同时，欧洲每年有超1 400万的新注册用户，欧盟已成为国际上重要的汽车销售市场。这个诱人的市场充满了激烈的竞争。

一方面，作为汽车生产厂家，为适应全球一体化和日益激烈的竞争，欧洲的各大汽车厂商积极进行各种兼并，加速汽车业的整合。

另一方面，欧洲汽车市场也面临不容忽视的问题：欧洲目前的汽车生产量大于销售量，同时还有来自美国、日本、韩国等国家的汽车厂商的进口车加入竞争市场份额的行列。汽车生产厂家利润率下滑，库存积压，资金周转放缓，德国大众、意大利菲亚特等公司相继宣布减产，很多汽车公司纷纷面临裁员压力，以期降低成本，恢复获利。振兴欧洲的汽车销售，成为欧盟下决心改革汽车销售模式的背景。让汽车可以自由销售，打破汽车销售领域的垄断现象，保护欧盟汽车消费者的利益，是促使欧盟反垄断委员会下决心进行改革的根本原因。

欧盟汽车销售模式改革有以下积极作用：

（1）欧盟的改革，标志着欧洲汽车业自由竞争时代的开始。欧盟的这一汽车销售新规则中，体现了"全球经济一体化"的趋势，实际上也是市场多元化的要求。长期以来，欧洲的汽车销售实行的是独家经销商专卖的模式，品牌专卖店投入太大，回报期太长，品牌单一，销售方式不灵活，销量太少，资金周转困难等一系列不利因素，是品牌店遭到改革的原因之一。产品应在便于消费者购买的渠道中销售，已是一种趋势。同时，使用多渠道细分市场也是时代和环境的要求。

（2）汽车销售改革，打破了汽车销售领域的垄断现象。汽车分销市场一直搞垄断经营，汽车差价一直是消费者不满的重要内容。欧盟委员会今年将在这一领域打破垄断，引入竞争。汽车销售多渠道化了。任何一种商品的销售形式只要是市场需要，成本最低，都有存在的合理性。有条件的企业都能卖车，更多的零售商将实现卖车的愿望，他们可以卖汽车，卖服务。有条件销售汽车的企业包括代理商、超市、商场等，可以同时销售若干品牌的汽车，同时提供汽车金融服务。汽车特许经营制度的废除，不仅使分销商可以向其他零售业如超市等转手汽车，还将带来网上销售的空前繁荣。同时，在一个地区单列一个专门负责维修和供应各品种零配件的维修商，承担对消费者的售后服务，实现销售与维修的有机结合。这种汽车销售模式的改革，将使公司的组织结构发生变化，由以生产为主更多地转向以服务为主，通过服务贸易获取更多的利润。

（3）扩大了销售载体，方便了消费者，给消费者提供了更多的选择和良好的服务。消费者可以货比多家，自由选择，消费者自然在其中选择服务最好的。消费者购车也更加方便。人们可以到超市或在网上，经过价格对比，自由选择销售商，并可以跨国购买汽车。同时，汽车进超市、商场，体现了一种以人为本的经营理念。消费者就近了解汽车市场行情，有利于汽车文化的传播。

（4）对促进汽车销售很有益处。汽车厂商长期采用的垂直型销售渠道将转为混合型销售渠道。进入市场的渠道不再是单一的，而是多渠道的，一些购车者可能来自于独立经销商不能进入的市场，从而增加了细分市场，也就增加了市场覆盖率面；取消了中间环节，降低了渠道成本，也就降低了销售费用。汽车厂商还可以为顾客实行定制化销售服务。同时，汽车厂商可以改变原来的独家分销为选择分销，引进了渠道成员之间的竞争。

但是，欧盟汽车销售模式改革也存在一定的缺陷：

（1）汽车产业是一个资本和技术密集的规模经济行业，这种趋势随着汽车市场多元化的国际竞争的加剧将更趋明显。汽车不是一般的消费品，它们涵盖许多高科技零部件和配件，生产、维修、销售都需要经过严格培训后的专业人员。品牌经营最大的优势是集约化，将分散经营变集约经营，将无序竞争变有序竞争。通过集销售、维修、配件、服务等多位一体的专卖店，有统一的外观形象、统一的标识、统一的管理标准、统一的文化理念，可以提供良好的购物环境，纵向延伸服务，激活顾客对品牌的忠诚度。这些优点，是经营普遍消费品的超市和商场所无法比拟的。各种形式的零售商纷纷进入到汽车销售领域，势必使改革的汽车销售市场出现一定程度的混乱。

（2）多渠道营销的最大代价是：常常会引发渠道冲突。经营目标的不一致，任务和权利不明确，地区边界、销售信贷的交叉和重叠都会产生渠道冲突。同一区域内不同形式经销商的加入会加剧竞争，降低经销商对汽车厂商的忠诚度，降低对顾客的合理的服务。同时，诸多零售商的出现势必会对现有的各汽车品牌专卖店造成冲击，因为零售商的销售成本要比专卖店的销售成本低得多。

（3）欧洲各大汽车厂商们多年苦心经营的销售体系、盈利模式将受到极大影响，他们不得不重新调整其销售网络。对于一个公司来讲，一个分销系统是一项关键性的外部资源，它的建立通常需要若干年。改变原有的销售模式，意味着对汽车厂商的管理和领导多渠道营销的能力要求的加强，也意味着原有营销决策的彻底改变。欧洲各大汽车厂商的销售体系的弱化，会给日本汽车、美国汽车这些外来品牌扩大在欧洲的市场份额创造一个好的时机。

（4）对于消费者而言，购车的决策过程是一项高参与度（high-involvement）的复杂决策。由于汽车是一种复杂的技术产品，且价值不菲，他们需要在购车前进行认真的信息搜寻，处理信息，对可选对象进行评估，从品牌专卖店购买要比在超市或商场购买更放心些，毕竟长期以来，他们已经习惯于有一定技术技能的销售人员为他们服务。多渠道的营销虽然方便了顾客的选购，却容易造成顾客对品牌忠诚度的下降。

三、汽车分销渠道的设计

渠道设计问题可从决策理论的角度加以探讨。通常，要想设计一个有效的渠道系统，需经历 4 个阶段，即消费者需求分析、确定渠道目标、制定渠道方案和评估分销方案。

1. 消费者需求分析

分销渠道指的是产品或服务从生产者流向消费者用户所经过的整个渠道，因此，设计分销渠道首先应该了解目标市场上消费者的购买需求，分析消费者想要购买什么。比如汽车配件市场，汽车企业购买较多，对于购买配件的方便程度要求越高，渠道的分销面就越广。

2. 确定渠道目标

渠道设计问题的中心环节是确定到达目标市场的最佳途径。生产企业在进行分销渠道的设计时，首先要决定采取什么类型的渠道，是直销还是通过中间商销售。如果企业决定通过中间商分销其产品，就要决定中间商的类型：是批发商还是零售商？什么样的批发商和零售商？用不用代理商？具体选择哪些中间商？企业可以采用本行业传统类型的中间商和分销渠道，也可以开辟新渠道，选择新型中间商。企业在具体选择中间商时还要考虑以下因素：第一是市场覆盖面。中间商的市场覆盖面是否与生产企业的目标市场一致，如某企业现打算在西北地区开辟市场，所选中间商的经营地域就必须包括这一范围；第二是中间商是否具有经销某种产品必要的专门经验、市场知识、营销技术和专业设施等。

3．制定渠道方案

在研究了渠道的目标之后，渠道设计的下一步工作就是明确各主要渠道的执行方案。渠道方案主要涉及以下几个基本因素。

（1）选择中间商的类型

企业首先要明确可以完成其渠道任务的中间商类型。根据目标市场及现有中间商的状况，可以参考同类产品经营者的现有经验，设计自己的分销渠道方案。中间商的不同对生产企业的分销渠道会产生影响。例如，汽车收音机厂家在考虑其分销渠道时，可以选择与汽车厂家签订独家合同，要求汽车厂家只安装该品牌的收音机；可以借助通常使用的渠道，要求批发商将收音机转卖给零售商；也可以在加油站设立汽车收音机装配站，直接销售给汽车使用者，并与当地电台协商，为其推销产品并付给相应的佣金。

（2）确定中间商的数量

中间商类型的确定，实际上也决定了分销渠道的长度。企业必须确定在每一渠道层次利用中间商的数量，由此来选择分销渠道的类型。即独家分销、选择分销或广泛分销。分销渠道的选择主要取决于产品类型：便利品需要广泛分销，选购品一般适合选择分销，特殊品可选择独家分销。汽车配件、大型电子产品等多选择独家分销。

（3）确定渠道成员的权利和责任

为保证分销渠道的畅通，企业必须就价格政策、销售条件、市场区域划分、相互服务等方面明确中间商的权利和责任。

① 价格政策　要求企业必须制定出具体的价格，并有具体的价格折扣条件，如数量折扣、促销折扣、季节折扣等政策。这样可以刺激中间商努力为企业推销产品，扩大产品储备，更好地满足顾客的需求。

② 销售条件　要求企业制定出相应的付款条件，如现金折扣；对中间商的保证范围，如不合格产品的退换、价格变动风险的分担等方面的保证。这样有利于中间商及早付款，加速企业的资金周转，同时可以引导中间商大量购买。

③ 区域销售权利　这是中间商比较关心的一个问题。尤其是独家分销的中间商。因此，企业必须把各个中间商所授权的销售区域划分清楚，以便于中间商拓展自己的业务，也有利于企业对中间商的业绩进行考核。

④ 相互服务　企业必须制定相应的职责与服务范围，明确企业要为中间商提供哪些方面的服务，承担哪些方面的职责；中间商要为企业提供哪些方面的服务，承担哪些方面的职责。在一般情况下，相互的职责和服务内容包括供货方式、促销的相互配合、产品的运输和储存、信息的相互沟通等。

4．评估分销方案

分销渠道方案确定后，生产者就要根据各种备选方案进行综合评价，以便找出最优的分销渠道方案。对每个分销渠道进行评估一般都需要遵循以下 3 个标准。

（1）经济性标准评估

该评估主要是比较每个方案可能达到的销售额及费用水平。一是比较由本企业推销人员直接推销与使用销售代理商哪种方式销售额水平更高；二是比较由本企业设立销售网点直接销售所花的费用与使用销售代理商所花的费用，看哪种方式支出的费用大，企业对上述情况进行权衡，从中选择最佳分销方式。

（2）可控性标准评估

一般来说，采用中间商可控程度较低，企业直接销售可控程度较高。分销渠道长，可控性难度大，渠道短，可控性难度会降低些，企业必须进行全面比较、权衡，选择最优方案。

（3）适应性标准评估

在评估各渠道方案时，还有一项需要考虑的标准，那就是分销渠道是否具有地区、中间商等适应性。首先是地区适应性，在某一地区建立产品的分销渠道，应充分考虑该地区的消费水平、购买习惯和市场环境。并据此建立与此相适应的分销渠道；其次是中间商适应性。企业应根据各个市场上中间商的不同状态采取不同的分销渠道。如在某一市场若有一两个销售能力特别强的中间商，渠道可以窄一点；若不存在突出的中间商。则可采取较宽的渠道。

此外，如果生产企业同所选择的中间商的合约时间长，而在此期间，其他销售方法如直接邮购更有效，但生产企业不能随便解除合同，这样企业选择分销渠道便缺乏灵活性。因此除非在经济或可控性方面具有十分优越的条件，否则生产企业必须考虑选择策略的灵活性。

【任务实施】

引导问题：按下表所示步骤进行分析，选择某型号"汽车行驶导航仪"的分销渠道。

步　骤	分析内容	相应特点要求	选择结果（理由）
消费者需求分析			
确定渠道目标			
制定渠道方案			
评估分销方案			

任务 9　汽车产品促销

【任务导入】

新产品刚刚上市，最大的问题就是：怎么让消费者尝试购买？或者积压库存的商品，如何消化？要想解决这些难题的有效的手段之一就是促销。比如某休闲食品新品上市，免费品尝；某洗发水新品上市，凡购买者免费赠送啫喱水等等。当竞争对手进行促销时，其实就是开始向你挑战，一定要采取措施予以回击。譬如某市液态奶 A 品牌对订户开展了"订半年送一月"的活动，作为 B 品牌就必须针对性地响应，不然 B 品牌的客户很可能被 A 品牌抢走。

在市场上不能总是被动性地采取响应措施，有时候就得主动出击。比如某电器品牌确定了在某省的市场份额要提高 5%的战略目标。为了达到这个目标，就必须主动出击，采取行动，统一降价 10%或者对顾客进行购买奖励等。目前，汽车市场竞争激烈，为了能在汽车产品市场中抢占一席之地，谋求更大的市场份额，一定要采取积极措施，制定合适合理的促销方案。

如在某 4S 店中，一种新款车型即将上市，而同品牌旧款车却库存有多台。按厂家商务政策，不能低于指导价倾销，那么该如何进行该车型产品的促销呢？

【学习指引】

通过本任务的完成和学习，你应该掌握以下知识：

① 促销及促销组合的概念和作用。

② 人员推销、营业推广、汽车广告、销售促进等策略的形式、内容和特点。

通过本任务的完成和学习，你应该具备以下工作能力：

① 能根据产品特点和条件选择适当的促销策略。

② 能制定汽车产品的促销组合策略方案。

【相关知识】

一、促销及促销组合的概念

（一）促销的含义

促销（promotion）是促进产品销售的简称。从市场营销的角度看，促销是企业通过人员和非人员的方式，沟通企业与消费者之间的信息，引发、刺激消费者的消费欲望和兴趣，使其产生购买行为的活动。

1. 促销的核心任务

促销的核心任务是沟通和传递信息。没有信息的沟通，企业不把汽车产品和购买途径等信息传递给目标客户，也就谈不上购买行为的发生。因此促销的一切活动都以信息传递为起点，完成销售，最后又以信息反馈为终点。

2. 促销的目的

促销的目的是引发、刺激消费者产生购买行为。在消费者可支配收入既定的条件下，消费者是否产生购买行为主要取决于消费者的购买欲望，而消费者购买欲望又与外界的刺激、诱导密不可分。促销就是利用这一特点，激发用户的购买兴趣，强化购买欲望，甚至创造需求来实现最终目的。

3. 促销的方式

促销的方式有人员促销和非人员促销两类。人员促销亦称直接促销或人员推销，是企业运用推销人员向消费者推销商品或劳务的一种促销活动。它主要适用于消费者数量少、比较集中的情况下进行促销。非人员促销又称间接促销或非人员推销，是企业通过一定的媒体传递产品或劳务等有关信息，以促使消费者产生购买欲望、发生购买行为的一系列促销活动，包括广告、公关和营业推广等。它适合于消费者数量多、比较分散的情况下进行促销。通常，企业在促销活动中将人员促销和非人员促销结合运用。

（二）促销的作用

1. 传递汽车产品和销售信息

通过促销宣传，可以将汽车企业的产品信息传递给消费者。明确告诉消费者有什么样的汽车产品,产品有什么特点,到什么地方购买,购买的条件是什么等,从而引起顾客的注意,激发并强化购买欲望,为实现和扩大销售作好舆论准备。

2. 突出汽车产品的卖点

在激烈的市场竞争中,同类汽车产品中,有些商品差别细微,而通过促销活动能够宣传突出企业产品特点的信息,从而激发了潜在的需求,提高了企业和产品的竞争力。

3. 强化企业的形象

恰当的促销活动可以树立良好的企业形象和商品形象,能使顾客对企业及其产品产生好感,从而培养和提高用户的忠诚度,形成稳定的用户群,可以不断地巩固和扩大市场占有率。

4. 诱导客户需求

这种作用尤其对新产品推向市场,效果更为明显。企业通过促销活动诱导需求,有利于新产品打入市场和建立声誉。促销也有利于培育潜在需要,为企业持久地挖掘潜在市场提供了可能性。

(三)促销的方式

促销方式有直接促销和间接促销两种,直接促销即人员推销,间接促销包括广告、公共关系和营业推广几种。不同的促销方式特点不同,效果也不同。

各种促销方式的主要特点如下:

1. 人员推销

即企业利用推销人员推销产品。对汽车销售企业而言,主要是由推销人员与客户直接面谈沟通信息,其主要方式有在汽车展厅内的人员推销,展示会上或驾乘活动的人员推销,带车上门的人员推销。人员推销方式具有直接、准确、推销过程灵活、易于与客户建立长期友好合作关系以及双向沟通的特点。但这种推销方式成本较高,对推销人员的素质要求也较高。

2. 广告

广告是通过报纸、杂志、广播、电视、广告牌等广告传播媒体形式向目标顾客传递信息。采用广告宣传可以使广大客户对企业的产品、商标、服务等加强认识,并产生好感。统计表明,在各主要汽车生产国,汽车业是做广告最多、费用最高的行业之一。例如在德国,1995年全国销售汽车331万辆,宣传广告费达29亿马克,平均每辆车广告费875马克。在我国,汽车广告正在与日俱增,成为汽车促销的主要手段。

广告的特点是可以更为广泛地宣传企业及其商品,传递信息面广,不受客户分散的约束,同时广告还能起到倡导消费,引导潮流的作用。

3. 营业推广

营业推广又称销售促进,是指企业运用各种短期诱因鼓励消费者和中间商购买、经销或代理企业产品或服务的促销活动。其特点是可有效地吸引客户,刺激购买欲望,可以较好地促进销售。但它有贬低产品之意,因此只能是一种辅助性促销方式。

4. 公共关系

公共关系一词来自英文 Public Relations,简称公关或 PR,也称公众关系。它是指企业在从事市场营销活动中正确建立企业与社会公众的关系,以便树立企业良好的形象,从而促进产品销售的一种活动。公共关系是一种创造"人和"的艺术,它不以短期促销效果为目标,通过公共关系使公众对企业及其产品产生好感,并树立良好企业形象,并以此来激发消费者的需求。

它是一种长期的活动，着眼于未来。

（四）促销组合策略

所谓促销组合就是企业根据产品的特点和营销目标，综合各种影响因素，对各种促销方式的选择、编配和运用。促销组合是促销策略的前提，在促销组合的基础上，才能制定相应的促销策略。因此，促销策略也称为促销组合策略。

促销组合策略的制定，其影响因素主要有以下几个方面：

1. 促销目标

汽车企业的产品营销可以分为营销初期、中期和后期。在不同阶段，要求有不同的促销目标。产品营销初期，企业促销往往是以增加产品的知名度、开辟市场为目标；营销中期，产品进入市场成长阶段，往往是以扩大销售，提高市场占有率为目标；在营销的后期，往往是以维持市场和转移市场为目标。因此，促销组合和促销策略的制定，要符合企业的促销目标，根据不同的促销目标，采用不同的促销组合和促销策略。

2. 产品种类和市场类型

一般而言，市场比较集中的汽车产品，人员推销的效果较好，营业推广和广告次之。反之，市场需求越分散，广告的效果较好，营业推广和人员推销则次之。例如在商用车市场上，重型汽车因使用上的相对集中，市场也比较集中，因而人员推销对促进重型汽车的销售，效果较好；而轻型汽车、微型汽车由于市场分散，所以广告对促进这类汽车销售的效果就更好。在乘用车市场上，小型客车的用户相对集中，便于人员推销。

3. 产品生命周期的阶段

当产品处于导入期时，需要进行广泛的宣传，以提高知名度，因而广告的效果最佳，营业推广也有相当作用。当产品处于成长期时，广告和公共关系仍需加强，营业推广则可相对减少。产品进入成熟期时，应增加营业推广，削弱广告，因为此时大多数用户已经了解这一产品，在此阶段应大力进行人员推销，以便与竞争对手争夺客户。产品进入衰退期时，某些营业推广措施仍可适当保持，广告则可以停止。产品生命周期各阶段的特点如表 2-8 所示。

表 2-8　产品生命周期各阶段特点

促销选择 产品生命周期	首　选	次　选	再　次　选
投入期	广告	营业推广	人员推销
成长期	广告、公共关系	人员推销	营业推广
成熟期	营业推广	人员推销	广告
衰退期	营业推广	人员推销	公共关系

4. 促销预算

任何企业用于促销的费用总是有限的，这有限的费用自然会影响营销组合的选择。因此企业在选择促销组合时，首先要根据企业的财力及其他情况进行促销预算；其次要对各种促销方式进行比较，以尽可能低的费用取得尽可能好的促销效果；最后还要考虑到促销费用的分摊。

二、人员推销策略

（一）人员推销的应用条件

人员推销具有能有效地发现并接近顾客、推销宣传针对性强、推销策略灵活机动、信息交流双向性、便于密切企业与用户的关系等优点。但它也具有传播范围小、对推销人员的素质要求高、管理难度大等缺陷。因此人员推销必须考虑产品的特点和用户消费群。汽车厂商和经销商在选择人员推销时需考虑以下几项：

1．市场的集中程度

人员推销对产品市场的消费群体相对集中的地区很有效，而对于消费群体相对分散的市场，它的作用就很有限。如在东部沿海经济发达地区推销家庭用车，采用人员推销的效果就比较好；在经济比较富裕的平原农村，采用人员推销农用车就可能取得良好的效益。

2．市场用户类型

汽车产品，如配件、半成品的产业用户，一般购买量大，并具有行为的连续性，因而广泛应用人员推销；而对于普通汽车用户，虽然整个市场对配件的需求量很大，但单位数量用户的购买量却很少，这时宜采用广告向普通用户宣传介绍产品，人员推销方法只面向中间商或批发商。

3．产品的技术含量

若产品技术含量很高，顾客很难全面了解产品的性能及特点，单凭广告不易其产生购买欲望，在这种情况下，应用人员推销就非常必要。

4．产品的价格

汽车产品的高价格使顾客产生压力感，利用人员推销可以及时解除顾客的心理压力，坚定顾客的购买信心，以促进产品销售。

（二）人员推销的基本形式

1．上门推销

上门推销是指由汽车推销人员携带汽车产品的说明书、广告传单和订单，甚至带车走访顾客，推销产品。这种形式是一种积极主动的、名符其实的"正宗"推销形式。

2．展厅推销

展厅推销又称门市推销，是指汽车企业在适当地点设置固定的门市、专卖店等，由营业员接待进入门市的顾客，推销产品。门市的营业员是广义的推销员。展厅推销与上门推销正好相反，它是等客上门式的推销方式。因为汽车商品是贵重、大件商品，这种方式是汽车推销中的必备方式，汽车销售企业无一例外都在选用。

3．会议推销

会议推销是指销售人员利用各种会议向与会人员宣传和介绍产品，开展推销活动。例如，在订货会、交易会、展览会上推销产品。这种推销形式接触面广，推销集中，可以同时向多个推销对象推销产品，成交额较大，推销效果较好。近年来国内各大城市竞相推出的汽车博览会就属这种推销方式。汽车博览会现在已不仅是推销汽车的极好形式，而且已成为各大城市提高城市知名度，带动消费和吸引商机的极好形式。

（三）人员推销的基本策略

1. 寻找新客户策略

从营销的角度看，所谓新客户是指那些具有购买能力、决策能力的潜在需求者。要想获得推销的成功，寻找新客户是第一步，也是重要的一步。其策略包括：

① 坐等上门策略　往往是在固定的地点设置展厅，等待顾客上门。适用于处于成熟期的知名品牌产品。

② 主动出击策略　通过查阅资料、进行市场调研、到销售现场观察、通过他人介绍等方式寻找潜在的汽车用户。其关键是主动出击，用尽可能多的方法和手段去寻找目标客户。

2. 接近客户策略

寻找到新客户以后，接下来的任务就是要接近客户，获得客户的好感，以便进一步实施产品推销。接近客户准备包括：

① 客户资料准备　如年龄、职业、家庭人口、爱好、购车用途等。

② 产品资料准备　如款型、生产厂家、车辆特点、技术配置、适用人群、产品历史与适用现状等。

③ 自我状况准备　如仪态、衣着、名片、车型资料等。

"销售从不被拒绝开始"，丰田汽车公司销售人员手册中雷塔曼的这句名言告诉我们，让客户接受推销人员是最终能够达成交易的开始。所以给客户留下良好印象是格外重要的。为了给客户留下良好印象，推销人员必须通过自己良好的形象、衣着、言谈和举止，让客户感到诚实可信、礼貌大方，并愿意继续交谈和交往。在这一过程中，推销人员一定要注意交往技巧。

3. 说服客户的策略

在买方市场下，要想说服客户，达成交易的确不是一件易事。因此，说服客户就成了推销的关键环节之一。常用的说服方法有提示说服法和演示说服法两种：

（1）提示说服法

它是通过直接或间接，积极或消极的提示，激发起客户购车的欲望，由此促使客户作出购买选择，如进行获益分析等。

（2）演示说服法

演示说服法则是通过产品的文字、图片、影视、音响、证明等资料去引导客户作出购买决策。丰田汽车公司为推销人员特制样品目录、彩色样本以及各种文字资料等。在说服过程中应注意认真听取并分析客户的意见，找出问题的关键点和客户的真实目的，作出针对性的反应。要做到事实充分、证据有力、态度诚恳、不卑不亢，切忌在说服过程中同客户发生冲突。

一个好的推销员，除了掌握推销的策略和技巧以外，其推销业绩还与推销员的良好个性和素质有关。现代关系营销理论要求，推销员除推销出产品以外，还应与客户建立长期的合作关系，进而为企业建立起广泛而坚强的营销网络。

三、营业推广策略

近 10 年来，营业推广在市场营销组合中越来越显其重要地位。在汽车市场中，营业推广也是一种行之有效的促销手段。针对不同的销售对象，营业推广的策略也有所不同。

（一）针对消费者的营业推广策略

1.有奖销售

有奖销售是指通过抽奖、赠送奖品的形式销售产品。企业希望利用这种形式能有效地刺激购买欲望，提高产品的销量。例如，北京北方汽车市场某汽车店，推出了"购车送 VCD+抽奖"的促销方案，即每购一辆车送一台 VCD，还有机会抽到彩电、手机、电烤箱等奖品，使售车数量激增。

2.赠送消费卡、代价券

例如，神龙汽车公司 1997 年下半年推出购买一辆神龙车，可获得一年免费维护，10 万 km 内保修，并赠送 8 000 元消费卡等一系列措施。

3.提供优质服务

这是国内外汽车公司都普遍推行的做法。尤其是汽车产品，因其产品的特殊性，客户对优质服务的要求也就更高。在产品同质的情况下，客户往往选择能提供优质服务的商家。

4.分期付款和以租代销

由于汽车价格一般比较高，普通消费用户一次付款较难承受，因此，世界各汽车公司都有分期付款和以租代销等业务。统计表明，目前美国以分期付款方式出售的汽车约占总销售量的70%，日本也有 50%左右。我国汽车市场从 1997 年开始，这种促销方式也得到了应用。例如，一汽、神龙等汽车公司都先后推出了各具特色的分期付款购车方式。

5.价格折扣和价格保证策略

价格折扣是指在一些特殊的时间（如淡季、重大节假日等）给购车者以一定的价格优惠，或给一些特殊的顾客以一定的价格优惠。例如，给一次付清车款的客户 2%或更多的优惠等。价格折扣易给人以低调处理的味道，尤其在打价格战的时候，一定要慎用价格折扣。

所谓价格保证是指企业保证用户现在购车的价格在一定时期内是最低的，如果降价，企业保证退还差额。2004 年，北京现代汽车就在国内首推汽车降价返还价差的价格保证措施。

6.以旧换新

"以旧换新"是汽车销售企业收购旧车，估值后将旧车的收购价格折入新车车价中，补足旧车和新车的价差购买新车的销售方式。在西方发达国家的汽车销售中是非常流行的。目前，我国一些大型汽车企业已经采用了这种方法以促进销售。

7.使用奖励

这是指企业为了促进销售，对使用企业产品的优秀用户予以精神和物质上的奖励。如在 20世纪 80 年代，东风汽车公司就曾在全国范围内，对驾驶东风牌载货汽车、行驶里程达到规定千米，且从未出过事故的驾驶人给予奖励。将其中的佼佼者请到公司总部前的广场上，为他们举行庆功表彰大会，并给予物质奖励。

当然，在汽车促销活动中，营业推广的形式非常多样，在当今的中国汽车市场上，营业推广形式的创新正在成为汽车销售市场上颗颗亮点。如图 2-29 所示是某品牌在店内进行的营业推广活动，一般同时具备客户关怀、广告、营业推广、人员推销等综合作用。

图 2-29　汽车 4S 店的营销活动

（二）针对中间商的营业推广策略

汽车中间商在汽车企业的产品销售中占有重要地位，而中间商往往是独立的法人，有着独立的经营权，因此，企业提高他们销售本企业产品的积极性是很重要的。企业通常可以采用以下几种形式对其进行销售促进。

1．交易折扣

汽车企业通过价格折扣或赠品方式，对中间商在产品的价格和支付的条件等方面给予优惠，以促进双方的合作关系。

例如，一汽大众对其产品的专营公司（店），免费提供广告宣传资料，以成本价提供捷达工作用车，优先满足紧俏产品的供应，优先培训等。

2．销售竞赛

制造商为了激发中间商推销企业产品的积极性而规定一个具体的销售目标，对完成销售目标的中间商给予一定的奖励。但这个目标应该是中间商有可能达到，又必须是经过努力才有可能达到的目标。

3．产品展销及订货会

制造商通过展销、订货会向中间商展示其生产的汽车产品的优点和特性，以引起中间商的经销兴趣，从而扩大产品的销售。

以上两大类都是针对企业外部的销售促进，而在企业实际工作中还有一类，那就是对企业内部的销售促进，其目的是发挥员工的销售积极性和提高员工的销售技能。在以人为本的今天，越来越多的企业开始注意到了对企业员工的激励。

四、汽车广告策略

（一）汽车广告的作用

汽车广告是汽车企业用以对目标消费者和公众进行说服性传播的工具之一。汽车广告要体现汽车企业和汽车产品的形象，从而吸引、刺激、诱导消费者购买该品牌汽车。其具体作用在于：

1．建立知名度

通过各种媒介的组合，向汽车消费者传达新车上市的信息，吸引目标消费者的注意，汽车广告宣传可避免促销人员向潜在消费者描述新车所花费的大量时间，快速建立知名度，迅速占领市场。

2．促进理解

新车具有新的特点，通过广告，可以向目标消费者有效地传递新车的外观、性能、使用等方面的信息，引发他们对新车的好感和信任，激发其进一步了解新车的兴趣。

3．有效提醒

如果潜在消费者已了解了这款新的车型，但还未准备购买，广告能不断地提醒他们，刺激其购买欲望，这比人员促销要经济得多。

4．再保证

广告能提醒消费者如何使用、维修、保养汽车，对他们再度购买提供保证。

5．树立企业形象

对于汽车这样一种高档的耐用消费品，用户在购买时，十分重视企业形象（包括信誉、名称、商标等），广告可以提高汽车生产企业的知名度和美誉度，扩大其市场占有率。

知识链接

丰田汽车的广告效应

1990 年初，我国台湾省由于受政治和治安的影响，造成股市下跌，企业停工，市场一片混乱。8 月份因伊拉克入侵科威特，带动石油价格上涨，不景气的阴影无异是雪上加霜，汽车市场也同样陷入严重滞销的困境。各厂家均以减产、降价、裁员等手段应付这一不景气情况，汽车特约销售服务站也在调整营销策略。例如，丰田却在市场稍有改变时即异军突起，展开大规模的广告宣传攻势，从 10 月 1 日到 10 月 15 日，除星期六、星期日外，台湾七大报纸共 20 批的广告版面，以 "TOYOTA 谢谢您二周年庆" 为名和 "多，更多；好，更好！" 的主题，每天推出不同宣传内容的广告版面。

这一密集型的广告宣传策略，费用至少在新台币 1 000 万元以上。各大媒体争相报道丰田二周年庆的活动盛况，这一以广告为始的宣传攻势，为业已疲软的媒体带来了生机，更使丰田获得了广泛的影响和显著的效益。

（二）确定汽车广告目标

制定汽车广告策略的第一步是确定汽车广告目标。汽车广告目标是指在一个特定时期内，对某个特定的公众所要完成的特定的传播任务。这些目标必须服从先前制定的有关汽车目标市场、汽车市场定位和汽车营销组合等决策。汽车广告按其目标可分为通知性、说服性和提醒性广告三种。

（1）通知性广告

主要用于汽车新产品上市的开拓阶段，旨在为汽车产品建立市场需求。日本丰田汽车公司在进入中国市场时，打出 "车到山前必有路，有路必有丰田车" 的广告，震撼人心。

（2）说服性广告

主要用于竞争阶段，目的在于建立对其某一特定汽车品牌的选择性需求。在使用这类广告时，应确信能证明自己处于宣传的优势，并且不会遭到更强大的其他汽车品牌产品的反击。例如"三星骏马快！优！新！"的广告，突出了该汽车产品的优势，朗朗上口。

（3）提醒性广告

用于汽车产品的成熟期，目的是保持消费者对该汽车产品的记忆。例如，上海大众仍经常为已经处于成熟期的桑塔纳轿车做广告，提醒消费者对桑塔纳轿车的注意。

（三）制定汽车广告预算

汽车广告有维持一段时期的延期效应。虽然汽车广告被当作当期开支来处理，但其中一部分实际上是可以用来逐渐建立汽车品牌与产品商誉这类无形价值的投资。因此，制定汽车广告预算时要根据汽车企业的实际需要和实际财务状况。此外，还要考虑如下 5 个因素：

① 产品生命周期阶段　在推出新车型时，一般需要花费大量广告预算，才能建立其市场知名度。

② 市场份额和消费者基础　增加市场销售或从竞争者手中夺取市场份额，需要大量的广告费用。

③ 竞争程度　竞争者多和广告开支很大的汽车市场上，一种汽车品牌必须加大宣传，才能引起目标消费者的注意。

④ 广告频率　汽车产品传达到消费者的重复次数，即广告频率，也会决定广告预算的大小。

⑤ 产品替代性　一家整车厂打算在汽车市场众多品牌中树立自己与众不同的形象，宣传自己可以提供独特的物质利益和特色服务时，广告预算也要相应增加。

（四）选择汽车广告媒体

1．汽车广告媒体的种类

广告媒体的种类繁多，功能各有千秋，只有选择好适当的汽车广告媒体，才能使汽车企业以最低的成本达到最佳的宣传效果，对汽车的销售起到推波助澜的作用。

2．选择汽车广告媒体应考虑的因素

（1）目标消费者的媒体习惯

购买跑车的大多数消费者是中青年的成功人士，则广播和电视就是宣传跑车的最有效的广告媒体。

（2）汽车产品

对汽车来说，电视和印刷精美的杂志由于在示范表演、形象化和色彩方面十分有效，因而是最有效的媒体。有的汽车杂志广告主要选用了能充分体现汽车外观美的设计，利用杂志印刷精美的特点，给受众以视觉上的冲击。而有的汽车广告就未必适合印刷在杂志和报纸上。

（3）广告信息

包含大量技术资料的汽车广告信息一般要求专业性杂志做媒介，一条宣布明天有重要出售的信息一般选用广播或报纸做媒介。一般情况下，汽车产品的针对性很强，因此比较适合在专业杂志和报纸上作广告，能直接面向特定的受众，有助于用较低预算实现预期效果。

（4）费用

电视广告费用非常昂贵，以播出时间长短和播放时段来计费，而报纸广告相比而言则稍便宜。

知识链接

2013 年国内汽车企业广告投放前 20 名情况

2013 年，我国汽车行业广告投入最多的前 20 名车企投入广告花费共计 378.65 亿元，其排名与广告费情况可参见表 2-9 所示。其中，电视花费为 160.54 亿，互联网花费为 140.23 亿，报纸花费 38.77 亿，电台花费 23.44 亿，而杂志的投入有 1.67 亿元。可见互联网份额持续增长，有望超越电视。

表 2-9　2013 年广告投入费用最高的 20 名企业情况

排名	汽车厂商	总投入（亿元）	平均单车投入（万元）
1	一汽大众	45.86	0.29
2	上海大众	45.27	0.30
3	东风日产	38.25	0.41
4	上海通用	32.96	0.21
5	长安福特	31.26	0.46
6	一汽轿车	21.53	0.87
7	北京现代	17.15	0.17
8	东风雪铁龙	14.82	0.53
9	通用汽车	14.69	—
10	东风悦达起亚	12.58	0.23
11	东风标致	12.15	0.45
12	一汽丰田	11.86	0.21
13	戴姆勒	11.32	—
14	德国宝马	11.04	—
15	广汽本田	10.74	0.25
16	路虎集团	10.45	1.10
17	江淮	9.56	0.19
18	华晨宝马	9.13	—
19	重庆长安	9.06	0.22
20	德国奥迪	8.95	
	合计	378.63	

五、汽车销售促进策略

（一）汽车销售促进的概念

汽车销售促进是汽车营销活动的一个关键因素。汽车销售促进包括各种属于短期性的刺激工具，用以刺激汽车消费者和贸易商较迅速或较大量地购买某一品牌的汽车产品或服务。汽车销售促进在汽车业中广泛使用，是刺激销售增长、尤其是销售短期增长的有效工具。进入 20 世纪 90 年代以后，日本汽车生产企业在国内市场上进行销售促进活动的投入以年平均 9.4%的速度增长，1997 年销售促进费用超过了 30 亿美元。

（二）汽车销售促进的目标

汽车销售促进的具体目标要根据汽车目标市场的类型变化而变化，具体包括：

（1）对消费者来说

汽车销售促进的目标包括鼓励消费者购买汽车和促使其重复购买；争取未使用者购买；吸引竞争者品牌的使用者购买。

（2）对经销商来说

汽车销售促进的目标包括吸引经销商经营新的汽车品牌，鼓励他们购买非流行的汽车产品；抵消竞争性的促销影响，建立经销商的品牌忠诚度和获得进入新的经销网点的机会，促使经销商参与制造商的促销活动。

（3）对促销人员来说

汽车销售促进的目标包括鼓励他们支持一种新的汽车产品，激励他们寻找更多的潜在消费者。

（三）汽车销售促进的工具

选择汽车销售促进的工具时，要综合考虑汽车市场营销环境、目标市场的特征、竞争者状况、销售促进的对象与目标、每一种工具的成本效益预测等因素，还要注意将汽车销售促进同其他促销组合的工具如广告、公共关系、人员促销等互补配合。

1．用于消费者市场的工具

（1）分期付款

由于汽车价格一般比较高，普通消费用户一次性付款较难接受，因此世界各汽车公司都有分期付款业务。1997 年岁末，"长安奥拓"推出分期付款方式，就是定价为每辆 58 800 元的"奥拓"轿车，第一次付款 18 000 元即可提车，余款在其后的 18 个月内付清，"首付一万八，奥拓开回家"。此举使得这种微型车的销量在较短时期内在北方市场增长一倍，并且 80%的产品走入家庭。而目前日本丰田公司有 2/3 的新车销售是由汽车生产企业提供分期付款的金融借贷服务的。2000 年的京城车市，有近一半的消费者采取了分期付款的购车方式。

分期付款通过"首期付款"的方式，把价格"降"下来，实现了较低消费层次的现实购买力，并以余款延期交纳的方式，解决了购销双方资金和资源的双重闲置。但对汽车生产企业来说，分期付款占用资金大，周转回收慢，企业承担了较高的风险。因此，需要制定分期付款的法规，明确各方的权利和责任，建立信用评估机构，推进"分期购车"的健康发展。

（2）汽车租赁销售

汽车租赁销售是指承租方向出租方定期交纳一定的租金，以获得汽车使用权的一种消费方式。汽车专业租赁公司，是继出租用车市场后又一大主体市场，是生产企业长期、稳定的用户之一。租赁销售是刺激潜在需求向现实需求转化的有效手段。

据美国市场调查机构公布的数字表明，1993 年以租赁方式售车的轿车和卡车占总销量的四分之一，销售总额达 43 亿美元，是"1984 年的 4 倍，其中高级轿车中有超过半数以上的被租售。

租赁销售促进了汽车销售，使汽车工业获得了自我发展的资金来源，为汽车生产企业技术更新提供了资金保证。租赁销售促使经销商不断改进服务，大大提高用户满意度。

（3）汽车置换业务

汽车置换业务包括汽车以旧换新，二手汽车更新跟踪服务、二手汽车再销售等项目的一系列业务组合。

（4）汽车销售附赠品

购买汽车，附赠用品，如每购一辆车送一台 VCD，还有机会抽到彩电、手机、电烤箱等奖品，促进汽车销售。

（5）免费试车

邀请潜在消费者免费试开汽车，激发其购买兴趣。免费试车为消费者提供亲身体验的机会，有利于进一步加强消费者的购买欲望，最终达成交易。

（6）售点陈列和商品示范

在汽车展厅通过布置统一标准的室内装饰画、广告陈列架等有关汽车的陈列，向消费者进行展示。例如上海大众帕萨特轿车上市时，上汽销售总公司为所有特许经销商提供统一的装饰画，带有浓烈的现代感，符合大多潜在消费者的审美观念。

（7）使用奖励

企业为了促进汽车销售，对使用该企业汽车产品的优秀用户给予精神和物质上的奖励。一汽大众对哈尔滨地区 30~40 万千米无重大修理的汽车驾驶人给予在德国参观学习的重奖。东风汽车公司对使用本企业汽车达到数万千米，且从未出过事故的驾驶人给予物质奖励，举行庆功表彰大会等。

2．用于经销商交易的工具

（1）价格折扣

对经销商的购车给予低于定价的直接折扣，例如鼓励其购买一般情况下不愿购买的汽车型号；增加其进货的数量；如果经销商提前付款，还可以给予一定的现金折扣等，从而刺激其销售的积极性。

（2）折让

汽车生产企业的折让用以作为经销商宣传其产品特点的补偿。广告折让用以补偿为该产品作广告宣传的经销商；陈列折让用以补偿对该产品进行特别陈列的经销商。例如，一汽大众对其产品的专营公司免费提供广告宣传资料，以成本价提供捷达工作用车，优先培训等。

（3）免费商品

对销售特定车型的汽车或销售达到一定数量的经销商，额外赠送一定数量的汽车产品，也可赠送促销资金，如现金或礼品等。

3．用于人员促销的工具

（1）贸易展览会和集会

组织年度汽车展览会，在大型汽车展览会上租用摊位，展示概念车、新车的优点和性能。1998 年上海大众为新型桑塔纳"时代超人"在全国 16 个大中城市举行大型促销展示活动，顺利完成该车的市场导入。而每年在北京、上海等地举办的汽车展览会，更是云集了国内外各大汽车企业，成为其展示汽车风采的舞台。

（2）销售竞赛

汽车生产企业出资赞助经销商和促销人员的年度竞赛，对完成销售目标的中间商给予一定的奖励，刺激他们增加销量。

（3）纪念品广告

促销人员向潜在消费者赠送标有产品信息但价格不贵的物品，换取消费者的姓名及地址。这些物品及宣传资料通常由汽车生产企业提供。

（四）制定汽车销售促进方案

制定汽车销售促进方案可以按以下过程来进行：

（1）确定汽车促销所提供优惠的大小

一般来说，优惠越高，产生的销售反应越明显，但是销售反应的增加要小于优惠的增加。同时，促销优惠的作用还受到需求弹性的影响。

（2）确定汽车促销的对象

汽车促销的优惠只向符合特定条件的个人或团体提供，如促销资金对某些区域的消费者、公司的家属等不予提供。

（3）确定汽车促销持续的时间

理想的促销持续时间约为每季度使用 3 周左右，其时间长度即是平均购买周期的长度。当然，合理的汽车促销周期长度还要根据不同类型的汽车产品来确定，以发挥交易优待的最佳效力。

（4）选择汽车促销时机

应当制定出全年的汽车促销活动的日程安排，有计划、有准备地进行，以配合汽车产品的生产、销售和分销。有时需要安排临时的汽车促销活动，这就需要短期内的组织协作。

知识链接

美国汽车行业开始促销战

为刺激消费者购车欲望，美国通用汽车公司和福特汽车公司日前宣布新的优惠计划。

通用汽车公司 2005 年 6 月 1 日开始，对其 Traiblazer、Tahoe、Suburban 多功能车以及某些 Silverado 皮卡车提供 1500 美元的现金折扣。其他型号汽车仍将保持 2002 美元的现金折扣，但不包括卡迪拉克和 Corvette。此前，通用汽车公司曾向购买或租赁该公司大部分品牌汽车的消费者提供 2002 美元的折扣优惠。

另外，通用汽车公司将对 36 个月的汽车贷款提供零利率促销措施，超过 36 个月的贷款将收取非常低的利息。消费者不能同时享受现金折扣和有限制的零利率贷款购车两项优惠。通用汽车员工价促销活动从 6 月 1 日展开，任何 2005 年份的汽车，除雪佛兰 Corvette、庞迪亚克 GTO 和 GMC 中型卡车外，顾客均可用员工折扣价购买。通用 5 日宣布将这项计划延长到 8 月 1 日。

在通用汽车的促销压力下，福特汽车 2005 年 7 月 5 日宣布将采取相同的优惠办法，以员工折扣价出售各型汽车。克莱斯勒汽车公司 6 日也宣布加入了这场折扣战。

数小时后，福特汽车宣布"家庭促销计划"，该公司几乎所有车辆也将以员工折扣价出售，截止期限也是 8 月 1 日，但有三种车型野马、油电混合的 Escape 车和 GT 皮卡车不包括在促销范围内。

虽然通用汽车公司 6 月份的销售业绩因此促销手段狂升了 41%，创 19 年来单月销售新高，但分析家认为，每辆车几千美元的折扣不是没有代价的。汽车数据公司认为，这将造成汽车定价下降，其他车厂不得不跟随降价。

【任务实施】

引导问题 1：新款车与旧款车对比，其优缺点和客户群体的区别在哪里？

车　型	优　缺　点	客户群体特点
新款		
旧款		

引导问题 2：分析汽车促销的不同策略与方法的效果和特点，设计针对该老款车型的不同促销策略的实施方法和内容。

决　策　项		选择或设计内容	理　　由
是否采用人员推销	应用条件		
	形式		
是否需要营业推广	针对消费者		
	针对中间商		

续表

决 策 项		选择或设计内容	理 由
是否需采用广告策略	作用		
	目标		
	选择媒体		
	费用分析		
销售促进工具	针对消费者		
	针对二级店		
	针对销售人员		

任务 10　编写营销策划书

【任务导入】

学校附近的（如 VOLVO 品牌）新建店已正式运营，如何有效开展汽车与服务的营销业务，是店里管理层面对的重要课题。请你编写一份该新店营销策划书，以获得集团公司的资源倾斜，更好更快地使新店步入正轨。

【学习指引】

通过本任务的完成和学习，你应该掌握以下知识：

① 掌握营销策划书编制原则。

② 掌握营销策划书的基本内容与格式。

通过本任务的完成和学习，你应该具备如下工作能力：

能较规范地编写营销策划书。

【相关知识】

一、营销策划书编制的原则

1. 全面性原则

是指营销策划的内容，必须是营销基本要素的综合运用。这些基本要素至少包括定位战略、产品策略、价格策略、渠道策略和促销策略五个方面。缺少其中任何一个因素，都不能称为是优秀的营销策划。或许一家企业仅仅通过铺天盖地的电视广告，就使其产品畅销了大江南北，也不能认为它是一个优秀的营销策划，至多它是一个优秀的广告策划。

2. 逻辑思维原则

策划的目的在于解决企业营销中的问题，按照逻辑性思维的构思来编制策划书。首先是设定情况，交代策划背景，分析产品市场现状，再把策划中心目的全盘托出；其次进行具体策划内容详细阐述；三是明确提出解决问题的对策。

3. 简洁朴实原则

要注意突出重点，抓住企业营销中所要解决的核心问题，深入分析，提出可行性的相应对策，针对性强，具有实际操作指导意义。

4．正向性原则

正向性原则是指企业策划的创意必须思想积极，有利于达成预定的目标，是为目标服务的，否则再好的创意也没有价值。例如，向某个明星赠送别墅、珠宝，也算是非常有影响的创意。但是这对提升企业形象不仅没有正向效应，反而起到了反向效应，这就不是好的营销创意。一些厂商的广告密度达到了令人反感的程度，纵然使销售增加，也不是一个优秀的策划。

5．可行性原则

可行性原则是指策划构想要有实现的可能，做到这一点，必须将创意与企业现有人力、物力、财力合理结合，最终能落到实处。叫好不叫座，无法实现的创意都不是真正的策划。正像再好的点子，如果无法实施，只是启发人们的思路，不会产生效益。

（典型案例）

老鼠们为了防备猫的袭击，在一起开会商量对策，一只非常聪明的小老鼠提出了一个极具创意的建议："给猫脖子上挂一只铃铛，猫一走来，我们就会听到铃声，马上就跑。"一只年长的老鼠问道："谁去给猫挂铃铛呢？"结果，没有一只老鼠敢去。当然这只是一个无法实现的创意。

6．效益性原则

是指营销策划必须产生理想的效益，或是推动了效益的增长。评价任何一个营销策划，都不是在进行作文竞赛，看谁的方案写得漂亮；也不是在进行富豪榜排列，看谁花的营销费用多，而是看谁的策划带来的效益最高，而效益高的原因主要是策划的结果，而不是烧钱的结果。让人边骂边买的策划自然不是好策划，让人连声说好而不掏一分钱的策划则更遭。

7．创意新颖原则

要求策划的"点子"（创意）新、内容新、表现手法也要新，给人以全新的感受。新颖的创意是策划书的核心内容。

二、营销策划书的基本内容

策划书按道理没有一成不变的格式，它依据产品或营销活动的不同要求，在策划的内容与编制格式上也有变化。但是，从营销策划活动一般规律来看，其中有些要素是共同的。

（一）封面

策划书的封面可提供以下信息：① 策划书的名称；② 被策划的客户；③ 策划机构或策划人的名称；④ 策划完成日期及本策划适用时间段。因为营销策划具有一定时间性，不同时间段上市场的状况不同，营销执行效果也不一样。

（二）正文

正文部分主要包括：①策划目的；②分析当前的营销环境状况；③市场机会与问题分析；④营销目标；⑤营销战略（具体行销方案）；⑥策划方案各项费用预算；⑦方案调整。

1．策划目的

要对本营销策划所要达到的目标、宗旨树立明确的观点，作为执行本策划的动力或强调其执行的意义所在。企业营销上存在的问题纷繁多样，但概而言之，也无非六个方面：

① 企业开张伊始，尚无一套系统营销方案，因而需要根据市场特点策划出一套营销计划。

② 企业发展壮大，原有的营销方案已不适应新的形势，因而需要重新设计新的营销方案。

③ 企业改革经营方向，需要相应地调整营销策略。

④ 企业原营销方案严重失误，不能再作为企业的营销计划。

⑤ 市场行情发生变化，原营销方案已不适应变化后的市场。

⑥ 企业在总的营销方案下，需在不同的时段，根据市场的特征和行情变化，设计新的阶段性方案。

2. 当前营销环境分析

（1）当前市场状况及市场前景分析

① 产品的市场性　现实市场及潜在市场状况。

② 市场成长状况　产品目前处于市场生命周期的哪一阶段上。对于不同市场阶段上的产品公司营销侧重点如何，相应营销策略效果怎样，需求变化对产品市场的影响。

③ 消费者的接受性　这一内容需要策划者凭借已掌握的资料分析产品市场发展前景。

（2）对产品市场影响因素进行分析

主要是对影响产品的不可控因素进行分析：如宏观环境、政治环境、居民经济条件，如消费者收入水平、消费结构的变化、消费心理等，对一些受科技发展影响较大的产品如：计算机、家用电器等产品的营销策划中还需要考虑技术发展趋势方向的影响。

3. 市场机会与问题分析

（1）针对产品营销现状进行问题分析

一般营销中存在的具体问题，表现为多方面。例如：企业知名度不高，形象不佳影响产品销售；产品质量不过关，功能不全，被消费者冷落；产品包装太差，提不起消费者的购买兴趣；产品价格定位不当；销售渠道不畅，或渠道选择有误，使销售受阻；促销方式不正，消费者不了解企业产品；服务质量太差，令消费者不满；售后保证缺乏，消费者购买后顾虑多等都是营销中存在的问题。

（2）针对产品特点分析优、劣势

从问题中找劣势予以克服，从优势中找机会，发掘其市场潜力。分析各目标市场或消费群特点进行市场细分，对不同的消费需求尽量予以满足，抓住主要消费群作为营销重点，找出与竞争对手的差距，把握利用好市场机会。

4. 营销目标

营销目标是在前面目的任务的基础上公司所要实现的具体目标，即营销策划方案执行期间，经济效益目标达到：总销售量为×××万件，预计毛利×××万元，市场占有率实现××%。

5. 营销战略

营销策划书中要清楚地表述企业所要实行的具体战略（具体营销方案），主要包括以下几方面内容：①营销宗旨；②STP 策略；③产品策略；④价格策略；⑤销售渠道；⑥广告宣传；⑦具体行动方案等。

（1）营销宗旨

一般企业可以注重以下几方面：

① 以强有力的广告宣传攻势顺利拓展市场，为产品准确定位，突出产品特色，采取差异化营销策略。

② 以产品主要消费群体为产品的营销重点。

③ 建立起点广面宽的销售渠道，不断拓宽销售区域等。

（2）STP 策略

进行市场细分、选择目标市场，确定企业市场定位，即实施 STP 策略。

（3）产品策略

通过前面产品市场机会与问题分析，提出合理的产品策略建议，形成有效的 4P 组合，达到最佳效果。

① 产品定位　产品市场定位的关键是在顾客心目中寻找一个空位，使产品迅速启动市场。

② 产品质量功能方案　产品质量就是产品的市场生命。企业对产品应有完善的质量保证体系。

③ 产品品牌　要形成一定知名度、美誉度，树立消费者心目中的知名品牌，必须有强烈的品牌意识。

④ 产品包装　能给人留下较深刻的印象。

⑤ 产品服务　策划中要注意产品服务方式、服务质量的改善和提高。

（4）价格策略

价格策略强调以下几个普遍性原则：

① 拉大批零差价，调动批发商、中间商积极性。

② 给予适当数量折扣，鼓励多购。

③ 以成本为基础，以同类产品价格为参考，使产品价格更具竞争力。

若企业以产品价格为营销优势的则更应注重价格策略的制定。

（5）销售渠道

产品目前销售渠道状况如何？对销售渠道的拓展有何计划？采取一些实惠政策鼓励中间商、代理商的销售积极性或制定适当的奖励政策。

（6）广告宣传

① 广告宣传的原则如下：

a. 服从公司整体营销宣传策略，树立产品形象，同时注重树立公司形象。

b. 长期化：广告宣传商品个性不宜变来变去，变多了，消费者会不认识商品，反而使老主顾也觉得陌生，所以，在一定时段上应推出一致的广告宣传。

c. 广泛化：选择广告宣传媒体多样式化的同时，注重抓宣传效果好的方式。

d. 不定期地配合阶段性的促销活动，掌握适当时机，及时、灵活地进行，如重大节假日、公司有纪念意义的活动等。

② 实施步骤如下：

a. 策划期内前期推出产品形象广告。

b. 销后适时推出诚征代理商广告。

c. 节假日、重大活动前推出促销广告。

d. 把握时机进行公关活动，接触消费者。

e. 积极利用新闻媒介，善于创造利用新闻事件提高企业产品知名度。

（7）具体行动方案

根据策划期内各时间段的特点，推出各项具体行动方案。行动方案要细致、周密，操作性强又不乏灵活性。还要考虑费用支出，一切量力而行，尽量以较低费用取得良好效果为原则。尤其应该注意季节性产品淡、旺季营销侧重点，抓住旺季营销优势。

6. 策划方案各项费用预算

这一部分记载的是整个营销方案推进过程中的费用投入，包括营销过程中的总费用、阶段费用、项目费用等，其原则是以较少投入获得最优效果。费用预算方法在此不再详谈，企业可凭借经验，具体分析制定。

7. 方案调整

这一部分是策划方案的补充部分。在方案执行过程中都可能出现与现实情况不相适应的地方，因此必须随时根据市场的反馈及时对方案进行调整。

典型案例

汽车美容店开业营销策划书

一、前言

在不久的将来，开车将会是人们普遍掌握的生活技能，轿车也不再是特权人士的标志，而将是人们出门的代步工具。那么当人们拥有一辆自己的爱车时，无疑会关爱倍至。汽车的平时清洁护理和定期美容保养，必然成为人们日常的消费内容。

为了使学生所学的理论和技能与社会需要接轨，并能有更多的实践机会，本次我校结合校内条件，决定联合开设一家小型汽车美容店给汽车营销专业的学生打造一个校内实践平台，锻炼学生是实践能力。

二、市场分析

（一）环境及市场分析

1. 行业分析

随着汽车工业的迅猛发展以及汽车消费的迅速普及，汽车终究会成为一种代步工具进入千家万户，就像冰箱、彩电一样成为我们生活的必需品。随着汽车家庭化、大众化，人、车一体化的生活已逐渐成为时尚，不仅爱车养车理念已渐入人心，而且时尚、个性、新奇又成为有车族的追逐目标。

2. 竞争分析

汽车售后服务市场，表面上形态各异，百花齐放，非常活跃，但实质良莠不齐，形成品牌的屈指可数，整体上讲目前还处于混乱状态。目前汽车服务行业小店到处都是，没有形成经营规模、店与店之间低价竞争、互相拆台，严重的无序经营影响着这个领域竞争力的形成。中国汽车后市场的服务企业多属各自为政，一些连锁企业也不够完善和成熟，并且由于自身的限制对整体市场的掌控力不足，没有形成大规模的垄断和全国性品牌。

汽车后续服务市场目前存在一系列的问题，主要是几个细分行业还处在无序竞争阶段：汽配行业企业众多，规模大小不一，市场开发手段落后，管理落后，经营模式落后，部分企业不正当竞争，汽车维修行业中许多大型企业效益不尽如人意，而小型路边汽修店、快修养护中心却悄然崛起；目前汽车美容养护行业的现状是经营不规范、操作无标准、质量无保障、收费不合理。绝大多数街面店先天缺乏科学管理、技术保障和正规的进货渠道。这些店面的存在和经营严重地挫伤了有车族消费的积极性。

3. 消费者分析

目前的汽车后续服务满足不了车主的高标准要求，众多业内人士已经开始积极地探索行业新的发展之路。取而代之的是：品牌店——品牌美誉度高、店面形象好、经营规范、服务意识强；信誉、质量可靠的汽车美容养护店。因为，随着人们消费观念的转变，消费意识和自我保护意识不断增强，人们在消费过程中不仅要满足直接消费的需求，还需要最大限度地满足心理消费的需求。

（二）SWOT 分析

优势：此汽车美容店是学校联合为学生开设的，员工是自己学校的学生，管理人员主要是自己学校的老师，这样的话，有利于管理、探讨和沟通，相对目标顾客集中和明确，便于进行宣传和推广。

劣势：地理位置位于学校内部，空间较封闭，辐射范围较窄；管理和服务团队的成员主要都是没有经验的老师和学生，缺乏管理和技术经验，开店的过程也是学习和摸索的过程。

机会：现在汽车美容行业尚未成规模，有很大发展空间。再有就是可以充分地利用在校师生的关系，很好地进行沟通、交流和业务往来，以便带来新的更多的客源，扩大业务范围和市场份额。

威胁：本来就是尚未成熟的行业，虽然前景很好，但是我们的队伍缺乏经验，这对以后的发展是很大挑战。

三、市场定位

汽车除了外观美容外，最重要的是能安全正常行驶，因为开设的是一家汽车美容店，如果发展好的话还可以加入汽车检测、修理等业务，所以我们希望除了给来我们这里的车友美容汽车外，还可以免费给他们检测汽车的安全系统，如果有问题的话，经过我们的修理后可以安心，平稳地在路上行驶。所以我们为此店起名为"安行汽车美容店"

中国汽车行业的快速发展，预示着人们对汽车售后市场的强烈需求。这种需求会随着人们对汽车的认识不断深化，需求也会越来越理性，从简单的美化逐渐转化成对附加服务的需求，同时汽车快修行业还不够成熟，经营思维和观念上则要走在需求的前面，重质量、重服务、重特色、行业差异化将是这一行业的主要发展趋势。

安行汽车美容店通过对汽车市场服务业的深入分析及总结，并结合汽车市场的现状，从目标客户、品牌、营销、产品、服务、价格、促销等几个方面进行了纵深审视，提供了有别于传统的大同小异的落后营销方式。安行汽车美容店不做大而全、专做小而精；锁定投资少、回报快的汽车美容服务路线。

安行汽车美容店的目标客户群体锁定在在校教职工有车族群体之中和校车队，这一群体具有一定的文化素质及品位，对中国传统文化较为认同，这一群体对服务和产品的精细度和完美度有较高要求，而对价格较不敏感。按价格理论，影响汽车美容服务定价的因素主要有成本、需求和竞争三方面，成本是美容服务价值的基础部分，它决定着美容服务价格的最低界限，如果价格低于成本，便无利可图；市场需求影响顾客对美容服务价值的认识，进而决定美容服务价格的上限，而市场竞争状况则调节价格在上、下限之间不断波动，并最终确定美容服务的市场价格。不过，在研究美容服务成本、市场供求和竞争状况时，必须同服务的基本特征联系起来。

随着事业的成长和收入的积累，客户将由功能性消费转为舒适性消费，成为我们的消费主力军。

四、营销目标

有上述的市场分析，初步把此店定位于小型汽车美容店，主要针对的目标顾客为校车队和在教职工，希望经过初期的经营管理后，可以有更好的发展，可以开展更多的业务，有更多的顾客，并能在一定时期内盈利。

在短期内，让全校教职工成为本店的常客。在此基础上，提高知名度，利用老顾客拉动新顾客，让校外其他汽车拥有者了解并来本店消费。

五、战略及行动方案

（一）市场营销策略

市场营销，是通过确定市场对产品和服务的需要，使企业按照产品和服务的最终消费者的需求来从事研究和发展工作，在盈利的条件下生产并销售产品和服务，满足市场的需求。市场营销以消费者（顾客）为指向，一切营销活动都要以消费者为出发点，又以消费者为终结点。市场营销的最终目的是把企业的产品或劳务，通过市场这个中间环节转移到消费者手中。并获得盈利。汽车美容店营销策略主要包括价格策略、服务策略和宣传策略。

1. 价格策略

价格策略主要体现在降价和各种方式的优惠促销。传统的定价策略是根据成本加上毛利率，再兼顾竞争因素进行定价。而在现代买方市场环境下，强调消费者角度，因而都采用由外而内的定价，即首先考虑消费者的心理接受能力，当我们的价格高于某一界限时，则显得曲高和寡，消费者难以接受，而低于某一界限时，则显其不够品位，同样得不到消费者的青睐。考虑完消费者的接受能力之后，再考虑竞争因素，最后才考虑成本因素。因为招聘的大多数员工都是自己学校的学生，对于他们来说也是一个不错的实践机会，他们刚开始比较重视学习和实践能力的培养和练习，故不会要求太高的工资，我们可以利用这一优势以及主要的目标顾客——教职工（工薪阶层）来开出比市场较低的顾客可接受的价格，来吸引客户。

2. 服务策略

由于产品有形部分的属性如品质、性能等方面的差异越来越小，消费者的满意度在很大程度上取决于企业如何服务顾客。正因为如此，服务营销广受关注，在现代市场营销中的地位越来越突出。服务营销要求企业不断改进售前、售中、售后服务，提高服务水平；进行"承诺服务"，让顾客满意；及时传播相关商品和服务信息，公正、诚恳地处理顾客投诉；努力使抱怨用户变成满意用户。服务具有不可储存性，它只存在于特定的时间、特定的地点，一旦错过这个机遇，就没有办法补救。因此，美容店应特别注意加强服务意识，细致入微，提高服务质量。

（1）提高员工服务意识，倡导人性化服务。员工直接与客户接触，美容店的形象主要是通过员工传递给客户，因此首先要提高一线人员的服务意识，才能提高美容店的整体服务品质。而提升整体服务品质的有效途径是实施人性化服务。所谓人性化服务就是真诚地关心客户，了解他们的实际需要，使整个服务过程富于"人情味"。每一个美容店都应该清醒地认识到：客户的需求是美容店经营的一切出发点和落脚点。提升服务品质能提高客户的满意程度，达到甚至超过客户的期望值，美容店才能发展、壮大。把亲情与友情融入美容店的服务中去，并不断加以创新，超越客户的期望，使整个服务过程充满"人情味"，把服务他人作为工作的乐趣，发自内心地多一句问候，多一个微笑，使客户感受到亲人般的关爱，朋友般的温暖，美容店就会赢得客户的尊重，用服务的魅力牢牢地吸引客户，使之成为美容店的忠诚客户。

（2）实施服务质量考核与激励机制，树立服务典型，引导员工实现人性化服务。采取物质奖励两手抓的方式改变员工的服务意识，变被动为主动，变消极为积极。结合服务质量奖的下发及服务质量标兵，服务质量先进个人、班组等评定，评选各阶段、各级别服务标兵与先进个人，通过物质奖励与精神奖励的方式，树立服务典型，使之增强责任感与荣誉感，形成一个积极向上的氛围，激励先进，鞭策落后。同时在美容店范围内开展向服务典型学习的活动，请服务标兵讲述自己的成长历程、传授服务经验、交流服务技能，从而带动整体服务水平的提高，逐步实现人性化服务。

（3）从细微处入手，完善服务项目。服务无小事，从与客户接触的每个环节都会反映出美容店的服务水平，美容店必须注重服务过程中每一个细节，尽可能达到甚至超越客户的期望。如 24h 接听客户咨询电话，并做到及时接听；耐心解答客户的咨询；对常见客户点一下头、给予一个微笑、多一声问候；雨雪天及时提醒客户注意等，都能反映出美容店员工对客户的关心程度，对于提高美容店的美誉度至关重要。因此，美容店全体员工都应从细微入手，在服务中融入亲情与友情，养成良好的服务习惯。

总之，服务质量是汽车美容店生存与发展的根本，在市场竞争中，谁在服务上先迈出第一步，谁就会取得竞争优势；谁始终领先竞争对手一步，谁就会成为市场的主宰，同时形成吃掉竞争对手的强大实力。因此，每一个汽车美容店要在初期实现与竞争对手在服务上的差异，突出个性化，逐步达到人性化服务目标。通过客户感知后的口碑宣传及美容店采取的各种服务营销措施，通过不断的努力和完善，最终建成本地区乃至全省汽车美容的第一品牌。

3. 宣传策略

汽车美容店对外宣传既是一种公共关系，也是一种有效的营销手段。经验证明，运用好对外宣传，可以起到事半功倍的效果。随着汽车美容行业的逐渐壮大，汽车美容市场的竞争越来越激烈，汽车美容店要在竞争中取胜，不但要有先进的技术，可靠的质量保证，而且还要有高人一筹的宣传策略。

在开业前可以有针对的进行文字广告——广告单页，由学生向在校教职工发放，再者可在学校的网站上发布信息进行宣传推广。除了开业前的广告宣传，正常经营中的广告宣传的种类和形式与开业前的宣传基本相似，但宣传的目的和内容有所不同。正常经营中，广告的目的有两个：一是提高美容店的知名度，积累品牌效应；二是增加客源。在广告的形式上，应该以当地高收入人群比较关注的杂志、户外广告（如校门口的站牌及小三轮的车身等）和广告传单为主。一般来说，广告传单、杂志和地方台广告对增加客源效果比较明显，而户外广告牌则更有益于提高美容店的知名度。建议经济条件允许的美容店，每月应在杂志和地方台发布一次广告，广告传单可在车流量比较大的地区、主要汽车销售市场和汽车检测场等地长期发送，内容以介绍美容店服务项目、服务价格、服务特色与优势、优惠活动、联系方式等为主，可以适当加入一些技术常识、汽车美容产品经营等。

（二）用地规划、店面装潢及水电设施安装

由于我店的位置定在我校的校车队与停车棚之间的空地上，占地面积为 60 m^2 左右，20 m^2 左右用于办公、接待、物品存放等，40 m^2 左右用于工人操作的棚式操作间，一次可同时接待 2～3 辆车。因此我们将店面的装潢具体如下：

1．用地规划

由于面积的限制我们决定把办公室与接待室合并在一起，物品储存单独分开。15 m² 用于办公和接待，5 m² 用于物品储存。把办公接待的地方设计为办公在里面，接待放在离门近的地方，办公与接待可用玻璃隔开。

① 办公区里面要有办公桌椅及办公用品，墙上悬挂各职能人的岗位职责。

② 接待室是接待客户和客户休息的场所。由于汽车价值昂贵，车主往往不愿汽车在美容时离开自己的视线。因此，接待室与操作间应用玻璃隔开。这样，既能让车主放心，又能增加操作的透明度，让车主了解自己的汽车是怎样由旧变新的。接待室应设置沙发、茶几及饮水机等接待设施。

物品储存室里面要有货架，用于放洗车用品、汽车美容的相关配置以及其他必需品。

2．店面装潢

由于是棚式的操作间，因此主要装潢地面与屋顶即可。

操作间的地面不能太光滑，地板防滑是店内装修的重点。新铺的地板应考虑排水问题，有排水沟的一边可低一点，以便排水。

操作间的屋顶以方格（即铝合金框架加较轻的板材）为宜，并悬挂宣传品牌的彩旗。

此外，可以在操作间悬挂"汽车美容项目牌"及"标准收费牌"。

3．水电设施安装

（1）水设施方面。供水：汽车美容对水质要求不高，但要求有足够的水压和供水量。排水：店内边线应挖有排水沟，以保证店内不积污水；水龙头安装的位置应靠墙角，店内面积较大，在不同的方位要装 2~3 个，要注意操作时方便。还应安排一个放洗衣机专用的水龙头，因为每天要用许多毛巾，浴巾之类的擦抹布具，所以店内配有洗衣机，以保证此类工具的清洁和及时循环使用。

（2）电设施方面。照明：一般汽车美容车间都使用日光灯，但有时会遇到夜间作业或采光效果较差的天气，因此照明问题在装修时应考虑光线的充足。供电插座：供电插座一定要使用质量较好的防水型插座，因为清洗过程中水花四溅，这是基本的安全问题。一般来说，插座的高度离地面 30~5 cm。供电量：总开关的负载量应考虑照明、抛光机、清洗机等其他电器同时作业的功率。

（三）软、硬件和人员配置及预算

1．机器设备配置

序号	工具名称	数量	单价（元）	序号	工具名称	数量	单价（元）
1	举升机	1	6 800~7 500	2	扒胎机	1	2 400~3 300
3	烤漆房	1	22 000~40 000	4	轮胎平衡机	1	2 500~3 000
5	电脑洗车机	1	33 800	6	吸尘器	1	560~1 300
7	打蜡机	2	100~130	8	冲气泵	1	2 000~3 000
9	封釉机	1	110	10	抛光机	1	150
11	电动扳手	1	150~240	12	浴巾（纯棉）	若干	200
13	鹿皮	若干	200	14	毛巾（纯棉）	若干	200
15	热风枪（贴膜用）	1	150~250	16	洗涤液及美容产品	若干	
17	洗车机	1	600~1 000	18	喷泡机	1	450

2. 办公软硬件配置

序　号	项目名称	数　量	单　价	备　注
1	计算机	1 台	3 500	用于管理、收银
2	条码打印机	1 台	1 500	
3	条码枪	1 台	300～500	
4	汽车美容管理软件	1 套	300～1200	
5	条码贵宾卡	200 张	1 000	
6	激光打印机	1 台	1 500	

3. 人员配置及预算

序　号	工　种	数　量	工　资	备　注
1	店长	1	2 000	从事汽车美容三年以上
2	装潢美容师	1	1 800	懂电路、改装从事两年以上
3	财务收银	1	1 500	从事会计或收银一年以上
4	业务经理	1	1 500+提成	从事汽车相关工作两年以上
5	洗车普工	3	3 000	勤劳、诚实

（四）运营管理

汽车美容店是服务型企业，服务礼仪尤为重要。礼仪是指人们在社会交往活动中形成的行为规则。具体表现为礼貌、仪表、仪式等。对于个人来说，礼仪可以建立自尊、增强自重、自信、自爱，为社会的人际交往铺平道路，处理好各种关系。在现代社会中，不管是在公共场所，还是在私人聚会，只要与人进行交往，着装打扮、言谈举止等外在形象就会出现在他人的眼里，并留下深刻印象。可以说，一个人外在形象的好坏，直接关系到他社交活动的成功与失败。更何况我们初期服务的主要对象是学校的教职工，礼仪尤为重要。汽车美容店应把员工的服务礼仪建设作为发展汽车美容事业、打造品牌的一项重要任务。所以我们主要从礼仪方面和人力资源方面来规划我们的运营制度和管理制度。

（1）礼仪方面

① 接待礼仪　当客户走到美容店前时，负责接待的员工主动迎接、热情接待、积极引见。

② 接、交车礼仪　车主来店时，详细询问美容项目，也可根据实际情况，向客人推荐其他服务项目，当客人表示不接受时，不得强求；谈好服务项目后，清点好车内物品，并建议车主将贵重物品取出，将客人带入休息室。交车时，主动向车主介绍汽车美容的效果。

③ 操作服务礼仪　在操作过程中，如车主在一旁观看，工作人员应向其介绍产品功能和保养常识；进行车内清洁时，不可随意玩弄车内饰物，更不可偷窃、隐匿。

（2）人力资源管理

① 员工服务细则如下：

a. 员工应举止文明，对顾客要热情、礼貌。

b. 员工应接受上级主管的指挥与监督，不得违抗，如有意见应于事前说明核办。

c. 员工维护本店信誉，凡个人意见涉及本店方面者，非经许可，不得对外发表，除办理本店指定任务外，不得擅用本店名义。

d. 员工应保守业务上的一切机密。

e. 员工执行职务时，应力求切实，不得畏难规避，互相推诿或无故拖延。

f. 员工处理业务，应有成本观念，对一切公物应加爱护，公物非经许可，不得私自携出。

g. 员工对外接洽事项，应态度谦和，不得有骄傲满足以损害本店名誉的行为。

h. 员工应彼此通力合作，同舟共济，不得有妄生意见、吵闹、斗殴、搬弄是非或其他扰乱秩序的事发生。

i. 除必要的试车外，不得动用客户车辆。

② 人员的招聘。

工作人员可以尽量从学校的老师和同学中进行招聘，以减少费用，还可以使他们很好的适应工作环境，汽车营销专业的同学具有一定汽车构造及维修等基础知识，可以从他们里边挑选一些热爱此工作的，头脑灵活，理解能力强，较易接受新鲜事物，做事勤恳，能吃苦耐劳，性格温和，不急躁的同学进行汽车清洗、维修及业务介绍工作，从市场营销专业或文秘专业挑选一些口齿伶俐，思维敏捷，善于与人沟通，能正确协调处理属下员工的关系，能协调与客户之间的关系，语言表达能力强，能有效地将自有知识传授给他人的女同学来担任前台接待工作；管理人员可以从本校具有相关管理经验或业务知识的教职工中进行招聘，应具有能严格履行经理职责，有很强责任心和责任感，能制定较详细的近期目标及长期发展计划，对广告策划及市场营销有相当的认识，能合理安排工作中的各项事宜，能独立处理和解决工作中出现的各种问题，能很好地协调员工之间的关系，社会经验丰富，能协调与政府有关部门之间的关系，有较强的语言表达能力和社交能力；财务人员可以从会计系进行招聘。

③ 人员的管理。

a. 工作认真负责，给顾客以亲切和轻松愉快的感觉，努力赢得顾客的满意及店铺的声誉。

b. 服从领导，员工应切实服从领导的工作安排和调度，按时完成各项任务，不得无故拖延、拒绝或终止工作；遇到疑难问题，应迅速向直属领导请示。

c. 仪容仪表，汽车美容店所有员工在工作场所的服装应统一、清洁、方便，女性职员要保持服装淡雅得体，不得过分华丽。男性职员头发整齐，保持清洁，头发不宜太长；上班前不能喝酒或吃有异味食品，工作时不许抽烟。

六、业务拓展途径及计划

客户开发是指汽车美容店为吸引和保持客源而进行的一系列公关活动。稳定的客源是汽车美容店进行正常经营的前提，为此客户开发是汽车美容店的首要工作，也是一项最重要的工作。

（一）新客户开发

新客户是指以前没有在本店进店进行过汽车美容的客户，新顾客开发是美容店打败竞争对手和扩大经营规模的必然选择。新顾客的来源通常有两类：一类是新增汽车用户；另一类是从其他汽车美容店转移过来的客户。美容店应分别针对这两种客源采取适宜的开发策略。

1. 利用开业优惠吸引客户

开发新客户对于新开的汽车美容店尤为重要，应充分利用开业的大好时机，采取各种优惠措施吸引客户。根据不同服务对象，其公关策略是：

（1）对于各级政府机关、团体及各种企事业单位的公务车，汽车美容店可以直接与公务车较多的单位联系，向他们发出参加开业酬宾的邀请函和临时贵宾卡，并规定凡在试营业期间和开业当天到美容店进行汽车美容养护的客人可以获得特别的优惠，并可获得有效期为1年以上的贵宾卡，邀请函中应注明开业以后不再发放同等优惠和更优惠的消费卡，为了信守承诺，开业以后再次发放优惠卡时，优惠幅度应低于开业前发出的优惠卡，若优惠幅度高于开业前发出的优惠卡，应作出特别说明。

（2）对于私家车一般通过直接向车主发放优惠卡和邀请函的方式，比如直接到居民住宅小区向居民投放优惠卡、邀请函，或到小区停车场将优惠卡、邀请函置于车上。也可以通过私车拥有率较高的单位向车主发放优惠卡、邀请函。

（3）美容店还可以委托附近的加油站以发放小礼品的方式夹带优惠卡、邀请函，或派专人到繁华地段的商业区向过往行人散发优惠卡、邀请函。

2. 利用汽车销售商争取新客户

抓住客源的关键是在消费者购买汽车时就使之成为本汽车美容店的客户。具体策略是：美容店与当地主要的汽车销售商建立战略合作关系，汽车销售商每卖出一辆汽车就送一张会员卡，并且可以在不定期限内享受一次免费或特别的优惠服务，从而最大限度地吸引新增汽车用户。

3. 转移其他汽车美容店客户

将其他汽车美容店客户转到自己店，难度要大过吸引新增汽车用户。促使其他汽车美容店的客户转移到自己店需要做很多工作，付出的代价也很大。首先，应对当地其他汽车美容的服务情况、客户等有所了解，然后分析这些汽车美容店的不足及其客户的真实需求。同时加强自己店的服务和管理，保证其他汽车美容店的客户在自己店能够获得满意的服务。然后通过优惠活动、市场调查等与其他汽车美容店的客户进行接触，承诺只要这些客户用其他汽车美容店发给的会员卡或优惠卡，就可以换取一张本店的会员卡或优惠卡，并给予他们比原来常去的汽车美容店更多的优惠。

（二）巩固老客户

如建立客户档案，这既可以方便地与客户联系，又能够准确地计算各种消费积分。

加强联络与宣传，每月向老客户投递宣传广告，介绍美容店的新增服务项目和各种优惠活动，每两个月与老客户进行一次电话交流，了解客户最近是否需要汽车美容养护服务，是否需要美容店帮助的其他事项，重要节日向老客户寄送贺卡等。

确保服务质量，汽车美容店各岗位员工都要做到热情服务，认真操作，确保质量。如果为客户提供的服务存在瑕疵，美容店应主动提出补救措施，并向客户赔礼道歉。

提供其他服务，汽车美容店在对客户做完汽车美容之后，应尽其可能为客户提供其他服务。主要工作内容有：了解美容养护的效果、客户的满意程度，提供技术指导、技术咨询服务，为客户解决技术上的难题，提供零配件和备用件的服务等。

七、汽车营销策划书之总投入预算分析

序　号	项　目	预算资金	备　注
1	厂地装潢费用	3 万元	主要办公收银区及精品柜
2	机器设配	8 万元	
3	办公设配	8 100～9 200 元	收银设备整套
4	人员工资	9 个	13800 元/月
5	装饰件采购	2～3 万元	轮胎及装饰精品等
6	流动资金	5 万元	

八、结束语

如果我们能预知未来，我们就可以等待，如果我们不能做到，我们就必须预先准备。

通过市场调研及综观中国汽车美容市场的发展，我们有理由相信：汽车美容市场有着巨大的市场潜力。但将一个新的服务推向市场，有着诸多综合因素。因此，做好宣传营销策划，有效利用营销广告，是服务走向市场的关键所在。

【任务实施】

引导问题 1：营销策划书一般由封面、目录、正文等部分组成。其中正文包括＿＿＿＿＿＿＿、＿＿＿＿＿＿＿、＿＿＿＿＿＿＿＿＿＿、＿＿＿＿＿＿＿＿＿＿、＿＿＿＿＿＿、＿＿＿＿＿＿＿＿＿＿、＿＿＿＿＿＿＿＿＿等内容。

引导问题 2：请用 SWOT 方法分析新建店的市场经营环境，将其整理到营销策划书中。

引导问题 3：阐述新店的营销战略，包括经营的目标和宗旨、STP 策略、需求分析、产品策略、价格策略等。

引导问题 4：制定新店近期（经营承包期）具体的行销计划，包括推广活动主题、时间、广告宣传方案、费用预算、实施方案等。

引导问题 5：对新店营销方案的效益评估，确定推进过程的检核方法，方案调整机制等。

思考与讨论

1. 什么是汽车市场营销？简述其演变过程。
2. 市场营销的宏观环境与微观环境分析的主要内容包括哪些方面？
3. SWOT 分析方法的含义是什么？简述 SWOT 分析的基本步骤。
4. 消费者购买行为分析的主要内容包括哪些方面？
5. 简要分析个体消费者购买行为的主要影响因素。
6. 市场调查的主要内容分为哪几个方面？主要的调查方法有哪几种？应如何开展市场调查？
7. 调查问卷设计应遵循什么原则？
8. STP 策略的含义是什么？汽车市场细分有什么作用？汽车市场细分的步骤有哪些？
9. 什么叫目标市场定位？它包含哪些策略？
10. 市场营销组合中的 4P 策略是指哪几方面的策略？
11. 怎样理解产品的五层次说？
12. 什么时候应扩大汽车产品组合策略？如何实施？
13. 产品生命周期分哪几个阶段？介绍期、成长期分别有哪些具体的市场策略？
14. 汽车产品有哪些定价策略？各有何特点？
15. 怎样设计汽车或其他商品的分销渠道？
16. 汽车促销有哪些方式？其中针对消费者的营业推广策略有哪些？
17. 编写营销策划书有何原则？简述汽车营销策划书的主要内容和基本格式。

模块 3 汽车服务与营销实务

学习情境

小王从高职院校毕业后进入 4S 店工作，从机电维修人员岗位做起，至今有 5 年了，期间担任过质量担保索赔员、服务顾＃问、服务主管等职务。现在即将担任服务经理，负责整个 4S 店的服务工作。张总给小王布置今年的工作重心，就是完成进厂台次、营业收入等指标任务，控制成本，最终达成利润目标。

情境分析

在汽车营销过程中，我们经常说，汽车是通过服务卖出去的。这是服务的一个重要作用，是汽车销售中不可缺少的环节，不少人因此也忽略了汽车服务本身所具备的直接创造产值的功能。其实在不少汽车 4S 店，由于汽车销售市场的进一步规范，其利润率已趋于合理，暴利时代过去，汽车的销量参差不齐。即使在同一 4S 店，也受车型上市时间、竞争车型的多寡等众多因素影响而销量不稳。由于 4S 店的投入大，日常运作费用高，不少 4S 店经营压力大。而售后服务部门，可以大力开发当地保有客户，在保护好基本客户的情况下，经营业绩往往会稳定增长，对整店的利润贡献率逐年增高。当然，经营业绩的好坏，很大程度上与服务部门的经营情况有关。如何提升汽车服务质量，做好服务营销工作，是经营成败的关键因素，是服务顾问工作的重心，也是本模块学习的主要内容。

任务 1 汽车服务工作认知

【任务导入】

20 世纪 70 年代初期，日本汽车曾经冲击美国市场，但是很快就撤退了，主要原因并不是美国人不接受它的产品，而是缺乏售后服务的保障，缺少维修网络、使用指导和备品供应。世界各大汽车企业公认的一条规律是：第一辆汽车是由销售人员卖出去的，而从第二辆起就是由优质的售后服务卖出去的。

汽车产品的售后服务，是当今汽车市场激烈竞争的一个重要因素。从产品售后服务的实践可以看出，它是企业产品设计、制造生产、质量管理不可缺少的组成部分。正如许多企业所意识到的，它是工厂产品生产的完善和补充，是企业质量保证体系在企业外部的延伸，是沟通企业与用户之间的桥梁，是塑造企业形象最有效的途径，更是企业保持市场和开拓新市场的重要策略。作为一名汽车服务顾问，应注意提升哪些素质要求？请规划自己的职业发展方向。

【学习指引】

通过本任务的完成和学习，你应该掌握以下知识：

① 汽车售后服务的定义、意义、特性与分类。

② 汽车售后服务企业或部门的组织机构、基本职能等。

③ 服务顾问的职能、素质与基本工作要求、职业道德规范。

通过本任务的完成和学习，你应该具备如下工作能力：

① 能正确认识汽车售后服务的职能与特点。

② 能对自身职业发展路径有合理的初步构想和规划。

【相关知识】

一、汽车售后服务概述

（一）汽车服务的定义

汽车产品的服务，是指汽车在售前、售中和售后，由销售和服务部门为客户所提供的所有技术性和非技术性服务工作。有在售前进行的，如车辆整修，产品介绍等。将售后服务做到售前，可以使客户在购买车辆之前，就了解车辆的特性，购买后会更好地发挥这些车的优越性能等；也有在售时进行的，如按用户要求及时为用户进行附件安装和检修，根据用户的需要而进行的培训、发放技术资料等；但更多的是在车辆售出后所进行的质量保修、日常维护保养、救援、维修、信息咨询、技术咨询、备件供应、保险、汽车召回、汽车置换等。尽管售后服务的工作内容是多方面的，但其目的都是给用户提供实实在在的服务，解除用户的后顾之忧。

（二）汽车售后服务的意义

1. 增加企业收入

对于汽车生产厂来说，除在一定的保证期限内为用户提供免费服务外，其他的有关服务以及为用户提供大量的零配件和总成件，可以增加企业的收入。而在整个汽车产业链中，汽车产品主要的获利并不是整车销售而是来自售后服务。据专家分析，企业出售整车只赚了消费者 20% 的钱，还有 80% 的钱滞留在以后的售后服务中。目前，对于汽车经销商而言，汽车销售市场竞争激烈，销售利润率不高，销售情况与新车型的推出情况有较大的关系，市场波动较大。当市场具有一定的该品牌客户保有量时，相关车型回店维护的业务收入，往往成为 4S 店的主要稳定收入来源，即使短期内车辆销售状况不佳，售后业务也可以保证经销商的正常经营，并获取相应的利润。

2. 提高产品竞争优势

我国汽车经销商高速成长期已经结束，汽车产品市场总需求较为稳定，竞争格局已进入白热化的状态。由于成熟的汽车产品在功能与品质上极为接近，汽车各品牌产品差异性越来越小，不少汽车 4S 店或汽车经销商为了求得市场份额的增长，不惜一切代价，开展价格大战，或直接下调价格，或开展各种促销活动，变相下调价格，使得汽车行业平均利润率持续下滑，各汽车经销商精疲力竭。要彻底摆脱这一不利的局面，汽车产品的款式、品牌、质量以及售后服务等各个方面的差异性成为汽车经销商确立市场地位和赢得市场竞争优势的尖锐利器，而导入服务战略尤为重要。汽车 4S 店或汽车经销商可以综合运用各种方法和手段，通过差异化的服务提高产品和服务的质量。

3. 保护汽车产品消费者权益

汽车经销商向消费者提供经济实用、优质、安全可靠的汽车产品和售后服务是维护其本身的生存和发展的前提条件。虽然科技的进步与发展使得汽车的相关产品以及保养、维修等售后服务的水准越来越高，但是，要做到万无一失目前尚无良策。由于消费者的使用不当或工作人员的疏忽，汽车电器不稳、制动失灵等状况会经常发生，越来越多的汽车 4S 店和汽车经销商，包括最优秀的企业也不能够保证永远不发生错误和引起顾客的投诉。因而，及时补救失误、改正错误，有效地处理客户投诉等售后服务措施成了保证汽车消费者权益的最有效途径。因此，可以说，汽车售后服务是保护汽车消费者权益与利益的最后防线，是解决汽车 4S 店或汽车经销商的错误和处理顾客投诉的重要有效的补救措施。

4. 保持顾客满意度与忠诚度

汽车产品的消费者对汽车产品和服务的利益追求包括功能性和非功能性两个方面。前者更多体现了消费者在物质和服务质量方面的需要，后者则更多体现在精神、情感等心理方面的需要，如宽松、优雅的环境，和谐完善的服务过程，及时周到的服务效果等。随着社会经济的发展和消费者自身收入水平的提高，顾客对非功能性的利益越来越重视，在很多情况下甚至超过了对功能性利益的关注。在现代社会以及市场经济环境下，企业要想长期盈利，走向强盛，就要赢得长期合作的顾客，保持顾客忠诚度，提高顾客满意度。汽车 4S 店或汽车经销商在实施这一举措的过程中，使顾客满意的售后服务是企业长期发展，最终走向成熟的有效措施之一。

5. 体现汽车技术先进性

随着汽车技术的进步和科学技术的飞速发展，汽车产品已走入家庭，并且作为一种代步工具，逐渐进入平民化。面对汽车这样的高科技产品，"坏了怎么办？""我如何去使用它？"等一系列问题总是困扰着客户，这在客观上就要求汽车经销商为消费者提供更多的服务支持而不仅仅局限于售后服务。例如，建议改售后服务为售前培训、科普引导等。汽车产品不仅仅是单纯的整车产品，也还包括配件、保养、维修等售后服务，而且还包括附加的服务，如产品的使用说明书，提供维修站的地址与联系方式等，以及收集客户的回访信息，为改进产品和服务提供借鉴，从而也为汽车的技术进步和提供优质的服务奠定了扎实的基础，由此形成了"系统销售"的概念。

（三）汽车维修服务特性

1. 服务的特性

汽车维修服务和其他服务一样具备服务的基本特性。许多研究人员发表文章或著作，提出了服务的一些总体特性，这些特性通常都是与有形产品进行比较得来的。表 3-1 中列出了服务和有形产品最常见的若干特性。

表 3-1　服务及有形产品的特性比较

序　号	有　形　产　品	服　　务
1	有形	无形
2	同质	异质
3	生产、分销不与消费同时发生	生产、分销与消费同时发生
4	一种物品	一种行为或过程
5	核心价值在工厂中产生	核心价值在买与卖的交互过程中实现

序　号	有形产品	服　　务
6	顾客一般不参与生产过程	顾客参与生产过程
7	可以储存	无法储存
8	有所有权转让	无所有权转让

对于绝大多数服务而言，无形性、异质性、不可储存性及生产和消费的不可分离性被公认为服务的 4 个最基本的特性。

（1）无形性

无形是服务最明显的特点。虽然有些服务还是有一定的实物成分，如宾馆的设施、汽车修理厂的配件等，但是，从本质上说，服务自身是一种非实物的现象，是无形的。服务是表现为活动形式的消费品，它不是由某种材料制成，且没有一定的质量、体积、颜色、形状和轮廓，它不固定或不物化在任何耐久的对象或可以出售的物品之中，不能作为物而离开服务者独立存在。消费者在购买服务之前，无法看见、触摸服务，服务之后，消费者并未获得服务的物质所有权，而只是获得一种消费经历。

（2）异质性

服务在很大程度上依赖于人的行为，尤其是要依赖顾客与服务提供者之间的互动作用。而人的行为表现会因时而异、因人而异，故产生了服务的异质性。异质性是指服务的构成成分及质量水平经常变化，很难统一界定。不同的服务人员由于其素质、能力、态度不同，提供的服务也是不同质的，即使是同一个服务人员，由于自身因素（如心理状态等）的影响，也不可能提供始终如一的服务。另一方面，由于顾客本身具有不同的知识水平、兴趣和爱好，他们的直接参与也使看似同质的服务具有千差万别的真实瞬间。

（3）不可储存性

服务是不可储存的，企业为顾客服务之后，服务就立即消失，即服务只存在于其被产出的那个时点。由于服务行为不可能像实物产品那样，将淡季生产的产品储存起来，在旺季时出售，服务性企业必须保持足够的生产能力，以便随时为消费者服务（如航班上的空座和旅馆里的空床）。如果某个时期市场需求量低，企业的市场能力就无法得到充分的利用；而在市场需求超过生产能力时，服务人员不足，服务速度缓慢，就会引起顾客的不满。因此，需求管理是服务型企业的一项极为重要的工作。

（4）生产和消费的不可分离性

实物产品可在生产和消费之间的一段时间内存在，并可作为商品在这段时间内流通。而服务的生产过程与消费过程同时发生，不能分离。顾客往往会参与服务或者通过与服务人员合作，积极地参与服务过程，享受服务的使用价值。服务结束之后，顾客能继续享受服务的效果，但并不拥有服务的所有权。

由于服务的生产过程与消费过程不可分离，服务行为往往将生产、销售和消费场所融为一体。消费者必须到服务场所才能接受服务或企业必须将服务送到消费者的手中。因此，各服务网点只能为某一个区域的消费者服务。服务场所的选择是服务性企业管理的一项重要工作。

另外，服务的生产和消费同时产生，服务人员经常与顾客直接接触，因此，服务人员的行为方式对顾客今后的购买决策有很大的影响。这就要求服务型企业加强员工服务行为的管理，以便与顾客建立、保持并发展良好的合作关系。

2. 汽车维修服务的特性

服务具有多样性和异质性,不同的服务具有各自的特性,汽车维修服务与其他服务相比较,具有自己的特点。

(1)资本密集程度高

资本密集程度是指在提供服务的过程中资本成本与劳动力成本的比率。资本密集型服务如航空公司和医院在厂房和设备上的投资大大高于其劳动力支出,而劳动密集型服务如零售等对劳动力消耗高于其资本需求。

由于汽车维修服务的资本密集程度高,汽车维修服务企业的管理者面临的挑战主要有:

① 做好投资决策;

② 关注技术发展与更新;

③ 加强需求管理等。

(2)定制化程度高

定制是一个营销变量,是根据顾客具体情况和具体要求来提供服务。它与标准化相对应。若服务是标准化而不是定制化的,顾客与服务提供者之间不需要多少交互。例如,在肯德基就餐,吃的都是制成品,定制程度低,且顾客与服务提供者之间发生的交互很少。相反,医疗服务时,医生与病人必须在诊断与治疗阶段充分交互才能取得令人满意的结果。

由于汽车维修服务的定制化程度高,汽车维修服务企业的管理者面临如下挑战:

① 根据顾客的要求提供服务;

② 增强员工的归属感和能力;

③ 管理扁平的组织结构;

④ 对顾客在服务过程中的干预作出积极反应;

⑤ 控制成本增加和保持服务质量。

(3)服务人员的主观能动性大

在汽车维修服务中,在顾客与服务人员的互动过程中,起主导作用的是服务人员,服务质量的好坏很大程度上取决于服务人员的能力和素质。因此,对服务人员要求较高,服务人员必须经过良好的专业训练。

(4)科技含量高

汽车作为维修服务的作用对象,目前在世界上有几千种车型,几百种计算机控制形式,从计算机控制和部件来看,有发动机的、有底盘的、有车身的,涉及动力性、安全性、舒适性和经济性等多方面。计算机控制的发动机、自动变速器、防抱死制动系统、安全气囊、空气悬架、中控防盗和导航等系统都是高科技的结晶,没有高科技的维修设备、高水平的维修人员要维修这样的装置是不可能的。

(四)汽车服务分类

1. 按业务范围分类

汽车维修服务的业务范围十分广阔,主要分为以下几类:

(1)专业维修

① 发动机部分　发动机大修、喷油器清洗、节气门体清洁、曲轴修磨、气缸镗磨等。

② 电气部分　修复蓄电池、加注制冷剂、更换暖风机、更换仪表、检修电气控制系统、修理空调器、修理暖风机等。

③ 底盘部分　自动变速器维修、手动变速器维修、空气悬架维修、ABS 维修、牵引控制系统维修、更换前后制动片、更换减振器、更换转向助力泵、更换前悬架三角臂等。

④ 钣金喷漆　钣金喷漆整车或局部钣金整形、喷漆等。

⑤ 汽车玻璃　更换局部玻璃件、修复各部位汽车玻璃件等。

（2）汽车维护

① 常规保养　更换机油、防冻液，更换"三滤"（俗称机滤、汽滤、空滤），蓄电池维护等。

② 季节保养　空调检测及加氟。

③ 高级保养　电脑检测及解码，发动机不解体清洗，发动机维护，尾气排放检测保养，润滑系统、冷却系统的免拆清洗等。

（3）汽车装饰

① 新车装饰　全车贴膜、安装挡泥板、加装轮眉、加装防撞胶条、加装扶手箱等。

② 高级装饰　加装真皮座椅等。

（4）汽车美容、护理

① 车表护理　无水洗车、全自动电脑洗车、漆面污渍处理、新车开蜡、氧化层去除、漆面封轴、漆面划痕处理、抛光、打蜡、翻新等。

② 内饰护理　顶棚清洗、车门衬板清洗、仪表盘清洗护理、真皮座椅清洗、全车皮革养护、内饰消毒等。

（5）汽车改装

① 外观改装　改装包围、更换转向盘、车轮改装、仪表改装等。

② 性能提升　改装天窗、改装氙气灯、改装电动门窗等。

③ 环保节能　在进气、点火、供油等系统上加装环保节能装置。

④ 影音系统　车载电视、DVD、扬声器、功放、低音炮、显示器等。

⑤ 先进电子装置　倒车雷达、中央门锁、车载电话、自动天窗、车载冰箱、胎压检测器、后视系统等。

⑥ 防盗装置　防盗器、挡位锁、转向盘锁等。

（6）轮胎服务

主要包括更换轮胎、轮胎动平衡、四轮定位、快速补胎、专业补胎等。

（7）汽车俱乐部

① 新车上牌、代办车辆证照、年检等。

② 保险、理赔代理。

③ 协助处理本地或某地交通事故、交通违章。

④ 维修代用车、汽车租赁等。

⑤ 汽车救援，如拖车服务、快速抢修、提供 24 h 救援等。

（8）二手车经营

① 二手车翻新处理。

② 二手车手续办理。

2. 按经营主体分类

汽车维修服务按服务提供的主体可分为如下三类：

（1）3S 或 4S 特约维修站

特约维修站是严格依据汽车生产厂家的标准，统一视觉形象规范、统一订购原厂配件、员工统一接受培训、统一使用专用工具进行维修服务，并经过汽车生产厂家授权的维修服务商。汽车 4S 店就是将整车销售、零配件供应、服务、信息反馈四项功能集于一体的汽车服务企业。汽车 3S 店是指从事整车销售、零配件供应、售后服务的服务企业。不管是汽车 3S 店还是 4S 店，其售后服务功能是一样的。

常见汽车 4S 店的组织架构如图 3-1 所示。由于配件与售后服务的紧密程度高，许多 4S 店将汽车配件等纳入汽车服务部的管理之中。

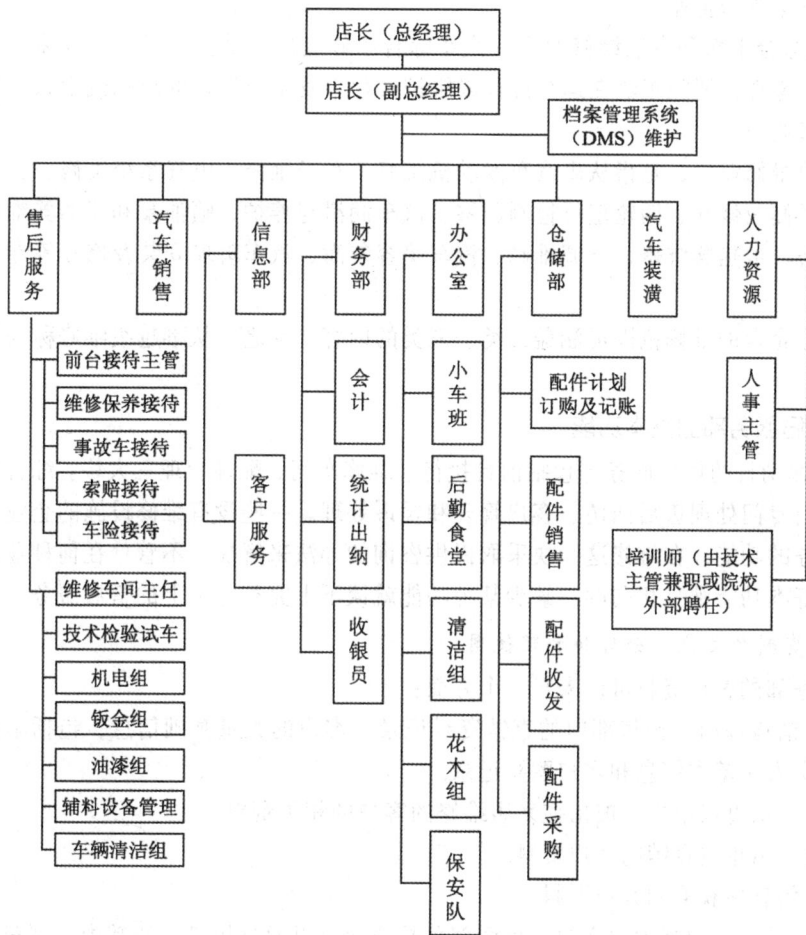

图 3-1　汽车服务企业组织架构

（2）连锁（加盟）经营店

连锁（加盟）经营是连锁（加盟）经营店与总部之间的一种经济协作关系，总部有义务对连锁（加盟）经营店在设备投资、经营管理、人员培训、技术服务方面提供全方位的支援。连锁（加盟）经营店在一个共同的经营模式下进行运作，有义务向总部交一定的费用。

连锁（加盟）经营的最大特征是规范化，总部制定统一的经营服务规范、统一的标识设计与展示。

其优势在于总部大多是名牌汽车维修企业，其先进的维修技术和丰富的维修经验可源源不断地提供给连锁（加盟）经营店，使其技术水平不断提升。

（3）传统的汽车修理厂

GB/T 16739—2014《汽车维修业开业条件》将汽车修理厂分为汽车整车维修企业（分一类、二类企业）和汽车综合小修和专项维修业户（三类企业）两大类。

① 汽车整车维修企业　有能力对所维修车型的整车、各个总成及主要零部件进行各级维护、修理及更换，使汽车的技术状况和运行性能完全（或接近完全）恢复到原车的技术要求，并符合相应国家标准和行业标准规定的汽车维修企业。按规模大小分为一类汽车整车维修企业和二类汽车整车维修企业。

② 汽车综合小修和专项维修业户　汽车综合小修业户，是指从事汽车故障诊断和通过修理或更换个别零件，消除车辆在运行过程或维护过程中发生或发现的故障或隐患，恢复汽车工作能力的维修业户。

汽车专项维修业户，是指从事汽车发动机维修、车身维修、电气系统维修、自动变速器维修、轮胎动平衡及修补、四轮定位检测调整、汽车润滑与养护、喷油泵和喷油器维修、曲轴修磨、气缸镗磨、散热器维修、空调维修、汽车美容装潢、汽车玻璃安装及修复等专项维修作业的业户。

一类维修企业的维修范围可涵盖二类、三类的内容，反之，从事越级维修称为超越核定类别的维修。

（五）售后服务部的基本功能

4S店品牌销售的售后服务部包括前台接待、维修车间、配件管理三大块。综合销售企业的售后服务部则专门处理售后回访、客户管理和投诉处理。一些没有维修设施的企业，同样必须具备售后服务的功能，在维修这一块采取提供咨询的办法来解决。不管处在何种业态条件下，售后服务的基本功能则是相同的。缺少某种功能就谈不上完整意义上的售后服务。

1．客户资料的登录、分析和合理使用

售后服务部的客户资料可以来自三个方面：

① 来自销售部门。销售部门的直销资料记录了客户的大量基础信息，包括本公司直销客户（组织或个人）基本信息和客户购买记录。

② 非本公司直销用户、被招揽来店维修的客户的相关资料。

③ 公司网络单位直销的客户资料。

④ 社会信息库获取的客户资料。

前两部分是公司的管理内客户，后两部分是公司可以通过招揽，使其中一部分成为管理内客户的潜在客户。所有这些资料都是公司重要的客户资料，应当及时分类登录。

目前，一般企业都比较注意客户资料的登录，但差不多都存在着内容不全的同一毛病。所谓内容不全，主要是指关注基本材料而忽视人文材料。

2．定期回访，提供提醒式服务

购车以后，客户的情绪指数会向车辆使用方面上扬。但由于客户不是专家，十分希望继续

得到关注、提醒和温馨方便的售后服务。定期回访，提供提醒式服务，可以检查我们的销售质量，检验我们的队伍素质，改善我们的工作，满足客户的情感需求和用车支持。

售后服务部的回访工作和专业提醒应当与销售部门相互协调，各有侧重。回访要掌握节奏，提醒应及时明了。回访不只局限于汽车质量，包括人员、服务和对整个购买过程的整体感觉。客户提醒服务包括：用车手续、首保及下次保养、保险续保、车辆年检、理赔程序、服务活动通报、新车通报和佳节感谢等。

3．新车的PDI检查

PDI检查是车辆的售前检查，这是车辆在交付用户前的最终检查。目的是确保车辆达到出厂标准，对车辆的可靠性进行最后确认。这对避免因为车辆质量问题引发的纠纷具有决定性意义，绝不能轻率麻痹，草率行事。

PDI的检查项目由厂家严格规定，检查内容一般要达到100项左右，检查程序非常严密，必须严格执行，并完整填写检查单。检查结束应由检验人员签字确认：车辆完好无损、附件配备齐全、随车资料齐全，可以满意地交付客户使用。

4．汽车产品的质量保证

受理用户的索赔要求，并向企业反馈用户质量信息。售后服务网络的第一线受理索赔，作出赔偿决定，由售后服务部总部赔偿，鉴定科对赔偿进行复核，然后综合分析，向企业的设计、生产、销售等部门反馈质量动态和市场趋势等信息。

汽车召回。所谓召回制度（recall），就是已经投放市场的汽车，如果发现由于设计或制造方面的原因，存在缺陷或可能导致安全、环保问题，生产厂就必须及时向国家有关部门报告产品存在的问题，并提出申请召回。一些企业为了树立和维护自己的形象，对于因质量缺陷而导致的质量隐患会积极主动地提出召回。

5．拓展车辆维修业务

不少人认为在汽车4S店，售后服务部门是专事客户回访、投诉处理和车辆保养和维修的技术部门，主要起辅助销售的作用。其实，在成熟的汽车4S店，售后服务部门更重要的职能是一个营销部门，在做好售后服务的同时，也需要做好客户招揽工作，保证服务部门业务营收，以至在新车销售情况不乐观的情况下，也能支持整个经销商的正常运行。

售后服务部门的客户招揽工作，可以通过管理内客户的提醒式服务和营业推广来进行。但最重要的是通过优质服务，提升客户价值，留住客户、进而扩大口碑传播，发展管理内客户来实现。

6．配件的合理进货和及时供应

汽车配件供应是售后服务的工作主线。一辆汽车由几千个、上万个零件组装而成，汽车在销售时会装用精品饰品，在使用中，对备件有更多的需求。

配件的库存控制与管理是售后服务部门非常重要的一项工作。为了保证修理部门及时、准确地完成维修任务，保持合理的库存量十分必要。

典型案例

日本丰田汽车公司配件供应

丰田公司设有4个零部件中心，负责丰田汽车40万种零部件国内外的供应。中心在接到订单后一天内可将配件送到国内各地，其供货率在95%以上。各个经销商、维修站每天都能订货

4 次。虽然丰田汽车零部件品种繁多，但维修站的仓库却相当小。配件的货款支付能够在规定的 50 天内完成，这对资金周转和减少库存都是极为有利的。配件价格全国统一，由厂方和经销商协商确定，避免了相互之间的恶性竞争。

丰田公司的 5 个零部件中心，半径在 30 km 范围内。除一个物流中心专门负责向全世界 100 多个国家或地区发送出口零部件外，其他 4 个都按不同品种进行分工，专门从配套的零件生产厂进货，向维修点和销售点发货。中心管理人员根据用户（零件商、修理厂）提出的要求迅速通知仓库备货发货，同时汇总并向有关的零件生产厂家提出订货。生产厂家在接到零件中心订货后向零件中心发货，所有这些活动每天进行数次，选择最佳的批量以最大限度地减少库存，降低资金占用，做到决不让货单滞留。管理人员为使进货入库作业均衡化，编制进货表和送货表标明在墙板上，零件的进货与发货都要看表，每天有数十次专用车进货和发货，进货发货的车都是按表上预定时间、预定地点（货位）到达或发出，包括装卸货时间，精确度在一个小时内。仓库的自动化程度很高，无人驾驶的库内货运车到处可见。整个零件中心像一台自动化程度很高的机器，按照设计好的程序在按部就班、有条不紊地正常运转。

由于国内生产工艺水平和配套零部件技术水平所限，汽车零配件供应就显得格外重要。到目前为止，国内大多数汽车生产企业的零配件销售还未能取得效益。而国外的汽车厂商却非常重视零配件供应，它们的利润 1/3 以上来自于零配件经营。

思考：丰田的备件周转率高的原因是什么？为此实施了哪些措施？

7. 与供应商的信息沟通

售后服务部门的工作与供应商（包括制造厂和总代理商）之间有着密切的关系。售后服务部门工作的好坏，不仅涉及公司的品牌形象，而且涉及供应商的品牌形象。售后服务部门必须获取供应商的大力支持，才能顺利地做好自己的工作。因此保持与供应商之间的信息沟通，有益于执行与供应商一致的服务标准，确保品牌形象不受损害，及时处理索赔或召回，更快、更有效地开展客户服务。同时也有益于供应商及时了解本品牌的市场反映，更好地改进产品和服务。

8. 处理投诉和客户抱怨

客户投诉和客户抱怨是所有汽车销售企业都可能碰到的事情。客户投诉没有小事。正确处理客户投诉，不但可以纠正销售活动中的失误和偏差，解除客户的不满和抱怨，挽回客户的损失，而且可以提高企业的信誉，更好地维系客户关系。重大投诉应当由总经理亲自出面或组织专门人员处理。

二、服务顾问工作认知

21 世纪以来，业务接待已逐步成为汽车维修企业经营管理的重要组成部分，服务顾问越来越突显其在汽车维修服务企业中的地位。特别是最近几年来，我国的汽车服务业迅猛发展，人们常把服务顾问服务业务的好坏作为衡量汽车维修企业服务质量好坏的直接标准。客户是这样认为的，绝大部分汽车维修企业的管理经营者也是如此。这就说明服务顾问在维修企业软环境上的重要性。

（一）服务顾问的职能作用

1. 客户与企业沟通的桥梁

在汽车售后服务或维修业务中，为便于管理和更好地接待客户，客户一般不直接与车间技师接触，业务的接待工作由服务顾问负责。服务顾问需倾听客户的需求和问题，按照企业相关流程进行跟进和处理，直至车辆故障或客户的问题得到尽可能好的解决。因此服务顾问既要将车主的疑问或要求，以及车辆使用情况、故障发生的工况等信息传达给车间技师，便于进行正确的诊断维修，解决客户问题；同时将车辆故障维修方案，包括维修价格、进度、使用建议等相关情况反馈给客户。这种交流与沟通是建立在专业、诚信的基础上的，服务顾问必须在对外接待客户时，牢记自己代表了企业形象；对内跟踪车辆进度与故障维修情况时，必须记住自己是受客户所托，代表了客户进行车辆的跟进，要保证其要求的落实与问题的解决。

2．开展营销业务

汽车售后服务部门也是营销部门，客户进厂维修车辆，购买的是汽车服务这种产品，服务的价格、类型等都需要服务顾问与其进行沟通。例如，汽车精品的销售、规范保养的套餐、深层养护产品、损坏零部件是否需要更换、服务活动的销售项目等，都需要服务顾问利用专业知识，合理地向客户推销，以期提高客户进厂的消费水平，即提高单车营收，并完成自己的营收任务。

3．维系和拓展客户资源

服务顾问与客户沟通交流的过程中，必须注意提高客户的满意度，最终提升客户的忠诚度，成功培养客户对自己企业的依赖感，从而保证减少客户流失，同时使忠诚客户能介绍其他客户进厂。或者利用服务活动等机会，与新进厂客户进行良好沟通，建立客户档案，定期跟进，吸引客户到本企业进行服务，最终提高企业的客户进厂率和进厂台次。

（二）服务顾问的素质要求

汽车维修服务顾问的基本素质要求具体归纳如下：

1．文化素质

随着我国汽车工业的迅猛发展和人民生活水平的提高，汽车保有量迅速增长，特别是进入21世纪以来，汽车维修服务业出现多层次、多形式以及各种经营成分并存的局面，规范汽车维修服务市场是形势发展的需要。与此同时，汽车技术更新速度越来越快，对汽车维修服务业的从业人员提出了更高的要求。要想成为一名合格的汽车维修服务顾问，必须具备中技、中专、职高或高中以上文化程度，具备汽车专业知识。

2．业务素质

作为一名汽车专业方面的服务人员，服务顾问应具备以下业务能力：一是要熟悉国家和汽车维修行业管理有关价格、保险、索赔等方面的法律、法规和政策；二是要对汽车维修专业知识有全面的了解，如汽车的类型及特征、汽车构造及基本原理、汽车材料及零配件知识、汽车维修工艺流程、常见故障及检测设备主要用途、各工种工艺特点及成本构成等，并具有一定的维修技能及经历；三是具有初步财务知识，懂得汽车维修收费结算流程；四是要适应企业现代化管理的要求，会熟练开车，能熟练操作计算机，运用相关软件进行本专业的辅助管理工作；五是要有关怀客户的技巧。

3．思想素质

汽车维修服务顾问的工作岗位直接面对修车客户，是维修服务中心对外的窗口，其思想素质的高低直接影响到维修服务中心形象，关系到维修服务中心的业务开展，因此要求服务顾问应具备高度的工作责任感和事业心，具有良好的职业道德，即爱岗敬业、秉公办事、廉洁奉公、团结协作、诚信无欺、讲究信誉等。

（三）服务顾问的聘用条件

作为一名合格的汽车维修服务顾问必须具备如下条件：

① 具有中技或高中以上文化程度（4S 店一般要求大专以上，有汽车专业背景更佳）。

② 身体健康、品貌端正、普通话流利，具有较强的表达能力和应变能力。

③ 熟悉国家和汽车维修行业有关价格、法律、法规、政策。

④ 了解汽车维修、汽车材料、汽车零配件以及汽车保险等知识，并有一定相关工作经历。

⑤ 接受过专业业务接待技巧的培训。

⑥ 具备一定的财务知识，熟悉汽车维修价格结算流程。

⑦ 有驾驶证，能熟练驾驶汽车，熟悉计算机一般操作。

⑧ 有高度的责任心和良好的职业道德。

⑨ 接受过专业培训，经主管部门考核达到上岗要求。

（四）服务顾问的基本工作要求

① 着装保持专业外貌，保持接待区整齐清洁。

② 热情接待客户，了解客户的需求及期望，为客户提供周到满意的服务。

③ 承接车辆，评估维修要求，开出维修工单。

④ 估计维修费用或征求有关人员意见，并耐心向客户解释说明收费项目及其依据。

⑤ 掌握维修进度，增加维修项目或延迟交车时，联络客户。

⑥ 掌握车辆维修进度，确保完成客户提交的各项维修项目，按时将状况良好的车辆交给客户。

⑦ 妥善保管客户车辆资料和车辆上客户的遗留物品。

⑧ 建立和完善客户档案。

⑨ 做好修后服务。

⑩ 宣传本企业，推销新技术、新产品，解答客户提出的相关问题。

⑪ 听取和记录客户提出的建议、意见和投诉，并及时向上级主管汇报。

⑫ 不断学习新知识、新政策，努力提高自身素质和业务水平。

（五）服务顾问的职业道德规范

汽车维修服务顾问的职业道德规范是指服务顾问进行汽车维修业务接待工作过程中必须遵循的道德标准和行为准则，一般可归纳为：真诚待客、服务周到、收费合理、保证质量。

1. 真诚待客

真诚待客是指积极主动、热情、耐心地对待客户；做到认真聆听客户的述说，耐心回答客户提出的问题，必要时做好记录；换位思考，设身处地地理解客户的期望与要求，最大限度地与客户达成共识。

客户到维修服务中心，无论是要修车、选购零配件或是咨询有关事宜，无非是两个方面要求：第一，对物质的要求，希望能得到满意的商品；第二，对精神的要求，希望他（她）的到来能受到重视，能得到热情友好的接待。若服务顾问真正是按"真诚待客"的要求接待了客户，对其表示热情欢迎、尊重、友好和关注，就会在无形中打动客户，服务顾问的谈吐举止及服务热情会给客户留下深刻而又美好的印象。客户精神上得到满足和对服务顾问的好感，内心感到服务顾问可亲可信，自然会延伸到客户对这家维修服务中心产生好感与信任。真诚待客做得好，也给客户在下一步与维修服务中心要进行的经营活动奠定了良好的基础。

对待新客户是这样，对待老客户更要维护好维修服务中心已形成的良好关系，不要因为已经熟识了而怠慢了客户。前后一致、亲疏一致，是非常重要和关键的。

2．服务周到

服务周到是指在修前、修中和修后向客户提供全方位的优质贴心的服务。

（1）修前服务内容

① 认真倾听客户对车子故障的描述。

② 迅速准确诊断汽车故障。

③ 对维修内容、估算费用和完工时间进行详细说明，并使之认可。

④ 向客户提供有关汽车保养等一些小建议、小提醒和其他有关信息。

（2）修中服务内容

① 修理项目要合理，避免重复收费和无故增加不必要的修理项目和费用。

② 需要增加维修项目时，要耐心、详细地向客户说明，同时要征得客户认可。

③ 随时了解生产部门维修进度，督促相关维修技师按时完工。如发现不能按时完工，要及早告知客户，说明原由，取得客户的谅解。

④ 结算前要向客户详细说明维修内容、维修费用的组成，并征得客户认可。交车时要简要介绍修车过程中的一些特殊情况、车子现在的状况及使用当中应注意的问题等。

（3）修后服务内容

① 建立新客户和车辆的档案，完善老客户车辆维修技术档案。

② 回访。回访客户时要热情、诚恳，对客户提出的所有问题要认真如实回答。对一些疑问要耐心解释，必要时要勇于承担责任，不可推诿和敷衍，对客户的表扬和建议要表示感谢。

③ 处理好质量投诉。处理客户投诉时，切忌当着客户的面责怪工人或是当着工人的面责怪客户。

④ 做好电话跟踪服务。

3．收费合理

收费合理是指汽车维修企业在承接汽车维修业务时，要做到价格公道，严格按照交通行政管理部门制定的汽车维修工时定额和收费标准核定企业的维修价格。不乱报工时，不高估，不小修当大修，更不可采取不正当的经营手段招揽业务。对行业的不正之风，服务顾问都应该自觉抵制。

收费合理，还体现在严格按照工作单上登记的维护、修理项目内容进行收费，不能为了达到多收费的目的擅自改变修理范围和内容，更不能偷工减料，以次充好。这种做法，既有悖于汽车维修职业道德的要求，也是一种自毁信誉、自砸牌子的短期行为。

4．保证质量

保证质量主要是指保证车辆维修的质量。具体来说，车辆维修过程中各工序要严格按照技术要求和操作规范进行生产；使用的原材料及零配件的规格、性能符合规定的标准；按规定的程序严格进行检验与测试；车辆故障完全排除，原来丧失的功能得以恢复；车辆使用寿命得以延长等。

汽车维修质量是修车客户最关注的事。修车质量好，客户满意，其他存在的一些小争议、小问题都会变得微不足道了。刚才客户还为一些小问题在喋喋不休，当看到他的爱车修得这么好，脸上出现了笑容，其他事都会无足轻重。由此可见，保证维修质量就是确实保障了利益，亦是保证维修服务中心继续在市场竞争中取得优势之举。

【任务实施】

引导问题 1：服务顾问有哪些方面的具体要求，请按你的理解完成以下表格。

职能作用	素质要求	聘用条件	基本工作要求	职业道德规范

引导问题 2：参考汽车服务及其他职业岗位情况以及对工作人员的素质要求，请谈谈你的职业规划，近期内应如何提升自己？

任务2 汽车服务接待与销售

【任务导入】

孙强刚从车间调到服务前台工作，先做服务顾问助理，协助服务顾问接待客户车辆进厂维修。孙强在车间从事维修技术工作有两年了，当初以为前台接待客户是很简单的事情，凭自己的技术经验，接待客户报修工作绰绰有余。但是孙强刚上岗几天，就被客户投诉了，因为车辆维修过程中，有个零件更换没有给客户解释清楚，报价时只报了零件费用，却没有加上工时费，虽然只是多了几十元，但客户也感觉不满意。

经过培训后他才知道服务顾问的工作基本要求；维修接待工作的流程规范；完成营销任务的方式、方法；以及如何让抱怨的顾客满意而归。

作为服务顾问，请按规范要求完成进厂维修车辆接待工作，并思考应培养自己具备哪些方面的核心职业能力。

【学习指引】

通过本任务的完成和学习，你应该掌握以下知识：
① 汽车维修服务核心流程各环节内容及其工作要求。
② 服务顾问营销实务基础知识：企业营业收入构成、费用结算方法；服务顾问营销能力提升的途径等。
③ 汽车服务企业创造客户满意度的方法与途径。
④ 服务顾问处理客户抱怨、培养客户忠诚度的方法。

通过本任务的完成和学习，你应该具备如下工作能力：
① 能按服务核心流程的标准要求规范严谨地完成各环节工作。
② 能正确计算汽车维修服务的收入，如工时、配件等结算价格。
③ 能正确认识客户满意度和培养客户忠诚度的重要性，注意工作中对待客户的态度与方法。
④ 能恰当地应对客户投诉、处理客户抱怨。

【相关知识】

一、汽车维修服务核心流程

汽车维修服务核心流程就是根据行业特点和生产过程，概括出来的具有普遍适用性的标准流程。对维修服务核心流程狭义的理解是从维修车辆进厂接待开始，经过任务委托书、派工、维修作业、质量检验、试车、结算、车辆交付出厂这样一个过程，这也是多数修理企业常见的传统流程。而对维修服务流程广义的理解是不但包括从车辆进厂到出厂的全过程，而且还包括车辆进厂前的预约、准备工作和车辆交付出厂后的跟踪回访工作。因此，核心的维修服务流程如下：①预约；②准备工作；③接车及制单；④维修作业；⑤质检及内部交车；⑥交车及结算；⑦跟踪回访，如图 3-2 所示。

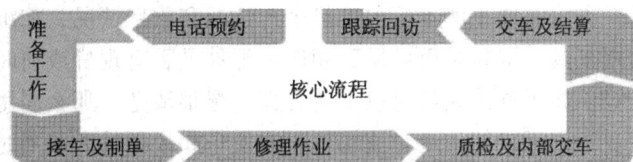

图 3-2　服务维修接待核心流程

1. 预约

许多用户因时间的原因不可能对自己的车辆时时关注，不一定了解车辆何时需要何种维护或修理，这就需要维修企业定期对用户进行电话访问，及时了解车辆的使用状况，提出合理的维修建议，根据用户的时间和维修企业的生产情况进行积极主动的合理安排，这就是主动预约。主动预约不但体现维修企业对用户的关怀，增进与用户之间的感情交流，也是向用户展示维修企业的服务形象，介绍和推销维修企业的服务，增加维修企业的业务量，提高营业收入的需要。预约服务流程如图 3-3 所示。

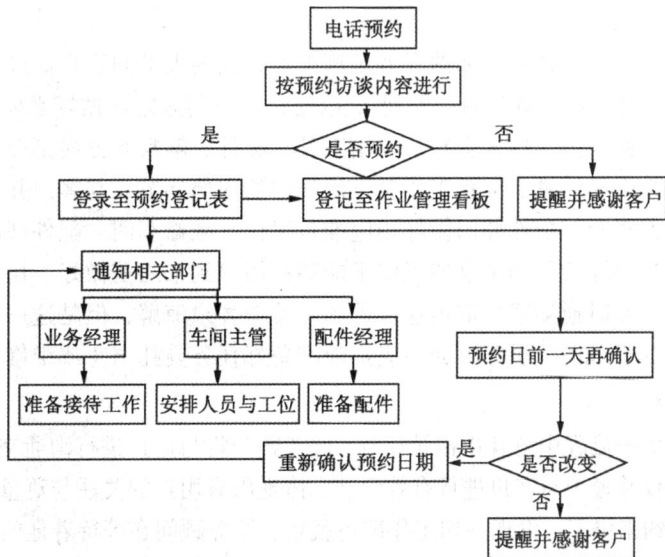

图 3-3　预约服务流程

有的用户感觉到自己的车辆需要维护或车辆发生故障需要修理时也会给维修企业打电话进行预约，预订好工位和配件，以便进厂之后很快维修，节约自己的时间。这对维修企业而言是被动的，称为被动预约。

根据维修企业车辆进厂情况来看，一般是上午来车较多，下午来车较少，周末来车较多。这样，对维修企业就意味着客户集中时很忙碌，对客户的接待和维修工作质量有可能受影响；客户稀少时，接待和维修任务不饱满，能力闲置，资源浪费。为了均衡维修企业的维修生产，需要用户有计划、有秩序地进厂维修，这就是预约式维修服务的意义所在。

在维修企业，用户的预约工作一般由业务接待或用户顾问来完成。在进行预约之前应该清楚两方面的情况：一方面应当了解用户信息和用户的车辆情况，如用户的名称、联系方式、车辆牌照号、车辆型号、行驶里程数、以往的维修情况、车辆需要做何种维护或有何种故障现象、需要何种维修等；另一方面需要了解本厂的维修生产情况和收费情况，如维修车间是否可以安排工位、维修工，专用工具、资料是否可用，相应的配件是否有现货或何时到货，相应维修项目的工时费和材料费等。如果预约人员对以上两方面情况很清楚，那么同用户做预约就会得心应手，也显得非常专业，同用户的沟通交流也就很方便。如果预约人员当时对情况不清楚，就需要及时了解清楚之后再同用户确认。不要情况不清楚就盲目预约，以免到时无法践约给用户造成时间损失，引起用户抱怨，影响维修企业信誉。

需要注意，预约人员在约定的客户到来时间之前（如与客户约定修车的前一天）对用户进行一次电话提醒，对预约进行进一步的确认。

维修企业为了更好地推广预约工作，在预约维修推开始时，除了大力宣传预约给客户带来的利益外，还可以对能够准时践约的用户在维修费用上给予适当的优惠或赠送纪念品进行鼓励。

需要指出的是，在进行预约工作时，企业必须履行自己的承诺，所有预约内容必须到位，不能践约与不预约都一样，对客户来说体现不出预约的好处，那样将打消客户对预约的积极性，导致推广预约维修面临困难。

2．准备工作

为了在客户到来后能够很快地如约开展车辆维修，预约人员同客户做好预约之后应及时通知服务顾问（预约人员也可能就是服务顾问），以便在用户到来之前做好必要的准备工作。在停车位、车间工位、维修人员、技术资料、专用工具、配件、辅料等方面都应该准备齐全，以免到时影响维修工作效率和质量。准备工作属于流程中的内部环节，与客户并无直接接触。业务接待需及时通知维修车间与配件部门做好相应准备工作，维修车间、配件部门也应对业务接待的工作给予积极支持、配合，如果这些工作不能够在用户到来之前做好，比如维修所需配件不能够采购到，那么应及时通知客户取消这次预约并希望客户谅解，但是这一切工作都应当在客户来之前完成。如果可能，服务顾问还应提前准备好任务委托书（或维修合同）。

3．接车及制单

接车处理属于服务流程中与客户接触环节，服务顾问将与用户进行沟通交流，因此服务顾问应当注重形象与礼仪并善于与客户进行有效沟通，体现出对用户的关注与尊重，体现出高水平的业务素质。用户如约来修车，发现一切工作准备就绪，服务顾问在等待着他的光临，肯定会有一个比较好的心情，而这些恰恰是客户对维修企业建立信任的良好开端。接车及制单服务流程如图3-4所示。在接车处理环节中最主要的两项工作是同客户签订任务委托书和填写接车检查单。

```
┌─────────────────┐
│   维修车辆进厂    │
└─────────────────┘
         ↓
┌─────────────────┐
│ 获取相关信息（预检）│
└─────────────────┘
         ↓
┌─────────────────┐
│  判断客户的需求   │
└─────────────────┘
```

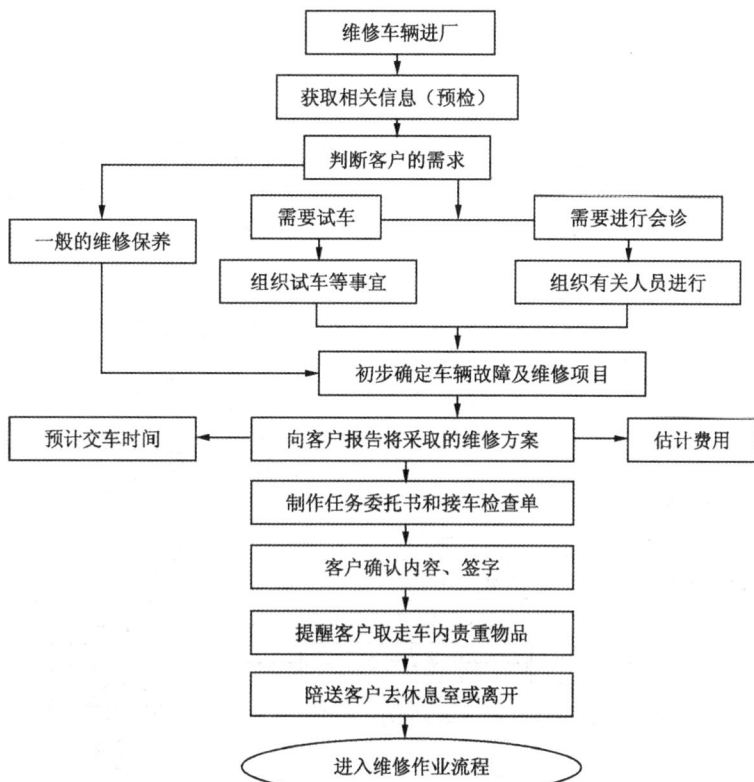

图 3-4　接车及制单服务流程

（1）签订任务委托书

任务委托书是客户委托维修企业进行车辆维修的合同文本，也称作维修合同或接车单。任务委托书的主要内容有客户信息、车辆信息、维修企业信息、维修作业任务信息、附加信息和客户签字。用户信息包括客户名称、联系方式等；车辆信息包括牌照号、车型、颜色、底盘号、发动机号、上牌日期、行驶里程等；维修企业信息包括企业名称、电话，以便用户联系方便；维修作业信息包括进厂时间、预计完工时间、维修项目、工时费、预计配件材料费；附加信息是指用户是否自带配件、用户是否带走旧件等，这些都需要同用户进行准确约定。用户签字意味着对维修项目、有关费用、时间的认可。

任务委托书一般至少两联，其中一联交付客户，可作为客户提车时的凭证，以证明客户曾经将该车交付维修企业维修，用户结算提车时收回。另一联维修企业内部使用，也可兼做维修车间内部派工以及维修人员领取配件材料的依据。如果维修企业使用三联任务委托书，那么其中一联交给用户之外，企业自用的两联可分别用于维修车间派工以及维修人员领料使用。具体采用两联还是三联，则由维修企业根据自身实际情况自定。

进厂车辆如果只是进行一般的维护、保养，可以直接同用户签订任务委托书。进厂车辆如果要进行故障修理，服务顾问应对用户车辆进行技术性检查和初步故障诊断，验证故障现象是否同预约中描述的相同，必要时和用户一起试车亲自验证。根据故障现象判定故障原因，必要时还要请技术人员进行仪器检测和会诊，拟定维修方案，估算修理工时费和材料费，预计完工时间，打印好任务委托书，请用户签字。

业务接待同客户签订任务委托书时应当向客户解释清楚任务委托书的内容，特别是维修项目、估算修理工时费、材料费和预计完工时间。

（2）填写接车检查单

客户将车辆交给服务顾问去安排维修，要离开车辆一段时间，为避免客户提车时产生不必要的误会或纠纷，此时服务顾问应与客户共同对车辆进行检查验证，填写接车检查单。检查验证的内容主要有：车辆外观是否有划痕、内饰是否有脏污、随车工具附件是否齐全、车内是否有贵重物品等。

4. 维修作业

当服务顾问同客户签订好任务委托书并填写接车检查单后，所承修的车辆也从用户手中接过来了，车辆维修的派工也由此开始。维修作业流程如图 3-5 所示。

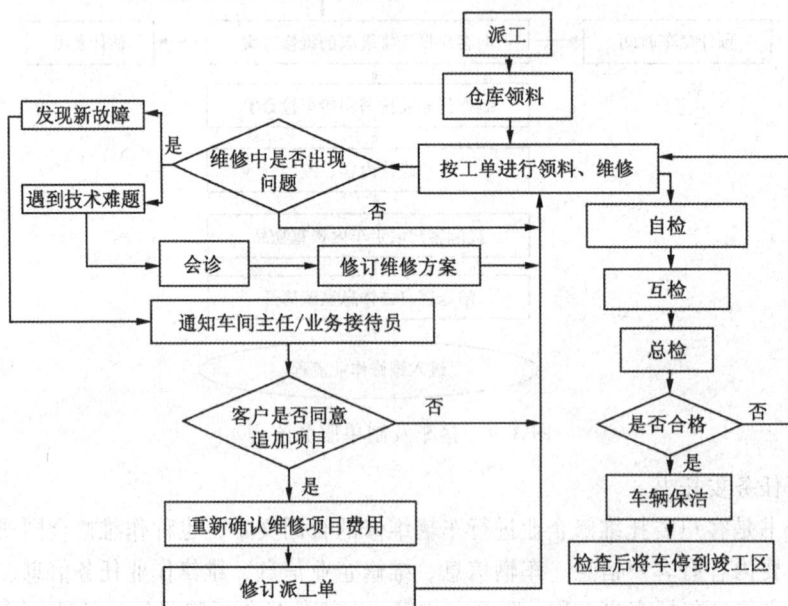

图 3-5　维修作业流程

服务顾问传递给维修车间的作业指令是通过任务委托书或派工单来实现的。比较简化的方式是服务顾问将任务委托书随同承修车辆直接交由自己所带领的维修团队进行维修，这一般称为团队式生产管理模式；比较精细化的方式是服务顾问将任务委托书随同承修车辆直接交由车间主任或车间调度员，再由车间主任或车间调度员依据任务委托书的内容开具维修作业派工单，将派工单随同承修车辆交由维修人员进行维修，这是传统的生产管理模式。至于维修企业采用哪种模式，可根据企业实际情况自定。

维修作业环节属于维修企业内部环节，维修企业的经营业绩和车辆维修的质量主要由此环节产生，因此这个环节是维修企业管理的核心环节。为保证维修的效率和质量应注意以下几方面工作：

（1）项目追加

维修人员接到任务委托书或派工单后，应当及时、全面、准确地完成维修项目，不应超出维修范围进行作业。如发现维修内容与车辆的实际情况不完全相符，需要增加、减少或调整维修项目时，应及时通知服务顾问，由服务顾问估算相关维修费用、完工时间，取得客户同意后方可更改维修内容，并办理签字手续。

（2）规范作业

由于新车型、新技术不断出现，对维修人员的综合技术素质要求越来越高，维修人员应当具备比较丰富的汽车理论知识与实践经验，接受专业培训并取得维修资格后方可上岗。在常规维护检查作业时，维修人员应当严格按照维护检查技术规范进行，更换、添加、检查、紧固等有关项目应做到仔细全面、准确到位，最后填写维护检查单。在故障修理作业中应当按照维修手册以及有关操作程序进行检修，并使用相关检测仪器和专用工具，不能只凭老经验、土办法、走捷径，违规作业。

（3）车辆卫生

维修人员在作业中应当爱惜客户的车辆，注意车辆的防护与清洁卫生。如果有可能，就给车辆加上翼子板护垫、座椅护套、转向盘护套、脚垫等防护用具。

（4）车间 5S

维修作业时应当注意文明生产、文明维修。做到零件、工具、油水"三不落地"，随时保持维修现场的整洁，保持维修企业的良好形象。

5．质检及内部交车

维修作业结束后，为将车辆交付给用户，有必要做一系列准备工作。这些准备工作包括质量检查、车辆清洁、准备旧件、完工审查等。

（1）质量检查

质量检查有助于发现维修过程中的失误和验证维修的效果，也可对维修人员的考核提供基础依据，是维修服务流程中的关键环节。维修人员将车辆修竣后，需由质检员进行检验并填写质量检查记录。如果涉及转向系统、制动系统、传动系统、悬架系统等行车安全的维修项目，必须交由试车员进行试车并填写试车记录。

（2）车辆清洁

客户的车辆维修完毕之后，应该进行必要的车内外清洁，以保证车辆交付给客户时是一辆维修完好、内外清洁、符合客户要求的车辆。

（3）准备旧件

如果委托书中注明客户需要将旧件带走，维修人员则应将旧件擦拭干净，包装好，放在车上或放在客户指定的位置，并通知服务顾问。

（4）完工审查

承修车辆的所有维修项目结束并经过检验合格之后，服务顾问就可以进行完工审查了。完工审查是由服务顾问完成的，主要工作是核对维修项目、工时费、配件材料数量，材料费是否与估算的相符，完工时间是否与预计相符，故障是否完全排除，车辆是否清洁，旧件是否准备好。如果一切准备就绪，就可以通知客户来取车了。

6．交车及结算

交车及结算环节是服务流程中与客户接触环节，由服务顾问来完成。客户到来之后，不应让客户长时间等待，应及时打印出结算单。

（1）结算单内容

结算单是客户结算修理费用的依据，结算单中包括客户信息、客户车辆信息、维修企业信息、维修项目及费用信息、附加信息、客户签字等。客户信息包括客户名称、联系方式等；客户车辆信息包括牌照号、车型、底盘号、发动机号、上牌日期、行驶里程等；维修企业信息包括企业名称、地址、邮编、开户银行、账号、税号、电话等信息，以便客户联系；维修项目及费用信息包括进厂时间、结算时间、维修项目及工时费、使用配件材料的配件号、名称、数量、单价、总价等；客户签字意味着客户对维修项目以及费用的认可。

结算单一般一式两联，客户将一联带走，另一联由维修企业的财务部门留存。财务人员负责办理收款、开发票、开出门证等手续。结算应该准确高效，避免耽搁客户的时间。

（2）结算单解释

在服务顾问同客户办理结算交车手续时应做到两项解释，即结算单内容解释和维修过程解释，以尊重客户的知情权，消除客户的疑虑，让客户明白消费，提高客户满意度。交车及结算工作流程如图 3-6 所示。

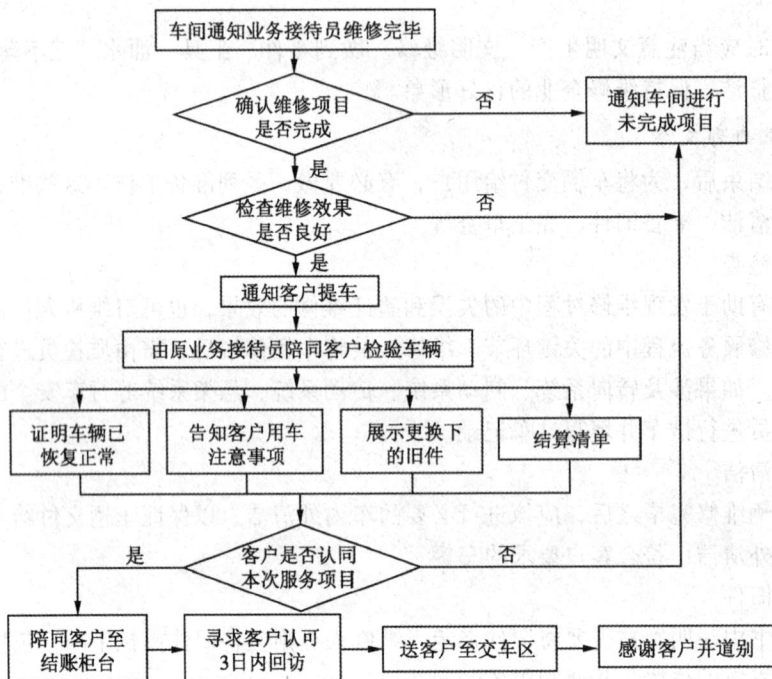

图 3-6　交车及结算工作流程

如果是常规维护，服务顾问应给用户一份维护记录单，告诉用户下次维护的时间或里程，同时在车辆维护手册上做好记录。如果是故障维修，服务顾问应告诉客户故障原因、维修过程和有关注意事项。

在办完车辆离开的相关手续后，服务顾问应亲自将客户送出门外，并提醒客户下次维护时间和车辆下次应该修理的内容。

7. 跟踪回访

当用户提车离厂后，维修企业应在一周之内进行跟踪回访，其目的不但在于体现对客户的关心，更重要的是了解对维修质量、客户接待、收费情况、维修的时效性等方面的反馈意见，以利于维修企业发现不足、改进工作。

跟踪回访是维修服务流程中的最后一道环节，属于与客户接触沟通交流环节，一般通过电话访问的方式进行。在较大一些的维修企业由专职的回访员来做这项工作，在较小的维修企业可由服务顾问兼职来做。

回访人员应做好回访记录，作为质量分析和客户满意度分析的依据。回访中如果发现客户有强烈抱怨，应及时向服务经理汇报，在当天内研究对策以平息客户抱怨，使客户满意，千万不要漠然处之。

二、服务顾问的营销知识

（一）汽车维修企业营业收入

营业收入是汽车维修企业最重要的经济指标之一，它直接反映企业的经济状况，是企业现金流入量的主要来源，是衡量企业经营成果的重要标志。

1. 汽车维修企业营业收入的构成

汽车维修企业的营业收入是指企业在生产经营中通过销售汽车零配件、提供汽车维修劳务等所取得的收入，一般分为主营业务收入（即汽车维修收入）和副营业务收入（即其他业务收入）。

（1）主营业务收入

汽车维修企业的汽车维修收入是指企业提供汽车维修劳务等所取得的营业收入。它可以根据规定的工时定额、材料消耗总额和其他收入计算确定。它由汽车维修工时收入、材料配件收入和其他收入三部分组成。

（2）副营业务收入

汽车维修企业的其他业务收入是指各类主营业务以外的不独立核算的副营业务所取得的收入，如从事汽车配件零售与批发等副营业务活动所取得的营业收入。

需要指出的是主营业务和副营业务内容的划分是相对的，会因企业经营项目的多元化而发生变化，应根据具体情况进行确定。

2. 汽车维修企业收入的计算

（1）汽车维修企业营业收入的确认

企业应在发出商品和提供劳务的同时收讫或者取得索取价款的凭据时，确认企业的营业收入。其基本标志：一是企业的商品已经发出或者劳务已提供；二是企业已经收到价款或者得到了收取价款的凭据。据此，对汽车维修营业收入，如果采取交款提车的管理方式，当车辆已经维修完毕，并开出了发票，收取了款项，则证明汽车维修劳务已提供完毕，便可确认营业收入已经实现；如果采用预收款项的办法，在车辆已经维修完毕，发票已经开出，则证明汽车维修劳务已经提供完毕，在发票单已经开出和提走被维修车辆时，便可确认营业收入已经实现。

（2）汽车维修收入的计算方法

汽车维修费用主要由两部分组成：一是维修企业维修车辆，提供汽车维修技术和劳务取得的收入；二是维修企业在维修车辆过程中，由于更换汽车零部件，消耗各种材料和辅助材料的收入。

① 汽车维修技术和劳务费的收入　汽车维修技术和劳务费的收入主要是汽车维修工时费的收入。汽车维修工时费是按照汽车维修行业的工时定额和工时单价作为计算价格的依据，这是与其他行业不同的一个显著特点。工时费的基本计算公式为

$$汽车维修工时费 = 工时单价 \times 工时定额$$

工时定额和工时单价是根据交通部的规定，由各省级行业主管部门和价格主管部门根据不同类型的维修企业或维修车辆的成本核算，予以确定的。表3-2所示为中山市物价局和行业管

理所制定的汽车车身小修项目工时定额。

表 3-2　车身小修项目工时定额（节选）

序号	作业项目	单位	数量	通用工时	轿车								吉普车		面包车		中客	大型客车		轻货	中货	大货		备注
					1	2	3	4	5	6	7	8	9	10	11	12	13	14	15	16	17	18	19	
	车身、车架																							
1	修正前保险杠	条	1		2.5	2.7	3	3.2	3.5	3.5	4	4.3	2.8	3.5	2.5	3.1	3.5	3.5	4	1.8	2	3	4	
2	拆换前保险杠	条	1		1.5	1.7	1.9	2.1	2.3	2.6	2.8	3	2	2.3	1.5	2.1	2	2	3	0.7	1	2	3	
3	修正后保险杠	条	1		2.2	2.4	2.6	2.8	3	3.2	3.7	4	2.5	3	2.2	2.8	3	3.5	4	1.8	3	3.5	4	
4	拆换后保险杠	条	1		1.5	1.7	1.9	2.1	2.3	2.6	2.8	3	1.9	2.4	1.3	2.3	1.5	1.9	3	0.7	0.9	2.1	3	
5	拆装修正翼子板	个	1		2.5	2.7	2.9	3.1	3.5	3.8	4.3	4.8	2.6	3.4							2.7	3	3.5		
6	拆换翼子板	个	1		1.8	2	2.1	2.2	2.4	2.9	3.1	3.3	2	2.5							2	2.4	2.8		
7	修正发动机盖	个	1		3	3.4	4	4.5	5.2	5.8	6.2	6.7	3.5	5.1							2.7	3.1	3.5		
8	拆换发动机盖	个	1		1.8	2	2.1	2.3	2.5	2.7	2.8	3	2	2.4							2	2.4	2.9		
9	拆换机盖撑杆	支	1																					
10	拆换发动机盖锁	个	1	1																				
11	拆换发动机盖拉线	根	1		0.7	0.7	0.8	0.9	0.9	1	1.2	1.2	0.7	0.9							0.7	1.1	1.5		

　　汽车维修工时单价由各省级行业主管部门和价格主管部门根据当地经济发展情况制定，一般为最高限价，有的地方还针对不同的类别和项目制定不同的工时单价。随着汽车工业的发展，电子技术在汽车上的普遍运用，故障诊断和仪器检测收费将成为汽车维修企业收费的重要组成部分，因此企业只有加快引进高新技术人才和先进检测诊断设备，才能顺应市场、占领市场。

　　② 汽车维修材料费的收入　汽车维修材料费是指汽车维修过程中消耗的外购件（包括汽车配件、材料、油料等）费用、自制配件和辅料费用，它是车辆维修中因必然消耗而得到的营业收入。

　　③ 其他业务收入的核算　汽车维修企业除了汽车维修业务之外，还有其他的经营业务，其他经营业务活动所取得的收入称为其他业务收入。如不进行独立核算的附属车队为外单位提供劳务而取得的收入，企业零星销售配件等所取得的收入，出租固定资产所取得的收入以及废旧物资出售所取得的收入等都属于汽车维修企业的其他业务收入。这些收入通过"其他业务收入"据实记载，单独核算。

　　④ 汽车维修费用结算方法：

　　a. 汽车维修费用的计算：如前所述，汽车维修费用主要包括工时费用、材料费用和其他费用，也就是说，汽车维修费用是此三项费用之和。

$$汽车维修费用 = 工时费用 + 材料费用 + 其他费用$$

　　b. 汽车维修费用的结算：汽车维修费用的结算业务分为现金结算和转账结算，具体内容前已述及。

（二）服务顾问营销能力的提升

1. 树立正确的服务营销观念

　　服务顾问必须树立正确的汽车服务营销观念。服务部门并不是销售部门的附属机构，不仅仅是解决客户的问题与抱怨，而是在此基础上，本身要创造产值。在成熟的汽车 4S 店，售后部门将是企业稳定的利润来源。服务顾问作为售后服务部门的业务接待，承担了业务销售的职责，本身都有销售任务，需要为企业创造效益。如果服务顾问营销任务完成不好，最终将影响到自身的收入和前途。当然，售后服务的销售应该建立在诚信的基础上，遵守客户自愿原则，在确保客户满意度和忠诚度的前提下进行合理的销售。服务顾问必须有信心向客户进行服务与产品的推荐，因此他们必须坚信自身提供的服务和产品确实是有益于客户的。

2. 了解汽车维护服务与产品

　　服务与一般的产品不同，有其自身的特性。服务顾问必须熟悉企业的各种服务和产品，它们对车辆的作用和客户的利益在哪里，客户接受该服务的必要程度有多大。例如维修或保养的工艺过程，所需的时间，价格是多少，有没有其他替代产品或办法，在服务过程中可能会出现哪些情况等，都应当有深入的了解，以便向客户推介，同时展现出自己的专业性，谋求客户的信任与接受。

3. 熟悉客户

　　服务顾问应在沟通过程中了解客户的有关情况，尽可能建立一种朋友式的长期合作关系。在沟通过程中，主要应了解客户对车辆的爱惜程度、经济状况、职业、性格特点、消费习惯和行为特征等，有效地为客户推荐服务，达成交易。

4. 掌握报价的技巧

　　现在的车辆往往以养代修，不会等到车子动不了了才来维修，所以也极少出现客户不修不行的情况。客户会有许多选择的机会，例如价格过高，或者客户觉得价格不合理、性价比不高，他就不接受服务，去别的场所维护了。因此服务顾问必须具备一定的报价方法和技巧，例如FABE法、比较法、优惠报价法、价格分割法等。其中 FABE 法指：第一步，把产品的特征（Feature）详细介绍给客户；第二步充分分析产品的优点（Advantage）；第三步，尽述给客户带来的利益（Benefit）；第四步，用"证据"（Evidence）说服客户购买。（其他方法介绍详见模块一的任务 6）

三、盈利性地营造客户满意

客户满意是客户对我们所提供的产品、质量、服务、价值和由交易关系引发的一系列体验的综合评价。提升客户满意度是所有企业都应努力追求的目标，因为它会直接影响营销活动的结果和企业持久获利的可能性，决定价值的流入或流出。

（一）客户满意度的含义

ISO 9000 标准 2000 年版首次规定了"客户满意"的术语及其定义，并把客户满意度作为质量管理体系业绩的一种测评方法，充分说明了在建立与实施质量管理体系的过程中，应认真贯彻以客户为关注焦点（中心）的原则，对汽车维修企业来说，其主要客户是车主。因此，服务部门应该把客户满意度测评作为分析和改进维修服务质量管理体系的首要方法。

1．客户满意度

客户满意度是一种以客户为核心、以信息技术为基础，客户对服务部门为其提供真诚服务，依据自身的感受，给予的综合评价。

2．客户满意度指数

客户满意度指数（Customer Satisfaction Index，CSI）是当前国内外通行的质量与经济考核指标。客户满意度可以用数学公式表示：

$$CSI = 客户评价/客户期望值$$

当客户对于服务的评价：

① 实际情况>期望值：优质服务——"真是意想不到啊！"（多了一个回头客）

② 实际情况=期望值：良好服务——"不错的服务！"（在没有对手的情况下可以留住这个客户）

③ 实际情况<期望值：不佳服务——"我再也不光顾了！"（失去了一个有价值的客户）

（二）让客户不满意的行为

在每一次购买产品或者接受服务的过程中，每个人都会有一次愉快或者不愉快的经历。假如一个客户在与服务部门打交道的时候碰到下列问题，那客户一定不会感到愉快，以后就很难再愿意和这个服务部门合作。

1．缺乏产品知识

接待客户的人员缺乏产品知识。如果客户买一辆车，坐进新车里面，客户就问销售人员："你说这开关是做什么用的？是怎么使用的？"销售人员竟然告诉客户："我也不太清楚。"再比如客户去做保养的时候，如果服务顾问告诉客户："你自己看看那个使用手册吧！"服务顾问这样的态度，客户会感到满意吗？

2．待人接物不得体

服务顾问待人接物比较粗鲁、不得体，说话的态度不耐烦等。

3．对待客户态度不正确

有时候把自己摆在跟客户平起平坐的位置上；有时候甚至高高在上。在调查时发现，有些服务顾问的确是这样对待客户的。美国的一次调查显示，68%的人不会说接待方式不好，只会说是服务顾问的态度冷淡。可见态度冷淡往往是使客户转向竞争对手的一个原因。

4．对老客户不重视

对老客户不重视主要表现在以熟卖熟。例如，老客户来了，说车子有点毛病，服务顾问可能觉得大家这么熟了，就拿个扳手给客户，让客户自己把它紧一紧，这样也是不对的。

5．注意力不在客户身上

这是很多人经常犯的一个毛病。客户打了个电话去维修部，告诉那里的人想要干什么。维修部还很诚恳地问客户的需求是不是能够详细地说明一下。客户说完以后，他却说："这件事不是我们管的，你打另外一个电话吧！"然后客户被转到另外一个电话上去，打过去以后，那边的人再一次要客户把来意说清楚。客户只好再次重复，可他又说这件事也不是他们部门的管辖范围，又一次把客户转到另一个电话上去了。就这样使客户不得不多次重复自己所说的话，这时候换谁都不会满意。这样做只会让客户更生气。

（三）赢得客户满意的途径

1．努力做到一次就把车修好

也许有人认为，维修作业技术要好才能做到这一点，这是不对的。要做到这一点，最重要的人就是服务顾问。服务顾问在接待客户的时候，在询问客户维修需求的时候，要很仔细、很准确地把客户车辆的故障情况写在委托书上。如果没有准确地写出来，就会误导后面维修技师的判断。

2．要不断地更新和改进

"不断地改进"是说对于工作程序、诊断技巧、维修设备和技工的技术水平，都要不断地更新和改进，这样才能够把故障排除，修好车。

3．认真对待问题

客户到服务部门，大都是带着很多疑问来的。因此不能推脱责任，而是必须把问题承担下来，然后认真地去处理。对客户投诉的处理，全体员工要以客户满意为服务行为准绳，事事、处处从客户的角度出发，为客户着想，站在客户的立场上处理各种问题，尤其要把管理和正确处理客户投诉作为一项十分重要的工作，把客户投诉作为客户送给企业的最好的礼物，甚至给予一定的奖励，鼓励客户对服务部门提出意见、建议等，从中不断改进服务工作。

4．对客户要持积极的态度

当客户说他的车出了毛病，这毛病又是一个难题的话，服务顾问必须要对客户说："请放心，我能够把它修好。"

5．提供额外的服务

除了完成客户要求的工作，在车修完以后，必须把车的转向盘和门把手擦干净，否则，当客户坐进车里后，会发现两手都是油，转向盘上也有油，这时他就会很生气。他会忘掉这车修得很好，却只记住了疏忽的这一点。特别是在维修制动系统的时候，维修工往往会犯这种错误，在鞋子踩了制动油后，又去踩制动踏板，修完又不擦干净，这时候客户就会感到很不舒服。

6．接待要有预先准备

维修企业应推行客户维修预约机制，这样在客户来之前，要把客户的档案先调出来，做好准备。客户到这里以后，由于在此之前已经调出他以前的维修档案，服务顾问就会很有准备地去跟他谈话。

7．运用团队的知识和经验为客户寻找最佳解决方案

通常来讲，对一个比较大的故障或者一个难题，应该运用团队的知识和经验找出几个对客户有好处的解决方案，告诉客户，让客户选择。

8．给客户一个令人愉悦的惊喜

如果客户开车到维修厂后，并没有要求给他代用车或帮他叫出租车，而是想自己回去。当他在路边等了很久，也没有出租车来时，如果服务部门派一辆自己的车把他送到他要去的地方的话，就会给他一个惊喜，因为他从来没提出过这种要求，但是现在服务部门做到了。

9．以客户要求为导向

树立"以客户为中心""以客户需求为导向"的维修经营理念。汽车服务部门应把"客户是否满意"作为维修服务质量的衡量依据。在如今激烈的维修市场竞争条件下，汽车服务部门要在市场上立足、取胜和发展，就必须加强与客户的沟通。认为"客户永远是对的"，想方设法满足客户的需求，与客户建立相互信任的关系，形成一大批忠诚的客户群（即回头客），从而占领和扩大市场份额，提高影响力。

四、客户抱怨处理

（一）处理客户抱怨（投诉）的原则

1．先处理情感，后处理事件

美国有一家汽车修理厂，他们有一条服务宗旨很有意思，称为"先修理人，后修理车"。什么叫"先修理人，后修理车"呢？一个人的车坏了，他的心情会非常不好，应该先关注这个人的心情，然后再关注汽车的维修，"先修理人，后修理车"讲的就是这个道理。可是这个道理被很多服务代表忽略了，往往是只修理车，而不顾人的感受。因此正确处理客户投诉的原则就是先处理情感，后处理事件。

2．耐心地倾听客户的抱怨，分析客户抱怨的原因

只有认真听取客户的抱怨，才能发现其实质原因。一般的投诉客户多数是发泄性的，情绪不稳定，一旦发生争论，只会火上浇油，适得其反。

比如，一个客户在某商场购物，对于他购买的产品基本满意，但是他发现了一个小问题，提出来替换，但是售货员不礼貌地拒绝了他，这时他开始抱怨，投诉产品质量。但是事实上，他的抱怨中更多的是售货员的服务态度问题，而不是产品质量问题。

3．想方设法地平息客户的抱怨

由于客户的投诉多数属于发泄性质，只要得到店方的同情和理解，消除了怨气，心理平衡后事情就容易解决了。因此作为一名营业员，在面对客户投诉时，一定要设法搞清楚客户的怨气从何而来，以便对症下药，有效地平息客户的抱怨，正确及时地解决问题。

对于客户的抱怨应该及时、正确地处理，拖延时间只会使客户的抱怨变得越来越强烈，使客户感到自己没有受到足够的重视。例如，客户抱怨产品质量不好，企业通过调查研究，发现主要原因在于客户的使用不当，这时应及时通知客户维修产品，告诉客户正确的使用方法，而不能简单地认为与企业无关，不予理睬，虽然企业没有责任，但是这样也会失去客户。如果经过调查，发现产品确实存在问题，应该给予赔偿，尽快告诉客户处理的结果。

4．要站在客户的立场上将心比心

漠视客户的痛苦是处理客户投诉的大忌，在营销中非常忌讳客户服务人员不能站在客户的立场上去思考问题。服务人员必须站在客户的立场上将心比心，诚心诚意地表示理解和同情，承认过失。因此，对所有客户投诉的处理，无论已经被证实还是没有被证实的，都不要急于先分清责任，而是要先表示道歉，这才是最重要的。

5．迅速采取行动

体谅客户的痛苦而不采取行动是一个空礼盒。比如，"对不起，这是我们的过失。"不如说"我能理解给您带来的麻烦与不便，您看我们能为您做些什么呢？"对客户投诉的处理必须付诸行动，不能单纯地同情和理解，要迅速地给出解决方案。

（二）处理投诉的步骤

客户的投诉有时是正确的，有时是错误的，有的问题属于厂家的，有的问题属于商家，有的属于客户自己使用不当，也有真正的产品缺陷，那么应该如何区分处理呢？一般情况下可按以下步骤处理。

1．倾听

把80%的时间留给客户，允许客户尽情发泄，千万不要打断。设身处地地想一想，如果自己遇到汽车的质量问题会如何恼怒，这样就能够容忍客户的发泄。无论对错，客户在急风暴雨地发泄后会冷静地等待你的处理。倾听时不可有防范心理，不要认为客户吹毛求疵、鸡蛋里挑骨头，绝大多数客户的不满都是因为销售工作失误造成的，即使部分客户无理取闹，也不可与之争执。无论其投诉的原因是什么，也无论投诉的是谁，都应该首先感谢客户提出了宝贵意见，千万不可以和客户争论，而应以诚心诚意的态度来倾听客户的抱怨。当然，为了处理上的方便，在听的时候一定要记录下来。

根据客户投诉的强度，还可以采取变更"场地、人员、时间"的方法。

① 变更场地：销售人员应把客户从门厅请入会客室，尤其对于感情用事的客户而言，找个场所让其坐下，能够使客户恢复冷静。

② 变更人员：请出高一级的人员接待，以示重视。

③ 变更时间：与客户约定另一个时间，专门解决问题。要以"时间"冷却冲突，告诉客户："我回去好好地把原因和内容调查清楚后，一定会以负责的态度处理。"这种方法的目的是获得一定的冷却期。尤其当客户抱怨的是个难题时，应尽量利用这种方法。其要点是无论如何要让对方看出你的诚意，使投诉的客户恢复冷静，而不是使抱怨更加严重。

2．冷静分析

在聆听客户的抱怨后，必须冷静地分析事情发生的原因。客户在开始陈述其不满时往往都是一腔怒火，因此应在倾听的过程中不断地表达歉意，同时许诺客户的事情会在最短的时间内解决，从而使客户平静下来，怒火平息。

要控制局面，防止节外生枝，事态扩大。有许多客户往往因自己的不良动机而故意夸大自己的不满意，以求"同情"，其实是为了实现自己的目的。

如果一个客户的汽车出现问题，其在陈述中说汽车是多么耗油，仪表盘如何难看，座椅设计是多么不合理等。这时就需要销售员在倾听的过程中准确判断顾客的"真正"不满之处，有针对性地进行处理，从而防止节外生枝，扩大事态。有些销售人员往往似懂非懂地贸然断定，甚至说些不必要的话，这是极不可取的。

3. 找出解决方案

出现问题之后，客户对问题的发展抱有疑虑，原来造成的损失已让其不安，事件或问题发展的不确定性会加深客户的紧张情绪，担心自己的利益和损失更大。如果对客户进行安抚之后，尽快找到一个解决问题的方案和办法，会缓和客户的紧张担忧的心情，使他做好面对当前实际发生情况的心理准备。例如可以这样说："我能理解给您带来的麻烦与不便，您看我们这样处理可以吗……"

4. 化解不满

客户在投诉时会表现出烦恼、失望、泄气、发怒等各种感情，不应当把这些表现当作是针对个人的不满。特别是当客户发怒时，销售人员可能心里会想："凭什么对我发火？我的态度这么好。"要知道愤怒的情感通常都会潜意识中通过一个载体来发泄，因此客户仅是把你当成了倾听对象。

客户的情绪是完全有理由的，是理应得到极大的重视和最迅速、合理的解决，所以要让客户知道销售人员非常理解客户的心情，无论客户正确与否其永远是对的，至少在客户的世界里，客户的情绪与要求是真实的。只有与客户的世界同步，才有可能真正了解客户的问题，从而为成功地处理投诉奠定基础。

某些销售人员有时候对道歉很不舒服，因为这似乎是在承认自己有错。说声"对不起"或"很抱歉"并不一定表明销售人员犯了错误，这主要表明销售人员对顾客不愉快经历的遗憾与同情。

不用担心客户会因得到认可而越发强硬，表示认同会将客户的思绪引向关注问题的解决。当客户正在关注问题的解决时，销售人员体贴地表示乐于提供帮助，自然会让客户感到安全、有保障，从而进一步消除对立情绪，取而代之的是依赖感。

5. 采取适当的应急措施

（1）为客户提供选择

通常一个问题的解决方案不是唯一的，给客户提供选择会让客户感到受尊重，同时客户选择的解决方案在实施的时候也会得到来自客户方面的更多认可和配合。

（2）诚实地向客户承诺

能够及时地解决客户的问题当然最好，但有些问题可能比较复杂或特殊，销售人员在为客户解决时不向客户作出任何承诺，而是诚实地告诉客户情况有点特别，会尽量帮客户寻找解决的方法，但需要一点时间，然后约定给客户回话的时间，一定要确保准时给客户回话。即使到时仍不能帮客户解决问题，也要准时打电话给客户说明进展情况，表明自己所做的努力，并再次约定给客户答复的时间。与向客户承诺做不到的事相比，诚实会更容易得到客户的尊重。

6. 检讨结果

投诉问题处理结束后，应做客户的跟踪回访，记录并存档，若不能当场处理，应告知所需处理的时间和程序。要及时对客户投诉案件进行追查，了解客户对处理结果的意见，及时修正完善。处理完客户投诉后应建立明确的处理档案，作为内部教育训练时的重要材料。同时，要检讨工作中的缺失与处理过程，以免同类事件再次发生。

（三）处理客户抱怨与投诉的技巧

1．耐心多一点

在实际处理时，要耐心地倾听客户的抱怨，不要轻易打断客户的叙述，并且不要批评客户的不足，而要鼓励客户倾诉，让他们尽情宣泄心中的不满。在客户的倾诉与抱怨得到了发泄之后，就能够比较自然地听进服务人员的解释和道歉了。

2．态度好一点

顾客有抱怨或投诉就说明客户对经销店的产品及服务不满意，从心理上来说，他们觉得经销店亏待了他，因此如果在处理过程中态度不友好，会让他们心理感受及情绪很差，会恶化其与销售人员之间的关系。反之，若服务人员态度诚恳，礼貌热情，则会降低顾客的抵触情绪。俗话说："怒者不打笑脸人"，态度谦和友好会促使顾客平缓心绪，理智地与服务人员协商解决问题。

3．动作快一点

处理投诉和抱怨的动作快，一来可让顾客感觉到尊重，二来可表示经销店解决问题的诚意，三来可以及时防止客户的负面影响对经销店造成更大的伤害，四来可以将损失减至最小，如停车费、停机费等。一般在接到顾客投诉或抱怨的信息后，应立即通过电话或传真等方式了解具体内容，然后在经销店内部协商好处理方案，最好当天给客户答复。

4．语言得体一点

顾客对经销店不满，在发泄不满的言语陈述中有可能会言语过激，如果服务人员与之针锋相对，势必恶化彼此的关系。故在解释问题的过程中，要十分注意措辞，要合情合理，得体大方，不要一开口就说"你怎么用也不会？""你懂不懂最基本的技巧？"等伤人自尊的语言，尽量用婉转的语言与客户沟通，即使是客户存在不合理的地方，也不要过于冲动，否则只会使客户失望并很快离去。

5．补偿多一点

顾客抱怨或投诉，在很大程度上是因为他们采用该经销店的产品后，利益受损，因此客户抱怨或投诉之后往往会希望得到补偿，这种补偿有可能是物质上的，如更换产品、退货或赠送油品使用等，也可能是精神上的，如道歉等。在补偿时，经销店应该尽量多补偿一点，客户得到额外的收获，他们便会理解经销店的诚意而对经销店重建信心。

6．层次高一点

客户提出投诉和抱怨之后都希望自己的问题受到重视，往往处理这些问题的人员的层次会影响客户解决问题的情绪。如果高层次的领导能够亲自帮客户处理或亲自进行电话慰问，会化解许多客户的怨气和不满，比较易配合服务人员进行问题处理。因此处理投诉和抱怨时，如果条件许可应尽可能提高处理问题的服务人员的级别，如经销店领导（或某部门领导）或聘请知名人士等。

7．办法多一点

很多经销店处理客户投诉和抱怨的方法大多是慰问、道歉或补偿油品，赠送小礼品等。其实解决问题的办法有许多种，除以上所述手段外，还可邀请客户接触无此问题出现的其他顾客，或邀请他们参加经销店内部的讨论会，或者给他们奖励等。

典型案例

客户："怎么搞的嘛，十几万元的车才买了不到一年，发动机就漏油了。你们必须给我一个说法，否则我就请媒体曝光。"

（说明：客户投诉发动机漏油的问题。）

客服："实在对不起。如果是由于这个问题给您造成了不便，还请您海涵。"（技巧：学会向顾客道歉！请明白一个观念：向顾客道歉并不是表示我们存在问题，而只是表明处理问题的诚意。）

客户："抱歉有什么用，能解决这个问题吗？你们号称是世界知名品牌，别的车都不会发生这样的问题，就你们的车会有这样的情况。今天一定要给我一个说法！"

（说明：客户继续愤怒地发泄自己的不满，此时应该充分让他发泄。）

客服："我理解您的要求，虽然主机厂给出的方案是更换密封垫，像这种情况，通过处理后不会再漏油，我们会帮助您解决好这个问题。"

（技巧：对于这样的情况，最无助的是辩解或推卸责任，这是顾客投诉处理中的大忌！这里，客服技巧性地把主机厂的处理方案进行了描述，同时还提到了其他同类问题顾客处理后的满意情况，有利于以守为攻。）

客户："怎么解决，我不接受更换密封垫。"

（说明：客户再次发表了自己的看法。）

客服："我们非常理解您的要求，说实在的如果这件事情发生在我们身上，同样也会像您这样感到不爽。"

（技巧：利用同情心进行换位思考，拉近与顾客的距离。一旦这个距离缩小。客户能够提出的不合理要求就会减少。）

客户："就是嘛！我们花这么多钱买一辆车，就是希望能买到一辆质量过硬的汽车，而不是这里有毛病、那里有问题的车。"

客服："可以理解。（停顿）"

（技巧：再次表示理解，但不提出自己的处理意见。通过有效的"停顿"，让顾客继续发泄。可以看出，在让客户充分发泄后，客户的要求就会减少，处理的难度就会减小，这是有效的"缓兵之计"。）

客户：……

案例处理关键点：只有让客户充分发泄，才可能降低投诉处理的成本。

典型案例

顾客2014年8月27日～9月6日7次来电反映：我买了一辆新××（品牌），从买的第二天就开始修，已经修了一个月，还没有修好。根据进一步了解，具体情况是：买车后的第二天不能启动，到经销店换了油泵，但是晚上又发现车子抖动并且路况不平的时候后面有异响，客户要求退款或者换车。并且客户表示已经向市电视台汽车投诉热线和省电视台投诉，两家媒体已经表示，若此事不能解决好，就将此事曝光。可是经销店多次诊断认为该车没有问题，在客户强烈投诉下申请厂家技术支援。当厂家技术支援到了后，预约客户来店检查，没有再现异响。总公司技术服务人员先后三次赴客户处，并在其指定特殊路段进行反复故障再现试验，确认前部没有抖动现象，确认后部偶尔发出塑料件干涉异响，因此与顾客反复沟通，希望进一步检查，确认声源和原因、责任（客户车辆曾出现过碰撞并在非厂家经销店修理），但遭到客户强烈拒绝并有过激举动。经销店通过各种渠道，仍然无法与客户达成理性沟通。

客户心理作用分析：冲动购车，事后后悔；由于价格、出现过碰撞等原因；由于更换过后桥且没有排除异响，担心车身存在安全隐患。基于上述情况，客户产生偏激心理，对车辆声音过度敏感，表现为反复无常。

该经销店的服务行为：多次修理没有解决，在没有修复的情况下，经销店却认为没有问题，导致客户感到经销店不负责。当地两家经销店针对异响存在不同说法，让客户心存疑虑，更加激化不满情绪。与客户没有针对声音进行确认，以及对正常的声音没作出合理解释。

经销店对客户投诉的处理方法：务必与客户一同试车，在明确异响标准的情况下与客户共同确认异响，否则容易造成双方误解，引起不必要的麻烦。在确定异响后，要仔细、认真检查，确认其性质并作出合理解释，由简到难逐一排除。禁止"打太极"，给客户留下不良印象，使客户期望值提高，给问题处理带来更大的麻烦。检查与异响有关的加装、事故等因素，为问题定性提供帮助。除非必要情况，否则禁止大拆大卸，因为大拆大卸容易造成客户的心理负担。本着"先修人、后修车"的原则处理问题，禁止在顾客积怨很深的情况下将技术问题与客户关系问题混为一团处理，使问题处理变得被动。善于摸清客户心理，处理问题要有理、有据、有节，争取主动。经销店之间在处理同一问题时要加强沟通，统一口径，避免产生分歧，让客户抓住把柄。在必要情况下采取冷处理，缓解双方矛盾。

五、培养客户忠诚度

（一）客户忠诚度的重要性

当优质服务使客户满意的时候，他会再回到这里来重复购买，这个时候就把这种客户称为忠诚的客户。

1．客户忠诚度的定义

客户的忠诚度是指总是回到经销店或者维修厂来购买新车或者备件、进行车辆维修的客户数量。很多的客户再来，就说有很多的回头客，就说明这个维修中心的客户忠诚度越高。

2．重视回头客

调查表明，吸引一个新客户，要比留住一个老客户的成本多 5 倍，主要费用包括广告、促销、员工花费的时间、管理花费的时间、直接邮寄、拜访、打电话与邮资等。

重视回头客具体原因：

① 服务部门不必再为这些老客户去做大量的广告宣传。

② 老客户知道服务部门的整个工作流程，因此提出的问题就不多，所以在他身上所花费的时间也就比较少。

③ 服务部门的工作人员也熟悉这些客户，把他们当作朋友，所以他们也把服务部门的工作人员当作愿意提供服务的人和朋友。

④ 老客户还是新的业务或者新的产品、新的服务的试销对象。例如，经销店有一个新的车载六碟 CD 机，就可以先向这些老客户推销。

典型案例

免费服务赢得广告效应

美国有一家维修中心，经营汽车维修已经很多年了，做得很成功。有一次，一位客户在飞机场旁边把车钥匙锁到了车门里面，进不了车子，就打电话给他们。维修中心马上派了一个工程车和一个技工过去，车上面有制作钥匙的设备。因为现在的车都是有代码的，只要客户把密码告诉技术人员，就可以按照密码制作出钥匙。所以，技工当场就重新制作了钥匙，为客户打开了车门。同时，技工还跟客户说："服务是免费的，我们谢谢您在遇到困难的时候想到我们。"

问题解决以后，老板的朋友表示不理解，他说："这样做太蠢了，你知道免费的服务要花掉多少钱吗？"老板回答说："是的，我计算过了，这次的举动我用掉了 25 美金。但是你别忘了，繁忙时段在收音机做广告，一分钟是 700 美金。这一分钟过后，没有什么人能够认识我，可是如果我把 700 除以 25 的话，至少会有 28 个客户认识我。"

维修厂或经销店经常会在报纸上做广告。一段小的广告一天的刊登费可能要好几千元，而且往往没人注意去看。这个案例告诉服务部门：有时候要对客户做一些额外的工作。当然，如果是维修发电机、更换电池，就要收一些费用。但如果是客户上班时发现车轮胎瘪了，服务部门过去帮忙换个轮胎，这时如果能够做一些免费的工作，就会给客户留下非常深刻的印象。

（二）培养客户忠诚的方法

1. 创造客户满意的良性循环

首先，当客户购买车辆后，回去做第一次保养的时候，服务部门使他有一个愉快的维修保养经历；然后他就会回到经销店，再次购买该中心的零件和服务；最后，如果客户要买第二辆车，他还会回到这里买新车，这就是客户忠诚的良性循环。

2. 口碑效应

客户在购买一项服务或者产品的时候，为了减少风险，往往会事先搜集一些信息。信息的来源有两种：一种是大众媒介，如报纸、广告，还有电视上的宣传等；另一种是来自亲朋好友的私人信息，这就是口碑。由于口碑是来自亲朋好友，所以客户的信任度就会比较高。例如，当一个不懂汽车的人想对汽车进行维修的时候，总想找一个比较诚实可靠的维修厂。在他不知道该去哪里的时候，会先问朋友的车是在哪里保养维修的。朋友可能会告诉他哪一间厂不错。他就会认为，既然朋友说不错，那就去试试看。这就是一种口碑，也可以说是一种体验性的消费。

3. 创造赢得客户忠诚的三大要素

（1）三大要素的内容

要使一个客户对服务部门的品牌满意的话，有三个基本要素：

第一，要有吸引人的新产品。产品的设计要与竞争对手不一样，创新、开发和设计一些新产品，将会很吸引人。

第二，生产线上生产出来的产品质量要好。

第三，愉快的购买经历。客户到服务部门维修的时候能够有愉快的购买经历。

（2）服务部门可以直接作用的因素

在三大要素中，吸引人的新产品这一点是服务部门无论直接、间接都影响不到的，因为维修服务部门没有机会参与设计车型；高质量的产品最多只能够从提高维修质量上入手，维修服务部门参与的空间有限；而让客户有一个愉快的购买经历这点，维修服务部门完全可以掌控。

【任务实施】

引导问题 1：根据维修接待流程，整理接待流程中各环节注意要点，并进行实操演练。

环节序号	各环节名称	主要工作要求
1		
2		
3		
4		
5		
6		
7		

引导问题 2：按流程标准要求完成图 3-7 所示维修委托书的填写。

×××　汽车服务有限公司

接 车 单

工单号：

车牌号码：		地址：			
客户姓名：		车主电话：		业务员：	
送修人：		送修人电话：		接待员：	
车型车牌：		行驶里程：		维修类型：	
车架号码：		发动机号：		保险公司：	
入厂日期：		预定交车日期：			

工种	维修及检查项目	工时	更换配件	配件费
机电维修				
钣金喷漆				

其他项目：

工时小计：　　　　配件费小计：　　　　费用合计：

燃油量	车身损伤标识示意图	
100%		划痕　×
75%		凹陷　∨
50%		开裂　S
25%		破损　▲
0%		丢失　○

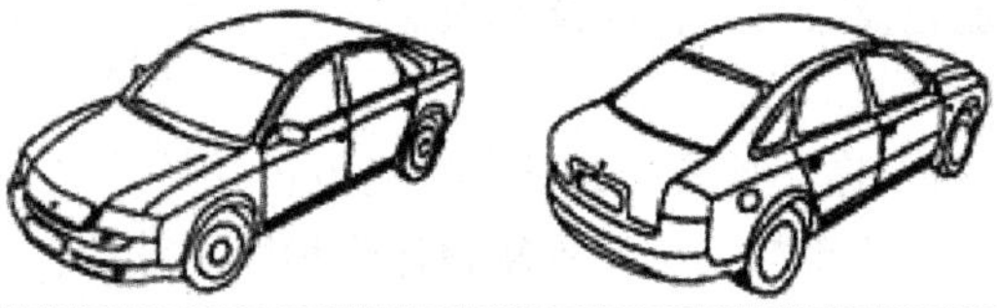

车上贵重物品确认：＿＿＿＿＿

竣工签字

机修：　　　钣金：

电工：　　　喷漆：

质检员：　　接待员：

本人完全了解并同意接受上述车辆维修项目的条款，并在交车时付款。维修工料费按实际发生结算。

客户签字：

日　期：　　　　年　月　日

第一联（白色）：车间　　第二联（红色）：前台　　第三联（黄色）：客户联

24小时服务热线：0760-5888×××　　传真号码：0760-8880×××

图 3-7　维修委托书

引导问题3：填写以下服务顾问提升其核心职业能力的方法、技巧和注意点。

服务顾问职业能力项目	方法、技巧或工作要点
服务核心流程的执行	
服务核心流程的执行	
营销能力	
提高客户满意度	
客户抱怨处理	

任务3 事故车辆的维修接待与报价

【任务导入】

某年8月26日，李某驾驶一辆马自达小车，途经中山三路时，发生车辆刮碰事故，造成前保险杠等处损坏。车辆损坏情况如图3-8所示。车主到店进行维修，请你给车主解释事故车辆维修和理赔流程，并出具一份维修报价单。

图3-8 小事故车辆

【学习指引】

通过本任务的完成和学习，你应该掌握以下知识：
① 事故车辆维修接待流程。
② 保险事故车辆理赔流程及维修接待注意事项。
③ 事故车辆的维修报价。
通过本任务的完成和学习，你应该具备如下工作能力：
① 能正确接待保险事故车辆维修，按流程解释保险理赔手续等。
② 能对事故车辆所需维修的项目，进行材料与工时的报价。

【相关知识】

一、事故车辆维修接待

一般来说，事故车辆进厂维修，与普通维护车辆的接待流程相似，但由于涉及维修费用是否属于保险公司赔偿的情况，如是则必须按保险公司的索赔流程认真收集相关资料，并通知保险公司进行估损核价等，否则可能造成客户索赔困难。服务顾问必须熟悉相关操作流程并认真执行。事故车辆进厂维修的接待流程如图 3-9 所示。

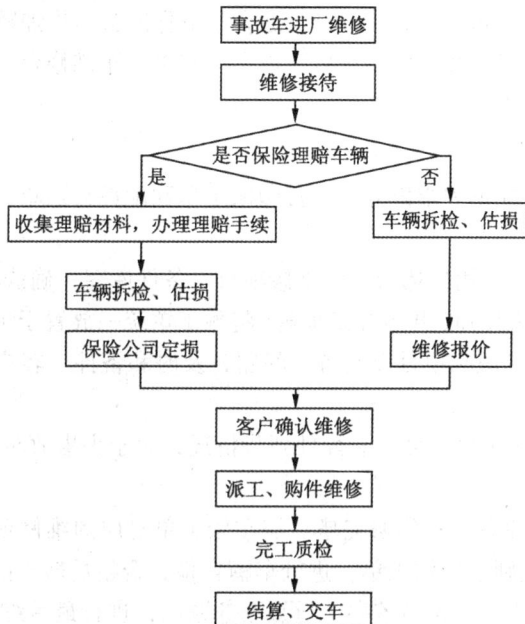

图 3-9　事故车辆维修流程

1. 事故车辆进店接待

服务顾问接待事故车辆维修时，应先按正常流程检查确认车辆相关情况（里程、车架号、外观、油表以及行李舱内的贵重物品等相关手续），清晰记入接车单中。接车过程要注意细节，尤其是外观、内饰、玻璃等。如车辆无法着车或行驶，无法进行进厂检验的则要注明车辆进厂无法试车检验的原因和状况，以免交车时产生纠纷。服务顾问应及时将自己的名片留给客户，以便客户联系。

2. 确认是否保险理赔范畴

在派工拆检车辆之前，应确认车辆维修项目是否属于保险公司赔偿范围。询问客户车辆所购保险险种，分析判断此次事故是否可以经保险公司进行理赔，协助顾客报案。指导客户填写事故出险通知书。如此车受损部位需要拆检，联系保险公司人员申请拆检，待保险公司答复同意拆检后，再下发"拆检"派工单，并确认拆检时间。

3. 事故车辆拆检估损

安排相关人员对事故车进行拆检，事故专员协同拆检班组进行拆检：

① 拆检完成后，车间上报损坏零件，并将拆卸下的零件逐个放好。

② 事故专员依照车间报损单，再由外到内、由前至后对事故车确认损坏项目。

③ 拟好事故车估价单，联系配件人员认真查看估价单，确认损坏配件的价格、库存等情况（如果配件不齐，在估价单上标注、并确认配件到店时间）。

4. 报价核损

如果是车主自费维修的车辆，车辆拆检后列出维修报价单，向车主进行沟通报价，确定维修方案和时间等事项，车主同意后即可进行维修。

如果是保险公司承保并负责维修费用的车辆，必须联系保险公司定损人员到店定损。服务顾问核对保险公司赔付的金额与本厂实际维修费用之间的差额，决定是否可以承修该车辆，如果差距过大，应向保险公司和车主进行解释沟通，争取保险公司增加赔偿金额，否则车主要自补差价。当车主确定按既定方案维修车辆后，由车主在事故车维修合同和保险公司定损单上签名确认，即可派工维修车辆。

5. 派工维修

服务顾问根据车辆定损单和维修方案，打印派工单和配件订购单，安排相关人员，实施车辆维修。

① 打印派工单，根据车辆损坏情况和维修项目、备件库存，确认准确交车时间。

② 将派工单交予维修技师，开始维修车辆（将派工单统一放置于工单收纳单后放到车内）。

③ 在维修过程中出现增减项目以及备件问题，及时和备件、客户、保险公司人员及时沟通处理。

④ 每天都要关注该车维修进度，和配件到货情况，对于大事故车，要做到每 3 天向客户汇报车辆维修状况。

⑤ 机电、钣金、喷漆各工种维修完毕后需在派工单对应的维修项目后签字并注明完工时间。维修完毕后，维修技师依照派工单，进行车辆自检，合格后转车间主管。

⑥ 车间主管再次检查，合格后签字，通知服务顾问，进行最后终检。

6. 交车与结账

① 在系统上审查该车的维修项目、工时以及备件出库情况是否正确无误，车辆清洗后，通知客户提车。

② 客户来店提车时由服务顾问陪同客户检查车辆维修部位以及维修后的效果。

③ 客户结算后，需要向客户提供事故报价单、定损单、维修发票，指引客户带齐其他所需资料到保险公司进行索赔（注意所有的事故结算，服务顾问都需要将定损单或定损单复印件附在结算单上）。

④ 整理车辆派工单、结算单、定损单和估价单，并存档。

7. 跟踪回访

三日后对客户的用车情况进行回访，并进行记录。

二、保险事故车辆理赔程序

（一）报案受理

1. 保险公司接受报案

机动车辆发生保险事故后，被保险人应及时向保险公司报案，及时报案是被保险人在保险合同中的一项重要义务，一般情况，除不可抗拒的原因，被保险人应在保险事故发生后 48 小时内通知保险公司。我国《保险法》第 22 条规定，投保人、被保险人或者受益人知道保险事故发生后，应当及时通知保险人。否则，造成损失无法确定或扩大的部分，保险人不承担赔偿责任。保险公司及时受理案件，早期进行调查，尽早查明事故的真实原因，确定事故损失，履行事故的赔偿责任。

（1）报案方式

保险人为被保险人提供了多种方便、快捷的报案渠道。被保险人在发生保险事故时，可采取以下报案方式：客户电话报案、客户上门报案、客户传真方式报案等。其中，电话报案方式快捷方便，是最常用的报案方式，各大保险公司也提供了全国统一的报案电话：如中国人民财产保险公司 95518，太平洋保险公司 95500，平安保险公司 95511，中华联合财产保险公司 95585 等。

（2）报案部门

被保险人报案时，可向保险公司的理赔部门或客户服务中心报案，也可向保险公司的经营单位或者业务人员或保险公司的代理人等处报案。对于在外地出险的事故，如果保险人在出险当地有分支机构的，被保险人可以直接向保险人的当地分支机构进行报案。

（3）报案记录

无论是电话报案还是上门报案，保险公司应对报案的一些内容进行记录，记录的主要内容包括：

① 记录报案人、被保险人、驾驶人的姓名和联系方式。

② 记录出险的时间、地点、简单原因、事故形态等案件情况。

③ 记录保险车辆的情况，如厂牌、车型、牌照等。如涉及第三方车辆的，则也需要询问第三方车辆的车型、牌照等信息，根据这些信息查询第三方车辆是否为同一公司系统内承保的车辆，如果是且在事故中负有一定比例的事故责任，则一并登记，进行报案处理。

④ 记录保单号码，以便查询保单信息，核对承保情况。

2．出险通知

业务人员在受理报案的同时，应向被保险人提供《保险车辆出险通知书》和《索赔须知》，并指导其据实详细填写《保险车辆出险通知书》。其中"出险地点"填明××县（镇）境内××公路××千米××米处；"驾驶人情况"按驾驶证填写。若被保险人用电话报案，应在事后补填出险通知书。

一般出险通知书应包括如下内容：

① 保险单证号码。

② 被保险人名称、地址及电话号码。

③ 保险汽车的种类及厂牌型号、生产日期、第一次申领牌照日期、牌照号码、发动机号码等。

④ 驾驶人情况，包括姓名、住址、年龄、婚否、驾驶证号码、驾龄和与被保险人的关系等。

⑤ 出险时间、地点。

⑥ 出险原因及经过，包括事故形态，如正面碰撞、侧面碰撞、追尾碰撞、倾覆、火灾、失窃等；事故原因，如超速、逆向行车、倒车不当等；发生事故前车辆的动态，如行驶方向、行驶速度、超车、转弯等；撞击部位，如车头、车中、车尾等。

⑦ 涉及的第三者情况。第三者的财产损失包括其姓名、住址、电话号码，以及第三者车辆损失情况（车牌号码、保险单号码、受损情形及承修场所），或其他财产损失情况；涉及第三者伤害的，包括伤亡者姓名、性别、受伤情形和所救治的医院名称、地址等。

⑧ 处理的交通管理部门名称，经办人姓名及电话号码等。

⑨ 被保险人签章与日期。

3．查核保单信息

根据保单号码，查询保单信息，核对承保情况。如根据保单信息，查验出险时间是否在保险期限以内、出险时间是否接近保险期限起讫时间、与上起案件报案时间是否比较接近，查明投保人投保了哪些险种、是否存在不足额投保、是否已经交费，核对驾驶人是否为保单中约定的驾驶人，并初步审核报案人所述事故原因与经过是否属于保险责任等。对于明显不属于保险责任的情况，应向客户明确说明，并耐心细致地向客户做好解释工作。对属于保险责任范围内的事故和不能明确确定拒绝赔偿的案件，应登入保险车辆报案登记簿，并立即调度查勘人员赶赴现场，同时通知查勘人员进一步了解有关情况。

4．立案

对于符合保险合同条件的案件，业务人员应进行立案登记，正式确立案件，统一编号并对其进行程序化的管理。对不符合保险合同条件的案件，应在出险通知书和机动车辆保险报案、立案登记簿上签注"因××不予立案"，并向被保险人作出书面通知和必要的解释。本地公司承保车辆在外地出险，接到出险地公司通知后，应将代查勘公司名称登录报案、立案登记。

受理案件结束后，由查勘定损人员进行现场查勘与定损。

（二）现场查勘

现场查勘是指用科学的方法和现代技术手段，对交通事故现场进行实地验证和查询，将所得的结果完整而准确地记录下来的工作过程。现场查勘是查明交通事故真相的根本措施，是分析事故原因和认定事故责任的基本依据，也为事故损害赔偿提供证据。所以，现场查勘应公正、客观、严密地进行。

查勘定损人员接案后，应迅速做好查勘准备，尽快赶赴事故现场，会同被保险人及有关部门进行现场查勘工作。现场查勘工作必须由两位以上查勘定损人员参加，尽量查勘第一现场。如果第一现场已经清理，必须查勘第二现场，调查了解有关情况。现场查勘的主要内容如下：

1．查明出险时间

为核实出险时间，应详细了解车辆启程或返回的时间、行驶路线、伤者住院治疗的时间，如果涉及车辆装载货物出险的，还要了解委托运输单位的装卸货物时间等。对接近保险起止时间的案件应特别注意查实，排除道德风险因素。

2．查明出险地点

对擅自移动出险地点或谎报出险地点的，要查明原因。

3．查明出险车辆情况

查明出险车辆的车型、牌照号码、发动机号码、车架号码、行驶证，并与保险单或批单核对是否相符，查实车辆的使用性质是否与保险单记载的一致。如果是与第三方车辆发生事故，应查明第三方车辆的基本情况。

4．查清驾驶人情况

查清驾驶人姓名、驾驶证号码、准驾车型、初次领证时间等。注意检查驾驶证的有效性，是否为被保险人或其允许的驾驶人等。

5．查明事故原因

这是现场查勘的重点，要深入调查，利用现场查勘技术进行现场查勘，索取证明，收集证据，全面分析。凡是与事故有关的重要情节，都要尽量收集以反映事故全貌。对于所查明的事故原因，应说明是客观因素还是人为因素，是车辆自身因素还是车辆以外因素，是违章行驶还是故意违法行为。当发现是酒后驾车、驾驶证与所驾车型不符等嫌疑时，应立即协同公安交通管理部门获取相应证人证言和检验证明等。对于重大复杂或有疑问的理赔案件，要走访有关现场见证人或知情人，了解事故真相，作出询问记录，载明询问日期和被询问人地址并由被询问人确认、签字。对于造成重大损失的保险事故，如果事故原因存在疑点难以断定的，应要求被保险人、造成事故的驾驶人、受损方对现场查勘记录内容确认并签字。

6. 施救整理受损财产

现场查勘人员到达事故现场后，如果险情尚未控制，应立即会同被保险人及其有关部门共同研究，确定施救方案，采取合理的施救措施，以防损失进一步扩大。保险车辆受损后，如果当地的修理价格合理，应安排就地修理，不得带故障行驶。如果当地修理费用过高需要拖回本地修理的，应采取防护措施，拖拽牢固，以防再次发生事故。如果无法修复的，应妥善处理汽车的残值部分。

7. 核实损失情况

查清受损车辆、承运货物和其他财产的损失情况及人员伤亡情况，查清事故各方所承担的事故责任比例，确定损失程度。同时应核查保险车辆有无重复保险情况，以便理赔计算时分摊赔款。

现场查勘结束后，查勘人员应按照上述内容及要求认真填写现场查勘记录。如果可能，应力争让被保险人或驾驶人确认签字。

（三）定损的原则与方法

根据保险合同的规定和现场查勘的实际损失情况，在尊重客观事实的基础上，确定保险责任，然后开展事故定损和赔款计算工作。

1. 定损原则

事故车辆维修，应尽量遵循以修复为主的原则。

（1）拆解定损原则

对于损失较大或不经拆解不能最终确定损失的事故，应在拆解后再出具全部损失核定报告。

（2）配件及工时定价原则

配件及工时定价，按照车辆所在承修地，以及购置其配件的最低价格为标准，其上限不能超出保险公司报价系统内所规定的配件价格。

（3）重新核定损失原则

未经保险人同意，被保险人自行对事故车辆进行修复的，保险人有权对损失进行重新核定，因被保险人原因导致损失无法确定的部分，保险人不承担赔偿责任。

（4）增补定损原则

受损车辆一般采取一次定损。但由于在维修中发现漏定损的项目，需增加费用的由被保险人通知保险人进行二次定损。

2. 定损的方法

（1）协商定损

由保险人、被保险人以及第三方协商确定保险事故的损失费用的过程。

（2）公估定损

由专业的公估机构负责对保险事故进行确定的过程，保险公司根据公估机构的检验报告进行赔偿理算。

（3）专家定损

对于技术性、专业性高的事故，聘请专家进行定损，以确保准确、客观、全面确定损失费用，有助于维护相互的利益。

（四）赔款理算

理算是保险公司按照法律和保险合同的有关规定，根据保险事故的实际情况，核定和计算应向被保险人赔付金额的过程。理算工作决定保险人向被保险人赔偿数额的多少与准确性，因此，保险公司理赔人员应本着认真、负责的态度做好理算工作，维护被保险人和保险人的利益。

业务负责人对被保险人提供的单据审核无误后，在赔款计算书上签署意见和日期，然后送交核赔人员。在完成各种核赔和审批手续后，转入赔付结案程序。

（五）赔付结案

业务人员根据核赔的审批金额，填发《赔款通知书》及赔款收据，被保险人在收到《赔款通知书》后在赔款收据上签章，财会部门即可支付赔款。在被保险人领取赔款时，业务人员应在保险单证、副本上加盖"××年××月××日出险，赔款已付。"字样的印章。

赔付结案时，应进行理赔单据的清分。赔款收据其中一联交被保险人；二联赔款收据连同一联赔款计算书送会计部门作为付款凭证；三联赔款收据和二联赔款计算书或赔案审批表，连同全案的其他材料作为赔案案卷。

三、事故车辆维修报价

（一）事故车辆维修价格组成

机动车辆事故的维修价格主要由三部分构成：修理的工时费、材料费和其他费用。

1．工时费

$$工时费 = 定额工时 × 工时单价$$

式中　定额工时——实际维修作业项目核定的结算工时数；

工时单价——在生产过程中，单位小时的收费标准。

常见车身及外壳校正的事故维修项目工时定额如表 3-2 所示，表 3-3 所示为喷涂维修工时定额。

2．材料费

$$材料费 = 外购配件费（配件、漆料、油料等）+ 自制配件费 + 辅助材料费$$

外购配件费按实际购进的价格结算。

汽车喷漆：漆料、油料费按实际消耗量计算，其价格按实际进价结算。

修复车身漆面损伤，一般采用全喷、半喷、补漆等；核定油漆的费用时含工时费和材料费用的，材料费用是指：油漆（底漆、面漆）、腻子、辅料（砂纸、石膏粉等），工时费用是指喷漆工人力成本、烤漆房和喷枪等工具费用的摊销。一般参照地区行业标准执行自制配件费按实际制造成本结算。

表 3-3　车身烤漆工时定额（节选）

序号	作业项目	单位	数量	通用工时	轿车								吉普车		面包车		中客	大型客车		轻货	中货	大货		备注
					1	2	3	4	5	6	7	8	9	10	11	12	13	14	15	16	17	18	19	
109	全车内外烤漆	辆	1		34	38	40	43	43	63	63	65	46	46	50	50	55	55	60	43	50	50	50	
110	全车内部烤漆	辆	1	15																				
111	全车外部烤漆	辆	1		22	30	30	36	37	50	50	55	40	45	40	43	45	45	45	50	38	45	50	
112	前翼子板烤漆	个	1		4.3	4.5	4.9	5	5.5	6.8	7	7.3	4.5	5										
113	机关盖烤漆	个	1		6.3	6.5	6.8	6.9	7	8.2	8.5	8.7	6.5	6.7										
114	龙门架烤漆	个	1		3.3	3.5	3.8	3.9	4	4.5	4.8	5	3.7	4										
115	车门柱烤漆	个	1		2.8	3	3.2	3.3	3.3	3.4	3.6	3.8	3	3.4						2.5	2.7	3		
116	车门烤漆	个	1		4.8	5	5.5	6	6.5	7	7.4	7.7	5	6	5	6.5	5	5	6	4.3	4.7	4.8	6	
117	蓬顶沙板烤漆	辆	1		5.8	6	6.5	6.6	6.7	7.8	8	8.3	6	8	8	8.7	9	11	13	5.7	6.7	7.3	11	

注：表中不同类别车型下的序号（1～19）代表不同排量或型号的车辆。

辅助材料费是指在维修过程中使用的辅助材料的费用，但是，在计价标准中已经包含的辅助材料不得再次收取。

3．其他费用

其他费用=外加工费+材料管理费

外加工费是指在汽车维修过程中，实际发生在厂外加工的费用。但是，凡是维修项目范围内的外加工费，不得另行收取。

材料管理费是指在材料的采购过程中发生的采购、装卸、运输、保管、损耗等费用，其收取的标准是：单件配件购进价格在 1 000 元以下（含 1 000 元），按实际进价的 15%结算；单件配件购进价格在 1 000 元以上，按实际进价的 10%结算。

（二）事故车报价技巧

事故车辆维修项目要细分，要求服务顾问了解出险车辆的结构及整体性能；熟悉受损部件拆装难度及相关作业量；熟悉受损部件的市场价格以及技术要求；熟悉所需辅助材料及用量。

1．修理范围的鉴别

确定保险责任事故的车辆维修方案时，既要区分车辆的事故损失与机械损失，也要区别车辆的新、旧碰撞损失。区分事故损失与机械损失：对于车辆损失险，保险公司只承担条款载明的保险责任所致的事故损失的经济赔偿。

2．确定修理工时

根据已确定的维修方案及修复难易程度确定工时费用，注意维修项目应分类、分程序进行估价，避免漏项，也要注意避免重复工时的叠加。

3．备件与材料费用估计

根据细致的拆检结果，确定要更换零件，由备件部门及时咨询相应备件市场价格以及到货时间等，根据掌握的汽车配件价格确定材料费用。

4．及时知会相关人员并确认

定损时被保险人、第三者、修理厂、保险公司等各方均应在场。明确修理范围及项目、确定所需费用、签定"事故车辆估损单"协议后方可让事故车进厂修理。

典型案例

某事故车辆，行驶中碰坏车辆右前部位，如图 3-10 所示。服务顾问小陈按流程接待该车维修，安排到钣金班组进行损件拆检，然后整理出该车维修报价单，如表 3-4 所示。

图 3-10　某事故损坏车辆外形图

表 3-4　汽车维修报价单（估价单）

××汽车维修厂报价单

车牌：	粤 T××××	客户姓名：	李×	车架号：			LVGBH×	
车型：	凯美瑞 2.0	联系电话：	135××××	地址：			×	
序号	维修项目		工时费/元	配件名称	数量	单位	单价/元	合计/元
1	拆装：右前翼子板、头盖、前杠、前照灯、雾灯、龙门架、右下侧裙、前四方架、内衬、护板、右前悬挂系统		1 000	右前翼子板	1	件	1 050	1 050
2				头盖	1	件	2 500	2 500
3				前杠	1	件	1 600	1 600
4				右前翼子板支架	1	件	120	120
5	钣金修复：龙门架、前照灯支架、翼子板支架、右前门、右下裙		350	右前雾灯	1	件	150	150
6				右前照灯（不带氙气）	1	件	1 400	1 400
7				刮水器喷水壶	1	件	400	400
8				右前半轴总成	1	件	3 500	3 500
9	右前大樑校正		500	右前下摆臂	1	件	660	660
10	喷漆：前杠、头盖、右前翼子板、右前门、右后门		2 100	右前轮内衬	1	件	250	250
11				前杠下护板	1	件	180	180
12				右前减振器	1	件	950	950
13				右前减振器上座	1	件	250	250

续表

序号	维修项目	工时费/元	配件名称	数量	单位	单价/元	合计/元
14	四轮定位	150	右前转向节	1	件	620	620
15			前轮轴承	1	件	420	420
16			前平衡杆球头	2	件	300	600
17			前平衡杆	1	件	1 000	1 000
18			前平衡杆缓冲胶	2	件	45	90
19			右侧裙	1	件	480	480
20			方向机右外球头	1	件	300	300
21			方向机右内球头	1	件	300	300
22			方向机总成	1	件	6 500	6 500
23			中网	1	件	1 200	1 200
24			前四方架总成	1	件	1 600	1 600
25			右前发动机机脚胶	1	件	400	400
26			右前雾灯罩	1	件	200	200
27			方向机油	1	支	70	70
28			轮毂及轮心盖	1	个	1 200	1 200
29			轮胎（米其林215/60R16）	1	条	750	750
30			低值耗材	1	批	200	200
	合　　计	4 100	合　　计				28 940
	总金额：		3 3040				

备注：以上报价只供参考，实际以车辆拆检后确认为准。

日期：×-1-8　　　　　　　　接待员：×× 　　　　　　　客户确认：

【任务实施】

引导问题 1：一般事故车辆进厂维修时应注意弄清车主是否要进行事故理赔，如果车主要办理理赔，在接待时应注意哪些事项？

引导问题 2：在下表中填写该车（见图 3-8）的维修报价单，并向车主进行报价和维修方案解释。

××汽车维修厂报价单

车牌：		客户姓名：		车架号：			
车型：		联系电话：		地址：			
序号	维 修 项 目	工时费/元	配 件 名 称	数量	单位	单价/元	合计/元
1							
2							
3							
4							
5							
6							
7							

续表

序号	维 修 项 目	工时费/元	配 件 名 称	数量	单位	单价/元	合计/元
8							
9							
	合 计		合 计				
	总金额：						

备注：以上报价只供参考，实际以车辆拆检后确认为准。

日期：　　　　　　　　　接待员：　　　　　　　　　客户确认：

任务 4　策划汽车服务营销方案

【任务导入】

东区某品牌的 4S 店建立已经快两年了，虽然 4S 店卖出去的车辆已有两千多辆，但对于整个 4S 店来说，经营的压力仍然较大。为了充分发挥售后的服务潜能，尽快吸引周边地区车主进厂维修和服务，4S 店准备结合两周年店庆策划一次服务活动，以达到关怀老客户、吸引新客户的目的，同时能促进一批保养件的流通和销售。请你针对现状和要求，进行这样一次服务营销活动的策划与组织，并撰写服务活动方案策划书。

【学习指引】

通过本任务的完成和学习，你应该掌握以下知识：

① 汽车服务营销的特征。

② 服务的三角组合、7Ps、3Rs+7Ps 营销组合理论。

③ 服务营销的实施方法与技巧。

④ 开展服务活动的步骤与要点。

通过本任务的完成和学习，你应该具备如下工作能力：

能策划服务营销活动，制定活动方案和实施计划。

【相关知识】

一、服务营销的特征

所谓服务营销是指服务企业为了满足顾客对服务产品所带来的服务效用的需求，实现企业预定的目标，通过采取一系列整合营销策略而达到服务交易的商务活动的过程。

市场营销实践已经表明，服务企业在沿用传统的市场营销技巧时往往会陷入"管理陷阱"，因为它们面临着新的竞争形势和挑战。了解和掌握服务营销的特征是服务企业制定营销策略、进行营销管理的前提。

服务营销与一般产品的市场营销没有本质的区别，只是由于服务产品的特殊性，服务营销与产品营销主要有以下几方面的区别。

1. 服务营销更强调顾客管理

客户直接参与生产过程，服务人员与客户的互动行为严重影响着服务的质量及企业与客户的关系。要保证实际提供的服务达到每一位客户预期的质量水平，就必须保证服务人员与顾客间取得充分的沟通，同时，服务人员必须针对不同客户的需求差异保持足够的应变能力。服务绩效的好坏不仅取决于服务提供者的素质，也与客户的行为密切相关。

如何管理客户使得服务推广得以有效地进行，成为服务营销管理的一个重要内容。服务营销更强调以下几个方面：

① 服务营销注重客户的保留和维持现有客户，追求客户的满意和客户的忠诚。

② 服务营销强调与客户建立一种长期的关系，注重长远的利益。

③ 服务营销强调与客户的接触和沟通，信守承诺，注重与客户建立和维持一种和谐互动的关系。

④ 服务营销注重服务的质量，而服务质量受多种因素影响，服务过程的质量保证是关键。

2．促销难以展示

有形产品促销可以采用不同的手段，如产品陈列、展销、演示等，消费者在购买产品之前就可以对产品的外观、功能和效果有所了解。而服务是无形的，难以展示，消费者在购买服务前，很难客观评价服务的功能和使用效果。

3．分销方式单一

有形产品可以根据产品、市场的特点采用不同的渠道形式和复合渠道进行分销，以最大限度达到占有市场的目标。而服务的生产和消费是同时进行的，大多只能采取直销的形式，这限制了企业服务市场的规模和范围，增加了市场开发的难度。网络信息技术对服务营销的渠道开发提供了更多的选择。

4．服务供求分散

在服务营销的活动中，服务产品的供给和需求比较分散，提供服务的企业是广泛分散的，而且需求服务的客户更是涉及各类企业、社会团体和千家万户不同类型的消费者。服务供求的分散性，要求服务提供者的服务网点要广泛而分散，尽可能地接近消费者。如银行储蓄所、加油站、汽车修理点等的分布总是尽可能覆盖更大的区域，为更多的人群提供方便、快捷的服务。

5．服务对象复杂

服务市场的购买者是多元的，购买行为受多种因素影响而更加复杂化；同一服务产品的购买者可能是各种不同的人，其购买动机差异很大，而且不同消费者对服务产品的需求种类、内容和方式经常变化。根据马斯洛需求层次原理，人们的基本物质需求是一种原发需求，对这类需求人们易产生共性；而人们对精神文化消费的需求属于继发性需求，需求者会因各自所处的社会环境和各自具备的条件不同而形成较大的需求差异。

6．服务需求弹性大

服务需求受到外界因素的影响较大，如季节的变化、气候的变化、科技的发展等对信息服务、环保服务、旅游服务、航运服务等的需求都会造成较大影响，最关键的问题是服务难以存储。服务需求弹性大是服务营销者最棘手的问题之一。

7．对服务人员的技能和态度要求高

各种服务产品的提供都离不开人，服务人员的技能和态度直接关系着服务质量，这使得服务产品的质量很难控制，消费者对各种服务的质量要求也意味着对服务人员的技能和态度的要求。

典型案例

沃尔玛的服务条款

有人说，沃尔玛的成功来自于它挖空心思绞尽脑汁地省钱。这种说法既对也不对。说它对，是因为沃尔玛的经营宗旨，确实是用便宜来吸引顾客；说它不对，是因为很多时候，沃尔玛并非只意味着省钱。下面是沃尔玛的部分服务条款：

三米微笑——沃尔玛规定，员工要对三米以内的顾客微笑，这既是出于服务的目的，也能起到防损的作用。针对中国人不习惯微笑的情况，有的店曾喊出"每天至少向一位顾客微笑"的口号。

日落原则——在太阳下山前也就是下班之前把当天的问题解决，不要拖到第二天。

200%满意——如果鲜食部门的自制食品出现任何质量问题，沃尔玛都保证退货并免费赠送一份。

收银七步曲——收银时要符合七个要求，包括说"您好""谢谢"等。如果某个收银台无顾客而收银员发现附近其他收银台有人在排队，就应该主动招呼顾客到自己这边结账。

委屈——面对顾客，你需要打不还手、骂不还口，否则可能会立刻被辞退或受到处分。前台特意设立了"委屈奖"，奖励那些能够"担当"的员工；还开展了"优秀收银员"的评比，谁收到的表扬信多，谁就获此殊荣。

分析总结沃尔玛公司的服务要求和理念。

二、服务营销组合策略

传统的市场营销组合理论是以制造业为基础提出来的，越来越多的证据显示，产品营销组合要素的构成并不完全适用于服务营销。因此，有必要重新调整市场营销组合以适应服务市场营销。目前关于服务营销组合的理论主要有服务营销三角组合、7Ps 组合、3Rs+7Ps 组合。

（一）服务营销三角组合

由于服务的无形性、可变性、生产消费不可分离性和不可存储性，仅依靠以 4Ps 营销为主的外部营销是难以保证服务营销的有效性和高质量的。服务营销不仅包括外部营销，还包括内部营销和交互营销，如图 3-11 所示。

图 3-11　服务营销的组成

1. 内部营销

内部营销（internal marketing）就是企业通过对员工的选择和聘用、培训、指导、激励和评价，使企业的每一个员工都树立正确的指导思想，都具备能更好地为顾客服务的愿望和能力。内部营销作为一种全面的管理过程，主要包括态度管理和沟通管理。

（1）态度管理

企业员工的顾客意识和服务自觉性必须有效地激励和管理，这是态度管理的基本内容，也是内部营销的关键组成部分。企业的员工为了实现企业的经营目标，应该成为具有服务意识和顾客导向的"服务人员"。

（2）沟通管理

企业的不同人员必须要有足够的信息来完成其相应的工作，为内部和外部的顾客提供良好的服务。内部营销管理沟通的内容包括：提供员工服务所需的各种信息，如各种规章制度、岗位责任制度、产品和服务的性能、企业对顾客的承诺等；以及促进信息在各部门的相互交流，如交流各自的需要和要求、对如何提高工作业绩的看法、对如何界定顾客的需求的方法等。

内部营销不但能够让员工具有良好的服务意识、顾客导向观念与专业服务技能，也是企业吸引和保留住高素质的员工的主要手段，企业的内部营销做得越好，对员工就越有吸引力。

2．交互式营销

交互营销（interactive marketing）要求企业的员工不仅要具有良好的专业技术能力，而且还要具有与顾客进行有效沟通的能力，因为顾客评价服务质量高低的标准，不仅包括服务过程中提供的技术质量，也包括服务过程中的功能质量。

3．外部营销

外部营销（marketing）即传统的市场营销，就是企业满足顾客需求的服务承诺以及提供的服务。

（二）7Ps 组合

1981 年，Booms 和 Bitner 在传统的 4Ps 营销组合的基础上，将服务营销组合扩充为 7 个要素：产品（product）、价格（price）、渠道（place）、促销（promotion）、参与者（participants）、有形展示（physical evidence）和服务过程（process of service），简称 7Ps。

1．产品策略

服务产品所必须考虑的要素是提供服务的范围、服务质量、服务水平、品牌以及售后服务等。服务产品的这些要素组合的差异相当大，例如，一家供应数样小菜的小餐厅和一家供应各色大餐的五星级大饭店的服务产品要素组合就存在着明显差异。

广义的服务产品组合将企业与顾客间的互动过程和服务过程都包括进来了，也就是说，服务产品既要保证结果质量，又要保证过程质量。

服务产品的结果质量基本包括 3 部分：核心服务、便利服务和支持服务。核心服务是企业向顾客提供的基本效用和性能，是顾客需要的核心部分，是服务产品组合中最主要的内容。便利服务是为了配合、推广核心服务而提供的便利。支持服务是用以增加服务的价值或区别于竞争者的服务，它由消费信贷、服务保障、跟踪服务等构成，辅助服务有助于实施差异化营销策略。

例如，航空公司向顾客提供的核心服务就是城际往返；为了使顾客能够接受核心服务，企业必须同时提供一些与之配套的便利服务，如送票服务。支持服务是飞行旅途中航空公司提供的免费饮料等。

2．定价策略

价格方面要考虑的因素包括：价格水平、折扣、折让和佣金、付款方式和信用。由于服务质量水平难以统一界定，质量检验也难以采用统一标准，加之季节和时间因素的影响，服务定价必须有较大的灵活性。在区别一种服务和另一种服务时，价格是一种识别方式，顾客可从一种服务的价格感受到其价值的高低。价格和质量之间的相互关系，也是服务定价的重要考虑因素。

3. 分销策略

提供服务者的所在地以及地缘的可达性在服务营销上都是重要因素。地缘的可达性不仅是指实物上的，还包括传导和接触的其他方式，所以分销渠道的形式以及其涵盖的地区都与服务的可达性有密切关联。随着服务领域的扩展，服务销售除直销外，经由中介机构进行销售的产品日渐增多。中介机构主要有代理、经纪、批发和零售等形态。

4. 促销策略

服务促销是指为了提高销售，加快新服务的引入，加速人们接受新服务的沟通过程。促销对象不只限于顾客，也可以被用来激励雇员和刺激中间商。服务促销包括广告、人员推销、营业推广、宣传、公共关系等营销沟通方式。为加深消费者对无形服务的印象，企业在促销活动中要尽量使服务产品有形化。

5. 人员（参与者）策略

对服务企业来说，人的要素包括两方面的内容，即服务企业的员工和顾客。在服务企业担任生产或操作性角色的人，在顾客看来其实就是服务产品的一部分，其贡献也和其他销售人员相同。大多数服务企业的特点是操作人员可能担任服务表现和服务销售的双重工作。因此，市场营销管理必须和作业管理者协调合作。企业工作人员的任务极为重要，尤其是那些"高度接触"的服务业务的企业。所以，市场营销的管理者还必须重视雇员的筛选、训练、激励和管理。此外，对某些服务业务而言，顾客和顾客之间的关系也应引起重视。因为一位顾客对一项服务产品质量的认知，很可能是受到其他顾客的影响。在这种情况下、管理者应面对的问题是在顾客与顾客之间相互影响方面的质量控制。

6. 有形展示策略

由于服务的无形性，不能实现自我展示，服务企业必须借助一系列的有形证据向顾客传递相关信息，使服务的内涵尽可能地附着在某些实物上。因此有形展示会影响消费者和客户对一家服务企业的评价。有形展示包括的要素有：实体环境（装潢、颜色、陈设、声音）以及提供服务时所需要的装备实物（如汽车租赁公司所需要的汽车），还有其他的实体件线索，如航空公司所使用的标志或干洗店将洗好衣物加上的"包装"。

7. 服务过程策略

人的行为在服务企业很重要，而过程（即服务的递送过程）也同样重要。表情愉悦、专注和关切的工作人员，可以减轻客户必须排队等待服务的不耐烦感觉，或者在技术上出问题时平息客户的怨言或不满。逐个体系的运作政策和程序方法的采用、服务供应中的机械化程度、员工裁断权的适用范围、客户参与服务操作过程的程度、咨询与服务的流动等，都是市场营销管理者需特别注意的事情。

（三）服务营销 3Rs+7Ps 组合

服务营销大多是一种长期的关系营销，不但需要提供优质的产品与服务、提高客户满意与忠诚度，还需要建立与保持长期的客户关系，带动相关服务的销售，这可以用客户保留（Retention）、相关产品销售（Related Sales）和客户推荐（Referrals）3 个 R 来表示，这 3 个 Rs 与 7Ps 一起构成了（3Rs+7Ps）服务营销组合模式。

1. 客户保留

企业可以与客户之间建立长期的关系，从而维持与保留现有客户，取得稳定收益。客户保留的关键在于取得客户的满意，客户的满意是维持与发展客户长期关系的基础，是建立客户忠诚的先决条件。

客户保留能够降低企业营销费用。实践和研究表明，客户的保留率每提高 5%，企业的利润将提高 75%。

2．相关销售

客户的满意和保留，将有助于企业新开发服务产品的销售，由于服务的不确定性，客户往往倾向于向原有供应商购买新产品，这样，新产品推广费用将大大降低，老客户在接受企业新产品时，对价格也不太敏感。不仅能提高相关产品的销售，而且能增加销售利润率。

3．客户推荐

满意的客户是企业的最好资源，是企业的最好广告。满意消费者的推荐与口碑的传播将对企业潜在客户产生深刻的影响，尤其是无形产品。

知识链接

微笑是属于顾客的阳光

希尔顿饭店被誉为当今世界的"饭店之王"，这座辉煌大厦的一块奠基石是"微笑服务"，这是希尔顿的母亲在他成功之路上授予他的秘诀，这秘诀是如此的平常，却又是那样的深奥。希尔顿刚在其位于得克萨斯州的第一家旅馆经营中拥有成效的时候，他母亲对他取得的成绩却不屑一顾。希尔顿的母亲指出要使经营真正得到发展，只有掌握一种秘诀，这种秘诀简单、易行，不花本钱却又行之有效。希尔顿冥思苦想，终得其解。这秘诀不是别的，就是微笑。此后，"微笑服务"就成为希尔顿饭店经营的一大特色。几十年来，希尔顿向饭店工作人员问得最多的一句话就是："你今日对客人微笑了吗？"希尔顿的成功秘诀，说明了一个道理，那就是服务质量是服务企业的生命线。这是因为服务直接与顾客打交道，顾客从它们那儿得到的不只是有形的商品，而主要是无形的服务。完善的服务设施、舒适的服务环境、齐全的服务项目，能令顾客"宾至如归"；热情的服务态度、周到的服务项目、精湛的服务艺术更能使顾客"留连忘返"，并因此对企业留下深刻的印象。所以，希尔顿饭店的微笑魅力就不可低估了。希尔顿说过"微笑是属于顾客的阳光"，受阳光沐浴的顾客自然不会忘记温暖着他们的太阳。

三、服务营销实施方法与技巧

（一）服务差异化

服务差异化是指为顾客提供与众不同的特色化、个性化服务。服务差异化具体表现在：服务内容的差异化，服务形式的差异化，服务人员的差异化，服务价值的差异化。服务差异化并不是轻易改变既定的服务标准，而是根据不同顾客群体甚至个人设计服务营销组合，有针对性地开展服务营销，从而最大限度地满足顾客的需要。

具体的差异化手段包括：

① 大规模定制：使用灵活的服务流程和组织结构，以标准化和大批量提供为特定的顾客群体定制的服务。例如，宾馆为不同规格会议提供全套服务。

② 个性化营销：针对不同顾客提供特殊性服务。例如，医院开设家庭病房。

③ 开发特色服务项目：进行服务项目创新。例如，餐馆推出新的菜品；旅游景区推出特色项目。

服务差异化策略是服务企业赢得竞争优势的有效途径。

（二）服务价格管理

企业在实施服务价格管理时，需要考虑服务定价的主要影响因素，以及服务的对象和提供的服务产品的特征。

1. 服务定价影响因素

服务定价影响因素主要包括服务的特征、品牌影响力、消费者价格敏感度以及服务产品的生命周期。

服务业的特征对服务产品的定价有很大的影响，这主要表现在以下几方面：

（1）服务特征的影响

① 服务的无形性使服务产品的定价远比有形产品困难。顾客在判断价格是否合理时，更多的是受服务商品中实体因素的影响，从而在心目中形成一个价值概念，并将这个价值同价格进行比较，判断是否物有所值。所以，企业定价时，所考虑的主要是顾客对服务商品价值的认识，而非成本。

② 服务的时间性及服务的需求波动大，导致服务企业必须使用优惠价及降价等方式，以充分利用剩余的生产能力，因而边际定价政策得到了普遍应用。

③ 服务的同质性使价格竞争更激烈，不过，同业协会或政府管制部门往往规定收费标准，防止不正常的销价。

④ 服务与提供服务的人的不可分性，使服务受地理因素或时间的限制。同样，消费者也只能在一定的时间和区域内才能接受服务，这种限制不仅加剧了企业间的竞争且直接影响其定价水平。

（2）品牌影响力

正如等级越高的饭店收取的费用越高一样，品牌影响力在服务市场的定价中起到了重要的甚至是决定性的作用。品牌影响力代表着服务产品的知名度、美誉度、服务产品所使用的等级标准等，它与企业的市场定位和目标市场密切相关，进而决定了价格水平。

（3）消费者的价格敏感度

在服务定价时，消费者的价格敏感度是制定价格时需要考虑的主要因素。在某些行业，价格成为一种竞争的武器，一家打折销售，其余的服务提供者会立刻跟进。但在有些行业，消费者对价格的敏感度就表现得比较低。

（4）服务产品的生命周期

服务产品的价格也与其生命周期有关。例如，在引入一种新产品时，公司可用低价策略去渗透市场，并在短期内快速争得市场占有率。另一种办法是撇脂策略，即一开始就采用高价策略，以在短期之内尽量收回成本、攫取利润。不过，这种策略只有在没有直接竞争者以及存在大量需求的情况下才能采用。

2. 服务产品的定价方法

服务定价的基本方法与传统定价方法类似，仍然主要采用需求导向定价、成本导向定价和竞争导向定价。

① 需求导向定价法着眼于消费者的态度和行为，服务的质量和成本则为配合价格而进行相应的调整。

②　成本导向定价法是指企业依据其提供服务的成本决定服务的价格。这种方法的优点：一是比需求导向更简单明了；二是在考虑生产合理的利润前提下，当顾客需求量大时，能使服务企业维持在一个适当的盈利水平，并降低顾客的购买费用。

③　竞争导向定价法是指以竞争者各方面之间的实力对比和竞争者的价格作为定价的主要依据，以竞争环境中的生存和发展为目标的定价方法，主要包括通行价格定价和主动竞争型定价两种。通行价格定价法即以服务的市场通行价格作为本企业的价格。主动竞争型定价，是指为了维持或增加市场占有率而采取的进取性定价。

（三）服务分销渠道的管理

服务分销是指服务从生产者转向消费者，所涉及的一系列企业或机构。在服务销售中，最普遍的是直销，即一种短渠道形式。虽然直销在服务市场中很常见，但仍有许多服务业的分销渠道包括一个或一个以上的中介机构。

1. 服务销售渠道

①　直销　由于服务产品的不可分割性和不可储存性，所以从绝对意义上说，它只能采取直销的分销形式，即没有中间商的销售渠道，换句话说就是服务提供者直接推销自己的服务产品。从某种意义上讲，主动地采取直销渠道可以使企业获得某种特殊的经营优势。

②　代理　一般是在观光、旅游、旅馆、运输、保险、信用服务业市场出现。

③　代销　由直销方式下的分支服务提供演化而来的间接渠道，如特许经营权授予为基础的服务分销形式。

④　经纪　在标准化程度或实物性程度较高的服务行业，可能产生大量的经纪人和媒介服务销售行业，如证券业、广告制作业等。

⑤　批发和零售　根据分销形式、销售数量以及连接对象的不同，可以将批发商和零售商这两种传统形式的中间商有区别地引入到服务分销渠道中。服务批发商采取服务批发形式，以大量、整批销售为主，连接大规模的服务提供商和服务零售商；服务零售商直接进入消费者市场，整合零散的个别的需求，可以直接与中小服务提供者联系，也可与服务批发商联系。这种批发零售的中介模式在商业、银行业、照相馆、干洗店等服务领域得到广泛应用。

2. 服务分销渠道的创新

最近几年来在服务分销的方法上产生了许多创新，这说明服务业营销者在运用创新性营销实务上并不落后。

（1）租赁服务

服务业经济的一个有趣现象，就是租赁服务业的增长，也就是说，许多个人和公司都已经而且正在从拥有产品转向产品的租用或租赁。这也意味着许多销售产品的企业增添了租赁和租用业务。此外，新兴的服务机构纷纷出现，投入租赁市场的服务供应。在产业市场，目前可以租赁的品种包括：汽车、货车、厂房、飞机、货柜、办公室装备、制服等。在消费品市场则有：公寓、房屋、家具、电视、运动用品、帐篷、工具、绘画、影片等。还有些过去是生产制品的企业，开发了新的服务业务，提供其设备作为租用和租赁之用。在租用及租赁合同中，银行和融资公司以第三者身份，扮演了重要的中介角色。

（2）特许经营

在可能标准化的服务业中，特许经营是一种持续增长的现象。在一般情形下，特许经营是指一个人（特许人）授权给另一个人（授许人），使其有权利用授权者的知识产权，包括商号、产品、商标、设备等。

（3）电子渠道

电子渠道是唯一的不需要直接人际互动的服务分销渠道，其功能对象是那些事先设计的服务，并由电子媒介传递这类服务，如大家都很熟悉的电话和电视、互联网和网络，也许还有一些目前尚未开发出来的电子媒介。通过这些媒体，可以为消费者和企业提供服务，包括所需要的电影、互动信息和音乐、银行和金融服务、多媒体图书馆和数据库、远程学习、桌面电视会议、远距离健康服务和互动式网上游戏等。

3. 服务位置的选择

在我国一直流传着"一步差三市"的说法，国外营销专家更是创造性地提出了地理位置是服务本身的一部分。对旅游业而言，山川、古迹等就是服务的内容；对商业、交通运输业而言，地理位置也是决定企业经营成败的关键。

服务企业的地理位置定位包含从地域到地区再到地点3个层次的定位。

（1）地域定位

它是确定服务商圈的最大范围。一些结合经济学和数学的定位模型，如霍利的"零售引力法则"和茨巴斯的"商图境界线模式法则"等，经常被用于分析和确定服务的地域定位。

（2）地区定位

它是在选定地域中选择最利于经营的地区或街区，如繁华区、商业中心、专业街等。地区定位主要考虑该地区的人口密度、服务企业密度以及服务企业之间的结合力等。

（3）地点定位

它是指最狭义的服务设施和店铺的位置选择。虽然，客观上地理定位往往由于先入者对地点的垄断性占据而受到局限，但主观上，以下两点定位原则却是必须遵循的。

① 服务地点的选择必须尽可能地接近顾客，同时考虑到同行业的集中情况和交通的便利情况等。

② 地理位置定位必须按"地域-地区-地点"的顺序进行。有些企业先考虑地点，对地区乃至地域的现状和发展趋势分析不够，结果当地区人口外迁、地域经济中心转移时，造成投资失败。

（四）服务营销的有形展示

货物以物质形态存在，服务以行为方式存在。服务的非物质特性对于顾客如何形成深刻印象和作出购买决定，以及服务市场营销人员如何完成市场营销任务有重要启示。顾客看不到服务，但是能看到服务工具、设备、员工、信息资料、其他顾客、价目表等，所有这些有形物体都是看不见的服务的线索。这些线索能增加顾客对有关服务的认识，并增添整个市场营销战略的活力，也被称为有形展示。

1. 有形展示的类型

对有形展示可以从不同的角度进行不同的分类。不同类型的有形展示对顾客的心理及其判断服务产品质量的过程有不同程度的影响。其中，根据有形展示的构成要素进行划分，如图 3-12 所示，有形展示可以分为三种类型，即物质环境、信息沟通和价格。这几种类型不是完全排他的。例如，价格是一种不同于物质设备和说服

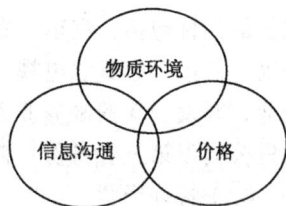

图 3-12 服务的有形展示类型

性信息交流的展示方式，然而，必须通过多种媒介将价格信息从服务环境传进、传出。

（1）物质环境

物质环境有三大类型：周围环境、设计因素、社会因素。

① 周围环境　这类因素通常被顾客认为是构成服务产品内涵的必要组成部分。周围环境的存在并不会使顾客感到格外的兴奋和惊喜，但是，如果失去这些要素或者这些要素达不到顾客的期望，就会削弱顾客对服务的信心。周围环境因素是不易引起人们重视的背景条件，但是，一旦这些因素不具备或令人不快，马上就会引起人们的注意。

② 设计因素　被用于改善服务产品的包装，使产品的功能更为明显和突出，以建立有形的、赏心悦目的产品形象。设计因素是主动刺激，它比周围环境因素更容易引起顾客的注意。因此，设计因素有助于培养顾客的积极感觉，且鼓励其采取接近行为，有较大的竞争潜力。设计因素又可以分为两类：美学因素（如建筑风格、色彩）和功能因素（如陈设、舒适）。设计因素既应用于外向服务的设备，又应用于内向服务的设备。

③ 社会因素　是指在服务场所内一切参与及影响服务产品生产的人，包括服务员工和其他在服务场所同时出现的各类人士。他们的言行举止皆可影响顾客对服务质量的期望与判断。服务员的言行举止在服务展示管理中也特别重要，因为在一般情况下顾客并不会对服务和服务提供者进行区分。

（2）信息沟通

信息沟通是另一种服务展示形式，这些来自公司本身以及其他引人注意的沟通信息，通过多种媒体传播，展示服务。从赞扬性的评论到广告，从顾客口头传播到企业标记。这些不同形式的信息沟通都传送了有关服务的线索。有效的信息沟通有助于强化企业的市场营销战略。图 3-13 所示为某品牌汽车开展服务活动的信息宣传图。

图 3-13　服务活动的信息宣传图

（3）价格

市场营销经理对定价有特殊的兴趣，因为价格是市场营销组合中唯一能产生收入的因素，而其他的因素则招致成本增加。但是，无论如何，价格之所以重要还有另一个原因，即顾客把价格看作有关产品的一个线索。价格能培养顾客对产品的信任，同样也能降低这种信任。在服务行业，正确的定价也特别重要，因为服务是无形的，而价格是对服务水平和质量的可见性展示。

2. 有形展示的效应

服务有形展示的首要作用是支持公司的市场营销战略。在确定市场营销战略时，应特别考虑对有形因素的操作，以及希望顾客和员工产生什么样的感觉，作出什么样的反应。

有形展示作为服务企业实现其产品有形化、具体化的一种手段，在服务营销过程中居重要地位。但是，有形展示能被升华为服务市场营销组合的要素之一，所起的作用及其战略功能当然不会局限于评估品质，具体来说主要包括以下几个方面：

① 通过感官刺激，让顾客感受到服务给自己带来的利益。消费者购买行为理论强调，产品的外观是否能满足顾客的感官需要，将直接影响到顾客是否真正采取行为购买产品。同样，顾客在购买无形的服务时，也希望能从感官刺激中寻求到某种东西。服务展示的一个潜在作用

是给市场营销战略带来乐趣优势。利用服务展示增加乐趣的市场营销人员总是寻求在顾客的消费经历中注入新颖的、令人激动的、娱乐性的因素。

② 引导顾客对服务产品产生合理的期望。顾客对服务是否满意，取决于服务产品所带来的利益是否符合顾客的期望。可是，服务的不可感知性使顾客在使用服务之前，很难对该服务作出正确的理解或描述，他们对该服务的功能及利益的期望也是很模糊的，甚至是过高的。不合乎实际的期望又往往使他们错误地评价服务，或作出不利的评价。而运用有形展示则可让顾客在使用服务之前能够具体地把握服务的特征和功能，较容易地对服务产品产生合理的期望，以避免因顾客期望过高而难以满足所造成的负面影响。

③ 影响顾客对服务产品的第一印象。对于新顾客而言，在购买和享用某项服务之前，他们往往会根据第一印象对服务产品作出判断。既然服务是抽象的、不可感知的，有形展示作为部分服务内涵的载体无疑是顾客获得第一印象的基础，有形展示的好坏直接影响到顾客对企业服务的第一印象。

④ 促使顾客对服务质量产生"优质"的感觉。服务质量的高低并非由单一因素所决定。根据西方学者对多重服务的研究，大部分顾客会从10种服务特质来判断服务质量的高低，而"可感知"是其中的一个重要特质，有形展示正是可感知服务的组成部分，有形展示像服务产品的包装一样，包装质量较高，就能使顾客对服务质量产生"优质"的感觉。

⑤ 帮助顾客识别和改变对服务企业及其产品的形象。有形展示是服务产品的组成部分，也是最能有形地、具体地传达企业形象的工具，企业形象或服务产品的形象也居于服务产品的构成部分。形象的改变不仅是在原来形象的基础上加入一些新东西，而且要打破现有的观念，所以它具有挑战性，服务的无形性增加了这一挑战的难度。没有有形产品作为新设计形象的中心载体，服务市场营销人员必须寻找其他有形因素作为代理媒介。

⑥ 协助培训服务员工。倘若企业员工未能完全了解企业所提供的服务，则无法保证他们所提供的服务符合企业所规定的标准。所以，市场营销管理人员利用有形展示突出产品的特点及优点时，也可利用相同的方法作为培训服务员工的手段。

（五）服务的促销

1. 促销目标

促销的主要目标是将企业所提供的服务与竞争对手所提供的服务区别开来。具体目标有：

传递信息——告知潜在顾客本企业的服务项目和服务能力。

利益展示——向顾客描述本企业的服务所具有的特征和各种利益。

说服购买——促使顾客作出购买决策。

建立形象——建立并维持服务企业的整体形象和信誉。

2. 服务促销手段

服务促销的手段主要是广告、人员推销和公共关系。要根据企业的营销目标、资源状况、购买者特点、本企业服务的特点和其他营销组合因素、竞争对手的情况等，确定在促销组合中以何种方式为主要的促销手段。

（1）广告

对无形的服务产品做广告与对有形物品做广告具有很大的不同。基于服务的一般特征，市场营销学家提出了服务广告的原则。在服务广告方面，首先要认识到服务是行为而不是物体。

因此，广告就不能只是鼓励消费者购买服务，而是应把雇员当做第二受众，激励他们提供高质量的服务。因此，为了达到这个目的，服务企业在做广告时要使用自己公司的雇员，而不使用模特。同时还应该提供一些有形的线索来冲销服务的无形特征，不只是展示员工，还包括物质设施，如提供服务的场所。

（2）人员推销

关于服务业的人员推销，人们提出了一个包括 6 项指导原则的模式，这个模式是从对具有代表性的产品和服务厂商进行调查，发现推销产品和服务有所不同的实证资料中总结出来的。例如，该模式中的一条原则是将服务实体化，其具体内容是：指导买主应该寻求什么服务；指导买主如何评价和比较不同的服务产品；指导买主发掘服务的独特性。

（3）营业推广

有些服务营销学者对营业推广并不太重视，他们认为，营业推广在传统观念中的样品、展示、购买点陈列都受到严格限制。然而，在过去的 10～15 年，许多服务市场的营业推广活动都在不断增加，从整体而言，会员制、抽奖、参观等营业推广方式都适合服务营销。

（4）公共关系

服务与产品的公关工作基本上无差异，都是建立在 3 项具有显著性要素的基础之上的：①可信度，新闻特稿和专题文章往往比直接花钱买的报道具有更高的可信度；②解除防备，公关是以新闻方式表达，而不是以直接销售或广告的方式，因而更容易被潜在顾客或使用者所接受；③戏剧化，公关工作可以使一家服务业公司的产品戏剧化。

（5）口碑传播

由于服务业一般规模小，服务范围有限，不适合做大覆盖面的广告宣传，所以以人员宣传和"口碑"传播在宣传策略中至关重要，尤其是良好的"口碑"对服务营销的成功大有裨益。

3．服务促销遵循的思路

针对服务行业的特点，服务企业进行促销宣传时一般应该遵循以下几种思路：

（1）进行形象化、有形化的宣传

服务的无形性特征增加了顾客购买行为的知觉风险，因此，服务宣传策略应当为服务提供有形的线索，以消除顾客的疑虑，增强顾客对服务产品的青睐、信赖和品牌忠诚度。近年来，在服务营销中被广泛推崇的"有形展示"策略便是这一思路的体现。一般而言，企业可以通过对服务环境、品牌标志、员工形象和业务信息的有形展示，使顾客抓住服务的有形线索。

（2）注重企业形象的树立和服务提供者的宣传

服务企业在业内的声望不只是服务定价的依据，更是不少消费者选择服务的依据。企业形象越好、声望越高，顾客越认同其服务水平，对其管理水平也越有信心。至于对服务提供者宣传的重要性，从选择律师、会计师、医生、美容师和经纪人的例子中显而易见。

（3）着重宣传服务带给顾客的利益

服务带给顾客的利益比宣传服务形式、品质或特征更事半功倍。

四、服务活动的策划与实施

1．服务活动的目的

服务活动的目的主要是进行客户关怀，减少客户流失，提高客户满意度，培养客户忠诚度。

此外进行服务企业的品牌宣传,适当增加入厂车辆台次,促进汽车用品、备件等销售,提高营业收入。

2. 服务活动的内容形式

服务活动的形式多种多样,根据活动的目标、对象,结合时间、环境等条件,选取不同的形式,如新车主课堂、自驾游、亲子游戏活动、车辆免检服务活动、晚会等各种形式。活动内容尽量丰富,应能让客户感觉到对自己有一定的作用或经济利益。

3. 服务活动的实施要点

① 明确目标　活动目标应尽量量化,例如入厂台次、单车营收、备件销售、客户满意度分值等指标,以便于任务的分解和考核,使活动效果最大化。

② 建立责任制　活动准备期就应建立活动领导小组,建立责任制,目标任务落实到人,按完成率进行个人业绩考核和奖励。

③ 培训到位　活动应整个部门全员参与,每个岗位人员都有自身的角色、工作任务和要求,因此应提前做好活动培训,使工作人员明白整个活动的目标、内容形式、工作流程、工作任务、工作标准、相关应对和营销话术等,模拟演练客户接待,训练服务项目技能等。

④ 备件备品充足　应提前做好活动进厂台次和所需活动用品,包括礼品和汽车配件等的用量,活动前预订到货,不能影响活动的正常开展或降低活动的效果。

⑤ 广告和通知到位　服务活动针对不同的客户,应采用适合的通知方式。确定目标客户群体后,可通过短信、商函、电话、当地广告等形式通知客户。

⑥ 活动布置　在活动区域(如室外活动地点、车间、服务接待部等)和经销商店面门口等位置,应按需设置模幅、氢气球、条幅、花蓝、彩旗、小吊旗等营造良好的活动气氛,同时注意活动器材准备妥当。

⑦ 及时检核　活动一般有一个持续周期,在活动前要检查各项工作完成情况,活动中关注各项指标完成进度等,应制定相应的工作报表,如客户一览表、活动日报表等,以便及时检核活动的效果,必要时作出工作方法调整,落实改进措施。

⑧ 总结奖励　当活动期限到了,应进行活动效果的检查,确认各级责任人完成各项指标的情况,总结不足之处和成功的经验,对完成较好的员工按既定方案进行相应奖励。

知识链接

A 品牌汽车 2014 年春季服务活动月方案

一、活动目的

1. 满足顾客长假出行前的保养需求,提高顾客满意度。
2. 提高入厂台次。
3. 增加纯正备件销售。
4. 重点关怀××和××车型客户,增强此类客户归宿感。

二、活动时间和对象

1. 活动时间:2014 年 4 月 1 日~2014 年 4 月 30 日。
2. 客户对象:所有 A 品牌汽车回厂客户。
3. 活动单位:所有 A 品牌汽车专营店。

三、活动目标（KPI）

1. 回厂台次：121 349 台次。

2. 回厂频次：4.81。

3. 备件订货额：3 月 9 268 万元，4 月 9 354 万元。

4. 单台有偿零件销售额：600 元/台次。

四、活动主题

"风清送暖春季服务活动月。"

"黄金度假日，安全伴您行。"

五、活动内容

1. 免费检查

形式：免费检查＋促销件（零件、系统商品）＋礼品（定期保养客户）＋代金券。

免费检查：三个方案客户任选其一，推荐车龄 1 年以下的做常规检查，车龄 1 年以上的选择制动系统或者底盘系统检查（只能选择一个）。

A. 常规检查

序 号	检 测 项 目	类 别	时 间
1	机油液面高度/质量	M/R	0.5
2	冷却液液面高度/质量	M/A/R	1
3	制动液液面高度/质量	M/R	0.5
4	电瓶液面高度/比重	M/A	0.5
5	ATF 液面高度/质量	M/R	0.5
6	空气滤清器	M/A/R	0.5
7	离合器油高度/质量	M/R	1
8	助力转向油高度/质量	M/R	1
9	发动机怠速、点火正时，电脑自诊断（含 ENGINE、ABS、AT、SRS）	M/A/R	3
10	刮水器片/清洗液	M/A/R	1
11	外部灯光	M/A	1

B. 制动系统检查

序 号	检 测 项 目	类 别	时 间
1	ABS 和控制单元	M/R	1
2	轮胎和车轮	M/A/R	2
3	车轮轴承	M/R	1
4	制动片、制动卡钳和制动盘	M/R	2
5	制动蹄片、制动缸和制动鼓	M/R	2
6	制动管路和软管（车底）	M/R	1
7	制动踏板和驻车制动高度/踏板	M/A	1

C. 底盘系统检查

序　号	检 测 项 目	类　别	时　间
1	驱动轴和防尘套	M/R	1
2	前减振器芯和衬套	M/R	0.5
3	前悬挂衬套	M/R	0.5
4	前稳定杆衬套	M/R	0.5
5	前稳定杆连杆	M/R	0.5
6	前悬挂球头	M/R	0.5
7	方向机防尘套和横拉杆	M/R	0.5
8	后减振器芯和衬套	M/R	0.5
9	后悬挂衬套	M/R	0.5
10	后稳定杆衬套	M/R	0.5
11	后稳定杆连杆	M/R	0.5

2. 促销件

序　号	名　称	件　号	车　型	备　注
1	A 轮胎	403125E900-C085	A	
2	B 轮胎	403127N900-C085	B	
3	A 型车前制动蹄片组件	410606J091-999	A	
4	A 型车后制动蹄片组件	440604U092-999	A	
5	B 型车前制动蹄片组件	410606N000-C157	B	
6	蓄电池	24410PA000-B168		
7	发动机清洗套装			
8	空调除臭			

注意：各车型轮胎、制动片也是促销件。

3. 礼品

① 有偿定期保养回厂客户：赠送一把太阳伞（市场价值 80 元）。

② 购买促销件客户：凡购买任意一件促销件，赠送一张价值 50 元代金券（客户只能在发放代金券的 4S 店使用代金券，有效期为 2014 年 5 月 1 日～7 月 31 日，代金券使用不找零，不兑换现金）。

③ 购买全合成机油（4 L/桶）的客户：赠送运动水壶（市场价值 80 元）一个。

④ 礼品由××乘用车公司给专营店免费提供，专营店代表××品牌向客户赠送礼品，礼品送完为止。

⑤ 特别注意：活动月期间，同一种礼品，客户只享受一次获赠机会。

六、活动准备

1. 培训

要求 2014 年 3 月 31 日前各位完成对客户服务代表（S/A）、相关维修技师的专训。

客户服务代表：活动内容、新产品知识、促销技巧。

维修技师：免费检测、系统商品安装。

2. 广宣品、礼品

① 广宣品根据总部分配数量在 2014 年 3 月中旬统一发出。

② 礼品及代金券：根据总部分配数量（代金券按照各店预定的促销件数量和有偿台次综合因素分配），2014 年 3 月中旬发出。

3. 专营店的订货准备

① 促销件、部分常用件根据专营店确认数量统一由总部发出。

② 其他备件、精品专营店应于 2014 年 3 月 15 日开始备货，并保证于 2014 年 3 月 31 日之前完成订货准备。

③ 零件订货。依据备件销售科下发的各店备件订货目标进行考核，2014 年 3 月、4 月均为考核项。

4. 活动通知信函发出

活动通知信函由××乘用车公司统一制作，并根据经销商辖区保有量统一分配。专营店 2014 年 3 月 15 日～4 月 5 日，分批发出服务活动通知信函。各店根据自己的客户数量分批发送，避免客户集中回厂、等待时间过长。

5. 跟踪电话

在信函发出 1 周内电话提醒客户，介绍活动内容、推荐其回厂，同时接受预约。

6. 专营店活动布置

准备彩旗、横幅、条幅、花篮、彩虹门、氢气球等，小吊旗统一从总部订购。

7. 建立客户一览表

8. 活动周报表、月报表

9. 代金券登记表

七、活动要求

1. 基本要求

专营店严格执行《服务运营管理标准》各工作流程要求。

2. 引导员

各专营店应挑选 1～2 名形象较好、熟悉接待业务的工作人员（经培训的其他人员也可）充当服务引导员。

要求：着装整齐、仪态端庄、业务熟练、礼貌用语佳。

职责：在接待大门口迎接客户，回答客户咨询，并引导客户至服务接待柜台办理接待业务及引导客户至各业务部门解决所提出的问题。

3. 现场业务要求

（1）免费检查

① S/A、维修技师对所有进行检查的客户车辆应填写《春季服务活动月免费检测单》。

② 所有回厂进行免费保养的客户不作免费检查。

（2）系统商品和其他促销件的营销要求

① 营销时严格按照培训教材有关营销流程和技巧的内容开展营销工作。

② 系统商品的安装要求：按《系统商品安装手册》（培训教材）进行操作。

八、活动信息反馈

专营店应按如下要求定期向××乘用车公司报告活动信息。

① 2014 年春季服务活动月第____周业绩报表：要求专营店每周二下午 3 点之前准时上报。共提交三次，详细时间：

4 月 11 日提交 4 月 1～9 日业绩报表。

4 月 18 日提交 4 月 10～16 日业绩报表。

4 月 25 日提交 4 月 17～23 日业绩报表。

② 2014 年春季服务活动月报表：要求专营店 5 月 8 日下午 3 点之前上报。

③ 代金券登记表（发放）：5 月 15 日下午 3 点之前上报《代金券登记表》电子版及邮寄复印件。

④ 代金券登记表（回收）：8 月 10 日下午 3 点之前上报《代金券登记表》电子版及邮寄复印件。

九、活动检查

活动开始前及进行过程中，××乘用车公司将派遣售后和事业专员前往各专营店进行检查、指导和必要的培训。检查指导重点：

① 活动布置方案：有否实施，宣传及促销工具是否到位。

② 活动准备：是否有召开专题会议落实活动要求，是否将活动目标落实到人。

③ 活动用备件/精品准备：是否完成准备，必要时帮助解决订货问题。

④ 活动专训：专营店是否专训，必要时 AS 专员给予现场培训。

⑤ 促销工具的使用方法：考核 S/A 是否熟练使用，如果不能，AS 专员给予现场培训。

⑥ 活动一览表是否制作，是否对客户信息进行了及时更新。

⑦ 代金券登记表是否按照要求制作。

十、专营店奖励

① 优秀专营店 1～10 名一次性奖励现金 2 万元，颁发奖励证书。

② 优秀专营店 11～20 名一次性奖励现金 1 万元，颁发奖励证书。

③ 优秀客户服务代表 30 名颁发奖励证书。

奖励标准待定。

十一、专营店责任制

活动期间专营店内部成立责任小组，全体员工配合实施。

负 责 项 目	责 任 人	责 任 范 围
总负责人	总经理	制作整体计划，进行管理 任命各部门负责人，监督管理
各部门负责人	服务经理 备件经理	在负责人的领导下，开展各项业务，充分利用服务月培训教材
宣传/广告负责人	市场经理/（服务经理/销售经理）	宣传广告的策划及实施
数据统计管理负责人	服务经理	统计汇总各项实际数据

【任务实施】

引导问题 1：本次服务活动的目的应考虑哪些方面？

引导问题 2：在策划服务活动开展的时间时应注意哪些事项？

引导问题 3：服务活动的目标怎样确定？一般分别都有哪些具体的指标？

引导问题 4：服务活动的主题和具体的活动内容是什么？创新点在哪里？

引导问题 5：应怎样进行活动所需的费用与收益测算分析？

引导问题 6：服务活动的奖惩措施有哪些？如何进行每天的业绩统计和信息反馈？

引导问题 7：具体活动的实施步骤、每项工作的执行人、监督人、时间节点确定了吗？

思考与讨论

1. 汽车维修服务有什么特性？

2. 服务顾问有什么素质要求？其基本工作要求是什么？

3. 汽车维修服务核心流程是怎样的？

4. 汽车维修企业营业收入的构成包括哪几部分？

5. 汽车维修项目的费用是怎样计算的？

6. 服务顾问应怎样提高自己的营销能力？

7. 处理客户投诉的一般步骤是怎样的？

8. 事故维修车辆定损的原则是什么？事故车报价有什么技巧？

9. 什么是服务的"7Ps 组合策略"和"3Rs+7Ps"组合？

10. 服务活动策划方案一般应包含哪几方面内容？

参 考 文 献

[1] 陈永革，裘文才. 汽车市场营销[M]. 北京：机械工业出版社，2010.

[2] 汪泓，陈力华，杨亚力. 汽车营销实务[M]. 北京：清华大学出版社，2012.

[3] 倪杰. 现代市场营销学[M]. 北京：清华大学出版社，2009.

[4] 陈阳. 市场营销学 [M]. 2版. 北京：北京大学出版社，2012.

[5] 王梅，常兴华. 汽车营销实务[M]. 北京：北京理工大学出版社，2010.

[6] 苑玉凤. 汽车营销[M]. 北京：机械工业出版社，2005.

[7] 王一斐. 汽车维修企业管理[M]. 北京：机械工业出版社，2008.

[8] 许前. 汽车维修服务质量评价与服务认证[M]. 北京：中国标准出版社，2010.

[9] 夏长明. 汽车维修服务标准流程[M]. 北京：机械工业出版社，2009.

[10] 李景芝，赵长利. 汽车保险理赔[M]. 北京：机械工业出版社，2009.